Brigitta Hauser-Schäublin (Hg.)

Ethnologische Frauenforschung

Ansätze, Methoden, Resultate

Dietrich Reimer Verlag Berlin

Die Deutsche Bibliothek – CIP-Einheitsaufnahme

Ethnologische Frauenforschung/Brigitta Hauser-Schäublin
(Hg.). - Berlin : Reimer, 1991
(Ethnologische Paperbacks)
ISBN 3-496-00492-4
NE: Hauser-Schäublin, Brigitta [Hrsg.]

Gedruckt mit Unterstützung der Freiwilligen Akademischen Gesellschaft (Dr. Uarda Frutiger-Fonds) Basel.

Umschlaggestaltung Thomas Rode/Werner Ost, Frankfurt am Main unter Verwendung einer Abbildung der lebensgroßen Kultfigur einer Schwangeren, Gulf Province, Papua-Neuguinea. Museum für Völkerkunde Basel.

Inhalt

I. Rückblende

Brigitta Hauser-Schäublin

Das Werden einer geschlechterspezifischen Ethnologie (im deutschsprachigen Raum)

Einleitung

„Wenn Frauen anfangen, ihre Situation zu verändern ..., dann hat das Rückwirkungen auf die Forschungen, die sich mit der gesellschaftlichen Lage der Frauen befassen", schrieb Maria Mies (1987:10). Diese Aussage kann auch als Motto für dieses Buch genommen werden, denn es dokumentiert Ansätze und Entwicklungen, die solche (erst langsam einsetzenden) Veränderungen in Ethnologie und Gesellschaft andeuten.

Das Buch entstand auf dem Hintergrund der Tatsache, daß innerhalb der internationalen Disziplin Ethnologie bezüglich *women's studies*, respektive *gender studies* bereits sehr viel geschehen ist, vor allem in den USA. Dort ist die Literatur zum Themenkreis von Geschlecht (*sex*) und der kulturellen Konstruktion, der Kategorienbildung, von Geschlechtern (*gender*) bereits nur mit Mühe überschaubar. Das gilt sowohl für theoretisch orientierte Arbeiten und – mehr noch – für kulturspezifische Studien, die auf Feldarbeit beruhen.

Diese Vielfalt an Publikationen, die eine Vielfalt von Forschungsansätzen erkennen läßt, geht auf Anfänge in der amerikanischen Ethnologie in den ersten Jahrzehnten dieses Jahrhunderts zurück. Sie hat aber auch ihre Wurzeln in einer anderen, frauenfreundlicheren Universitätsgeschichte, ebenso wie in einer Verknüpfung von Theorie und Praxis im Sinne von Wissenschaft und sozialpolitischem Alltag. Die ersten Ethnologinnen setzten sich in der einen oder anderen Form mit der Frauenbewegung auseinander und haben sich für deren Postulate engagiert.[1] Hinzu kommt ein weiterer Faktor: einzelne Persönlichkeiten haben die ethnologische Frauenforschung entscheidend gefördert. So etwa Franz Boas als Lehrer[2] und Margaret Mead durch ihre ersten, heute als Standardwerke der Geschlechterforschung geltenden Arbeiten. Und noch ein letzter Grund, der mitverantwortlich ist für den festen Platz von *women's* und *gender studies* in der Ethnologie in den USA: die Mehrzahl der Universitäten stehen, wirtschaftlich gesehen, unter Leistungszwang, das heißt in einem Konkurrenzverhältnis untereinander. Es gibt praktisch keine Universitäten, die, über Jahre und Jahrzehnte hinweg, ausgabendeckend mit Staatsgeldern versehen werden; vielmehr werden die meisten durch Stiftungen und durch Privatleute teilweise oder ganz finanziert. Das hat auch zur Folge, daß die Universitäten immer wieder neu ihr Angebot an Fächern, an Richtungen innerhalb der einzelnen Disziplinen und an Lehrkräften überdenken und den veränderten Bedingungen anpassen müssen. Die Universitäten reproduzieren sich deshalb nicht selbst, wie dies im deutschsprachigen Raum weitgehend der Fall ist. Vielmehr müssen sie sich auch nach gesellschaftspolitischen Bedürfnissen richten.[3] Für *women's* beziehungsweise *gender studies* bedeutete dies, daß – weil die Nachfrage nach entsprechenden Studien- und Forschungsmöglichkeiten anwuchs – es sich fast keine renommierte Universität mehr leisten konnte, auf entsprechende Angebote zu verzichten. Im Unterschied dazu bleiben im deutschsprachigen Raum Studierende, die auch in der Ethnologie feministisch arbeiten wollen, weitgehend in den „Untergrund" abgedrängt.[4]

Das Resultat ist bekannt: wer heute ethnologische Frauenforschung oder gar *gender studies* sagt, denkt unwillkürlich an Arbeiten aus den USA [5] und aus England.

Betroffenheit über diese Situation stand deshalb am Anfang dieses Buches. Aus dieser erwuchs die Suche nach Ethnologinnen im deutschsprachigen Europa, die sich sowohl in vergangener Zeit als auch heute um ihren Beitrag als Wissenschaftlerinnen zu einer in ihrer Blickrichtung weniger androzentrisch ausgerichteten Disziplin bemüht haben und bemühen.

Aus diesem Grund umfaßt der Sammelband zwei Teile: einen historischen, der zum Teil in Vergessenheit geratene Beiträge vergangener Generationen von Ethnologinnen umfaßt. Der erste Beitrag wurde kurz vor der Jahrhundertwende geschrieben, der letzte dieses Teils in der zweiten Hälfte dieses Jahrhunderts. Dazwischen liegen rund 60 Jahre, in denen auch bezüglich Frauen- und Geschlechterforschung sehr viel geschehen ist. Die einzelnen Beiträge verdeutlichen diese Entwicklung. Viele Ansätze, die in anderen Ländern in dieser Zeitspanne entwickelt wurden, sind, in vergleichbarer Form, in der deutschen Ethnologie nie aufgegriffen worden. Da der Sammelband jedoch auch Studierenden einen ersten Zugang zur Frauenforschung vermitteln will, wurden deshalb zwei Beiträge in diesen Band aufgenommen, die von amerikanischen Autorinnen stammen. Es handelt sich dabei um das Beispiel einer außereuropäischen Frau (einer Fox-Indianerin), die ihr Leben erzählt. Diese Selbstdarstellung wurde in ihrem Wortlaut aufgenommen und wiedergegeben.[6] Das Thema Ethnologin/Informantin, die Begegnung zweier Frauen, wurde – abgesehen von der ethnopsychoanalytischen Richtung – meines Wissens nie Gegenstand einer Arbeit in der deutschen Ethnologie. Aus diesem Grund enthält das vorliegende Buch die Schilderung des Lebens von Phoebe Clotilda Coe Parkinson, der samoanisch-amerikanischen Frau des deutschen Ethnologen Richard Parkinson, der Margaret Mead im Jahre 1929 begegnet ist. In dieses Lebensbild, das Mead entworfen hat, hat sie sich bewußt subjektiv miteinbezogen. Ihr Aufsatz spiegelt also auch das Beziehungsnetz zwischen Ethnologin und „Informantin" wider.

Diese beiden „fremden" Beiträge wurden aber nicht deshalb aufgenommen, weil die Herausgeberin etwa der Meinung wäre, daß die deutsche Geschlechterforschung sowieso hinter derjenigen der USA nachhinke und eigentlich nicht mit jener verglichen werden könne. Zugegeben: bezüglich der Vielfältigkeit der Ansätze und der Summe der Resultate kann – und soll – kein Vergleich angestrebt werden; die Voraussetzungen für die Leistung von Vergleichbarem fehlten dazu ganz einfach. Dennoch aber enthalten mindestens zwei Arbeiten, jene von Hilde Thurnwald und von Sigrid Westphal-Hellbusch, Ansätze und Resultate, die als Pionierleistungen zu betrachten sind, und zwar international gesehen. Als solche zur Kenntnis genommen wurden sie jedoch kaum.

Der zweite Teil des vorliegenden Sammelbandes enthält Beiträge von Ethnologinnen der Gegenwart. Es handelt sich dabei um Wissenschaftlerinnen, die bereits seit längerer Zeit am Thema der Geschlechterbeziehungen arbeiten, dieses durch ihre Publikationen weiterentwickelt und damit den heutigen Forschungsstand wesentlich mitgeprägt haben. Vollständig ist dieser aktuelle Teil nicht, jedoch repräsentativ in dem Sinne, als er Arbeiten umfaßt, die verschiedene Forschungsrichtungen feministisch arbeitender Ethnologinnen innerhalb der deutschsprachigen Völkerkunde aufzeigt.

Das Thema

Der Titel des Sammelbandes klingt zweideutig: ethnologische Frauenforschung. Damit soll Verschiedenes ausgedrückt werden. Zum einen, daß es sich um Forschungen von Wissenschaftlerinnen handelt.[7] Zum andern, daß diese Ethnologinnen Themen bearbeitet haben, die mit ihnen als Frauen direkt oder indirekt in einer Beziehung standen und stehen. Diese Beziehungsnähe zwischen Ethnologin und „Thema" ist unterschiedlich, vor allem bezüglich Art der Betroffenheit und des persönlichen Engagements, das spürbar wird. Teil I, die historische Rückblende, unterscheidet sich darin von Teil II, den aktuellen Beiträgen aus der Gegenwart, deutlich.

Der Begriff „Frauenforschung" wurde hier nicht dazu benutzt, um von einer feststehenden Definition von „Frau" auszugehen – eine solche könnte nur eine Reduktion auf ihr biologisches Geschlecht bedeuten. Vielmehr ist der theoretische Ansatz dieses Buches einer, der nicht von den biologischen Kategorien „Mann" und „Frau" ausgeht, sondern danach fragt, in welche Kategorien Menschen in verschiedenen Kulturen aufgrund ihres Geschlechtes (*sex*), ihres sexuellen Verhaltens (*sexuality*) eingeteilt werden, was diese Kategorien an Rollen beinhalten und welche kulturimmanenten Bedeutungen diese besitzen. Es geht also um kulturelle Konstruktionen von Geschlecht und Geschlechtlichkeit.

Die deutsche Sprache differenziert nicht zwischen „Geschlecht" im biologischen Sinn und „Geschlecht" im grammatikalischen Sinn. Letzterer Begriff hat bekanntlich nichts mit den Eigenschaften des Gegenstandes, den ein Wort und dessen Geschlecht bezeichnet, zu tun. So gilt eine Hose in ihrer kulturellen Bedeutung nicht als weiblich, weil der Artikel „die" davor steht, ebenso gilt ein Rock aufgrund seines grammatikalischen Geschlechts nicht primär als männliches Kleidungsstück. Es handelt sich um Kategorien eines eigenen Systems, dem der Sprache, und nicht um Klassifizierungen nach Eigenschaften, die in der Kultur schlechthin als männliche respektive weibliche gelten. Um diese doppelsinnige Bedeutung von Geschlecht zu vermeiden, wird der englische Ausdruck *gender* (der der Grammatik entstammt) jeweils dann verwendet, wenn es um die Dimension der komplexen kulturellen Konstruktion der Kategorien „Männer" und „Frauen" und deren kulturimmanente Bedeutungen geht; *gender* ist deshalb vom Begriff des biologischen Geschlechts (*sex*) sorgfältig zu trennen.

Der Begriff *gender* (vergleiche dazu Ortner und Whitehead 1981, Caplan 1987) eröffnet auch neue theoretische Möglichkeiten. Denn damit können in einer Gesellschaft mehr als bloß zwei Geschlechter erkannt, beschrieben und analysiert werden. Beispielsweise Schamanen, die in der traditionellen Literatur oft als homosexuelle Männer beschrieben, oder indische Tempeltänzerinnen, die als Prostituierte bezeichnet wurden. Das heißt, sie wurden von Ethnologen auf dem Hintergrund ihres eigenen kulturellen Verständnisses, was „Männer" und „Frauen" sind, definiert. Ihre (wertbeladene) Einteilung orientierte sich am biologischen Geschlecht (= Mann respektive Frau) und am sexuellen Verhalten dieser Menschen. Der *gender*-Ansatz erst ermöglicht danach zu fragen, ob Schamanen oder Tempeltänzerinnen in ihrer eigenen Kultur etwa als eine weitere eigenständige Kategorie von Menschen gelten. Einen Schamanen als homosexuellen Mann, eine Tempeltänzerin als Prostituierte zu bezeichnen, heißt, sie zugleich als gesellschaftlich unerwünschte, vom „normalen" Leben (heterosexuell, partner-fixierte Sexualität) abweichende Menschen abzuwerten. Die Erkenntnis, daß eine Gesellschaft mehr als zwei *gender* für die Einteilung ihrer Mitglieder besitzen könnte, wurde erst mit diesem Forschungsansatz möglich, ob und wie Menschen eines bestimmten Geschlechts, aufgrund ihres sexuellen Verhaltens (homo- oder heterosexuell oder sexuell abstinent lebend) und aufgrund der kulturellen Rollen und Funktionen, die sie ausüben, als besondere Kategorie von Menschen eigenen Rechts erfaßt und verstanden werden können. Die Arbeit von Sigrid Westphal-Hellbusch wurde lange vor dem *gender*-Ansatz geschrieben und hat ihn bis zu einem gewissen Grad vorweggenommen, auch wenn sie ihn theoretisch nicht entwickelt hat. Sie zeigt deutlich auf, wie bei Bevölkerungsgruppen im Süd-Irak kulturell anerkannte Lebens- und Identitätsformen für Frauen und Männer existieren, die mit der üblichen Mann/Frau-Dichotomie nicht erklärt werden könnten.

Die in diesem Band vereinten Arbeiten gehen selbstverständlich nicht alle von diesem aktuellen Ansatz, dessen weitere theoretische Ausarbeitung, seine Instrumentalisierung und Anwendung auf neue Ergebnisse hoffen lassen, aus. Trotzdem bildet er den gedanklichen Hintergrund, auf dem die Beiträge zusammengestellt wurden. Sie alle dokumentieren eine andere Blickrichtung, oder wie es Ingrid Wiederschwinger (1988) genannt hat: „veränderte Wahrnehmungen".

Rückblende zu den Anfängen

Einen zeitlichen Anfang zu setzen, wo ethnologische Frauenforschung im deutschsprachigen Raum begonnen hat, ist äußerst schwierig, weil mehrere der ersten Frauen, die wissenschaftliche Arbeiten publizierten, kein Hochschulstudium absolviert hatten. Dies hing mit den gesellschaftlichen Verhältnissen, den damit verbundenen Rollenvorstellungen und dem Bildungssystem zusammen: diese erlaubten es Frauen kaum, in ein akademisches Studium einzusteigen. Trotz dieser äußeren Um- und

Widerstände aber haben mehrere Frauen die Möglichkeit realisiert, sich wenigstens im außeruniversitären Bereich entfalten zu können (Kullik 1988:15).

Bereits im 19. Jahrhundert gab es Frauen, die ausgedehnte Reisen unternahmen, dabei Beobachtungen anstellten und diese schriftlich festhielten. Viele taten dies in ihrer Eigenschaft als Ehefrauen, die ihre Männer begleiteten. Die Aufzeichnungen wievieler Frauen unter dem Namen des Gatten veröffentlicht wurden, ist nur schwer überprüfbar; immerhin liegen entsprechende Fälle dokumentiert vor (vgl. dazu Jehle 1989:7). Und nur wenige haben unter ihrem eigenen Namen publiziert oder publizieren dürfen.

Eine der bekanntesten ethnologischen Forschungsreisenden war die Wienerin Ida Pfeiffer (1797-1858), die trotz härtester Rollenzwänge, denen sie ausgesetzt war, letztlich – nachdem sie Ehe- und Mutterrolle pflichtgemäß erfüllt hatte – ausgedehnte Reisen unternahm, über die sie – wie auch über das dabei beobachtete Leben der Frauen in anderen Kulturen – Berichte anfertigte (Pfeiffer 1980, Jehle 1989, Habinger 1989).

Bis heute ist die Geschichte der Ethnologinnen und ihr Beitrag zur deutschen Völkerkunde zwar in nennenswertem Umfang zusammengestellt und bearbeitet, aber leider noch nicht publiziert worden.[8]

Wenn man/frau die *vitae* der Pionierinnen der Ethnologie, Caecilie Seler-Sachs, Elisabeth Krämer-Bannow[9], Hilde Thurnwald (und andere, vergleiche dazu die bei Kullik, 1988, wiedergegebenen Lebensläufe anderer Ethnologinnen) betrachtet, so fallen Gemeinsamkeiten auf: sie alle besaßen kein Hochschulstudium, aber als Ehefrauen von Ethnologen hatten sie von der Möglichkeit Gebrauch gemacht, ihre Ehemänner auf ihren Studienreisen zu begleiten, selber Studien zu betreiben und diese anschließend auch zu publizieren. Die Arbeiten gerade dieser Frauen können nicht hoch genug bewertet werden, denn die primäre Aufgabe dieser Frauen bestand in allen Fällen darin, dem Gatten auf seinen Reisen (sowie auch zu Hause) den Haushalt zu führen und seine wissenschaftliche Tätigkeit durch fast vollständige Abnahme der Logistik zu erleichtern (siehe weiter unten). Und erst in zweiter Linie konnten sie an eigenes Arbeiten denken. Wie viele andere Ehefrauen sind wohl bei dieser Rollenverteilung letztlich auf der Strecke geblieben, obwohl auch sie eigene Beobachtungen notierten und Studien unternahmen? – Einen ähnlichen Zugang zur Ethnologie fand Ida Hahn (1869-1942): über ihren Bruder Eduard (Kullik 1988).

Die erste, 1927 promovierte Völkerkundlerin war Anneliese Eilers, über deren Leben fast keine Angaben erhalten geblieben sind (siehe weiter unten). Selbstverständlich gab und gibt es – neben den in diesem Sammelband vertretenen Völkerkundlerinnen – noch mehrere weitere Ethnologinnen, die zwar nicht *gender*-spezifische Studien betrieben haben, die Völkerkunde als solche aber wesentlich mitgeprägt haben, so etwa Eva Lips (* 1909), die vor allem über Indianer Nordamerikas (mit Feldforschung) gearbeitet hat, zwischen 1937 und 1948 an amerikanischen Universitäten tätig war und sich 1954 für Ethnologie und vergleichende Rechtssoziologie an der Universität Leipzig habilitiert hatte. 1960 wurde sie dort als erste Frau im deutschsprachigen Raum zur Ethnologieprofessorin mit vollem Lehrauftrag berufen. Sie hat sich, zusammen mit ihrem Mann, Julius Lips, mit sozioökonomischen Problemen, in deren Zentrum Erntevölker und Erntewirtschaft standen, befaßt; daneben aber hat sie alleine zahlreiche weitere Themen bearbeitet (Treide 1984:6-15). Es würde hier zu weit führen, alle Ethnologinnen und ihre Verdienste aufzuzählen (Ausführliches dazu bei Kullik 1988).

Die Ethnologinnen und ihre Beiträge im Ersten Teil

Caecilie Seler-Sachs (1.6.1855 – 4.1.1935) hat mehrere Arbeiten über Frauen in Mexiko geschrieben (1893, 1906, 1919). Ihr wohl bekanntestes Werk ist „Frauenleben im Reiche der Azteken“ (1. Auflage 1919, 2. Auflage 1984). Bei dem in diesem Sammelband wiedergegebenen Beitrag handelt es sich um den ersten dieser offensichtlich emanzipierten Autorin; er erschien 26 Jahre vor dem „Frauenleben“. Manche Themen tauchen in beiden Schriften auf, wobei sie leicht variiert sind. Interessant sind in diesem Zusammenhang die leichten Veränderungen, die Caecilie Seler beispielsweise in der Übersetzung der Mahnrede des Vaters an seine Tochter vorgenommen hat.

Das Bewußtsein Caecilie Seler-Sachs über die Verhältnisse zwischen den Geschlechtern in ihrer eigenen Gesellschaft spiegelt sich in Formulierungen und Kommentaren in ihren völkerkundlichen Arbeiten wider. So lautet etwa der Schlußsatz von „Die Frau im alten und im heutigen Mexiko“: „Aber ich glaube kaum, daß wir uns mit der Stellung einer alten Mexikanerin zufrieden geben würden.“ Oder im „Frauenleben“ schreibt sie (1919:51) über den moralischen Widerspruch von Keuschheit und Prostitution: „Die eine dieser Reden ist fast ausschließlich den Regeln der Keuschheit gewidmet, die – wie bei uns – in der Theorie auch vom Manne verlangt, in der Praxis von ihm verleugnet wurde. Galt doch der Verkehr mit Sklavinnen als selbstverständlich, und an öffentlichen Weibern war kein Mangel.“

Auch sah sie recht klar die Funktion und normative Wirkung von Idealbildern, wie sie die Azteken bezüglich der Hausfrau entwarfen, und des Gegenbildes vom „schlechten Weibe“. Ursula Dyckerhoff schreibt im Vorwort zur Neuauflage (1984) des „Frauenlebens“, daß Caecilie Seler-Sachs mit der Frauenbewegung in Verbindung gestanden hat. Tatsächlich könnte man dies aufgrund ihrer völkerkundlichen Arbeiten vermuten.

Caecilie Sachs stammte aus gehobenen Kreisen und erhielt zweifellos eine dem damaligen Töchterideal entsprechende Bildung, die vermutlich als Ziel mehr eine gebildete Ehefrau denn eine selbständig denkende und arbeitende unabhängige Frau hatte. Sie heiratete erst mit 30 Jahren den sechs Jahre älteren Eduard Seler, der in der Amerikanistik zu deren Gründungsvätern gezählt wird. Ihm widmete sie das „Frauenleben“ zu seinem 70. Geburtstag („Meinem Manne, Lehrer und Reisegefährten“).

Obwohl selbst mit kritischem Blick ausgestattet, hat sie zu Hause und auf den mit ihrem Mann gemeinsam durchgeführten Reisen in Mexiko und Guatemala typische Frauenrollen übernommen. Sie war, wie Dyckerhoff schreibt, „die unermüdliche Begleiterin und Helferin, die nicht nur versuchte, von ihrem Mann zu Hause jegliche Belastung fernzuhalten und in Vortragsreisen durch Deutschland sein Arbeitsgebiet populär zu machen...“. Auf den Forschungsreisen „war [es] Caecilie Seler-Sachs, die den schweren Plattenapparat bediente, um die Landschaften, Indianer, Ruinen und Objekte zu fotografieren“, etc. Immerhin brachte es Caecilie Seler-Sachs, wie später auch Hilde Thurnwald, zu eigenständigem wissenschaftlichen Arbeiten, was, neben ihrem Ehefrauen- und Assistentinnendasein, nicht hoch genug eingeschätzt und bewertet werden kann.

Seler-Sachs Arbeit über die Frau im alten und im heutigen Mexiko beruht in methodisch-theoretischer Hinsicht auf der Verwendung dreier verschiedener Arten von Quellen: 1. der Bilderschrift Codex Mendoza, 2. des Buches „Historia General de las Cosas de Nueva Espana“ des Fray Bernardino de Sahagun, der 1529 nach Mexiko kam, 3. auf ethnographischen Beobachtungen, die sie selbst über das Leben der Indianerinnen gemacht hat. In vielen Aspekten geht sie von Kontinuität (von den Azteken bis in die Zeit ihrer Reisen kurz vor der Jahrhundertwende) aus; in anderen erwähnt sie den Wandel, das offensichtliche Abreißen von Traditionen. Obwohl sie keine prinzipiellen theoretischen Überlegungen dazu anstellt, setzt sie diese theoretisch und methodisch nicht ganz unbedenklichen Kunstgriffe subtil ein. Ähnlich geht sie im regionalen Vergleich vor, wenn sie etwa altperuanische Textilien heranzieht, um auf jene in Altmexiko Rückschlüsse zu ziehen. Aber all dies geschieht nicht, um irgendwelche hochgesteckten ethnologischen Ziele zu erreichen, sondern um das Alltagsleben der Frauen in Mexiko, oder wie sie es auch nennt, das häusliche Leben, den Alltag, dem europäischen Leser möglichst anschaulich nahezubringen.

Die Stimme einer Fox-Frau: diese Lebensgeschichte stammt von einer Indianerin, deren Name geheimgehalten wurde. Die Fox, auch Meskwaki, Mesquakie, Ontagami, Red Earth People genannt, lebten im Mittleren Westen, in der Nähe des Winnebagosees und des Fox River im östlichen Wisconsin. Sie sprechen, wie die benachbarten Sauk, eine Algonkin-Sprache.

Herausgegeben wurde diese Lebensschilderung von dem Ethnologen Truman Michelson, der keinen Grund dafür angibt, weshalb er nähere Angaben zu dieser Frau – wo sie gelebt hat, wie alt sie etwa war etc. – verschwiegen hat. Ob es tatsächlich Persönlichkeitsschutz im heutigen Sinn war, bleibt unklar; immerhin hätten auch beim Verschweigen des Namens nähere Informationen zu den Lebensumständen dieser Frau zum Verständnis ihres Beitrages beigetragen. Tatsächlich handelt es sich um ein eindrückliches Dokument, nicht nur wegen seiner Fülle an ethnographischen Details, sondern vor allem durch seine Subjektivität. Es enthält so viel an persönlichen Erfahrungen, an Gefühlen, an freudig und schmerzlich Erlebtem, wie wohl kaum ein anderes zeitgleiches Dokument. Gerade deshalb, weil es eines der eindrücklichsten Zeugnisse einer Frau aus einer sogenannten traditionellen Gesellschaft darstellt, wurde es in diesen Band aufgenommen. Auch fehlt im deutschsprachigen Bereich die Phase der Aufnahme und Publikation von Lebensberichten. Zu den berühmtesten Lebensgeschichten von Indianerinnen zählen „Red mother" (1932) und „The autobiography of a Papago woman" (1936).[10]

Obwohl der Lebensbericht der Fox-Frau letztlich durch die Hände eines Ethnologen ging – der einzige männliche „Autor" in diesem Band –, wurde er offensichtlich ursprünglich von einer Frau aufgezeichnet. Diese war Dalottiwa, die Frau von Harry Lincoln, den Michelson an verschiedenen Stellen seiner zahlreichen Arbeiten als „intelligenten Assistenten" beschreibt. Da dieser selbst an Ritualen der Fox teilgenommen hat, etwa am White Buffalo Dance, muß es sich bei Harry Lincoln um einen Mann gehandelt haben, dessen Eltern entweder ganz oder teilweise (zum Beispiel eine indianische Mutter, ein weißer Vater) Angehörige der Fox waren. Von Dalottiwa, vermutlich eine Indianerin, sagt Michelson, daß „sie sehr gut lesen konnte", weshalb „der indianische Text nur ein einziges Mal diktiert wurde". Harry Lincoln war übrigens ein ständiger Gewährsmann von Michelson; er vermittelte dem Ethnologen auch die (in der Originalausgabe als Autobiographie bezeichnete) Lebensschilderung im Jahr 1918. Die englische Übersetzung wurde in einer Paraphrase von Horace Poweshiek erstellt und später durch Truman Michelson (so schreibt dieser) ergänzt und durch eine grammatikalische Analyse des Textes korrigiert.

Die Rolle von Michelson bei der Herausgabe des Textes ist unklar; er gibt sich selbst als Autor an.[11] In der Einleitung, die der Lebensgeschichte in der Fox-Sprache und der englischen Übersetzung vorangestellt ist, erwähnt er, daß einige Stellen, die „zu naiv und zu frank" für den europäischen Geschmack gewesen waren, weggelassen wurden. Verblüffend ist die Chronologie des Berichtes, der – so wie es für einen Europäer selbstverständlich ist – mit dem zeitlich am weitesten entfernten Ereignis (mit der frühesten Jugendzeit) beginnt und dann sukzessive bis zur Gegenwart fortschreitet. Inwieweit hier die Hand von Michelson chronologisch ordnend gewirkt hat – und damit tatsächlich eine Angleichung an das europäische Modell der Autobiographie stattgefunden hat – ist unbekannt. Immerhin ist auch tatsächlich mit der Möglichkeit zu rechnen, daß zeitlich lineares Denken und Erzählen den originalen Text auszeichneten. Der Text, vor allem der Inhalt der Schilderung, wirkt selbst in seiner Übersetzung ins Englische (und von der englischen Version ausgehend erfolgte die Übertragung ins Deutsche) authentisch. Nur an einigen wenigen Stellen sind Fragezeichen zu setzen. So wüßte man/frau gerne die wörtliche Bedeutung des Begriffes, den er mit „immoral" (was mit unmoralisch im Deutschen wiedergegeben wurde) umschrieben hat.

Von Michelson stammen die ethnologischen Anmerkungen (die linguistischen wurden hier ausgeklammert), die zum Teil auf Weglassungen aufmerksam machen (zum Beispiel Anmerkung 26). Aus heutiger Sicht sind diese zu bedauern, einerseits weil sie ethnographische Informationen über das Verhalten der Fox-Frauen nach der Geburt enthalten, die wir heute gerne wüßten. Andererseits führen solche Streichungen zu Akzentverschiebungen im Lebensbericht selbst. Wenn der Text an sich durch seine Lebendigkeit und Lebensnähe besticht, so besitzen, aus heutiger Sicht, die Anmerkungen Michelsons nicht die gleiche Qualität. Einerseits ist unterschwellig seine Mißbilligung von „unmoralischen" Frauen zu verspüren, zum Beispiel in den Anmerkungen 16 und 33. Andererseits sein doppelt männlicher Blickwinkel: seiner als „Autor" und offensichtlich derjenige der Fox-Männer, wenn er davon ausgeht, daß Fox-Männer nur „selten Mädchen mit einem schlechten Ruf" heiraten (Anmerkungen 26 und 31).

Auffällig hartnäckig (aber nicht untypisch für seine Zeit) beharrt Michelson auf der „Patrilinearität" der Fox, wobei gerade die konkreten Schilderungen der Frau alles andere als ins Raster der damaligen Verwandtschaftsethnologen passen. Unter dem gleichen Aspekt müssen die Übersetzungen der Verwandtschaftstermini kritisch überdacht werden, da „mein Vater" und „meine Tochter" bereits gewisse Grundannahmen bezüglich der gegenseitigen Beziehungen voraussetzen, von denen im vorliegenden Fall – so wie die Schilderungen dies verdeutlichen – nicht unreflektiert ausgegngen werden kann. – Die in runden Klammern angefügten Ergänzungen stammen von Michelson, die in eckigen von mir. Verändert und vervollständigt wurden die bibliographischen Hinweise. Sie wurden aus dem Text, das heißt den Anmerkungen, herausgenommen und zu einer kleinen Bibliographie zusammengestellt.

Anneliese Eilers (mit vollem Namen: Hedwig Bertha Anneliese Eilers, *19.2.1900) war meines Wissens die erste promovierte Völkerkundlerin. Sie legte ihre Doktorprüfung 1927 in Hamburg ab. Das Studium hatte sie 1922 ergriffen, nachdem sie in einer Klosterschule in Hamburg das Abitur und die Lehramtsprüfung absolviert hatte. Sie vertiefte sich vor allem in afrikanische Sprachen und Phonetik. Das Sommersemester 1925 verbrachte sie an der Universität Tübingen. Ihre Doktorarbeit, der auch die genannten Lebensdaten entnommen sind, hat sie über „Die sozialen Beziehungen des Kindes bei den Bantunegern" geschrieben; aus dieser Publikation stammt auch der in diesem Sammelband wiedergegebene Beitrag.

Nur noch mit einer einzigen markanten Publikation ist Anneliese Eilers an die Öffentlichkeit getreten: als Verfasserin des Bandes 8, Ethnographie Mikronesiens, „Inseln um Ponape", in der sie die Resultate der von Georg Thilenius (der auch einer ihrer Lehrer gewesen war) organisierten Hamburger Südsee-Expedition von 1908-1910 zusammenfaßte. Für den 450 Seiten starken Band, der auf den Daten anderer Wissenschaftler beruhte, die sie aber auswertete und publizierte, hat sie vermutlich mehrere Jahre ihres Lebens investiert. Er erschien 1934.

Danach verlieren sich die Spuren Anneliese Eilers. Trotz Nachforschungen[12] bleibt ihr weiteres Schicksal unbekannt.

Ihre Dissertation beruhte auf Literaturstudium, und auch in den wenigen Jahren, die ihr danach vermutlich noch blieben, hat sie keine Feldforschung betreiben können, obwohl eine solche vom Thema her, das sie bearbeitet hatte, eigentlich nahegelegen hätte. Aber als alleinstehender Frau und Wissenschaftlerin war ihr dies wahrscheinlich kaum möglich. Immerhin schimmert in der Aufbereitung der Ergebnisse der Südsee-Expedition das Interesse Eilers' an Fragen zu Familienstruktur und Beziehungen zu Kindern in anderen Kulturen immer noch durch, selbst auf dem knapp bemessenen Raum, der ihr dafür zur Verfügung stand.

Ihre Doktorarbeit beruhte, wie bereits erwähnt wurde, auf Publikationen anderer. Beobachtungen und Informationen zum Thema „seelische und soziale Beziehungen der Kinder“ sind in den Berichten von männlichen Forschungsreisenden und Ethnologen nur sporadisch vertreten. Eilers schreibt, daß das, was sie interessierte, „etwas abseits von dem [ist], was damals im Mittelpunkt des Forscherinteresses stand“. Sie hatte also bereits eine andere Blickrichtung, eine als Frau, bewußt eingenommen. Dies hatte jedoch zur Folge, daß sie ihr Thema nicht ethnographisch genau erarbeiten konnte, sondern regional und großflächig vorgehen und dabei verstreute Hinweise sammeln mußte. Ihr Untersuchungsgebiet umfaßte das damalige Deutsch-Ostafrika, Belgisch-Kongo und einzelne Teile des Britischen Schutzgebietes. Sie wurde, bedingt durch die Quellenlage, die sie als mosaikartig bezeichnete, dazu gezwungen, zu verallgemeinern. Sie differenzierte die Aussagen jedoch immer einzeln nach kulturellen Gruppen, wobei sie sich vor allem für Unterschiede zwischen „mutterrechtlich“ und „vaterrechtlich“ organisierten Gruppen in Bezug auf die Beziehungen der Erwachsenen zu Kindern (und umgekehrt) sowie deren Stellung interessierte.

Anneliese Eilers hat sich darum bemüht, den – heute würde man sagen – emischen Ansatz anzuwenden, das heißt für sie besonders wichtig waren direkte Aussagen der Einheimischen über Kinder und wie diese in Sprichwörtern und im Erzählgut geschildert werden, da solche Quellen „am unmittelbarsten und unverfälschtesten“ sind. Auch wenn der Titel die sozialen Beziehungen betont, so war es der Autorin wichtig, auch „Beziehungen ... gefühlsmäßiger, seelischer Natur“ aufzuspüren und diese sichtbar zu machen. In ihren quellenkritischen Bemerkungen erwähnt sie dazu, daß zur Erfassung dieser Dimensionen menschlicher Beziehungen eigentlich längerfristige Beobachtungen vor Ort notwendig wären.

Bei der Zusammenstellung der Daten und deren Analyse differenziert Eilers nach dem Geschlecht der Kinder sowie der Eltern und fragt nach unterschiedlicher Behandlung eines Mädchens/eines Knabens durch Mutter/Vater und weitere Verwandte. Dabei stellt sie fest, daß Forscher allzu voreilig von ihrer Vorstellung von Familie, respektive Elternhaus, ausgegangen sind. Sie spricht gar von „einseitige[r] europäische[r] Einstellung“ und davon, „daß die Europäer nicht vom Standpunkt des Eingeborenen, sondern von ihrem eigenen abendländischen ausgehend, diese schwierigen und zarten Dinge zu erfassen gesucht haben“. Damit schneidet sie bereits ein Thema an: die Kritik an der andro- und eurozentrischen Betrachtungsweise der Kernfamilie, die im wesentlichen vom Axiom der Vaterschaft und deren sozialer Bedeutung ausging (vergleiche dazu Hauser-Schäublin in diesem Band).

Bei allen zeitbedingten Formulierungen und Begriffen, die Eilers verwendet hat, zeigt ihre Arbeit Ansätze und Überlegungen, die vielversprechend waren, jedoch nie zum Tragen kamen, da ihr offensichtlich die Möglichkeit verwehrt blieb, diese selbst in der Praxis der Feldforschung anzuwenden und zu erproben.

Redaktionell verändert wurde Eilers' Zitierweise, die uneinheitlich gewesen war; auch hat sich die Herausgeberin darum bemüht, das unvollständige Literaturverzeichnis so weit wie möglich zu ergänzen.

Hilde Thurnwald-Schubert (15.2.1890 – 7.8.1979) gehört zu den profiliertesten frühen Ethnologinnen des deutschsprachigen Raumes, da sie sich vor allem als langjährige Herausgeberin des von ihrem Mann Richard gegründeten Sociologus (Zeitschrift für empirische Ethnosoziologie und Ethnopsychologie) einen internationalen Namen geschaffen hat.

Hilde Thurnwald zählt zu jenen frühen Ethnologinnen, denen eine formelle ethnologische Ausbildung fehlte und die erst über den Ehemann dieses Wissensgebiet kennenlernten, sich dieses aneigneten und selbst darin aktiv wurden. Sigrid Westphal-Hellbusch schreibt im Nachruf, daß Hilde Thurnwald „vom Tage der Eheschließung an (7.9.1923) willens [war], an der Arbeit ihres Mannes Anteil zu nehmen“.[13] Zuvor hatte sie eine sozialfürsorgerische Ausbildung am Berliner Pestalozzi-Froebel-Haus genossen, bevor sie den 21 Jahre älteren Mann heiraten konnte.[14]

„In Zusammenarbeit mit ihrem Mann“, so schreibt Westphal-Hellbusch weiter, „übernahm Hilde Thurnwald seine Forschungsziele und Prinzipien und vertrat sie – zum mindesten in späteren Jahren – ausgeprägter und kompromißloser als er selbst.“

Hilde Thurnwald war keine feministische Forscherin, doch hat sie sich mehrmals dem Thema Frauen zugewandt. Die differenzierteste ihrer Publikationen entstand aus ihrer ersten Feldarbeit und der Analyse der dabei gewonnenen Daten, die sie in „Die schwarze Frau im Wandel Afrikas“ veröffentlichte und aus der ein wichtiger Ausschnitt im vorliegenden Band abgedruckt ist. Weit dahinter zurück bleiben, vom theoretischen Standpunkt aus gesehen, ihre Arbeiten über Buin (Salomonen, Papua-Neuguinea), wo sie eindeutig einen männlichen Standpunkt der Betrachtung und der Art, wie die Forschungsfragen gestellt, beantwortet und interpretiert werden, einnahm. Frauen scheinen kaum aus ihrer eigenen Perspektive befragt worden zu sein; auch fehlt der in der „Schwarzen Frau" doch deutlich spürbare differenzierte Blick einer Ethnologin für frauenspezifische Probleme. Vielleicht hängt dies auch damit zusammen, daß ihr Mann rund 17 Jahre zuvor schon in Buin gewesen war und sie nun zusammen mit ihm eine *restudy* machte. Auch klingen ihre theoretischen Aussagen zum Thema Überlagerung/Überschichtung (siehe unten) dogmatischer als zuvor: „..., daß in Buin auch nach der Überschichtung das Gerippe der älteren mutterrechtlichen Heiratsordnung erhalten blieb, obwohl sich unter dem Druck der politischen Organisation eine klare Vaterfolge entwickelt hat in Bezug auf Rang und Erbfolge und die rechtliche Zugehörigkeit des Kindes. Sie sind Eigentum des Vaters und seiner Sippe geworden."

Hilde Thurnwalds Ansatz orientiert sich auch in der „Schwarzen Frau" am theoretischen Ansatz ihres Mannes, dem sie das Buch folgendermaßen gewidmet hat:

„Ich widme dieses Buch meinem Manne
als seine Schülerin
und Arbeitskameradin."

Methodisch und theoretisch steht bei ihr das Studium sozialer Prozesse, Wandel im weitesten Sinn, im Vordergrund, wobei die Begriffe Überschichtung, Vermischung und Anpassung den Rahmen bilden. Auch der sozialpsychologische Aspekt, der Richard Thrunwald so wichtig war, gehört für Hilde Thurnwald dazu. So spricht sie vom sozialpsychischen Reiz, den der Kulturkontakt bei den Afrikanern ausgelöst hat. Die physische Anthropologie, die sich vor allem im Begriff der Rasse und damit in dem der Vermischung (der biologisch und kulturell verstanden wird) manifestiert, schließt sie in ihren Ansatz mit ein. In der Kombination dieser drei Kriterien miteinander führt dies indirekt und implizit zur Bildung einer Typologie von Gesellschaften wie Jäger, Hirten, Feldbauern etc., und damit verbunden mit den darin verhafteten Trägern und Trägerinnen der Gesellschaft: den Menschen. Zweifellos spiegelt sich in diesem hierarchisch strukturierten Modell, an dessen Basis sich „rohe Unbekümmertheit" und „Wildheit" befinden und an dessen Spitze europäische Normen und Maßstäbe stehen, eine Bewertung der verschiedenen Organisationsformen wider.

Das Prozessuale, die „dynamischen Auswirkungen" des Kontaktes zwischen Europäern und ostafrikanischen Kulturen, versucht Hilde Thurnwald zu fassen und zu verdeutlichen, ohne dieses zu einer erstarrten Zeitaufnahme werden zu lassen. Auch gelingt es ihr in der Einleitung zu zeigen, daß kultureller Wandel seit jeher auch im ostafrikanischen Raum stattgefunden hat, er aber qualitativ vom kolonialen zu unterscheiden ist.

Abgesehen von wenigen terminologischen Eigenheiten besitzt Hilde Thurnwalds Studie eine ungeheure Aktualität, was Fragen der Akkulturation und der damit zusammenhängenden Probleme der Entwicklungsländer betrifft. Verblüffend ist auch Thurnwalds Weitblick, wenn sie schreibt, daß die Veränderungen in den Drittweltländern zweifellos Rückwirkungen auf Europa und den eigenen Lebensstil haben werden.

Zeitbedingt – außer dem Methodisch-Theoretischen, das man, wie bereits gesagt, im Rahmen der Arbeiten von Richard Thurnwald sehen muß – sind die De-facto-Hinnahme des Christentums als die sittlich hochstehende Religion und die positive Bewertung des Kolonialismus hinsichtlich seiner Wirkung auf blutige Fehden und die Sklaverei, die unter seinem Einfluß aufhörten.

Methodisch hat sich Hilde Thurnwald der Fragebogenerhebung bedient, wobei sie 60 solcher Fragebogen mit 120 Fragen, „welche die alten Sitten und ihre Abwandlung betrafen“ an Regierungsbeamte und Missionare (Männer und Frauen) geschickt hat, die seit langen Jahren dort gelebt hatten und mit den lokalen Verhältnissen vertraut waren. 14 hat sie ausgefüllt zurückerhalten. Vor Ort hat sie bei vielen Bevölkerungsgruppen eigene Ermittlungen durchgeführt, um die auf den Fragebogen gemachten Angaben zu kontrollieren und zu ergänzen, zum Teil aber auch, um in Gebieten, über die keine Daten vorlagen, Grunderhebungen durchzuführen. Hilde Thurnwald war, zusammen mit ihrem Mann, ein Jahr lang, 1930/31, in Tansania (damals: Tanganyika, britisches Mandatsgebiet) unterwegs, wobei sie auch einen Abstecher nach Kenya machte. Sie erhielt Aufnahme und Unterstützung bei Verwaltungsbeamten, Pflanzern, Lehrern und Missionaren der verschiedensten Nationen.

Das Resultat ihrer Arbeit ist eine regionale Studie hohen Niveaus, die höchstens mit jener von Phyllis Kaberry, „Women of the grassfields“, die 17 Jahre nach der Arbeit von Hilde Thurnwald erschienen ist, verglichen werden kann. Hilde Thurnwald hat mit ausgeprägtem Sinn für das Erkennen komplexer sozialer Prozesse, die simultan ablaufen, festgestellt, daß die Wirkungen des Kulturkontaktes für Männer und Frauen verschieden und in unterschiedlichem Tempo ablaufen. Diese Differenzierung ist meines Erachtens eine Pionierleistung Thurnwalds in der Frauenethnologie.

Ausgehend davon, daß sie – so schreibt sie – als Frau einen einfacheren Zugang zur Lebenswelt der afrikanischen Frauen hatte, besaß sie auch einen besonderen Blick für deren Aufgaben und Probleme in einer im Vergleich zur Lebenswelt der Männer „abgeschlossene[n] Lebenssphäre". Während die Männer unter den veränderten ökonomischen Bedingungen als Wander- und Kontraktarbeiter (Lohnarbeiter) fernab ihres Zuhauses tätig sind, wird die Subsistenz der Familie im Dorf den weitgehend auf sich gestellten Frauen überantwortet.

Thurnwald hält auch die Unterschiede zwischen ländlichen und städtischen Verhältnissen fest und ihre Wirkung auf die Frauen, die, allgemein betrachtet, offensichtlich den neuen Umwelteinflüssen gegenüber traditionsgebundener sind als die Männer.

Dort, wo Frauen (und mit ihnen auch Kinder) Zugang zu Lohnarbeit haben – zum Beispiel auf Baumwollpflanzungen saisonal als Pflückerinnen; in städtischen Verhältnissen oft auch als Prostituierte -, gelten sie als billige Arbeitskräfte. Durch die Veränderung auf dem „Heiratsmarkt", herbeigeführt auch durch das christliche Verbot der Polygynie, bleiben vermehrt junge Frauen unverheiratet. Sie werden dann willkommene Hilfskräfte in der Krankenpflege und als Hebammen.

Thurnwald gelingt es ebenfalls aufzuzeigen, wie durch eingeführte materielle Güter nicht nur Produkte des einheimischen Handwerks verdrängt werden (etwa die Weberei), sondern wie daran auch immaterielle Werte gebunden werden. Das Neue, Fremde, oft billig Gemachte wird als Attribut der Europäer hochgeschätzt, das eigene als Zeichen des Zurückgebliebenseins betrachtet. Gerade das Dreiecksverhältnis zwischen Europäern, Afrikanern und indischen Kaufleuten spielt, wie Hilde Thurnwald nachweisen konnte, bei Verkauf und Vermittlung von neuen Gebrauchs- und Konsumgütern – und damit im Kulturkontakt überhaupt – in Ostafrika eine eminente Rolle.

Margaret Mead. Während in den USA in den zwanziger und dreißiger Jahren sich vermehrt Ethnologinnen außereuropäischen Frauen zuwandten, ihre Lebensgeschichten aufzeichneten und ihre Persönlichkeiten schilderten, lag diese Forschungsrichtung in der deutschsprachigen Ethnologie brach. Deshalb wurde in den vorliegenden Sammelband das (aus dem Englischen übersetzte) von Margaret Mead entworfene Porträt einer außergewöhnlichen Frau aufgenommen, die indirekt Beziehungen zum deutschsprachigen Gebiet und der deutschen Ethnologie hatte. Es handelt sich um Phoebe Clotilda Coe Parkinson (1863-1944), die mit 16 Jahren den 35jährigen Richard Parkinson („Dreißig Jahre in der Südsee") heiratete. Ihre Mutter war eine samoanische Adlige, ihr Vater Amerikaner. Sie lebte an der Grenze der beiden Welten, der samoanisch-neuguineischen und der europäischen. Und dieses Leben auf den Plantagen mit dem von den dort ansässigen Weißen kultivierten halbstädtischen Milieu beinhaltete Gegensätze und Kompromisse.

Das Porträt dieser außergewöhnlichen Frau, die die Schwester der berühmten „Queen Emma" war und auf der Insel Neubritannien (die bis zum Ersten Weltkrieg Teil der deutschen Kolonie Kaiser-Wilhelm-Land war, danach unter australischer Herrschaft stand und heute Teil Papua-Neuguineas ist) lebte, hat Margaret Mead entworfen, nachdem sie 1929 sechs Wochen in ihrem Heim in Sumsum gewesen war und dort ihre Lebensgeschichte aufgezeichnet hatte. Dies geschah nach ihrem Feldaufenthalt mit ihrem zweiten Ehemann, Reo Fortune, in Manus. Bekanntlich hatte Mead ihre ersten Feldstudien in Samoa durchgeführt, weshalb ihr der kulturelle Hintergrund der Halbsamoanerin vertraut war. Geschrieben hat Mead dieses Porträt jedoch erst dreißig Jahre nach dessen Aufzeichnung.

Meads kulturanthropologische Arbeit im allgemeinen und ihre Studien über Geschlechterbeziehungen können und sollen hier nicht dargestellt werden, weil dies den Rahmen dieses Bandes sprengen würde. Ausgewählt für diesen Sammelband wurde der Beitrag auch deshalb, weil sich in ihm die Begegnung zweier Frauen widerspiegelt, die der Ethnologin mit der „Informatin". Auch handelt es sich dabei nicht – im Unterschied etwa zur Lebensgeschichte der Fox-Indianerin – um das Porträt einer „Einheimischen", sondern einer Frau, die (wie bereits erwähnt) im Grenzbereich zweier Welten, der (deutschen und australischen) Kolonisatoren und der Kolonisierten, gelebt hat. Mead hat diesen Grenzbereich in den Vordergrund der Lebensschilderung gerückt und zeigt entsprechend dessen schillernde Facetten auf. Vermutlich ergaben sich Darstellungsweise und deren schriftliche Formulierung erst durch die Distanz der 30 Jahre, die zwischen dem Sammeln der Daten umd dem Schreiben des Berichtes lagen. Tatsächlich ist die reiche ethnologische Erfahrung der Autorin aus diesem Artikel herauszulesen.

Das Angewiesensein einerseits auf und die Verachtung der EthnologInnen andererseits für eben diese Zwischenwelt, derer sie sich während eines Feldaufenthalts auch immer als Mittel zum Zweck bedienen, schildert Mead treffend, ebenso wie die Zwischenwelt selbst. Mead gelingt es, ein überaus lebensnahes Bild zu entwerfen, Phoebe Parkinson dabei selbst sprechen zu lassen, um dann wieder als Ethnologin zusammenzufassen und zu kommentieren, Akzente zu setzen – und sich selber als Frau im Dialog mit der Informatin einzubringen („Von Anfang an waren wir völlig eins in Bezug auf jene Gefühlswerte, die eine Verständigung über sämtliche Barrieren, Jahrhunderte oder Hemisphären hinweg möglich machten"). Mead hat sich dabei auf die Seite von Phoebe Parkinson geschlagen und daraus auch kein Hehl gemacht („Richard war ein Mann, der einzig vom Gedanken beseelt war, sich Geltung zu verschaffen").

Mead beschreibt auch, wie sie methodisch vorgegangen ist: daß sie sich zuerst auf das Gerüst der wichtigsten Lebensdaten konzentriert hat und dann Episoden in den Worten von Phoebe Parkinson aufgenommen hat. Die Auswahl und Präsentation der Streiflichter aus dem wechselvollen Leben der mit einem Deutschen verheirateten Samoa-Amerikanerin lassen deutlich die Handschrift einer Frau erkennen („Nie ärgerte sie sich, wenn sie wieder ein Baby bekam.", „Ich wollte ihre Augen sehen, wie sie ausschauten."). Es gibt viele Beispiele in diesem Aufsatz, die zeigen, wie Mead als Frau Erlebnisse und auch schmerzliche Erfahrungen Phoebe Parkinsons nachvollziehen und entsprechend wiedergeben konnte. Das Bild dieser Informantin – und für einen Sammelband über das Verhältnis EthnologIn/InformantIn hat Mead dieses Porträt ursprünglich geschrieben – wäre zweifellos anders ausgefallen, wenn ein Ethnologe Gespräche mit dieser Frau geführt und diese dann publiziert hätte.

Phoebe Parkinson erlebte die zuerst deutsche und nach dem Ersten Weltkrieg australische Kolonialzeit mit all dem Wandel der Ideale und Werte, die damit verbunden waren, mit gesellschaftlichen „Glanzzeiten" und ihrem Niedergang, mit Reichtum und Verarmung.

Beim Schreiben des Porträts hat sich Mead auf das Skizzieren dieser Frau und den Eindruck, den diese auf sie gemacht hat, konzentriert; sie hat offensichtlich alles andere als nebensächlich betrachtet. Mit der deutschen Kolonialzeit, den in dieser Ära wichtigsten Personen und Unternehmen, deren Namen sie (oft falsch oder unvollständig geschrieben) erwähnt, hat sie sich nicht auseinandergesetzt. Deshalb haben sich Ungenauigkeiten eingeschlichen; Korrekturen respektive Ergänzungen wurden in eckigen Klammern [ ] eingefügt. Die Meadsche Schreibweise des Vornamens, Phebe, wurde belassen (obwohl sie offensichtlich Phoebe hieß), nicht zuletzt auch deshalb, weil bereits bei der Übersetzung von „Brombeerblüten im Winter" diese Amerikanisierung übernommen worden war (1978:144). Mead setzt bei der Leserschaft relativ gute Kenntnisse über die kulturellen und geographischen Bedingungen des Bismarck-Archipels voraus; so erwähnt sie etwa den Männergeheimbund DukDuk auf der Gazelle-Halbinsel und die für ihre riesigen Rindenbastmasken bekannte Bevölkerungsgruppe der Baining.

In der Übersetzung wurden in sprachlicher Hinsicht die von Mead gewählten Formen „Studenten", „Ethnologen", „Informanten" etc. ohne spezielle Beifügung des weiblichen Geschlechts beibehalten. Daneben enthält Meads Aufsatz ethnologische Begriffe und Formulierungen, die für die Zeit, in der er geschrieben wurde, typisch sind und die deshalb auch so verstanden werden müssen.

Sigrid Westphal-Hellbusch (10.6.1915 – 1.2.1984). Mit Sigrid Westphal-Hellbusch hielt die erste Ethnologin als Ordinaria an einer Universität der damaligen Bundesrepublik in Berlin Einzug (1964). Zuvor war sie bereits fünf Jahre als außerplanmäßige Professorin (ebenfalls an der Freien Universität Berlin) tätig gewesen.

Studiert hatte Sigrid Westphal-Hellbusch vor allem bei Richard Thurnwald und Dietrich Westermann. Bei Thurnwald hatte sie 1940 promoviert mit der Doktorarbeit „Einfluß der Jagd auf die Lebensform der Australier". Ihre Habilitation erfolgte sechs Jahre später mit der Schrift „Der Totemismus bei den Buschmännern". Die erste Hälfte ihrer Tätigkeit als Wissenschaftlerin gestaltete sich unter den schwierigen Verhältnissen des Zweiten Weltkrieges; sie stand im Dienste des Museums für Völkerkunde Berlin und war mit der Auslagerung der Sammlungsbestände aus dem Dahlemer Magazin betraut.

Von der Humboldt-Universität, wo sie 1947 zur Dozentin berufen worden war, zog sie 1953 nach Westberlin, wo sie Assistentin Richard Thurnwalds an seinem neugegründeten Institut für Sozialpsychologie und Ethnologie, dem Vorläufer des Instituts für Ethnologie der Freien Universität Berlin, wurde.

Sigrid Westphal-Hellbusch war eine ausgezeichnete Kennerin des Gebietes zwischen Vorderem Orient und Mittelasien. Ihre Feldforschungen im Süden Iraks (bei den Ma'dan), im Indusdelta (Pakistan) und in Indien haben sich in fünf Monographien (und zahlreichen kleineren Publikationen) niedergeschlagen. Weitere Reisen führten sie unter anderem in die Türkei, in den Iran und nach Marokko.

Ihr Beitrag, der in diesem Sammelband wiedergegeben ist, befaßt sich mit einem Thema, das erst sehr viel später, im Rahmen des Erwachens feministischer Ethnologie, Gegenstand von Untersuchungen wurde: die

Frage nach *gender* jenseits der üblichen Männer- und Frauenrollen. Dazu gehört das Phänomen des Transvestitismus, wie etwa neuere Arbeiten über Berdachen in Nordamerika (zum Beispiel Williams 1986) und Schamanen in Sibirien gezeigt haben. Mit dem europäischen Modell der Mann/Frau-Dichotomie und dessen Erklärung weitgehend über Geschlechtsmerkmale und die Art der Sexualbeziehungen („Hetero-/ Homosexualität“) sind diese Phänomene nicht zu verstehen.

Sigrid Westphal-Hellbuschs Artikel über Transvestiten ist seiner Zeit weit vorausgeeilt, denn bis zu den Arbeiten von Herdt (1981, 1984; siehe auch die Kritik an seinem Erklärungsmodell von Hauser-Schäublin 1989) und Bleibtreu-Ehrenberg (1970, 1984) wurde dieses Thema nie an einem ethnographisch selbst beobachteten respektive untersuchten Beispiel dargestellt. Baumann (1955) hat das Problem aus einer religionsethnologischen Sicht her angepackt. Er geht jedoch von einer biologischen Bestimmtheit der – primär ja kulturellen und nicht biologischen! – Kategorien von Frauen und Männern durch Chromosomen aus, wobei er die aus der Biologie stammende Erkenntnis, daß jeder Organismus, ob Tier oder Mensch, im Grunde eine bisexuelle Potenz und damit geschlechtliche Plastizität besitzt, übernimmt (1955:380).

Westphal-Hellbusch ging das Thema vor allem soziologisch an. Die Institution der *mustergil* ermöglicht Frauen in Gesellschaften im Süd-Irak, nicht zwingend „typische“ weibliche Rollen übernehmen zu müssen und trotzdem eine eigene, kulturell anerkannte Identität zu erlangen. Meiner Meinung nach müßte man *mustergil* als drittes *gender* bezeichnen, das kulturspezifisch definiert ist: die Geschlechtsmerkmale einer *mustergil* sind weiblich, zum *gender* einer *mustergil* gehört – so kann man indirekt aus den Beschreibungen von Westphal-Hellbusch schließen – sexuelle Abstinenz. Wenn eine *mustergil* sich in einen Mann verliebt, verliert sie ihren Status und wechselt zurück in die Kategorie der heiratsfähigen Frau. Eine *mustergil* übernimmt, sozial gesehen, Rollen, die sonst der Kategorie „Mann“ zugeordnet sind, außer dessen rechtliche Möglichkeiten (vor allem Erbrecht).

Die Autorin hat das Leben der Frauen als „abgeschlossen“, das der Männer als „öffentlich“ bezeichnet (und damit eigentlich das erst 20 Jahre später entwickelte Gegensatzpaar von *domestic* und *public* (Rosaldo 1974; vergleiche dazu auch die Kritik an diesem Modell im Beitrag Hauser-Schäublin in diesem Band) vorweggenommen. *Mustergil* sind an keinen dieser Bereiche gebunden, sondern sind Grenzüberschreiterinnen. *Mustergil* ist eine kulturell anerkannte Lebensform, und Westphal-Hellbusch betont, daß es keineswegs eine Schande sei, *mustergil* zu sein.

Sie erwähnt noch den *mustachnet*, einen Mann, der „nichtmännliche“ Betätigungen zu seinem Lebensinhalt gemacht hat, und zwar als Tänzer und Sänger. Im Unterschied zur *mustergil* gehören aber zur Definition der Kategorie des *mustachnet* (und ich würde dies als viertes *gender* bezeichnen!) nicht nur männliche Geschlechtsorgane, sondern zugleich gleichgeschlechtliche Sexualbeziehungen (im Gegensatz zur sexuellen Abstinenz der *mutergil*) sowie bestimmte soziale Rollen, die offensichtlich sonst von keinem anderen Geschlecht ausgeführt werden. Das Bild des *mustachnet* zeichnet Westphal-Hellbusch unschärfer als jenes der *mustergil*. Das Spektrum von *mustachnet* scheint sehr viel breiter zu sein; auch gelten die Rollen der *mustachnet* als untergeordnete, fast verachtete soziale Rollen. Ob hier von der Autorin die Kategorie zu weit interpretiert wurde beziehungsweise, ob alle Phänomene im Zusammenhang mit „Homosexualität“ und „Sodomie“ tatsächlich kulturimmanent unter einer Kategorie subsumiert werden, bleibt unklar.

Westphal-Hellbusch war zweifellos keine feministische Ethnologin, und Geschlechterbeziehungen hat sie kaum je ins Zentrum ihrer Studien gerückt. Deshalb stellt der in diesem Band abgedruckte Artikel eine Ausnahme dar. Er zeigt die differenzierte Vorgehensweise einer Wissenschaftlerin, die das Thema der *mustergil* aus soziologischer Sicht anpackt und es mit dem Beispiel einer Dichterin illustriert.

Aktuelle Forschungsrichtungen und die Beiträge im Zweiten Teil

Mit Beginn der siebziger Jahre gewinnt die ethnologische Frauenforschung an Bedeutung, werden die Themen vielfältiger, aber auch spezifischer, beginnen sich erstmals feministische Ansätze in verschiedener theoretischer Ausrichtung in Fachpublikationen niederzuschlagen. Heute bietet sich ein vielseitiges, fast aufgesplittertes Bild, das nicht mehr einfach zu klassifizieren ist. Als ein zeitlicher Anfangspunkt für neuere Entwicklungen ist wohl die Dissertation über „Indische Frauen zwischen Patriarchat und Chancengleichheit“ von Maria Mies (1973) zu setzen; die gleiche Autorin hat seither eine größere Zahl feministischer sozioökonomischer Studien verfaßt, die auch international Beachtung gefunden haben (zum Beispiel Mies 1989).

Der „Bielefelder Ansatz“, den die sogenannten „Bielefelder Soziologinnen“ vertreten, ist wohl derjenige, der am systematischsten weiterentwickelt wurde und an dem eine ganze Gruppe von Frauen arbeitet. Er hat bis jetzt auch die nennenswertesten Resultate vorzulegen. Im Zentrum dieser Untersuchungen – will man sie auf einen kurzen Nenner bringen – stehen dabei die Wechselbeziehungen zwischen Patriarchat, Kapital und Frauen. Zu den wichtigsten neueren Arbeiten (die Bielefelder Soziologinnen, die zugleich auch Ethnologinnen sind, publizieren regelmäßig in den „Beiträgen zur feministischen Theorie und Praxis") zählt dabei „Frauen, die letzte Kolonie. Zur Hausfrauisierung der Arbeit" von Claudia von Werlhof, Maria Mies und *Veronika Bennholdt-Thomsen*. Die letztgenannte Autorin ist mit einem wichtigen Beitrag im vorliegenden Sammelband vertreten.

Ebenso klar erkennbar ist in theoretischer und methodischer Hinsicht die Ethnopsychoanalyse, deren nahmhafteste Vertreterinnen Maya Nadig (1985) und Florence Weiss (in Morgenthaler/Weiss/Morgenthaler 1984) sind. Von *Maya Nadig* stammt ein Beitrag in diesem Band, der den feministischen Ansatz der Ethnopsychoanalyse exemplarisch, mit Beispielen aus Mexiko und mit einer Reflexion über dessen Anwendung in Studien über Frauen im Zürcher Oberland, darstellt.

In den siebziger Jahren entstanden auch erste monographische Arbeiten[15], basierend auf Feldforschung aus verändertem Blickwinkel, dem von Frauen (Hauser-Schäublin 1977, Vermot-Mangold 1977) und von Kindern (Weiss 1981). Diesen folgten ethnographische Frauenstudien, die vermehrt Fragen nach der politisch-ökonomischen Lage und, damit zusammenhängend, nach Entwicklungsmöglichkeiten stellten (Klingshirn 1982, Steinbrich 1987, Engelbrecht 1987). Interkulturell vergleichende, auf Publikationen basierende Arbeiten zu umfassenden Themen (Otto 1985) sind eher selten, ebenso wie wissenschaftstheoretisch ausgerichtete Veröffentlichungen (Rajkovic 1988, Wiederschwinger 1988). Spezifische Themen, die von Ethnologinnen aufgrund von Literaturstudien bearbeitet werden, umfassen: Körperethnologie (Schlehe 1987, Hauser-Schäublin 1989) und transsexuelle Rollen (Bleibtreu-Ehrenberg 1984); die kritische Analyse von sozialen Institutionen und deren Bedeutung, wie „Witwenverbrennung" in Indien (*sati*, Prinz 1988), Gynägamie in Afrika (Tietmeyer 1985), Mission und Frauen (Prodolliet 1987). An vielen weiteren Themen arbeiten Ethnologinnen an verschiedenen Universitäten, meist im Alleingang, vermutlich weil institutionelle Verankerungen, sowohl personell als auch vom Forschungsschwerpunkt her, fehlen. Eine Ausnahme bildet offensichtlich die Ethnologinnengruppe in Wien (Korsek/Langer/Seiser, „Von fremden Frauen" 1989).

Florence Weiss arbeitet seit einigen Jahren am Thema „Frauen in der Stadt". Über den theoretischen und methodischen Hintergrund der Urbanforschung, die von Frauen begründet wurde, und über ihren eigenen Ansatz sowie die Ergebnisse ihrer Forschung in Rabaul (Neubritannien, Papua-Neuguinea) gibt ihr Beitrag Aufschluß. *Judith Schlehe* beschäftigt sich mit der Göttinnen-Forschung im allgemeinen; im besonderen hat sie das Beispiel der Göttin Ratu Kidul in Java (Indonesien) gewählt, wo sie selbst Feldforschung betreibt. *Brigitta Hauser-Schäublin* hat einen wissenschaftskritischen Ansatz gewählt, der an ihre Studien zur Körperethnologie anknüpft; ihr Beitrag beleuchtet zudem auf dem Hintergrund außereuropäischer Zeugungsvorstellungen das Menschenbild der Industriegesellschaft, so wie es in Reproduktionsmedizin und Gentechnologie zum Ausdruck kommt.

Schluß

Der vorliegende Sammelband zieht in gewisser Hinsicht ein Fazit, aber es ist nicht ein endgültiges, abschließendes. Er soll dazu beitragen, daß Frauen- und Geschlechterforschung vermehrt in Lehre und Forschung miteinbezogen werden, ja fester Bestandteil davon werden. Und er soll junge Wissenschaftlerinnen dazu ermuntern, einen Weg zu beschreiten, der ein weites Tätigkeitsfeld eröffnet – auch wenn er außerhalb vorgezeichneter Bahnen liegt.

Anmerkungen

1 Mead 1978:42, Powdermaker 1966:21-17. Elsie Clew Parsons hat unter dem männlichen (!) Pseudonym John Main eine ausgesprochen feministische Arbeit über die Situation der Frauen in den USA geschrieben. Ruth Benedict hat unter einem Pseudonym, Anne Singleton, Gedichte geschrieben; sie hat auch eine Schrift über die englische Frauenrechtskämpferin des 18.Jahrhunderts, Mary Wollstonecraft, verfaßt.

2 Boas hat auch eine Frau, die nicht studiert hatte – seine Sekretärin -, die er jedoch für begabt hielt, gefördert und ihr zu Feldforschung verholfen: Ruth Bunzel.

3 Die möglichen Gefahren für die Wissenschaften als solche, die eine solche Situation bedeuten kann, lasse ich hier außer Betracht.

4 Dies kommt bei den Ethnologinnentreffen, die größtenteils von Studentinnen und Assistentinnen an Universitäten in der Bundesrepublik, in der Schweiz und in Österreich organisiert werden, zum Ausdruck.

5 Typischerweise ist einer der wenigen Sammelbände zur ethnologischen Frauenforschung, die in deutscher Sprache erschienen sind, dem Andenken der Amerikanerin Eleanor Leacock gewidmet (Von fremden Frauen, 1989). Eine andere Entwicklung hat sich in den Niederlanden angebahnt, wo ethnologische Frauenforschung sich bereits etabliert hat.

6 Zur kritischen Evaluation der Edition dieser Lebensschilderung s. weiter unten.

7 Der Vollständigkeit halber muß erwähnt werden, daß es auch Arbeiten zum Geschlechterthema von deutschsprachigen männlichen Ethnologen gibt. In ihrer Grundhaltung aber sind sie anders – und bleiben deshalb hier unberücksichtigt, weil das Element der Betroffenheit, als Frau in dieser Gesellschaft zu leben und als Wissenschaftlerin im männlich dominierten Wissenschaftsbetrieb zu arbeiten, fehlt. Stattdessen spiegeln solche Arbeiten Objektivität und Wertfreiheit vor.

8 „Frauen als Wegbereiterinnen in der deutschen Völkerkunde", Magister-Arbeit von Rosemarie Kullik, Tübingen 1988. Die Autorin hat auch Forschungsreisende und Ethnologinnen ausfindig gemacht, die nie ins Rampenlicht der Disziplin gerückt und auch von der Wissenschaftsgeschichte „vergessen" wurden (vgl. beispielsweise Mühlmann 1968).

9 Vgl. dazu Fischer 1981:75.

10 Eine Zusammenstellung von Autobiographien aus den Kulturen Nordamerikas und Kanadas gibt Brumble (1981).

11 Brändli (1988) nennt von Ethnologen/Ethnologinnen aufgezeichnete Lebensberichte deshalb Bi-Autobiographien, weil sie nicht von der Person selbst geschrieben wurden, deren Lebensgeschichte erzählt wird. Im vorliegenden Fall haben mehrere Personen Einfluß auf die ursprüngliche Erzählung gehabt; vgl. auch Geiger 1986.

12 Hans Fischer, Hamburg, danke ich für seine Bemühungen auf der Suche nach Hinweisen über das Leben Anneliese Eilers.

13 Melk-Koch (1989:257) gibt als Hochzeitsdatum den 27.7.1923 an.

14 Eine Heirat war erst möglich geworden, als Thurnwalds erste Frau, eine Isländerin, starb. Während rund zehn Jahren hatte er versucht, sich von dieser Frau scheiden zu lassen; Hilde hatte die ganze Zeit über zu ihm gehalten, trotz der Skandale, die dies verursacht hatte (vgl. dazu Melk-Koch 1989:245-257).

15 In den 80er Jahren fanden solche Frauenfeldforschungen ihre Fortsetzung, wie z.B. Boehringer-Abdalla (1987) und Mitzlaff (1988) zeigen.

Literatur

I Allgemein

Bleibtreu-Ehrenberg, G. 1984: Der Weibmann. Kultischer Geschlechtswechsel im Schamanismus. Frankfurt am Main.

Boehringer-Abdalla, G. 1987: Frauenkultur im Sudan. Frankfurt am Main.

Caplan, P. (ed.) 1987: The cultural construction of sexuality. London/New York.

Engelbrecht, B. 1987: Töpferinnen in Mexiko: Entwicklungsethnologische Untersuchungen zur Produktion und Vermarktung der Töpferei von Patamban und Tzintzunitzan, Michaocan, West-Mexiko. Basler Beiträge zur Ethnologie, 26. Basel.

Fischer, H. 1981: Die Hamburger Südsee-Expedition. Über Ethnographie und Kolonialismus. Frankfurt am Main.

Habinger, G. 1989: Aufbruch ins Ungewisse. Ida Pfeiffer (1797-1858) – Auf den Spuren einer Wiener Pionierin der Ethnologie. In: Kossek, Langer, Seiser (Hg.) 1989: Verkehren der Geschlechter. Wien.

Hauser-Schäublin, B. 1977: Frauen in Kararau. Zur Rolle der Frau bei den Iatmul am Mittelsepik, Papua New Guinea. Basler Beiträge zur Ethnologie, 17. Basel.

Jehle, H. 1989: Ida Pfeiffer, Weltreisende im 19. Jahrhundert. Zur Kulturgeschichte reisender Frauen. Waxmann Münster/New York
Hauser-Schäubin, B. 1989: The fallacy of „real" and „pseudo" procreation. Zeitschrift für Ethnologie, 114.
Klingshirn, A. 1982: Frauen und ländliche Entwicklung in Afrika. Forschungsberichte des Bundesministeriums für Wirtschaftliche Zusammenarbeit, 32. München, Köln, London.
Kossek, B.; Langer, D.; Seiser, G. (Hg.) 1989: Verkehren der Geschlechter. Reihe Frauenforschung, 10. Wien.
Kullik, R. 1988: Frauen als Wegbereiterinnen in der deutschen Völkerkunde. Hausarbeit zur Erlangung des Magister Artium. Tübingen.
Mead, M. 1978: Brombeerblüten im Winter. Ein befreites Leben. Reinbek bei Hamburg.
Methoden in der Frauenforschung. Symposium an der Freien Universität Berlin vom 30.11.-1.12.1983. Herausgegeben von der Zentraleinrichtung zur Förderung von Frauenstudien und Frauenforschung an der Freien Universität Berlin, 1984. Frankfurt am Main.
Mies, M. 1973: Indische Frauen zwischen Patriarchat und Chancengleichheit. Meisenheim am Glan.
Mies, M. 1984: Methodische Postulate zur Frauenforschung. In: Beiträge zur feministischen Theorie und Praxis, 11. Köln.
Mies, M. 1989: Patriarchat und Kapital: Frauen in der internationalen Arbeitsteilung. Zürich.
Mitzlaff, U.von 1988: Maasai-Frauen. Leben in einer patriarchalischen Gesellschaft. Trickster Wissenschaft. München.
Morgenthaler, F.; Weiss, F.; Morgenthaler M. 1984: Gespräche am sterbenden Fluß. Ethnopsychoanalyse bei den Iatmul in Papua-Neuguinea. Frankfurt am Main.
Mühlmann, W.E. 1968: Geschichte der Ethnologie. Frankfurt am Main.
Nadig, M. 1985: Die verborgene Kultur der Frau. Ethnopsychoanalytische Gespräche in Mexiko. Frankfurt am Main.
Ortner, S.B., Whitehead, H. (eds.) 1981: Sexual meanings. The cultural construction of gender and sexuality. Cambridge.
Otto, A. 1985: Die Frau in der gegenwärtigen Gesellschaft von Papua Neuguinea. Eine Untersuchung zum Kulturwandel. Göttingen.
Pfeiffer, I. (1844) 1980: Reise einer Wienerin in das Heilige Land. Frankfurt am Main.
Powdermaker, H. 1966: Stranger and friend. The way of an anthropologist. New York, London.
Prinz, C. 1988: Sati: Ideologie und Praxis. Magisterarbeit. Heidelberg.
Rajkovic, J. 1988: Zur Konstruktion von Weiblichkeit. Ein Beitrag zur feministischen Diskussion um Natur, Kultur und Geschlecht in der Ethnologie. Mainz.
Schlehe, J. 1987: Das Blut der fremden Frauen. Menstruation in der anderen und der eigenen Kultur. Frankfurt am Main.
Steinbrich, S. 1987: Frauen der Lyela. Hohenschäftlarn.
Tietmeyer, E. 1985: Frauen heiraten Frauen. Studien zur Gynaegamie in Afrika. Hohenschäftlarn.
Treide, D. 1984: Eva Lips. Ein Portrait. Jahrbuch des Museums für Völkerkunde zu Leipzig, 35. Berlin.
Vermot-Mangold, R. 1977: Die Rolle der Frau bei den Kabre in Nord-Togo. Basler Beiträge zur Ethnologie, 17. Basel.
Von fremden Frauen. Frausein und Geschlechterbeziehungen in nicht-industriellen

Gesellschaften. Herausgegeben von der Arbeitsgruppe Ethnologie Wien. 1989. Frankfurt am Main.

Weiss, F. 1981: Kinder schildern ihren Alltag. Die Stellung des Kindes im ökonomischen System einer Dorfgemeinschaft in Papua New Guinea. Basler Beiträge zur Ethnologie, 21. Basel.

Werlhof, C.von; Mies, M.; Bennholdt-Thomsen, V. 1983: Frauen, die letzte Kolonie. Zur Hausfrauisierung der Arbeit. Reinbek bei Hamburg.

Wiederschwinger, I. 1988: Veränderte Wahrnehmungen. Frauen in ethnologischen Untersuchungen aus dem Hochland von Neuguinea. Dissertation. Freiburg i.Br.

II Literatur zum Beitrag von Caecilia Seler-Sachs

Seler-Sachs, C. 1900: Auf alten Wegen in Mexiko und Guatemala. Reiseerinnerungen und Eindrücke aus den Jahren 1895-1897. Dietrich Reimer Verlag. Berlin.

Seler-Sachs, C. 1919/1984: Frauenleben im Reiche der Azteken. Dietrich Reimer Verlag. Berlin.

Seler-Sachs, C. 1906: Zur Tracht der mexikanischen Indianerinnen. Internationaler Amerikanisten-Kongreß (1904). Stuttgart.

III Literatur zum Beitrag „Die Stimme einer Fox-Frau“

Atwater, C. 1850: The Indians of the Northwest. Columbus

Beltrami, J.C. 1828: A pilgrimage in Europe and North America, vol. 1-3. Philadelphia.

Blair, E.H. (ed.) 1911/1912: Indian Tribes of the Upper Mississippi Valley and region of the Great Lakes, vols. 1-2. Cleveland.

Brändli, S. 1988: The make-up of self-evidence: the bi-autobiographies of three native American woman. Lizentiatsarbeit. Basel.

Brumble, D.H. 1981: An annotated bibliography of American and Eskimo autobiographies. Lincoln.

Busby, A.B. 1886: Two summers among the Musquakies. Vinton.

Carver, J. 1796: Three years' travel. Philadelphia.

Catlin, G. 1841: Illustrations of the manners, customs, and condition of the North American Indians, vols. 1-2. London.

Fulton, A.R. 1882: Red Men of Iowa. Des Moines.

Geiger, S.N. 1986: Women's life histories: method and content. In: Signs, 11. The University of Chicago.

Green, O.J. 1912: The Mesquaki Indians. Red Man, 5.

Jones, W. 1907: Fox texts. American Ethnological Society, Publications, 1. Leyden.

Jones, W. 1906: Mortuary observances and the adoption rites of Algonkin Foxes of Iowa. International Congress of Americanists, Proceedings, 15, vol. 1.

McKenney, T.L. Hall, J.1854: History of the Indian tribes of North America, vols. 1-3. Philadelphia.

Michelson, T. 1925: Ethnological researches among the Fox Indians. Iowa. In: Explorations and fieldwork of the Smithsonian Institution in 1924. Smithsonian Miscellaneous Collection, Vol. 77, No. 2.

Michelson, T. 1925: How Meskwaki children should be brought up. In: Parsons, E.C. (ed.): American Indian life. New York

Michelson, T. 1936: Miss Owen's „Folk-lore of the Musquakie Indians.“ American Anthropologist n.s. 38.

Michelson, T. 1925: Notes on Fox mortuary customs and beliefs. Bureau of American Ethnology. Annual Reports 40, 1919.

Michelson, T. 1925: Selected Fox bibliography. Bureau of American Ethnology. Annual Report 40, 1919.

Uwen, M.A. 1904: Folk-lore of the Musquakie Indians. London.
Patterson, J.B. 1882: Autobiography of Black Hawk. Oquakwa, Ill.
Rebok, H.M. 1901: The last of the Mus-qua-kies. Iowa Historical Record, 17.
Reports of the Commissioner of Indian Affairs.

IV Literatur zum Beitrag von Anneliese Eilers

Augustiny, J. 1919/20: Erlebnisse eines Kambajungen. Zeitschrift für Kolonialsprachen (Eingeborenen-Sprachen), 10.
Baeyens, M. 1913 Les Lesa. Revue Congolaise, 4.
Bender, C.J. 1923: Die Volksdichtung der Wakweli. Beiheft 4 zur Zeitschrift für Kolonialsprachen (Eingeborenen-Sprachen).
Brown, I.T. 1926: Among the Bantu Nomads. London.
Bufe, E. 1871: Die Bakundu. Archiv für Ethnologie, 12.
Chatelain, H. 1894: Folk tales of Angola. Memoirs of the American Folk-Lore Society, 1. Boston, New York.
Colle, R.P. 1913: Les Baluba. Bruxelles
Czekanowski, J. 1924: Forschungen im Nil-Kongo-Zwischengebiet. Leipzig.
Echo aus den Missionen der Väter vom heiligen Geist.
Engels, A. 1912: Les Wangata. Bruxelles.
Fromm, P. 1912: Ufipa, Land und Leute. Mitteilungen aus den deutschen Schutzgebieten, 25.
Fülleborn, F. 1906: Das deutsche Nyassa- und Ruwuma-Gebiet,Land und Leute. Berlin.
Gutmann, B. 1922/23: Die Kerbstocklehren der Dshagga in Ostafrika. Zeitschrift für Eingeborenen-Sprachen, 13.
Hobley, C.W. 1910: Ethnology of A-Kamba and other East African Tribes. Cambridge.
Hoffmann, C. 1915/16: Märchen und Erzählungen der Eingeborenen in Nordtransval. Zeitschrift für Kolonialsprachen (Eingeborenen-Sprachen), 6.
Irle, J. 1906: Die Herero. Gütersloh.
Johannsen, E.; Döring, P. 1914/15: Das Leben der Schambala. Zeitschrift für Kolonialsprachen (Eingeborenen-Sprachen), 5.
Johannsen, E. 1912: Ruanda. Bielefeld.
Karasek, A.; Eichhorn, A. 1911: Beiträge zur Kenntnis der Waschamba. Baessler Archiv, 1; 1913, 3; 1918-22, 7; 1923/24, 8.
Kidd, D. 1906: Savage childhood.
Kootz-Kretschmer, E. 1926: Die Safwa in Ostafrika, I. Berlin.
Kotz, E. 1922: Im Banne der Furcht (Pare). Hamburg/Basel/Wien/Budapest/Den Haag.
Krafft, M. 1914: Die Rechtsverhältnisse der Ovakuanjama und Ovadonga. Mitteilungen aus den deutschen Schutzgebieten, 27.
Kropf, A. 1889: Das Volk der Xosakaffern. Berlin.
Lindblom, G. 1920: The Akamba. Upsala.
Mackenzie, D.R. 1925: The spirit-ridden Konde. London.
Magyar, L. 1859: Reisen in Südafrika. Leipzig.
Maugham, R.C.F. 1910: Zambesia. London.
Pechuel-Loesche, E. 1878: Indiskretes aus Laonga. Zeitschrift für Ethnologie, 10.
Pechuel-Loesche, E. 1907: Volkskunde von Laongo.
Sanderson, M. 1923: Some marriage customs of the Wahenga (Nyassaland). Journal of the African Society, 22.
Schütt, O. 1881: Reisen im Südwest-Becken des Kongo. Berlin.
Staschewski, F. 1917: Banjangi. Beihefte zum Baessler Archiv, 8.

Steere, E. 1922; Swahili tales. London.
Tessmann, G. 1913: Die Pangwe. Leipzig.
Torday, E; Joice, T.A.1925: Causerie congolaises. Bruxelles.
Torday, E; Joice, T.A 1911: Les Bushongos. Annales du Musée du Congo Belgique.
Velten, C. 1903: Sitten und Gebräuche der Suaheli. Göttingen.
Vervaecke, R.P. 1910: Les Bena Lulua. Revue Congolaise.
Weeks, J.H. 1914: Among the primitive Bakongo. London.
Werner, A. 1906: The natives of British Central Africa. London.
Werner, A. 1913: Some notes on the Wapokomo of the Tana valley. Journal of the African Society, 12.
Weile K. 1908: Wissenschaftliche Ergebnisse meiner ethnographischen Forschungsreise in den Südosten Deutsch-Ostafrikas. Ergänzungshefte zu den Mitteilungen aus den deutschen Schutzgebieten, I. Berlin.
Wissemann, H. 1890: Meine zweite Durchquerung Aequatorial-Afrikas vom Congo zum Zambesi während der Jahre 1886 und 1887. Frankfurt an der Oder.
Wissmann, H. 1901: Unter deutscher Flagge quer durch Afrika von West nach Ost. Berlin.

V Literatur zum Beitrag von Hilde Thurnwald

Kaberry, P. 1952: Women of the grassfields. Study of the economic position of women in Bamenda, British Cameroon. London.
Melk-Koch, M. 1989: Auf der Suche nach der menschlichen Gesellschaft: Richard Thurnwald. Museum für Völkerkunde Berlin, Staatliche Museen Preußischer Kulturbesitz. Berlin.
Thurnwald, H. 1934/35: Woman's status in Buin Society. In: Oceania 5.
Thurnwald, H. 1938: Ehe und Mutterschaft in Buin (Bougainville, Salomo-Archipel). Archiv für Anthropologie, NF 24.
Westphal-Hellbusch, S. 1979: Hilde Thurnwald. In: Sociologus 29,2.

VI Literatur zum Beitrag von Margaret Mead

Gash, N.; Whittaker, J. (1975) 1977: A pictorial history of New Guinea. The Jacaranda Press, Australia.
Mead, M. 1978: Brombeerblüten im Winter. Hamburg.
Mead, M. 1977: Letters from the field 1925 – 1975. New York.
Parkinson, R. 1907: Dreißig Jahre in der Südsee. Stuttgart.
Robson, R.W. 1979: Queen Emma. Sydney, New York.
Whittaker, J.L.; Gash, N.G., Hookey, J.F.; Lacey, R.J. (1975) 1982: New Guinea History. The Jacaranda Press, Australia.

VII Literatur zum Beitrag von Sigrid Westphal-Hellbusch

Baumann, H. 1955: Das doppelte Geschlecht. Ethnologische Studien zur Bisexualität in Ritus und Mythos. Dietrich Reimer Verlag. Berlin.
Bleibtreu-Ehrenberg, G. 1970: Homosexualität und Transvestition im Schamanismus. Anthropos 65, St.Augustin.
Bleibtreu-Ehrenberg, G. 1984: Der Weibmann. Kultischer Geschlechtswechsel im Schamanismus. Eine Studie zur Transvestition und Transsexualität bei Naturvölkern. Frankfurt am Main.
Herdt, G. 1981: Guardians of the flutes: idioms of masculinity. New York.
Herdt, G. (ed.) 1984: Ritualized homosexuality in Melanesia. Berkeley.
Rosaldo, M.Z. 1976: Women, Culture, and Society. A theoretical overview. In: Rosaldo M.Z. and Louise Lamphere (eds.): Women, culture, and society. Stanford.

Westphal-Hellbusch, S.; Westphal, H. 1962: Die Ma'dan. Kultur und Geschichte der Marschenbewohner im Süd-Iraq. Berlin.
Westphal-Hellbusch, S. 10.6.1915-1.2.1984: Zeitschrift für Ethnologie, 111,2, 1986.
Williams, W.L. 1986: The spirit and the flesh. Sexual diversity in American Indian culture. Beacon Press, Boston.
Yeatman, A. 1984: Gender and the differentiation of social life into public and domestic domains. Social Analysis 15.

Caecilie Seler-Sachs

Caecilie Seler-Sachs

Die Frau im alten und im heutigen Mexiko*

Nach Überlieferungen und eigener Anschauung

Was uns ein fremdes Volk näher bringt als die Kenntnis von seinen Kriegszügen und Städtegründungen, seinen Wanderungen und Handelsbeziehungen, das ist die Kenntnis seines häuslichen Lebens. Was uns die Geschichte nie geben kann, das gibt uns die jüngste unter den Wissenschaften, die Ethnologie: sie bringt uns in ein menschliches Verhältnis zu räumlich und zeitlich weit entlegenen Völkern. Die Völkerschaften des Orients und der griechisch-römischen Welt stehen uns schon seit langer Zeit vertraulich nahe. Unser ganzes Leben weist uns schon von früh an darauf hin ihnen vertrauter zu werden. Ihre Literatur, eine lange Forschung und nie ganz unterbrochene Überlieferung haben uns das erleichtert. Ganz anders steht es um die Gewinnung eines solchen Verhältnisses zu den Kulturvölkern des Westens, der Neuen Welt. Lange Zeit hindurch haben dichte Nebelschleier über der Vergangenheit Amerikas gelagert, und erst seit kurzem ist es der mühselig vordringenden Arbeit weniger Gelehrten gelungen, dieselben langsam zu heben und das Dunkel allmählich zu erhellen.

Der Quellen sind nicht viele, welche uns Aufschluß zu geben vermögen über das Leben der alten Mexikaner, denn erstens entbehrten dieselben, trotz ihrer hohen und reich entwickelten Kultur, die Schrift[1], und dann hat eine grausame Eroberung die vorhandenen Aufzeichnungen in Bildern zum größten Teile zerstört und jegliche Überlieferung geflissentlich unterdrückt und verwischt. Alles, was man vorfand, galt als heidnischer Gräuel und wurde unbarmherzig vertilgt. Zum Glück ist in den weiten Gebieten doch manches der Zerstörungswut der spanischen Eroberer entgangen, und unter den ersten Missionaren, welche ins Land kamen, fanden sich etliche, welche noch vorhandenes sorgsam sammelten und in ihren Schriften uns mancherlei über Sitten und Gebräuche der alten Zeit überliefert haben. – Auch rollt das Leben nicht so schnell in den

---

*Zuerst erschienen 1893 bei Richard Lesser, Verlagsbuchhandlung, Berlin.

dichten Tropenwäldern, unter einer Sonne, welche träge macht, und so kommt es, daß sich in der Lebensweise der Indianer vieles durch die Jahrhunderte hindurch gerettet hat.

Auf Grund dieser drei Quellen nun: der alten Bilderschrift, die unter dem Namen des Codex Mendoza bekannt ist, der Aufzeichnungen des Franziskaners Fray Bernardo Sahagun[2] und der eigenen Anschauung des heutigen Lebens unter den Indianern des modernen Mexiko, will ich versuchen, das Bild eines Frauenlebens zu entrollen, wie es sich im alten Azteken-Reiche abspielte. Man wird mit Erstaunen manches darin finden, was unseren heutigen Anschauungen nicht gar zu fremd erscheint; durchläuft doch der menschliche Geist überall dieselben Bahnen der Entwicklung.

Das erste, was das junge Kind im Leben begrüßte, war Kriegsgeschrei, welches die Hebeamme ausstieß, um dadurch anzudeuten, daß die Wöchnerin ihre schwere Stunde wie ein Held überstanden habe. Versetzte doch auch der Volksglaube die auf dem Schlachtfelde gefallenen Krieger und die im Kindbett verstorbenen Frauen in denselben Himmel; beide standen im Dienste der Sonne: die einen geleiteten sie vom Aufgang bis zum Höhepunkte ihres Laufes, die andern nahmen sie dort in Empfang und geleiteten sie gen Westen. – War nun durch das Kriegsgeschrei der Frau die gebührende Ehre erwiesen worden, so nahm die Hebeamme das Kind auf den Arm und begrüßte es mit einer jener schwungvollen und poetischen Reden, welche die alten Azteken so sehr liebten, und in denen ihre tiefe, etwas schwermütige und düstere Lebensauffassung bei jeder feierlichen und festlichen Gelegenheit zum Ausdruck kam. Danach wusch sie das Kind und richtete dabei ein Gebet an die Göttin des Wassers, Chalchiuhtlicue, welche gebeten wird, es zu reinigen von allem Bösen, das ihm als Erbteil anhafte von seinen Eltern her; zugleich wurde das Kind der mütterlichen Fürsorge dieser Göttin anempfohlen. – Die Zeremonien des Wochenbettes, die vielen zärtlichen Reden, welche während der ersten Tage von den Verwandten an Mutter und Kind gerichtet wurden, in welchen die beliebten Vergleiche mit Turteltauben, Edelsteinen und glänzenden Schmuckfedern häufig als Anreden gebraucht werden, würden manche Seite füllen; ich muß mir daher an ihrer Erwähnung genügen lassen.

Wenige Tage nach der Geburt folgte die feierliche, von vielfachen religiösen Gebräuchen und schwungvollen Reden begleitete Namengebung. Der Tag hierzu war von den Priestern und Wahrsagern auf Grund des Horoskops und der Konstellation der Sterne bestimmt worden. Man suchte durch die Wahl desselben etwaige ungünstige Zeichen des Geburtstages auszugleichen. – Um die Wiege wurden in kleinem Maßstabe gefertigte Kleidungsstücke gelegt und auf den künftigen Beruf des Kindes bezügliche Gegenstände; also beim Mädchen: Rock und Hemd, Spindel und Spinnwirbel, Webeholz, Besen und dergleichen mehr auf den häuslichen Beruf deutendes Gerät, welches nach beendeter Zeremonie in der Nähe des Herdes vergraben wurde, um durch diese symbolische Handlung darauf hinzuweisen, daß das Leben der Frau sich am häuslichen Herde abspielen werde. Vor Sonnenaufgang versammelte sich die Familie zu der feierlichen Handlung, welche vorgenommen wurde, sobald die ersten Strahlen des neuen Tages leuchteten. Die Hebeamme – welche eine gewisse priesterliche Würde besaß – nahm das Kind, richtete eine kurze Anrede an die höchsten Götter, netzte ihm nacheinander Mund, Brust und Kopf mit Wasser und sprach jedesmal kurze Worte dazu, welche auf die reinigende und lebensspendende Kraft desselben Bezug haben. Zum Schlusse wusch sie den ganzen Körper und redete folgendes dabei: „Woher Du auch stammest, Du Böses, verlasse es! Du, welches dem Kinde Schaden bringt, laß es und geh' von ihm, denn jetzt beginnt es neu zu leben und neu wird dieses Kind geboren; es wird gereinigt, neu geschaffen und wiedergeboren durch unsere Mutter Chalchiuhtlicue." Danach wurde das Kind nach den sechs Richtungen (bei den meisten amerikanischen Völkern gehört oben und unten zu den Himmelsrichtungen) hingewendet unter Anrufungen der Gottheiten, welche in der betreffenden Gegend herrschen. Sodann wurde dem Kinde der Namen gegeben, gewöhnlich nach einem Vorfahren, welcher ein glückliches Leben geführt hatte, bei einigen Stämmen wurde dem Kinde der Name seines Geburtstages beigelegt. Knaben, welche dafür beschenkt wurden, liefen aus dem Hause und riefen den Namen im Orte aus.

Auf dem ersten der beigefügten Bildchen aus dem Codex Mendoza sehen wir die Mutter, vor ihr den Korb mit dem Neugeborenen, über demselben vier bunte, verzierte Ringe, welche die vier ersten Lebenstage des Kindes bedeuten, während welcher zeremonielle Waschungen mit demselben vorgenommen wurden. – Das zweite zeigt die Taufe. Die Hebeamme, als alte Frau dargestellt, hält den Säugling; vor ihr steht auf frischen, grünen Binsen das Gefäß mit Wasser, aus welchem sie das Kind besprengt. Rechts sitzen drei Knaben um den Topf mit der Festspeise. Die Zünglein vor dem Munde deuten auf das Ausrufen des Namens. Unten steht das Baumwollkörbchen, Spindel und Besen.

Über die ersten Lebensjahre des Kindes ist uns nichts bekannt. Der Codex Mendoza gibt uns eine hübsche bildliche Darstellung der männ-

Abb. 1. Geburt

Abb. 2. Taufe

Abb. 3. Unterweisung im Spinnen

Abb. 4. Die ersten Spinnversuche

Abb. 5. Strafe durch Ritzen der Hand

Abb. 6. Strafe durch nächtliches Kehren

Abb. 7. Unterricht im Kochen

Abb. 8. Unterricht im Weben

lichen und weiblichen Erziehung vom dritten Jahre an bis zum vierzehnten. Uns beschäftigt hier natürlich nur die letztere. Wir sehen auf den Bildchen, von denen hier sechs (Abb. 3 – 8) wiedergegeben sind, Mutter und Tochter einander gegenüber in kauernder Stellung. Es ist merkwürdig, daß sich diese hockende Stellung der Indianerin, die uns so unbequem erscheint, bis auf die heutige Zeit erhalten hat. Schon in den Straßen der Hauptstadt kann man die Frauen, die ihre Waren zum Verkaufe feil bieten, überall kauern sehen. So oft ich im Innern des Landes eine Indianerhütte betrat, wurde mir eine schön geflochtene, bunte, neue Matte hingebreitet, um darauf niederzukauern. Bei einer Hochzeit, welcher ich in Tlacolula beiwohnte, waren nur für die Männer Bänke bereit gestellt, die Frauen, mit ihnen leider auch ich, mußten während der ganzen Dauer des Rauchens und Trinkens stundenlang auf den Matten kauern. – Vor dem Munde der Mutter sehen wir auf den Bildern eine kleine Zunge oder Wolke. Das ist das Zeichen der Rede in den alten Handschriften; der Hauch, der aus dem Munde geht und der als Gebet oder Gesang mit Verzierungen versehen erscheint. Ferner sieht man rechts oben eine Anzahl Kreise, welche die Zahl der Jahre angeben, und ferner oben, zwischen den beiden Gestalten gelbe Scheiben, welche die Maisfladen bedeuten, die das Kind während des betreffenden Lebensjahres als tägliche Kost erhält. Nun ist es aber unmöglich, daß auch nur ein Kind von ein bis zwei solcher Fladen satt werde; wir müssen also annehmen, daß die alte Darstellung nur besagen will, die Kinder wurden mäßig gehalten und bekamen nur die notwendigste Nahrung.

Das erste Bildchen zeigt, wie die Mutter ihre Tochter belehrt, das zweite (Abb. 3) und dritte, wie sie ihr den Gebrauch der Spindel erklärt. Wir sehen das kleine Binsenkörbchen, welches die Baumwolle enthält, die Spindel und das kleine Tonschälchen, in welchem diese steht; Bild vier und fünf (Abb. 4) zeigt die ersten, wie es scheint nicht sehr geschickten Versuche des jungen Mädchens, denn die nächsten Bilder sind Darstellungen der verschiedenen Strafen. Zuerst die Zubereitung spitzer Agaveblätter, mit welcher der Ungeschickten die Haut an den Händen geritzt wird (Abb. 5). Rinnen auch Tränen über die Wangen, so scheint doch die Strafe nicht allzu hart zu sein, denn es fließt kein Blut, doch hat sich in der Aufregung das Gewand verschoben: der rote Brustfleck ist beiden Frauen nach hinten gerutscht, und das Hemd der jungen scheint sogar zerrissen zu sein. – Die nächste Strafe besteht in regelrechten Stockprügeln, wobei der jungen Sünderin die Hände gebunden sind. Es folgt nun eine harte und grausame Strafe: das Einatmen heißer Chile-Dämpfe (Chile ist ein Indianerwort für das, was man bei uns spanischen

Pfeffer nennt). Der nächsten Strafe läßt sich ein gewisser erziehlicher Wert nicht absprechen: das junge Mädchen muß bei Nacht aufstehen und kehren (Abb. 6). Daß es Nacht ist, sehen wir an dem Sternenhimmel, welcher nach der üblichen Art durch weiße und rote Augen auf schwarzem Grunde dargestellt ist. Die beiden letzten Bilder (Abb. 7 und 8) zeigen die Unterweisung in den beiden schwierigsten Künsten, welche das junge Mädchen zu erlernen hatte: im Kochen und Weben. Das eine stellt sie am *metatl*, dem Mahlstein dar, beschäftigt die Maiskörner zu zerquetschen. Vor ihr steht ein *molcajete*, das Gefäß mit dem dazugehörigen Stößel, welches dazu dient den Chile zu zerreiben, ferner ein *comalli* dreifüßiger Tontiegel, auf welchem die Maisfladen (spanisch *tortilla*, aztekisch *tlaxcalli*) über dem Kohlenfeuer gebacken werden, ein Topf mit Wasser und fertige *tortillas*. Das andere zeigt das an einem Pfahl festgebundene Gewebe, die junge Dame ist beschäftigt, die Fäden mit dem Webeholz festzuschlagen; ein Stück ist bereits fertig.

Diese bildliche Darstellung des Codex Mendoza ist gewissermaßen nur als ein kurzer Auszug aus der Erziehungsgeschichte der mexikanischen Jugend aufzufassen, der uns lehrt, daß fleißig gearbeitet werden mußte. Es wird auch nicht wenig verlangt von einem gut erzogenen Mädchen. Das Spinnen war wohl die einfachste ihrer Beschäftigungen, aber sie stand in hohen Ehren. Die Spindel und der Besen galten recht eigentlich als Attribute der Weiblichkeit, und die erstere zumal findet sich häufig als Bestandteil des Kopfputzes weiblicher Gottheiten. Man spann, wie man noch heute in ganz Südeuropa und dem größten Teile von Amerika spinnt, mit der vom Wirtel beschwerten Spindel. Während man sich aber heute begnügt, die Wirtel aufs einfachste herzustellen, liebten es die alten Indianerinnen der verschiedensten Stämme augenscheinlich sehr mit diesem zierlichen kleinen Gerät einen gewissen Luxus zu treiben. Die aufs verschiedenartigste verzierten Spindelsteine spielen in allen Sammlungen mittelamerikanischer Altertümer eine große Rolle, und sie sind so bezeichnend, daß man an ihrer Form und Verzierung sehr leicht erkennt, welchem Stamme sie ihre Entstehung verdanken.

Man verlangte von einer geschickten Spinnerin, daß sie die Baumwolle richtig zuzubereiten verstehe, feinen, groben und gezwirnten Faden zu fertigen wisse.

Höhere Anforderungen wurden an die Kunstfertigkeit einer Weberin gestellt. Gewebt wurde in der gleichen Weise, wie dies noch heute in ganz Mittelamerika geschieht: die Kette wird an einem Baume festgebunden, mit dem anderen Ende am Körper befestigt und der Einschlag mit dem Webeholz festgeschlagen. Die gute Weberin mußte die Farben richtig und geschmackvoll zu wählen verstehen, sie mußte gelernt haben mit Malgerätschaften umzugehen, da viele der reichen Gewebe bemalt wurden; die Borten der oft reich verzierten Mäntel für Krieger und Würdenträger verstand sie bunt zu weben und mit Federn zu schmücken, die Brustflecke der Frauenhemden und die Borten zu sticken und die feinsten und seltensten Gespinste zu verarbeiten – denn nicht nur die Baumwolle wurde gesponnen und gewebt, auch Agave- und Kaktusfasern wurden verwendet, gerade wie dieselben heute noch sehr geschätzte Fäden liefern. Aber auch grobe und haltbare Stoffe wurden von ihr verlangt. Leider ist uns von all der Gewänderpracht der Azteken so gut wie nichts erhalten. Doch sind uns wohl Schlüsse gestattet von dem, was uns durch das sehr trockne Klima Perus dort in so reicher Fülle bewahrt geblieben ist, auf das, was uns in Mexiko verloren ist. Wir sehen da an Schönheit der Farbe, Kunst der Verzierung und Stickerei, Feinheit und Verschiedenartigkeit der Gewebe Erstaunliches geleistet. Da wir den feinen und hochentwickelten Sinn der Mexikaner für Farbe und Ornamentik aus andren Zweigen ihrer kunstgewerblichen Tätigkeit kennen, da wir wissen, daß die Technik hier wie dort die gleiche war, so dürfen wir wohl für die Kunstfertigkeit der mexikanischen Weberei denselben Grad der Vollendung in Anspruch nehmen, wie er uns durch die peruanischen Gewänder offenbart wird. – Noch heute tragen die Indianerinnen meist selbstgewebtes und gesponnenes Zeug, und es scheint, daß sich etwas von der Geschicklichkeit und Verschönerungslust ihrer Urahnen auf sie vererbt hat, denn sie zeichnen sich durch großes Geschick in Stickereien aller Art aus, die freilich fast ausnahmslos europäische Muster aufweisen. In den großen Städten, wo es Handarbeitsschulen gibt, eignen sich die jungen Mädchen mit überraschender Schnelligkeit jede Technik an und arbeiten leicht und sauber. Hemden und Schultertücher sind auch heutigen Tages noch schön gestickt, die Röcke bunt gewebt. – All diese Zweige der weiblichen Arbeit hatten berufsmäßige Vertreterinnen im alten Mexiko, aber auch die vornehmen und reichen Damen verschmähten es nicht, sich mit ihnen zu befassen, wie ja auch im europäischen Mittelalter dieselben wohl verstanden zu spinnen, zu weben und zu sticken. Der aztekische Text des Sahagun zählt etwa zwei Dutzend verschiedener Gerätschaften auf, welche sich in dem Arbeitskorb einer vornehmen Aztekin befanden.

Was nun eine Hauptbeschäftigung aller Frauen, der vornehmen wie der geringen, anbelangt, die Zubereitung der Speisen und Getränke, so will ich hier nur erwähnen, daß die vierhundert Jahre, welche verflossen sind, seit wir die ersten Nachrichten von jenen Völkern erhielten, wenig daran geändert haben und daß eine mexikanische Küche heute genau so aussieht, wie sie damals wahrscheinlich ausgesehen hat, nur daß die Küchengeräte nicht mehr die schönen Malereien vergangener Zeiten aufweisen. Ich möchte aber hier nicht wiederholen, was ich an andrer Stelle über die mexikanische Küche schon gesagt habe[3].

Von einem weiteren Zweige der weiblichen Tätigkeit wird uns berichtet, welcher auch heute noch unter den Indianern einer nicht unverdienten Achtung sich erfreut: die Heilkunde. Im Sahagun werden uns die Kenntnisse einer heilkundigen Frau geschildert. Wir können daraus entnehmen, daß es bis zum heutigen Tage dieselben geblieben sind. Die Wissenschaft dieser Weiber von den medizinischen Eigenschaften der Pflanzen ist erstaunlich und ihre Erfahrung groß, und ich habe selbst von einem deutschen Arzte, welcher über zwanzig Jahre in Mexiko gelebt hat, rühmen hören, daß sie in ganz verzweifelten Fällen Hilfe geschafft hätten. Aber sie hüllen ihr Wissen in Geheimnis und verraten selten einem Europäer, welche Kräuter ihnen dienen. Doch dürfen wir wohl hoffen, daß uns noch manche nützliche Medizinpflanze von dort her kommen wird. Sie besaßen und besitzen auch heute noch gewisse manuelle Geschicklichkeiten, welche zur Behandlung äußerer Krankheiten notwendig sind, verstehen sich auf die Heilung von Wunden u.s.w. Sahagun rühmt, daß ihnen kein Geheimnis der Heilkunde fremd sei.

Ferner ist das Töpferhandwerk von alters her ein weibliches gewesen und ist es heute noch. Und auch in diesem Zweige haben es die alten Mexikaner zu hoher Vollendung gebracht, wie jede Museumssammlung zur Genüge beweist. Auch die modernen mexikanischen Gefäße aus Guadelajara und Pánuco zeigen noch ein gewisses künstlerisches und sehr eigenartiges Gepräge.

Nach all diesem scheint es klar, daß nicht geringe Anforderungen an die Ausbildung einer Frau gestellt wurden, und zudem mußte sie auch in den Regeln des Anstandes und der Moral wohl unterrichtet sein, denn die gut erzogene Tochter wird mit folgenden Worten gerühmt: „Sie ist keusch, gehorsam, zurückhaltend, klug, geschickt, voll Sanftmut, ehrbar, unterwürfig, wohlerzogen und mit guten Grundsätzen erfüllt, wohlunterrichtet in den Regeln der Klugheit, verschwiegen und mißtrauisch gegen das Böse".

War nun die Erziehung des Mädchens vollendet und dieselbe in das mannbare Alter getreten, so erhielt dieser Abschnitt in ihrem Leben eine gewisse Weihe durch die ernsten und zärtlichen Reden, welche Vater und Mutter an sie richteten. Da alles im Leben der alten Azteken eine feierliche Bedeutung hatte, so nahm es auch feste Formen an. Und all die vielen Reden, von welchen sie augenscheinlich große Freunde waren, sind uns in ihrer alten Form überliefert. Ich teile hier einiges aus der Rede des Vaters an die erwachsene Tochter mit:

„Du, meine Tochter, köstlich wie eine Goldperle und Schmuckfeder, die ich gezeugt habe, die Du von meinem Blute bist und mir gleichst, die Du hier vor mir stehst, höre mit Aufmerksamkeit, was ich Dir sage, denn Du bist nun erwachsen. Gott, der Schöpfer hat Dir den Gebrauch der Vernunft gegeben und die Fähigkeit zu verstehen, der Herr, der überall ist und alles geschaffen hat. So bist Du nun auch schon verständig genug, um zu begreifen, wie die Dinge dieser Welt sind, und daß es in ihr keine wahre Freude gibt, noch wahre Ruhe, sondern im Gegenteil: Arbeit und Traurigkeit, Mühsal und Überfluß an Elend und Armut. Unser Herr gab uns das Lachen und den Schlaf, zu essen und zu trinken, auf daß wir erstarken und leben; er gab uns Kinder, auf daß wir uns vermehren in der Welt. All dieses gibt uns einige Freude im Leben, aber nur kurze Zeit, denn nachher betrüben wir uns mit Trauer und Tränen. Trotzdem es so ist, daß in dieser Welt wenig Freude gemischt ist mit vieler Trübsal, so denkt doch niemand daran; keiner denkt an den Tod, sondern nur an die Gegenwart, an essen und trinken und sucht seinen Lebensunterhalt zu verdienen, Häuser zu bauen und Frauen zu suchen, um sich zu verheiraten. Und die Frauen verheiraten sich und gehen von der Jugend ins Alter. Dies, meine Tochter, ist, wie ich dir sage.“

Der Vater ermahnt sie zu beten, früh aufzustehen und zu lernen was ihr zukommt, damit sie nach dem Tode ihrer Eltern nicht als Verkäuferin an den Ecken stehen müsse. Und wenn man sie zur Ehe begehre, die Eltern Ehre mit ihr einlegen, daß sie gut bleiben solle, denn ehe sie schlecht würde, wäre ihr besser zu sterben.

„Höre, meine Tochter, und präge Dir meine Worte ein: wenn es dem Herrn gefallen sollte, daß Dich einer zum Weibe begehrt, so weise ihn nicht ab und verachte nicht den Willen unseres Herrn, der ihn sendet. Nimm ihn an und warte nicht, daß man Dich dreimal frage. Rühme Dich nicht Deiner Abkunft, denn Du würdest unsern Herrn dadurch beleidigen und Dich lächerlich machen. Wähle nicht unter den Männern den, der Dir am besten gefällt, etwa wie Du einen Mantel auf dem Markte wählen würdest. Nimm den, der Dich begehrt, und mache es nicht, wie bei jungen Maiskolben, von denen man die süßesten und saftigsten wählt. Du sollst einen Mann nicht begehren, weil er schön ist und Dich nicht mit Leidenschaft in ihn verlieben. Wenn er schön ist, der Dich begehrt, so nimm ihn an, und wenn er häßlich ist, so weise ihn nicht zurück, weil ihn

Gott Dir sendet. Sei ihm treu, bleibe bei ihm, bis er stirbt, und verlaß ihn nicht, auch wenn er Dich verläßt."

„Was ich Dir hier gesagt habe, meine Tochter, gebe ich Dir als Richtschnur mit auf den Lebensweg, damit Du Dir Achtung verschaffest, und ich erfülle damit eine Schuldigkeit gegen Gott. Wenn Du es vergessen solltest, so bist Du selbst Schuld, ich habe meine Pflicht getan. Oh meine Tochter! Meine geliebte Erstgeborene! Mögest Du glücklich werden und unser Herr Dir Frieden und Ruhe geben!"

Nachdem der Vater also gesprochen hatte, nahm die Mutter das Wort. Sie ermahnte die Tochter, die Worte des Vaters zu ehren, aber auch auf die Dinge dieser Welt zu achten. Sie gibt ihr Verhaltensmaßregeln über Kleidung, Gang, Sprache: richtige Anstandsregeln. Sie solle sich bescheiden, aber anständig kleiden; nicht reich und mit Schmuck überladen, damit man sie nicht für eitel und töricht halte; aber auch ja nicht sollen ihre Kleider zerrissen und schmutzig sein. Sie solle nicht zu schnell sprechen, nicht zu laut und nicht zu leise, sondern einfach und klar in Sinn und Ausdruck. Sie solle weder schnell noch langsam gehen, denn das eine verrate einen unruhigen Sinn und das andere erscheine anmaßend. Wenn sie in die Notwendigkeit käme, über eine Pfütze zu springen, so solle das anständig und anmutig geschehen, daß sie weder ungeschickt noch leichtfertig erscheine. Gerade solle sie gehen, mit leicht gesenktem Kopfe, nicht die Blicke umherschweifen lassen, sich nicht umdrehen, aber ein freundliches Gesicht machen. Sie solle nicht klatschen und sich nicht schminken. Zum Schluß folgen noch einige Betrachtungen über das Verhältnis zum männlichen Geschlecht und zu ihrem künftigen Gatten. – Sahagun macht zu diesen beiden Reden die Bemerkung: „Wenn diese beiden Reden von der Kanzel gesprochen würden, so wären sie den jungen Leuten beiderlei Geschlechts dienlicher als manche Predigt."

War nun das junge Mädchen so vorbereitet, so stand ihrer Verehelichung nichts mehr im Wege; sie war befähigt, eine musterhafte Hausfrau zu werden, von der es heißt: „Sie hat die Pflicht, ihre Kinder zu nähren, sie ist tugendhaft, wachsam, tätig, aufmerksam und voller Sorglichkeit. Sie erzieht ihre Kinder und ist stets um sie besorgt; sie achtet, daß ihnen nichts mangelt und sie alles vollauf haben; sie macht sich zur Sklavin aller Mitglieder des Haushalts, kümmert sich um die Bedürfnisse jedes einzelnen und ist gegen nichts im Hause gleichgültig. Sie ist sparsam, tätig und arbeitet ohne Unterlaß". Wahrlich, die alten Azteken kannten das Ideal einer Hausfrau und stellten ihre Anforderungen nicht niedrig. Aber sie waren wohl nicht alle solche Musterbilder, denn gleich hinterher wird uns das Bild eines schlechten Weibes entworfen, das dem Verfasser doch also nicht als unmöglich oder auch nur unwahrscheinlich erschienen ist.

Es wird wohl selten lange gedauert haben, bis der Freier sich einstellte, denn die Ehelosigkeit war verächtlich. – Nach langen Verhandlungen zwischen Eltern und Verwandten, welche von älteren Frauen geführt wurden, wie es scheint berufsmäßigen Ehestifterinnen, kam es endlich zu einer Einigung. Es ist ein eigentümlicher Zug in diesen Unterhandlungen, daß die Eltern des Mädchens zuerst scheinbar ihre Einwilligung versagten, nicht etwa, weil ihre Tochter zu gut, sondern weil sie zu schlecht sei für den werbenden jungen Mann. Man stellte das Mädchen als unwissend und unerfahren hin und machte sie schlecht, um – wie der Interpret behauptet – späteren etwaigen Vorwürfen zu entgehen, wenn der Mann mit seiner Frau unzufrieden sei.

Am Tage der Hochzeit erschienen die geladenen Gäste im Hause der Braut und wurden reichlich mit den festlichen Gerichten, mit Blumen und Tabak, die Alten auch mit Pulque bewirtet. Der Pulque ist das einheimische berauschende Getränk, welches aus der Agave gewonnen wird. Bei den alten Azteken hatte das Trinken des Pulque eine religiöse Bedeutung. Auf Betrinken stand Todesstrafe; es war nur Greisen über siebzig Jahre gestattet, sich zu berauschen. Beschreibung und bildliche Darstellung solcher Alten, die sich mit Blumensträußen in der Hand und von jüngeren Leuten bedient, dem endlich gestatteten Genuß hingeben, finden wir sowohl im Sahagun, wie im Codex Mendoza.

Die Gäste brachten der Braut Geschenke; wohlhabende schenkten Stoffe, ärmere brachten Lebensmittel. Am Nachmittage wurde die Braut gebadet, ihr Haar gewaschen, Arme und Beine mit roten Federn geschmückt und ihr Gesicht mit Schwefelkies eingerieben, vermutlich, um ihm metallischen Glanz zu verleihen. Danach mußte sie eine Erhöhung neben dem Herde besteigen und wurde nun von den alten Verwandten des Bräutigams mit feierlichen Reden als ihresgleichen begrüßt, da die Kindheit nun hinter ihr liege und heute das Alter für sie beginne. (Derselben Auffassung, daß mit der Heirat der Eintritt ins Alter beginne, sind wir schon in der Rede des Vaters an seine erwachsene Tochter begegnet.) Sie wurde ermahnt, all die schweren Pflichten, welche ihrer harrten, treulich zu erfüllen. Mit so besonderem Nachdruck wurde ihr das Frühaufstehen empfohlen, vor Tagesanbruch sich zu erheben und das Haus zu kehren, daß man annehmen muß, die alten Azteken seien nicht gerade Frühaufsteher gewesen. Fanden wir doch auch unter den Strafen, die das junge Mädchen zu erleiden hatte, eine, welche darin bestand, sich vor Tau und Tag vom Lager zu erheben. Was meine eigenen Erfahrungen aus heutiger Zeit anbelangt, so muß ich gestehen, daß wir nichts schwieriger fanden, als vor Sonnenaufgang oder unmittelbar nach demselben aufzubrechen, da sich niemand so früh erhob, um uns bei den Vorbereitungen behilflich zu sein. Nachdem der Sprecher der Alten seine Rede mit Glückwünschen geschlossen hatte, antwortete die Braut mit zierlichen und wohlgesetzten Worten. – Bei Sonnenuntergang erschien der Bräutigam mit seinen Verwandten, um die Braut zu holen. Diese wurde in ein großes festes Tuch gebunden, von einer Alten auf den Rücken genommen und so, von Fackelträgern begleitet, ins Haus ihres Gatten getragen. Vielleicht liegt hier eine Erinnerung an den noch heute bei vielen Völkern üblichen und wahrscheinlich auch in früheren Zeiten bei den Azteken gebräuchlich gewesenen Brautraub vor. – Im Hause des Gatten angelangt, wurde sie linker Hand vor dem Herde niedergesetzt, während der Mann sich rechts niederließ. Die Schwiegermütter brachten ihnen reich gestickte Gewänder, mit welchen sie bekleidet wurden und knüpften den Mantelzipfel des Mannes mit dem Hemdzipfel der Frau zusammen, darauf aßen sie aus einer gemeinsamen Schüssel von den Festspeisen.[4] Damit war die Zeremonie beendet und die Neuvermählten wurden in das Brautgemach geleitet. – Das Leben der Matrone beginnt, mit allen Mühen und Pflichten und wenig Rechten.

Wir wissen nun, wie die Aztekenfrau lernte und arbeitete, wie sie kochte, ihre Kinder erzog und ihr Hauswesen leitete. Wir wollen auch wissen, wie sie sich kleidete und schmückte. Das war ein Punkt, welcher nicht vernachlässigt wurde, zumal bei den vornehmen Damen und der Erziehung ihrer Töchter eine Rolle spielte. Freilich all der reiche Schmuck, welchen wir in Form von Ketten und Ringen, Nasen-, Lippen- und Ohrpflöcken, von Brustplatten und Perlen, aus Metall und köstlichen Steinen gefertigt, bewundern, war zum weitaus größten Teil kein Frauenschmuck, sondern Zier und Rangabzeichen von Kriegern, Priestern, Würdenträgern. Die Frauentracht bestand im wesentlichen aus Hemd und Rock, und zwar wurde der Rock unter dem Hemde getragen, welches dadurch mehr den Charakter eines kurzen Überwurfes erhielt. Bis zum fünften Jahre trug das Kind nur dieses kurze Hemd. Frauen aus dem Volke trugen auch ein bis zu den Knöcheln reichendes, langes Hemd ohne Rock. Der Rock (*cueitl*) war ganz so, wie er heute noch ist, d.h. ein etwa zwei Meter langes, ein Meter breites Stück derben Zeuges, welches um die Hüften gelegt und mit einem schmalen Bande dort befestigt wird. Vorn werden ein paar Falten gelegt, um den Beinen den nötigen Spielraum zu lassen. Die alten Bilderschriften zeigen uns einen bis zum Knöchel reichenden Rock; auch heute ist das noch die gewöhnliche Länge; in einigen Gegenden jedoch reicht er nur bis über die halbe Wade. Die übliche Musterung besteht in Streifen, die je nach Gegend, Geschmack und Geschick der Weberei verschieden sind. Ein Gleiches zeigen uns die alten Malereien, doch scheint hier auch der Rang der Trägerin einen Einfluß auf die Verzierung ausgeübt zu haben.

Das Hemd (*uipilli*), meist weiß, bestand vermutlich aus zwei aneinandergenähten geraden Stücken, teils mit kurzen Ärmeln versehen, teils ärmellos. Es hatte einen Schlitz, um den Kopf hindurch zu stecken, und zeigte auf der Brust ein aufgesticktes oder eingesetztes Stück, welches oft reich verziert war. Der untere Rand des Hemdes war bunt und in verschiedenster Arbeit ausgeführt: Federarbeit, Stickereien, gemalte Streifen, kunstvoll gewebte Borten schmückten die Gewänder reicher und vornehmer aztekischer Damen. In manchen Gegenden vertrat ein großer zweizipfeliger Kragen, dessen Spitzen über Brust und Rücken herabfielen und Arme und Seiten vollkommen unbedeckt ließen, die Stelle des *uipilli*. Der alte Interpret einer Bilderhandschrift verweist diese Tracht nach der Huaxteca, und dort habe ich sie genau so gefunden, wie die alten Bilderschriften sie zeigen. Der Kragen hat ebenfalls einen Schlitz zum Durchstecken des Kopfes und die Nähte auf den Schultern; er ist meist reich mit Stickerei bedeckt. Leider war es nicht möglich, ein solches Stück zu erlangen, da die Indianerin nichts fortgibt, was sie am Leibe getragen, aus Furcht behext zu werden.

In der Haartracht scheint große Verschiedenartigkeit geherrscht zu haben; vielleicht nach Rang, sicher nach Landschaft; wer weiß, ob nicht nach Mode! Auf dem Hochland, dem eigentlichen Mexiko, war eine Tracht üblich, welche heut verschwunden ist. Das Haar wurde geflochten und wie zwei Hörner über der Stirn aufgesteckt. Die ebenfalls erwähnte Art, das Haar mit bunten Schnüren zu durchflechten und dann rund um den Kopf zu wickeln, ist noch heute in der Huaxteca üblich. Andre durchflochten die Zöpfe mit Baumwollfäden und ließen sie frei herabhängen, wie heute noch die Tzapoteken-Weiber tun. Junge Mädchen trugen es auch frei herabhängend und halblang. Auch die moderne Indianerin pflegt ihr Haar mit Vorliebe; sie wäscht es täglich mit einer Bürste und läßt es frei an der Luft trocknen. Ihr Haar ist dicht und schwarz und reicht häufig bis zu den Knien herab.

Im Hause wird die Mexikanerin wohl nicht das Bedürfnis empfunden haben, ihre Füße zu schützen, daher sehen wir häufig kostbar geschmückte Frauen mit nackten Füßen abgebildet. Wenn sie auf die Straße ging, so gewährte ihr eine mit roten Lederriemen befestigte Sandale (*cactli*) Schutz; dieselbe, welche auch heute noch von Mann und Frau getragen wird. In der Gegend von Oajaca hat die weibliche Fußbekleidung dadurch eine Veränderung erfahren, daß der ursprünglichen Sandale sogenannte Ohren gewachsen sind, d.h. seitliche Klappen, welche über dem Spann zusammengebunden werden und Zehen und Ferse frei lassen. Hat aber der Indianer sehr kotige Wege zu machen, so legt er seine Fußbekleidung ab, teils um sie zu schonen, teils aber, weil er barfuß besser vom Fleck kommt. Und ähnlich werden es seine Vorfahren wohl auch gemacht haben.

Es ist wohl genügend dargetan, daß sich von all den verschiedenen Teilen der Tracht das eine und das andere in verschiedenen Gegenden erhalten hat, manches freilich in veränderter Gestalt. Völlig neu hinzugekommen ist der *rebozo*, vermutlich hervorgegangen aus dem spanischen Schleier. Es ist ein mehrere Meter langes Stück weichen Baumwollzeuges, meist von blauer Farbe mit breiten geknüpften Fransen von oft schönem und reichem Muster. Er wird von sehr wohlhabenden Frauen mitunter auch von Seide getragen, doch ist der baumwollene seiner Weiche und Leichtigkeit wegen vorzuziehen. Es gibt so feine Gewebe, daß sie sich trotz ihrer Länge und Breite durch einen Fingerring ziehen lassen, doch haben diese sehr hohe Preise. Der *rebozo* ist ein sehr nützliches Ding. Er dient als Schutz des Kopfes und Nackens gegen Sonne und Kühle; er dient zum Zusammenraffen von Früchten und anderen Dingen, die man etwa bei uns in der Schürze sammeln würde. Er hält das Kind auf dem Rücken oder die Last auf dem Kopfe fest und ist der modernen Mexikanerin, ob sie nun spanisches, indianisches oder gemischtes Blut in den Adern habe, völlig unentbehrlich geworden.

Eine große Rolle spielten bei der weiblichen Toilette augenscheinlich die Schminken und Salben. Das Gesicht, die Brust, Hände und Hals wurden gelb, die Füße schwarz, die Zähne rot gefärbt. Auch rote und schwarze Gesichtsbemalung kam vor. Die gelbe Schminke vertrat vielleicht die Stelle des modernen Puders, d.h. sie hatte den Zweck, die Haut heller und zarter erscheinen zu lassen, gegenüber der braunen Gesichtsfarbe der Männer. Das Haar wurde mit bestimmten Kräutern eingerieben, um ihm einen bräunlichen Glanz zu verleihen, oder mit schwarzer Erde.

Um Hals und Arme wurden bei festlichen Gelegenheiten Perlschnüre von kostbaren Steinen gelegt; es scheint sogar, daß sehr vornehme Frauen auch den Ohrpflock trugen, der wenigstens als Schmuck einiger weiblicher Gottheiten auftritt. Schließlich fehlte neben den Kostbarkeiten, den Schminktöpfchen und Haarbändern auch der Spiegel nicht, ein kostbares Stück, aus schwarzem Obsidian gefertigt, der sich wohl nur im Besitze der Allervornehmsten und Reichsten finden mochte.

Die alten Azteken kannten auch das Schnupftuch und den Fächer, doch scheinen diese Gegenstände ausschließlich von Männern benutzt worden zu sein. Dagegen fehlen selten Blumensträuße beim festlichen Putze beider Geschlechter.

Was nun die Stellung anbetrifft, welche die Frau bei den alten Azteken einnahm, so muß ich leider bekennen, daß ich darüber sehr wenig zu sagen weiß. Man behauptet gewöhnlich, daß die Stellung der Frau ein Gradmesser sei für die Höhe der Zivilisation, welche ein Volk erreicht hat. Gesetzt, es wäre dem so, dann würde wohl der Rückschluß gestattet sein, daß bei einem so hoch kultivierten Volke, wie die Azteken waren, die Frau verhältnismäßig viele Rechte genossen habe. Doch geben wir uns keinem allzu großen Optimismus hin! Es ist wohl anzunehmen, daß eine gewisse äußere Zivilisation über weite Ländergebiete verbreitet war; das können wir schon aus der Fülle kunstgewerblicher Prachtstücke schließen, welche überall im Lande gefunden werden, eine gewisse geistige Kultur aber wird sich vermutlich nur bei den herrschenden Klassen gefunden haben, in den großen Mittelpunkten des Handels und des Kultus. Die soziale Stellung der Frau im Volke wird kaum eine andere gewesen sein, als die der heutigen Indianerin, d.h. sie ist die gehorsame und häufig recht intelligente Dienerin des Mannes. Die vornehme Aztekin scheint gewisse Vorrechte ihres Gatten geteilt zu haben. Das Mädchen hat wohl das Recht des Einspruchs bei ihrer Verheiratung besessen, sonst wäre die Stelle in der väterlichen Rede sinnlos, in welcher die Tochter ermahnt wird, den Freier nicht abzuweisen. Auch sind mir Sagen von Königstöchtern bekannt, welche sich ihren Gatten selbst wählten, und es ist nicht anzunehmen, daß eine Sage Dinge berichtet, welche im Leben des betreffenden Volkes kein Spiegelbild fänden. – Auch scheinen die Frauen nach dem Tode des Gatten eine gewisse Gewalt über die Kinder ausgeübt zu haben und auch vielleicht Erbrechte genossen zu haben. Übrigens nahmen sie an religiösen Tänzen und Festen teil und scheinen sogar manchmal eine gewisse priesterliche Würde besessen zu haben. Der Rat und die Hilfe alter Frauen war in allen Angelegenheiten der Familie begehrt und geschätzt. – Aber ich glaube kaum, daß wir uns mit der Stellung einer alten Mexikanerin zufrieden geben würden.

Anmerkungen

1 Die bildlichen Darstellungen, ja selbst die Bilderzeichen sind als Schrift im eigentlichen Sinne nicht aufzufassen. Einen Schritt weiter auf dem Wege zur Schrift sind schon die Hieroglyphen der Maya von Yucatan.

2 Sahagun kam 1529 nach Mexiko. Manuskripte von ihm in aztekischer Sprache unter stark verkürzter spanischer Übersetzung befinden sich in Madrid und in Florenz. Der spanische Text existiert in französischer und spanischer Ausgabe.

3 „Reisebriefe aus Mexiko" von Dr. Ed. Seler; Verlag von Ferd. Dümmler, Berlin 1889, S. 135-138.

4 Bekanntlich hat man auf dem Hochland von Mexiko alle möglichen Völkerschaften zu finden gesucht und unter anderem auch die verlorenen jüdischen Stämme. Anlaß dazu haben unter anderem auch die Zeremonien des Verknüpfens der Kleider und des Essens aus einer gemeinsamen Schüssel gegeben, welche ebenfalls dem jüdischen Ritus eigen sind. Wir verdanken dieser sonderbaren Übereinstimmung das kostbare große Werk des Lord Kingsborough, welcher der mexikanischen Forschung ungemein wertvolle Dienste geleistet hat, ohne freilich die Absicht seines Herausgebers zu erfüllen.

[Literatur s. S. 34]

»Sac and Fox« - Indianerin beim Perlenweben.
Mit Hilfe eines Webbrettes stellt sie ein Perlenband her (1898).

Truman Michelson (Hg.)

Die Stimme einer Fox-Frau*

Nun, ich werde jetzt erzählen, wie es mir im Leben ergangen ist.[1] Ich kann mich vielleicht bis zu meinem sechsten Lebensjahr zurückerinnern, natürlich nicht vollständig, denn ich habe aus den weit zurückliegenden Jahren vieles vergessen.

Damals spielte ich mit Puppen, die ich selbst gemacht hatte.[2] Wenn ich mit ihnen spielte, fertigte ich immer auch eine größere Puppe an. Ich spielte mit ihnen wie mit Kindern, und die große Puppe, so gab ich vor, besorgte das Zubereiten der Speisen. Natürlich war ich es, die im Spiel kochte. Und viele von uns fanden sich zusammen, um gemeinsam mit uns zu essen, so gab ich vor. Ich fertigte auch kleine Wickiups[3] für die Puppen an, damit sie darin leben konnten.

Als ich etwa sieben Jahre alt war, begann ich, für meine Puppen zu nähen. Aber es gelang mir nur mangelhaft. Ich weinte oft, weil ich nicht nähen konnte. Es gelang mir auch nicht, meine Mutter zu überreden (es für mich zu tun), wenn ich zu ihr sagte: „Tue es für mich." „Du wirst später selber nähen können, deshalb werde ich es nicht für dich tun. Auf diese Weise lernt man das Nähen nämlich selber, indem man zuerst für die eigenen Puppen näht. Das ist auch der Grund, warum Mädchen Puppen haben, nämlich um alles für sie anzufertigen, ihre Kleider und ihre Mokassins." Also übte ich mich im Nähen für meine Puppen.

Als ich etwa acht Jahre alt war, bekam ich Freude am Schwimmen. Wenn wir in der Nähe eines Flusses lebten, schwammen wir Mädchen oft darin. Wir waren viele. Obwohl man uns dafür schalt, gingen wir heimlich dennoch zum Schwimmen. Manche erhielten einen Streich mit der Rute, aber es machte ihnen nichts aus. Ich selber wurde nie mit der Rute geschlagen[4], weil ich das einzige Mädchen war (das meine Eltern besassen). Man zankte mich nur aus, wenn ich Dinge tat, die mir verboten

---

*Unter dem Titel „The autobiography of a Fox-Indian woman", herausgegeben von Truman Michelson, 1925 erschienen in: 40th Annual Report of the Bureau of American Ethnology. Smithsonian Institution, Washington D.C. Aus dem Englischen übersetzt von Brigitta Hauser-Schäublin.

worden waren. Und man gab mir nichts zu essen, wenn ich mich nicht daran hielt. Man erlaubte mir nicht, mit anderen Mädchen zu gehen, das heißt: mit den ganz ungezogenen. „Sie könnten dich ins gleiche Fahrwasser ziehen. Denn sie werden später auch nicht wissen, wie man etwas selbst anfertigt, weil sie es nie versucht haben. Du wirst werden wie sie, wenn du nichts lernst, wenn du nur faulenzt“ [5], so sprach man zu mir, wenn ich zum Fasten gezwungen wurde. Mittags erhielt ich zu Essen. Aber bald, nach einigen Tagen, hatte ich vergessen, was mir verboten worden war. Wieder wurde mir gesagt: „Schlafe nicht überall (in den Wickiups) der kleinen Mädchen, mit denen du spielst. Kehre so lange noch Tag ist dahin zurück, wo wir leben.[6] Bleibe nicht irgendwo draußen in der Nacht. Spiele nur hin und wieder mit ihnen.“

Dann, als ich neun Jahre alt war, war ich groß genug, um meiner Mutter zu helfen. Im Frühjahr, wenn die Pflanzzeit gekommen war, wurde mir gesagt: „Pflanze etwas für dich selbst.“ Natürlich begann ich etwas zu pflanzen. Wenn die Leute mit der Hacke Unkraut zu jäten begannen, wo sie vorher gepflanzt hatten, sagten sie zu mir: „Vorwärts, jäte dein Feld.“ Meine Hacke war klein. Und bald war die Zeit des Jätens vorüber. Ich war froh.

Wenn wir uns nicht weiter um unsere Pflanzungen kümmern mußten, wollte ich nichts mehr [keine weitere Arbeit] tun. Aber wenn man zu mir sagte: „Wenn du hier fertig bist, dann kannst du gehen und mit den kleinen Mädchen spielen“, dann war ich wieder willig. Dann spielte ich nachher sicherlich um so intensiver mit den Kindern. Wir spielten *tag*[7], das uns Spaß machte.

Als die Zeit herannahte, da die Pflanzen, die wir gezogen hatten, reif geworden waren, sagte man zu mir: „Du mußt nun versuchen, das zu kochen [als Speisen zuzubereiten][8], was du großgezogen hast.“ Natürlich versuchte ich, Speisen zu kochen. Meine Eltern kosteten davon: „Was sie gezüchtet und geerntet hat, schmeckt sehr gut“, sagten sie dann. „Und sie hat es sehr sorgfältig zubereitet“,wurde mir gesagt. Ich war stolz, als sie so zu mir sprachen. Tatsächlich aber sagte man mir dies bloß, um mich zum Kochen zu ermutigen. Aber ich dachte damals: „Es ist vermutlich wahr.“

Als ich zehn Jahre alt war, hörte ich auf, mit Puppen zu spielen. Aber ich ging immer noch gerne zum Schwimmen. Aber wenn ich meine Mutter fragte: „Darf ich schwimmen gehen?“, dann antwortete sie: „Ja. Wasche das Hüfttuch deiner Großmutter und auch das meine.“ Ich wurde dazu angehalten, Sachen zu waschen. Natürlich hatte ich danach nicht mehr Lust zu fragen: „Darf ich schwimmen gehen“, da ich befürchtete, Kleidungsstücke waschen zu müssen. Tatsächlich behandelte man mich deshalb so, weil man mich dazu anhalten wollte, das Kleiderwaschen zu erlernen.

„Ich behandle dich deshalb so, damit du waschen lernst", sagte meine Mutter zu mir. „Niemand wird für immer von anderen umsorgt. Die Zeit naht rasch, da man denjenigen aus dem Blickfeld verliert, der für einen sorgt. Ich erfuhr nie, wie meine Mutter aussah. Die Schwester meines Vaters zog mich auf. Heute gehe ich so mit dir um, wie sie es damals mit mir getan hat. Sie erlaubte mir nicht, herumzualbern. Deshalb konnte ich bereits mit acht Jahren sehr gut kochen. Wenn die Schwester meines Vaters mit irgend etwas beschäftigt war, kochte ich an ihrer Stelle", sagte meine Mutter zu mir. Ich glaubte ihr nicht, was sie sagte, da ich damals zehn Jahre alt war und gerade erst begonnen hatte, einigermaßen gut zu kochen, und immer noch nur mangelhaft nähen konnte. In jener Zeit sagte die Mutter zu mir, wenn sie mich weckte: „Wach auf und hole Wasser.[9] Und sammle einige kleine trockene Äste, damit wir Feuer machen können." Auch wenn es mir zuwider war, ich mußte es trotzdem tun. So wurde mit mir umgegangen.

Bald darauf wurde mir gesagt: „Diese kleine Axt gehört dir", und eine kleine Axt wurde mir gebracht. Ich war froh. „Dies ist dein Riemen fürs Holz", sagte man mir. Meine Mutter und ich gingen hinaus, um Holz zu sammeln, und ich lud das wenige Holz, das ich geschnitten hatte, auf meinen Rücken. Sie band es für mich zusammen. Sie zeigte mir, wie man es zusammenbindet. Bald darauf begann ich, selbständig Holz zu sammeln.

Als ich elf Jahre alt war, sah ich ihr immer zu, wenn sie Taschen anfertigte. „Komm, versuche selbst eine zu machen", sagte sie zu mir.[8] Sie begann, eine kleine Tasche für mich zu flechten und unterrichtete mich darin. Natürlich lernte ich, wie man es macht, aber es gelang mir nur sehr schlecht. Wieder sagte man mir: „Mach noch eine weitere." Diese war ein bißchen größer. Und bald konnte ich sehr gut Taschen herstellen. Dann war ich unwillig, noch weitere zu machen. Zuerst war ich eifrig dabei gewesen, Taschen anzufertigen, da ich darin noch keine Fertigkeit erreicht hatte. Aber ich wurde dazu angehalten, weiterhin Taschen zu flechten. Den Winter über setze ich diese Tätigkeit fort. In jener Zeit wurde für mich eine kleine Binsenmatte geflochten. „Versuche es auch", wurde mir gesagt. Ich versuchte es. Später stellte ich sie fertig, aber es war eine schlechte Arbeit. Nachdem ich das Flechten von Binsenmatten erlernt hatte, half ich bald darauf meiner Mutter bei dieser Arbeit.[8]

Sie war sehr stolz darauf, daß ich gelernt hatte, vieles selbst herzustellen. „So ist es, du wirst alle Dinge, die du benötigst, anfertigen können, wenn du selber für dich sorgen mußt. Das ist der Grund, warum ich dich gezwungen habe, alles zu erlernen, nicht etwa, weil ich dich gemein behandeln wollte. Ich habe dich dazu angehalten, damit du etwas tust. Wenn du einmal mich nicht mehr sehen kannst, dann wirst du keine schlechte Zeit haben, weil du alles selbst herstellen kannst. Du wirst alles selber anfertigen können, was du brauchst. Die Schwester meines Vaters, jene, die mich großgezogen hat, hat mich genauso behandelt. Nur deshalb weiß ich, wie ich jedes kleine Ding selber herstellen kann. ‚Sie kann gar nicht anders als mich schlecht behandeln', hatte ich damals gedacht, als sie mir immer wieder befahl, dies und jenes zu tun. Tatsächlich aber hat sie mich gut behandelt. Als ich dies erkannte, sagte ich zu mir selber: ‚Eigentlich hat sie mich gut behandelt.' Und dies ist der Grund, warum ich mit dir ebenso umgehe. Deshalb ist es auch sehr gut möglich, daß du ebenfalls denkst, ‚sie behandelt mich schlecht'. Nein, es ist, weil ich dich gern habe und möchte, daß du alles selber anfertigen kannst. Wenn ich dich nicht gern hätte, würde ich dich nicht so herumkommandieren. Stattdessen würde ich denken: ‚Es ist mir egal, was sie macht.' Wenn du klug bist, wirst du später im nachhinein feststellen müssen: ‚Es ist wahr, meine Mutter hat mich gut behandelt.' Falls du aber schlecht bist, wirst du dich nicht an mich erinnern, wenn ich gegangen bin. So ist es. Obwohl du weißt, wie man Dinge macht, würdest du sie nicht herstellen wollen. So würde es sein, falls du schlecht bist. Aber ich wünsche nicht, daß du so bist. Ich wünsche mir, daß du immer still für dich sorgst", sagte meine Mutter zu mir.

Und dann, als ich zwölf Jahre alt war, sagte sie zu mir: „Komm und versuche, diese hier selbst zu machen." Es waren meine eigenen Mokassins damit gemeint.[8] „Du kannst welche für dich anfertigen, sobald du weißt, wie dies vor sich geht. Du weißt ja bereits, wie man sie für Puppen herstellt. Die Art ist die gleiche", sagte sie zu mir. Sie schnitt sie nur für mich aus. Wenn ich einen Fehler machte, korrigierte sie ihn für mich. „Dies ist die Art, wie es vor sich zu gehen hat", wurde mir gesagt. Schließlich beherrschte ich tatsächlich diese Fertigkeit.

Dann wurde Garn für einen Gurt an Stecken festgebunden. Ein kleines Stück war bereits für mich angefangen worden. „Versuche zu weben", sagte man zu mir. Ich versuche es. Später wußte ich, wie man diese Gürtel anfertigt. Und ich fuhr fort, Gürtel aus Garn zu weben. Meine Mutter war zufrieden, als ich alles erlernt hatte.

Zu jener Zeit konnte ich bereits gut kochen. Wenn meine Mutter fortging, sagte sie zu mir: „Bereite du das Essen zu." Auch wenn sie

Matten anfertigte, kochte ich das Essen.[10] „Du bist jetzt daran gewöhnt zu kochen, denn es ist schon fast an der Zeit, da du draußen leben wirst. Du wirst für dich selber kochen müssen, wenn du außerhalb lebst", wurde mir gesagt.

Bald sagte sie zu mir: „Nun, versuche zu weben; vielleicht möchtest du auch solche Decken herstellen." Da fing ich mit Weben an. Später konnte ich sehr gut weben. Von da an half ich die ganze Zeit meiner Mutter. Sie war stolz, als ich weiterhin alles Neue erlernen wollte.

Dann wurde ich dreizehn Jahre alt. „Die Zeit ist nun gekommen, da du auf dich aufpassen mußt. Du bist nun schon fast eine junge Frau. Vergiß nicht, was ich dir jetzt sage. Es kann sein, daß du deine Brüder ruinierst, wenn du nicht vorsichtig bist. Der Zustand, eine junge Frau zu sein, ist gefährlich. Die Manitous hassen ihn. Wenn einer, der von Manitous geliebt wird, bei einer jungen Frau ißt, dann wird er von denen gehaßt werden, die ihn vorher geliebt haben, und die Manitous werden ihn vergessen.[11] Das ist der Grund, warum uns gesagt wird: ‚Sei vorsichtig', und weshalb wir vorher gewarnt werden. In der Zeit, wo du zu einer jungen Frau wirst – wann immer du eine junge Frau wirst –, mußt du dich verstecken. Gehe nicht in dein Wickiup. Das ist es, was du tun mußt." Sie jagte mir Angst ein, als sie mir dies sagte.

Dann, als ich dreizehneinhalb Jahre alt war, wurde mir gesagt: „Geh und hacke Holz, trage es auf deinem Rücken." Es war fast Mittag, als ich mich auf den Weg machte. Als ich unterwegs war, bemerkte ich etwas Seltsames an mir. Ich war entsetzt über meinen Zustand. Ich wußte nicht, wie dies geschehen war. „Dies muß die Sache sein, vor der ich gewarnt worden war", dachte ich.

Ich ging und legte mich draußen, mitten im dichten Wald, nieder. Ich weinte, da ich erschreckt war. Es war fast Mitte des Sommers[12], denn die Zeit des Jätens der Felder war vorüber. Nach einiger Zeit wurde es meine Mutter leid, länger auf mich zu warten. Sie machte sich auf den Weg, um mich zu suchen. Bald fand sie mich. Ich weinte bitterlich. „Komm, hör auf zu weinen. Es ist nichts weiter als das für uns Frauen Übliche. Wir wurden so erschaffen. Es geschieht dir kein Leid. Du wirst darüber hinwegkommen in diesem warmen Wetter. Wenn es im Winter geschehen wäre, hättest du eine harte Zeit gehabt. Du hättest es kalt gehabt, wenn du ins Wasser eingetaucht wärst, denn du hättest viermal ins kalte Wasser springen müssen. So halten wir es, wenn wir ‚es' zum ersten Mal haben. Aber jetzt, heute, da es warm ist, kannst du so ausgiebig schwimmen, wie du willst", wurde mir gesagt. „Bleib zugedeckt liegen. Blicke nicht um dich. Ich gehe, um ein Wickiup für dich zu machen", sagte sie zu mir.

Ich litt sehr inmitten des Unterholzes. Und es war heiß. Am Abend sagte sie zu mir: „Ich bin gekommen, um dich zu holen. Ich habe dir einen Platz eingerichtet, wo du sein kannst. Bedecke dein Gesicht. Vermeide es, dich umzublicken." Ich wurde in ein kleines Wickiup gebracht. Und dieses war ringsherum mit Zweigen verschlossen. Viel Gestrüpp war aufgehäuft, so daß ich nicht hindurchsehen konnte. Nur ein kleiner Platz war frei, damit ich draußen kochen konnte. Meine Großmutter muß es in dieser Größe gemacht haben, damit darin nur gerade Platz zum Liegen war.

„Ich werde deine Großmutter holen, damit sie bei dir bleibt", sagte die Mutter zu mir. Es war eine andere alte Frau.[13] Tatsächlich war der Grund, weshalb sie gebracht wurde, der, daß sie mich unterweisen sollte. Ich aß den ganzen Tag über nichts. Am nächsten Tag sagte man mir: „Wir werden dir Sachen bringen, die du zum Kochen verwenden kannst." Ich war nicht hungrig, denn ich war voller Angst. Am nächsten Tag ging meine Großmutter fort, um selbst zu essen. Sie war nur so lange fort, bis sie gegessen hatte, aber ich ängstigte mich. Am Abend brachte man mir kleine Gefäße zum Kochen, Nahrungsmittel, Wasser und Holz. Da bereitete ich mir eine erste Mahlzeit zu.

Und meine Großmutter fuhr fort, mich zu unterweisen, mir zu erklären, wie ein gutes Leben geführt werden kann. Sie war wirklich eine sehr alte Frau. Sicherlich hat sie die Wahrheit gesagt mit dem, was sie mir mitteilte. „Mein Großkind", sagte sie zu mir, „ich werde dir sagen, wie man ein geradliniges Leben führt. Du siehst selbst, wie alt ich bin. Ich habe immer genau das getan, was man mir gesagt hatte. Ich habe es versucht und darüber nachgedacht, wie man ein rechtes Leben führt. Bestimmt nur deshalb bin ich so alt geworden. So soll es auch mit dir sein, wenn du mir zuhörst und das tust, was ich dir sage. Auch deiner Mutter, noch bevor sie erwachsen war, gab ich Ratschläge, jedes Mal, wenn ich sie sah. Weil sie meine Verwandte war, unterwies ich sie, obwohl sie von der Schwester ihres Vaters, die sie großzog, gut behandelt und unterwiesen worden war. Das ist der Grund, warum sie so viele Dinge anzufertigen versteht, die zur Arbeit von uns Frauen gehören. Du würdest gut daran tun, deiner Mutter zuzuschauen, was und wie sie alles macht, mein Großkind. Und noch etwas. Viele von uns haben gefastet, als sie zu Frauen wurden. Viele Tage lang. Manche fasteten zehn Tage lang, andere bloß vier oder fünf Tage. Als ich eine junge Frau wurde, fastete ich acht Tage lang. Wir fasteten so lange, bis wir ganz erwachsen waren", erzählte mir meine Großmutter. Meine Mutter kam nur, um mir Wasser und Feuerholz zu bringen. In dieser Zeit fertigten wir Schnüre an. Das taten wir.

„Berühre dein Haar nicht; es könnte ausfallen. Und esse keine süßen Dinge. Und wenn du etwas ißt, das sauer ist, werden dir die Zähne ausfallen. Das gleiche heißt es auch von süßen Dingen", sagte meine Großmutter zu mir. Sie gab mir immer wieder gute Ratschläge. „Dann gibt es noch etwas anderes. Jetzt werden die Männer dich als erwachsene Frau betrachten, denn du bist eine junge Frau geworden, und sie werden darauf aus sein, dich zu umwerben. Wenn du nicht umhergehst und kicherst[14], werden sie es lange Zeit nicht wagen, dich zu umwerben. Wenn ein Tanz stattfindet und viele junge Männer alle möglichen komischen Dinge sagen und du diese nicht zur Kenntnis nimmst, werden sie sich noch lange vor dir fürchten. Wenn du über ihre Worte lachst, werden sie dich als ungezogen betrachten. Und sie werden sogleich beginnen, dich zu belästigen. Wenn du unmoralisch lebst, werden sich deine Brüder[15] schämen, ebenso die Brüder deiner Mutter.[16] Wenn du ein stilles Leben führst, werden sie stolz sein. Sie werden dich lieben. Wenn du immer nur am Ort tätig bist, wo du zu Hause bist, werden sie dir etwas von dem geben, was sie bekommen. Und deine Brüder werden deinen Worten Glauben schenken. Wenn du ein stilles Leben führst, werden die Männer dich lieben. Und dann noch etwas anderes: einige der Mädchen deiner Generation sind unmoralisch. Wenn man sich mit denen abgibt, die unmoralisch sind, werden sie einen zum gleichen Lebensstil verführen, da man noch nicht viel Klugheit besitzt. Gebe dich nicht mit den Unmoralischen ab, mein Großkind", sagte meine Großmutter zu mir. „Und auch folgendes: Behandle jeden betagten Menschen gut. Denn Manitou denkt an ihn. Nur weil er [der Mensch] ein gutes Leben geführt hat, ist er alt geworden. Sprich über niemanden.[17] Lüge nicht. Stehle nicht. Wenn du stiehlst, wirst du armselig sein. Sei nicht geizig mit Dingen, die dir gehören und die du gern hast. Wenn du geizig bist, wirst du nichts bekommen. Wenn du großzügig bist, wirst du immer etwas erhalten. Darüber hinaus: Geh nicht herum und lasse deinen Zorn an jemandem aus. Du mußt ebenso freundlich zu betagten Menschen sein. Dies, mein Großkind, ist die richtige Art, sich zu verhalten", sprach die Großmutter zu mir. Sie unterwies mich, wie ich mich verhalten müsse.

Bald waren zehn Tage vergangen. „Nun, du kannst endlich hinausgehen und ein Bad nehmen", sagte meine Mutter zu mir. Wir begaben uns zum Fluß. „Zieh dein Hüfttuch aus", sagte sie zu mir. Nachdem ich mich ausgezogen hatte, sprang ich ins Wasser. Dann sagte sie: „Ich werde dich mit etwas Scharfem ritzen." Sie ritzte mich überall. „Und jetzt deine untere Körperhälfte. Benutze deinen Rock als Schambedeckung", forderte sie mich auf. Sie ritzte auch meine Oberschenkel. „Dies geschieht, damit du in Zukunft nicht übermäßig stark menstruieren wirst, wenn das Blut jetzt reichlich fließt", erklärte sie mir. Ich litt sehr. Ich zog neue Kleider an. Ich warf jene fort, die ich zuvor getragen hatte. Und dann blickte ich mich das erste Mal um. Aber wiederum mußte ich für mich allein kochen, dort draußen, während zehn weiteren Tagen. Nach zehn Tagen nahm ich wieder ein Bad. Und dann, zum ersten Mal wieder, durfte ich mit den anderen zu Hause essen.

Ich sagte zu meiner Mutter: „Meine Großmutter hat mich unterrichtet, wie ich mich verhalten solle." Sie lachte. „Das war auch der Grund, warum ich sie holte, damit sie dich eingehend darin unterweise, was richtig ist. ‚Wahrscheinlich wird sie ihr zuhören', dachte ich."

Und wieder wurde ich aufgefordert, Dinge zu erlernen. Wenn sie einen Korb[18] flocht, sagte sie zu mir: „Mach auch einen." Ich fertigte einen kleinen Korb an. Später waren es auch große. Und dann wurde ich fünfzehn Jahre alt.

„Du könntest nun versuchen, Perlenarbeiten und Appliqué-Bänder anzufertigen. Wenn du nähen kannst, verstehst du Dinge zu machen, die du beim Tanzen tragen kannst. Wenn es bekannt wird, daß du schon nähen kannst, werden die Leute dir Aufträge dafür erteilen. Nicht nur das. Du wirst dafür bezahlt werden. Du wirst davon profitieren, wenn du nähen kannst", sagte meine Mutter zu mir. Dann begann ich wirklich, mich auch darin zu üben. Es dauerte ziemlich lange, bis ich gut nähen konnte. Es muß etwa zwei Jahre gedauert haben. Danach beschäftigte ich mich immer mit einer solchen Arbeit. Ich war sechzehn Jahre alt, als wir im Sommer Matten anfertigten. Im Winter waren es Überwürfe und Garngürtel. Wir nähten Appliqué-Bänder und fertigten Perlenarbeiten an. Und es ist wirklich wahr, daß ich immer wieder beauftragt wurde, etwas anzufertigen, und ich wurde dafür bezahlt. „Nun siehst du", sagte die Mutter zu mir, „weshalb ich dir immer sagte, daß du Fertigkeiten erlernen sollst. Wenn diese beiden Matten fertiggestellt sind und jemand sie erhält, wird der Empfänger etwas als Gegengabe geben. Und auch, was diese Überwürfe [weite Mäntel] betrifft: Wenn jemand einen erhält, wird er etwas als Gegengabe geben. Das ist der Grund, weshalb man gerne etwas anfertigt, weil man damit einen Gewinn erzielt." Es dauerte nicht lange, bis ich erkannte, daß das, was man mir gesagt hatte, wahr war.

Dann, als ich ein wenig älter als siebzehn Jahre war, lebte ich einmal irgendwo außerhalb. Nach zwei Tagen, spät nachts, während ich schlief, rief mich jemand: „Wach auf!" Die Person hielt ein Zündholz in der Hand und zündete es an. Da sah ich, daß es ein Mann war.[19] Ich erschrak. Ich zitterte, so sehr hatte ich Angst. Als ich ihn wegschickte, klang meine

Stimme nicht so wie immer. Ich war kaum in der Lage zu sprechen. Von dieser Zeit an versuchten immer wieder Männer zu mir zu kommen. Aber man hatte mir gesagt, was richtig war. Als bekannt wurde (was für ein Mensch ich war), begannen sie mich zu umwerben.

Dann gab man mir folgende Anweisungen: „Wenn du zwanzig Jahre alt bist[20], magst du den Wunsch verspüren, einen Ehemann zu nehmen. Wen immer du als Ehemann nehmen willst, er muß der einzige sein, mit dem du zu sprechen beginnst. Unterhalte dich nicht mit vielen. Es ist nicht recht für eine Frau, viele Freunde zu haben. Ihr Ehemann wird sie schlecht behandeln, weil er eifersüchtig ist, wenn er weiß, was seine Ehefrau gemacht hat. Deshalb ist es Frauen untersagt, viele Freunde zu haben." So unterwies man mich. Dann wurde ich bald achtzehn, im Frühjahr, zur Zeit, als die Leute Erdbeeren zu pflücken begannen. Ich begleitete eine junge Frau auf der Suche nach Erdbeeren.[21] „Wir werden jemanden sehen", sagte sie zu mir. Und sie fügte hinzu: „Ich wollte dich nur necken." Tatsächlich aber hatte sie sich mit einem jungen Mann verabredet.

Bald kam er dorthin. Die beiden kannten sich schon gut und behandelten sich nett. Er half ihr beim Erdbeerenpflücken. Immer wieder holte sie mich ab, um mit mir an irgendeinen Ort zu gehen. Bald kam noch ein anderer junger Mann mit. Dann brachte diese junge Frau mich dazu, mit diesem jungen Mann zu sprechen. „Er wird dir nichts antun, du kannst ruhig mit ihm plaudern", sagte diese Frau zu mir. So oft wie wir uns irgendwohin begaben, so oft kamen diese Männer. Schließlich plauderte ich mit diesem jungen Mann. Wir waren oft zu viert unterwegs. Es war amüsant, ihnen zuzuhören. Dann war es so, daß ich ihn immer wieder sehen wollte, wenn ich mich irgendwohin begeben hatte, das heißt, nachdem ich ihn [zum ersten Mal] gesehen hatte.

Selbstverständlich versuchten viele Männer, mit mir zu sprechen. Aber es sprach sich herum, was für eine Art Mensch ich war. Aber sie [meine Verwandten?] schalten mich. Ein anderer Mann war nämlich als mein Ehemann ausgewählt worden. Aber der andere und ich, wir waren uns schon gut bekannt.

„Du hättest besser gleich einen Ehemann genommen", sagte man zu mir. „‚Wenn du zwanzig bist, sollst du einen Ehemann nehmen', so habe ich dich früher angewiesen. Und ich habe dir verboten, dich mit unmoralischen Mädchen abzugeben. Du hast nicht recht getan. Ich wünschte, dich gut verheiratet zu sehen, so lange ich noch lebe. Aber jetzt erwarte ich nicht mehr, daß du mit einem Mann gut verheiratet sein wirst. Der Vater des jungen Mannes, mit dem du plauderst, ist schlecht. Er [dein

Freund] wird dich möglicherweise schlagen. So jedenfalls hält es sein Vater. Er schlägt seine Frau immer.[22] Und wenn irgendwo etwas stattfindet, erlaubt er seiner Frau nicht, daran teilzunehmen. Zudem ist dieser Mann besonders faul.[23] Deshalb denke ich, daß sein Sohn ebenso sein wird. Er treibt sich nur in der Gegend herum. Ich habe ihn nie arbeiten sehen. Wenn du ihn zum Ehemann nimmst, wirst du dich vermutlich um ihn kümmern und für ihn sorgen müssen. Aber er wird dich ausnützen, denn du bist mit allen handwerklichen Fertigkeiten der Frauen vertraut. Du darfst ihn wirklich nicht zum Ehemann nehmen. Nimm den anderen, denjenigen, von dem ich glaube, daß er der richtige für dich ist. Du mußt aufhören mit demjenigen zu plaudern, in den du dich verliebt hast. Falls ich aber davon höre, daß du wieder mit ihm plauderst, wirst du nicht mehr über unsere Dinge verfügen dürfen. Ich werde deinen Worten keinen Glauben mehr schenken. Ich weiß, daß du früher auf meine Worte gehört hast. Deshalb habe ich deinen Worten auch immer Glauben geschenkt. Und noch etwas. Viele Fertigkeiten hast du erlernt, und ich bin sehr stolz darauf. Das ist der Grund, weshalb ich dir verbiete, mit unmoralischen Mädchen herumzuziehen. Als du damals begannst, mit ihnen herumzuziehen, wußten wir darüber rasch Bescheid. Heute fürchtest du dich nicht mehr vor Männern. Früher hattest du Angst, irgendwohin zu gehen, ihretwegen. Aber jetzt willst du immer irgendwohin gehen. Man wird dich für ungezogen halten, wenn du unmoralisch bist. Diejenigen, die moralisch sind, sind die, mit denen Männer leben möchten (das heißt verheiratet sein). Mit den Unmoralischen wollen sie nur ihr Vergnügen haben. Deshalb belästigen sie sie, um mit ihnen eine angenehme Zeit zu verbringen, nicht aber, um sie zu heiraten. Heirate rasch denjenigen, den ich dir erlaube", wurde mir gesagt.

Ich war neunzehn Jahre alt. Da entschloß ich mich, mit jenem zu plaudern, mit dem es mir erlaubt war. Ich mochte ihn nicht sehr. Ich dachte oft an den anderen. Immer dachte ich: „Wenn ich nur mit dem andern plaudern dürfte." Ich konnte fast nicht aufhören, mich mit diesem zu unterhalten; ich war seinetwegen in Sorge. Dann aber traf ich mich wieder mit demjenigen, den ich treffen durfte. Später lernte ich ihn besser kennen. Aber immer noch dachte ich mehr an den anderen, den sie [die Verwandten] meinetwegen haßten.

Bald begann derjenige, der mir erlaubt war, mich zu sich nach Hause führen zu wollen. Er bat mich immer darum, jedes Mal, wenn ich ihn sah. Da sagte ich zu ihm: „Ich habe Angst vor deinen Eltern." „Gut, dann will ich zuerst mit dir zu dir nach Hause gehen", sprach er zu mir, „wir sprechen nicht verschiedene Sprachen. Deshalb wäre es falsch, wenn wir uns voreinander fürchteten. Was mich betrifft, so fürchte ich mich nicht vor deinen Eltern. Denn ich habe dir nichts Schlechtes angetan. Seit wir uns miteinander unterhalten, habe ich mich dir gegenüber ruhig verhalten. Das weißt du auch. Ich habe die Absicht, mit dir ein zufriedenes Leben zu führen. Ich denke immer: ,Oh, wenn sie nur einwilligen würde.' Du bist die einzige, mit der ich leben möchte. Ich werde dich sehr gut behandeln. Was immer du mir aufträgst, das will ich tun. Und ich werde immer arbeiten. Und ich werde deine Eltern nicht hassen. Ich werde dich nicht betrügen. Was ich dir jetzt sage, das werde ich auch halten", so sprach er zu mir. Bald willigte ich ein. In der Nacht begaben wir uns fort. Als es Tag wurde, schämte ich mich, dorthin zu gehen, wo ich zu Hause war. Am folgenden Tag, als er erschien, wurde er sehr nett behandelt, denn ich hatte ihn zum Ehemann[24] genommen, denjenigen, den sie für mich auserwählt hatten.

Dann gab er mir sein Pferd und seine Kleidung, die er für Tänze benötigte, seinen Schmuck. Und ich gab dieses Pferd meinen Brüdern. Bald holte mich die Schwiegermutter ab. „Geh mit ihr", forderte mich meine Mutter auf. Ich machte mich auf den Weg. Als ich dort ankam, wurde mir befohlen: „Setz dich hin, genau hier." Ich setzte mich bequem hin. Da begann sie, mich zu schmücken. Ich wurde herausgeputzt. Dann: „Du kannst diesen Kessel (mit nach Hause) nehmen", wurde mir gesagt. Textilien befanden sich darin und ebenfalls ein Zaumzeug. Ich hatte ein sehr dickes Bündel auf meinem Rücken, als ich mich auf den Weg machte. Ich kam zu Hause, wo wir lebten, an, ganz geschmückt und herausgeputzt. Meine Mutter betrachtete das Bündel. Als sie das Zaumzeug sah, sagte sie: „Jetzt hast du zwei Pferde. Wenn du den anderen Mann geheiratet hättest, hättest du gar nichts erhalten." Bald trugen mir [meine Verwandten] auf: „Nimm dies und bring es (ihnen)." Man legte Nahrung in einen Sack, ebenso Matten, Decken, und verschiedene Garngürtel wurden darum herumgebunden. Dann waren die (Hochzeitszeremonien) vorüber. Erst dann gaben mir die Verwandten meines Mannes etwas mit, Vorratsgüter. Und ich nahm dann einen Sack oder einen Korb voll Nahrung, Bohnen, Kürbisse, ebenso Matten und Mais mit und brachte ihnen alles.

Es ist wahr, lange Zeit hat mich mein Mann nett behandelt. Und meine Mutter verbat mir eindringlich, weiterhin mit dem anderen zu plaudern. Sie beobachtete mich. Aber ich brachte es nicht fertig, nicht an ihn zu denken, denn er war es, den ich liebte. Ich liebte meinen Mann nicht. Das war der Grund, weshalb ich immer an den anderen dachte. Wenn irgend etwas [ein Fest] stattfand, ging ich mit meiner Mutter hin, da sie mich beaufsichtigte, damit ich nicht mit dem anderen spreche. Und sie verbot mir, irgendwohin allein zu gehen. „Geh mit deinem Mann, wenn du irgendwohin gehen willst. Sonst wird man über dich reden. Einige sagen vielleicht ‚sie geht mit einem anderen Mann'. An denen, die Ehepaare in Schwierigkeiten bringen wollen, fehlt es nicht."

Nachdem ich ein halbes Jahr lang mit ihm zusammengelebt hatte, hörten meine monatlichen Blutungen auf. Daraufhin gab man mir folgende Anweisungen: „So ist es, wenn es geschieht: vermutlich wirst du ein Kind bekommen.[25] Wenn irgend etwas gekocht wird und dabei anbrennt, darfst du es nicht essen, damit später die Nachgeburt nicht stekkenbleibt. Und Nüsse dürfen nicht gegessen werden, damit das Kind sich von der Eihaut befreien kann. Und im Winter dürfen die Füße nicht gewärmt werden, damit das Baby an der Eihaut nicht klebenbleibt. Und Frauen dürfen mit ihren Füßen nicht jene ihres Mannes berühren, damit das Kind nicht mit den Füßen voran geboren wird. Und Füße von Tieren dürfen nicht gegessen werden. Und man darf keine Krebse berühren. Wenn eine Schwangere einen Krebs berührt, wird ihr Kind mit den Füßen voran geboren werden. Es heißt, daß es Frauen schlecht ergeht, wenn sie ein Kind auf diese Weise gebären müssen. Das ist der Grund, weshalb man daran glaubt und sich daran hält, weil wir während der Geburt nicht lange leiden wollen. Es ist besser, sich an das zu halten, was einem gesagt wird. Und kein Leichnam darf berührt werden. Wenn man einen solchen berührt, würde das Baby nach der Geburt sterben, da es damit in Kontakt gelangt ist. Und wenn man einen Toten sieht, muß man ihn direkt anblicken. Wenn man ihn schräg anschaut, wird das Baby schielen. Und wenn man einen Schädel berührt, wird das Baby immer aufwärts blicken. Es wird dann nicht in der Lage sein, auf die Erde zu blicken. Und wenn ein Ertrunkener berührt wird, muß das Kind sterben. Das sind die Dinge, die verboten sind. Und es heißt, daß man Holz immer auf dem Rücken tragen soll, damit das Baby sich leicht löst (das heißt leicht geboren wird). Ebenso, wenn eine Frau weiß, daß sie schwanger ist, darf sie keine Beziehungen mehr mit ihrem Mann haben. Sonst wird das Baby schmutzig [unrein] sein, wenn es geboren wird. Wenn sich seine Eltern nicht daran halten, bewegt sich das Kind und ist unruhig. Das ist der Fall, wenn dies geschieht. Wir Frauen haben eine schlimme Zeit während der Geburt. Wir leiden. Einige werden dabei vom Baby getötet. Aber wir fürchten uns nicht davor, denn wir wurden so geschaffen. Das ist vermutlich der Grund, warum wir uns davor nicht fürchten. Oh, wenn wir alle davor Angst hätten, dann könnten wir uns ein Leben lang fürchten. Wir würden nicht in der Lage sein, eine neue Generation hervorzubringen. Deshalb haben wir während der Geburt zu tun, was getan werden muß. Jene, die nicht das tun, was man ihnen gesagt hat, werden von ihren Kindern verletzt werden."

Ich habe dir nun von allem berichtet, obwohl ich damals nichts davon wußte, vor allem, wie schlimm eine Geburt ist. Damals wußte ich nichts davon. Nur nachdem ich ein Kind geboren hatte, wußte ich, wie schlimm es war. Bald schwoll mein Bauch an. Ich schämte mich. Wenn ein Tanz stattfand, ging ich nicht hin, denn ich schämte mich.

Bald, nach acht Monaten, kam meine Schwiegermutter. Sie kam, um mit meiner Mutter zu sprechen: „Jetzt ist es bald so weit, daß sie das Kind gebiert. Wir sollten ein kleines Wickiup aufstellen, damit sie dort gebären kann. Deshalb bin ich jetzt gekommen, weil sie sich eines Nachts vielleicht nicht wohlfühlen wird", sagte sie zu meiner Mutter. Sie errichteten es gemeinsam. Nachdem sie es gebaut hatten, sagte sie zu meiner Mutter: „Ruf mich, wenn sie sich krank fühlt."

Bald fühlte ich mich krank. Es war eines Abends, als ich allein dalag. Ich sagte es niemandem. Doch bald fragte man mich: „Ist dir nicht gut?" „Ja", antwortete ich, „ich fühle mich nicht gut und habe ein wenig Schmerzen im Kreuz." „Oh ho", sagte meine Mutter, „höchstwahrscheinlich ist es nun soweit, daß du ein Kind haben wirst. Ich werde deine Schwiegermutter holen. Denn sie hat mir gesagt: ‚Ruf mich'." Kurz darauf kam sie und forderte mich auf: „Komm, geh ins kleine Wickiup." Decken wurden für mich ausgebreitet. Als ich mich bequem niedergesetzt hatte, wurde ein Strick über mir befestigt. „Halte dich daran fest, wenn du starke Schmerzen spürst", wurde mir gesagt. Dann hatte ich größere Schmerzen. Nach einiger Zeit sagte man mir: „Leg dich nieder. Wenn du scharfe Schmerzen verspürst, versuche, dich aufzurichten. Du mußt auf deinen Knien sitzen und versuchen, dich aufrecht zu halten." Ich tat dies. Ich hielt mich am Strick fest. Aber das Kind konnte nicht geboren werden.

Nach Mitternacht war ich fast nicht mehr in der Lage, mich aufzurichten. Die Frauen, die mich umsorgten, bekamen es mit der Angst zu tun. Dann sagten sie unter sich: „Wir werden um Hilfe beten." Meine Schwiegermutter nahm indianischen Tabak und ging damit zu einer Frau, die Erfahrung in Geburtshilfe hatte. Und als diese Frau kam, kochte sie sofort einige Medizinen. Nachdem sie sie gekocht hatte, sagte sie: „Sie muß sich auf alle Fälle für einige Zeit aufrichten. Du mußt sie festhalten, damit sie nicht vornüber fällt." Nachdem man mich aufgerichtet hatte, spuckte sie mir auf den Kopf, und sie gab mir eine Medizin zu trinken. Nachdem sie sie mir zu trinken gegeben hatte, begann sie zu singen. Sie begab sich nach draußen, singend, und umschritt singend das kleine Wickiup. Wenn sie an mir vorübertanzte, berührte sie mich an der Seite. „Komm heraus, wenn du ein Knabe bist", sagte sie immer wieder. Dann begann sie wieder zu singen. Als sie an mir vorübertanzte, berührte sie mich wieder seitlich. „Komm heraus, wenn du ein Mädchen bist", sagte sie. Nachdem sie viermal im Kreis das Wickiup umschritten und dabei gesungen hatte, trat sie ein. Sie gab mir eine Medizin zu trinken. „Jetzt wird es geboren werden. Sie darf sich niederlegen. Legt sie sorgfältig hin. Ihr müßt ihr die Knie aufgestellt halten", sagt sie. Und schließlich wurde ein kleiner Knabe geboren.

Da wußte ich, wie schmerzvoll eine Geburt ist. Nachdem ich geboren hatte, spürte ich nirgends mehr Schmerzen. Ich fühlte mich wohl. Sie trennten die Nabelschnur einen Inch über dem Bauch des Kindes ab. Man benutzte dazu eine ganz neue Schere. Sie schnüren die Stelle ab, an der sie durchtrennt wurde. Man wusch seinen Leib. Am nächsten Tag legte man ihn in eine Wiege. Und man band ein kleines Stückchen Fleisch auf seinen Nabel, indem man ein Tuch um seinen Körper wickelte und es damit auf seinem Unterleib festband. „Du mußt ihn immer wieder ein bißchen befeuchten, damit seine Nabelschnur bald abfällt", sagte man mir. Ich tat dies so. Ich wusch ihn nicht selbst. Meine Mutter tat dies für mich. Nach drei Tagen fiel die Nabelschnur ab. Er konnte während zwei Tagen keine Milch heraussaugen, wenn ich ihn stillen wollte.

Dann: „Du mußt ihn immer in der Wiege lassen, sonst bekommt er einen langen Kopf, oder er wird bucklig oder er bekommt krumme Beine. Deshalb legt man sie sorgfältig hin, damit dies nicht geschieht. Wenn sie festgebunden sind, werden sie einen geraden Wuchs bekommen. Man läßt sie fast ein ganzes Jahr über in der Wiege. Sie dürfen nicht ständig herausgenommen werden. Man läßt sie schaukeln, wenn man sie gestillt hat, damit sie nicht weinen. Sie werden dadurch ans Alleinsein gewöhnt, damit man irgendwohin gehen kann – es sei denn, es handle sich um Schreihälse. Wenn man sie immer im Arm hält, dann weinen manche, sobald man sie niederlegt. Die Leute fühlen sich belästigt, wenn sich die Babys daran gewöhnt haben, daß sie immer im Arm gehalten werden", sagte man mir.

Ich lebte draußen für dreiunddreißig Tage.[26] Bald darauf begann mein Mann, sich anders zu verhalten. Er behandelte mich nicht mehr auf eine nette Art. Tatsächlich hatte die junge Frau, mit der ich früher, vor meiner Heirat, herumgezogen war, ihm etwas gesagt. „Du behandelst sie so gut, aber deine Frau war einst so gut wie mit einem anderen Mann verheiratet. Ich weiß es. ‚Wir werden nie aufhören miteinander zu plaudern, selbst wenn wir andere Partner heiraten', sagten die beiden zueinander", so erzählte sie ihm. Schließlich glaubte er ihr wirklich. Von da an behandelte er mich schlecht. Diese junge Frau war eifersüchtig geworden, weil er mich so gut behandelt hatte. Deshalb erzählte sie ihm Geschichten über mich. Denn sie wurde von keinem Mann geheiratet, da sie unmoralisch war. Schließlich begann mein Ehemann, mich zu schlagen.[27]

„Deshalb habe ich dir früher verboten, mit anderen Männern zu sprechen. Deshalb habe ich dir gesagt ‚du darfst nur mit demjenigen plaudern, den du heiraten wirst'", sagte meine Mutter zu mir.[28] „Schließlich wirst du deinen Sohn erzürnen, wenn ihr beide immer Streit habt. Kinder sterben, wenn sie geärgert werden[29]", sagte sie zu mir.

Bald darauf, als unser kleiner Sohn schon fast sprechen konnte, wurde er krank. Ich war voller Sorgen. Später starb er tatsächlich. Es ist sehr hart, einen Todesfall in der Familie zu haben. Man fühlt sich nur elend. „Ich habe es dir gesagt, was geschieht, wenn ihr ihn erschreckt", sagte man mir. „Deshalb ärgert man keine Kinder. Man würde sich noch schlechter fühlen, wenn man ein Kind geschlagen hätte", sagte man mir. Ich fühlte mich noch elender, nachdem er begraben worden war.[30] Am vierten Tag gaben wir jenen zu essen, die ihn am Abend zuvor begraben hatten. Dann begannen wir alle Arten neue Kleidung und Schmuck herzustellen. Nachdem wir damit fertig waren, begann ich darüber nachzudenken, wen wir adoptieren wollten. Ich dachte über alle Babys nach. Ich fand eines und dachte: „Dieses kann ich vielleicht so sehr lieben, wie ich mein Kind liebte." Dann adoptierten wir den Knaben, damit wir auf diese Weise einen Sohn besaßen.

Und später wurde mein Mann gemeiner (zu mir). Er war faul. Aber meine Mutter verbot mir, mich scheiden zu lassen.[31] Bald starb meine Mutter. Ich war fünfundzwanzig Jahre alt. Ich fühlte mich schrecklich. Ich erinnerte mich an alles, was sie mir früher immer wieder gesagt hatte.

Von da an kamen Sorgen zu mir. Es war sehr hart. Die Arbeit ging nie aus. Schließlich kann man nicht einfach faulenzen. „Meine Mutter hat mich wirklich gut behandelt, als sie mich die verschiedenen Dinge anzufertigen lehrte. Was wäre wohl geschehen, wenn ich nicht alle Arbeiten der Frauen hätte ausführen können? Ich wäre noch ärmer gewesen, wenn mich meine Mutter nicht unterrichtet hätte", dachte ich die ganze Zeit über. Wenn ich für jemanden etwas fertiggestellt hatte, gab man mir Kleider dafür. Denn immer, wenn ich etwas angefertigt hatte, gab ich es fort. Im Frühjahr, nachdem ich alles mögliche gepflanzt hatte, hegte ich alles. Und natürlich habe ich es zubereitet, nachdem es reif geworden war. Den Winter über hatte ich genügend Nahrung zu kochen.

Aber mein Mann war nur noch gemeiner zu mir. Wenn ein Tanz stattfand, erlaubte er mir nicht, dorthin zu gehen und zuzusehen. Bald dachte ich: „Jetzt, da meine Mutter gegangen ist, behandelt mich dieser Kerl immer schlechter. Weil mir meine Mutter verboten hatte, mich scheiden zu lassen, mußte ich es erdulden, daß mich dieser Kerl so schlecht behandelt. Aber ich liebe ihn nicht. Jetzt kann mich niemand mehr schelten. Ich liebe den anderen. Ich hasse diesen." Ich begann, Tänze zu besuchen, obwohl er es mir verboten hatte. Er war sehr zornig. „Nur weil du diesen Mann sehen willst, bist du so versessen darauf", sagte er zu mir. „Ich will ihn sehen", sagte ich dann zu ihm. Ich begann ihn wegzuschicken.

„Du kannst eine andere Frau heiraten, die still (das heißt moralisch) ist. Wir werden nie in der Lage sein, nett miteinander zu leben. Als ich mit dir gut (das heißt moralisch) zusammenlebte, begannst du, Schlechtes zu tun. Es war nie mein Wunsch gewesen, mit dir zu leben. Ich tat es nur, weil ich dazu aufgefordert worden war. Ich glaubte, man wolle es so, damit du mich gut behandelst und nicht, damit du mich mißhandelst. Jetzt werden wir uns deswegen trennen. Du mußt gehen. Du könntest dich mir gegenüber besser verhalten haben, wenn es wirklich dein Wunsch gewesen wäre, mit mir für immer zusammenzubleiben. Du hättest arbeiten können, damit wir nicht so arm geblieben wären. Du weißt, was ich alles getan habe. Ich habe ständig gearbeitet. Und du wurdest grundlos eifersüchtig. Ich habe mich mit niemandem unterhalten, seit wir zusammenleben. Aber jetzt bleibt nichts anderes mehr übrig, als daß wir uns trennen", sagte ich zu ihm.

„Wahrlich, von jetzt an werde ich dich nicht mehr so behandeln. Ich werde nett zu dir sein. Ich werde gehorsam arbeiten. Ich werde dir nichts abschlagen, um was du mich bittest. Von jetzt an bestimmst du, was wir zukünftig tun werden", sagte er zu mir. „Nein, ich kann dir nicht glauben, obwohl du dich darum bemühst, gut zu sprechen. Du hast mich zu lange schlecht behandelt", sagte ich zu ihm. Aber ich war unfähig, ihn wegzujagen. Als ich ihn verlassen wollte, kam er und hielt mich fest. „Glaube mir!" flehte er mich an. „Nein, ich kann wirklich nicht mehr", sagte ich zu ihm. Aber er hielt mich zurück. „Du wirst nirgendwohin gehen", sagte er zu mir. Ich weinte bitterlich; da ließ er mich gehen.

Ich begab mich zum Bruder meiner Mutter und schlief dort.[32] Am nächsten Tag sagte mein Onkel zu mir: „Irgend etwas ist geschehen, daß du zu uns gekommen bist und hier geschlafen hast. Irgend etwas muß dir widerfahren sein." „Mein Mann behandelt mich sehr schlecht. Deshalb will ich nicht mehr länger bei ihm bleiben", sagte ich zu ihm. „Es ist bekannt, daß er dich mißhandelt. Niemand wird dich schelten, wenn du daran denkst, dich von ihm zu trennen. Ich auf alle Fälle schimpfe dich deswegen nicht aus. Es ist eine Regel, daß ein verheiratetes Paar gut miteinander auskommen soll. Was mich betrifft, so behandle ich meine Frau gut, und sie behandelt mich auch gut. Sie kocht immer für mich, wenn ich arbeite. Falls ich sie plötzlich schlecht behandeln würde, während sie noch immer gut zu mir ist und ein tadelloses Leben führt, falls ich plötzlich eifersüchtig auf irgend etwas wäre, aber grundlos, so würden ihre Verwandten dies nicht gerne sehen. Ich wäre sicherlich im Unrecht. Wenn sie mich dann wegschickte, würde keiner ihrer Verwandten sie schelten. Jedermann, überall, fände es richtig, was mir passierte. Sicherlich würde ich nicht eine zweite Frau finden, die so gut zu mir wäre. Sicherlich würde ich mir immer jene zurückwünschen, die so gut zu mir gewesen war. Aber ich würde sie erzürnt haben. Ich allein würde an sie denken; sie würde dann sicherlich nicht mehr an mich denken. Sie würde mich so sehr wie nur möglich hassen", sprach er zu mir. „Nun denn, meine Nichte, du bist nun alt genug, um mir aufmerksam zuzuhören", sagte er zu mir. „Du denkst vermutlich immer noch an das, was dir deine Mutter gesagt hat; du wirst vielleicht leichtfertig ein unmoralisches Leben beginnen.[33] Schau dir ruhig Männer an (das heißt ohne unmoralische Absichten). Wenn du jemanden siehst, von dem du glaubst, daß er dich gut behandeln wird, dann nimm ihn zum Ehemann. Wenn er dich tatsächlich gut behandelt, dann sollst du mit ihm in Frieden leben. Begehre nicht nochmals einen anderen Mann. Denn es ist nicht richtig für eine Frau, mehrere Ehemänner zu haben. Über eine Frau, die dies tut, wird viel gesprochen. Es ist das gleiche, als wenn sie von einem Mann zum anderen geht. Dies ist es, meine Nichte, was ich mir wünsche, daß du tust. Weil deine Mutter gegangen ist, habe ich dir dies gesagt, so wie ich es verstehe. Wenn du dich nun von deinem Mann getrennt hast, sollst du allein bleiben für mindestens ein oder zwei Jahre. Du sollst arbeitsam leben. Dann aber kannst du jenen heiraten", sagte mein Onkel zu mir.

Auf diese Weise wurde ich geschieden. Natürlich versuchte mein früherer Ehemann immer wieder, mich zurückzugewinnen, aber ich konnte nicht mehr nett zu ihm sein. Ich haßte ihn schrecklich.

Die Ehefrau des Mannes, mit dem ich einst geplaudert hatte, als ich noch ein junges Mädchen gewesen war, starb in jener Zeit. Nachdem ich über ein Jahr geschieden war und er Witwer geworden war, der sich inzwischen der Trauerpflichten[34] entledigt hatte, begann er wieder, um mich zu werben. Und bald begann ich mit ihm zu plaudern, denn wir kannten uns ja bereits aus der Zeit, da wir jung gewesen waren. Und bald fragte er mich, warum ich geschieden war. Ich erzählte ihm alles, wie alles gekommen war und wie ich geschieden wurde.

„Ja. Er irrte sich vollständig in dem, was er von uns glaubte. Ich hatte aufgehört, dich zu treffen, als du heiratetest. Selbst wenn ich dich gesehen hätte, hätte ich nicht den Mut aufbringen können, irgend etwas zu dir zu sagen. Sicherlich hättest du mich auch angezeigt. So hast du dich verhalten, als du geheiratet hast. Wenn ich dich damals hätte überreden können, mich zu heiraten, dann hätte ich dich nicht geschlagen. Jetzt aber mußt du einverstanden sein, daß es mit uns geschieht", sagte er zu mir. „Ich vermute, daß du mich auch schlagen wirst, deshalb umwirbst du mich", sprach ich zu ihm. „Warum? Wie oft hast du davon gehört, daß ich diejenige geschlagen habe, mit der ich zusammenlebte? Ich habe sie nicht ein einziges Mal geschlagen. Ich habe sie auch nie gescholten. Sie hat lebhaft an Tanzveranstaltungen teilgenommen, bevor sie krank wurde. Ich würde dich ebenso behandeln. Du sollst ebenso ausgelassen tanzen, wenn dich danach gelüstet. Lebhaft zu tanzen ist natürlich. Ich habe noch nie davon gehört, daß sich einer (beim Tanzen) verheiratet hat. Wie könnte dort irgend etwas geschehen, da doch viele Leute dort sind? Niemandem würde es entgehen, wer wen umwirbt. Ich denke ebenso. Wenn du gewillt bist, können wir es so halten. Ich wünsche mir sehr, daß du zustimmst. Ich habe immer bei mir gedacht ‚Wenn ich bloß mit ihr zusammenleben könnte'", sprach er zu mir. „Ich werde vielleicht in einem Jahr einwilligen, jetzt noch nicht", sagte ich zu ihm. Für lange Zeit sprachen wir bloß miteinander.

Der andere, mit dem ich früher zusammengelebt hatte, aber gab nie ganz auf. Er versuchte mich immer wieder zu umwerben. Aber ich brachte es nicht fertig, nett von ihm zu denken. Denn er hatte mich so zornig gemacht, weil er mich so schlecht behandelt hatte. Ich haßte ihn ganz und gar.

Bald näherte sich die Zeit, die ich angegeben hatte, da wir zusammenziehen wollten. Als wir uns sahen, sagte er zu mir: „Jetzt aber ist es an der Zeit, daß du deine Zustimmung gibst. Heute nacht darfst du deine Türe nicht verschließen. Ich werde zu dir kommen." Und so geschah es auch. Er kam. Manchmal schlief er weit entfernt in einem Wickiup bei seinen Verwandten. Und immer wieder besuchte auch ich meine Verwandten. Er sprach nie zornig zu mir. Deshalb liebte ich ihn aufrichtig. Der andere, mit dem ich zuerst zusammengelebt hatte, war wollüstig gewesen. Aus diesem Grund haßte ich ihn.

Nachdem ich den anderen geheiratet hatte, ging es mir sehr gut. Wenn ein Tanz stattfand, sagte er zu mir: „Geh tanzen. Ich würde mich schämen, wenn man sagen würde, man hätte dich bei einer Veranstaltung nicht gesehen. ‚Er ist wahrscheinlich eifersüchtig', würde man über mich sagen. Ich würde mich schämen, wenn man dies sagen würde. Mach dich hübsch", forderte er mich auf.

Damals, als wir wieder miteinander zu plaudern begonnen hatten, sagte er zu mir: „Ich wünschte, ich hätte dich schon längst für mich gewonnen, damals, als wir das erste Mal miteinander sprachen." „Schon", sagte ich zu ihm. „aber ich hatte nicht die Macht über mich selber, so lange meine Mutter am Leben war. Sie (das heißt sie und ihre Verwandten) hatten bald schon herausgefunden, daß wir uns miteinander unterhielten. Man schalt mich und sagte zu mir: ‚Heirate den anderen!' Aber es hat sich nicht gelohnt. Tatsächlich hätte ich ihn nicht geheiratet, wenn ich für mich selber hätte entscheiden können. Vielleicht hättest du mich für dich gewonnen, da ich schon mit dir bekannt war. Denn ich habe immer an dich gedacht, vor allem am Anfang. Als ich dann aufhörte, mit dir zu sprechen, fühlte ich mich einsam", sagte ich zu ihm. „Lassen wir das, denn schließlich sind wir jetzt gut miteinander", sagte er zu mir. Wie schön er sprach! Ich lebte mit ihm während zwei Jahren, und ich liebte ihn immer mehr und mehr, weil er mich so gut behandelte.

Bald bekamen wir ein Kind, ein kleines Mädchen, aber es starb, als es vier Monate alt war. Da gaben sie mir eine Medizin zu trinken, damit ich nicht wieder ein Kind bekommen konnte, da die Kinder starben, kaum daß ich sie hatte.

Ich hörte meinen Mann nie verärgert sprechen. Selbst wenn die Shawnee-Tänze[35] in der Nacht stattfanden, sagte er zu mir: „Amüsiere dich gut." „Was für einen Mann habe ich gefunden", dachte ich. „Selbst wenn dieser Mann mich fortjagen würde, würde ich ihm dennoch hinterherlaufen." Wenn er sich für längere Zeit irgendwohin begab, dann hatte ich Sehnsucht nach ihm. Und ich dachte: „Er hat mich zu einem zufriedenen Menschen gemacht, weil er mich gut behandelt." Dann begann ich Dinge für ihn anzufertigen, Schmuck, Mokassins, Leggings, sein Hemd [...] und alles, was er benötigte.[36] Nachdem ich Schmuck von jeder Art für ihn gemacht hatte, sagte ich zu ihm: „Dies habe ich für dich gemacht, denn du hast mich glücklich gemacht, seit ich mit dir lebe. Du hast mich nie erzürnt. ‚Auch du mußt fröhlich tanzen', habe ich gedacht. Deshalb habe ich dies für dich gemacht." „Du schmeichelst mir sehr. Ich habe getan, wie man mich früher angewiesen hatte zu tun. ‚Wenn du mit einer Frau lebst, wenn sie es mag, wie du dich ihr gegenüber verhältst und du sie gut behandelst, wird sie auch für dich sorgen, wenn sie klug ist. Wenn sie unmoralisch ist, wirst du ihr nicht gefallen. Sie wird nur daran denken, dich gemein zu behandeln', hieß es. Jetzt erst begreife ich, was man mir gesagt hat", sagte er zu mir.

Mir wurden mehr und mehr Aufgaben anvertraut. Es zeigte sich, daß er ein guter Jäger war, denn er brachte viel Jagdwild nach Hause. Deshalb fehlte es uns nie an Fleisch, weil er geschickt war auf der Jagd. Ich war rechtmäßig mit ihm verheiratet. Ich war schon seit vielen Jahren mit ihm verheiratet. Bald wurde eine Trommel gebracht.[37] Und plötzlich sagte er zu mir: „Wenn wir an der Zeremonie dieser Trommel teilnehmen, werden wir dazu gehören." Wir waren gerade dabei, es zu tun. Ich dachte nicht im Traum daran, mich von ihm zu trennen, da ich seine Art so gern mochte.

Bald wurde er krank. Er tat mir so leid. Ich fühlte mich elend. Bald wurde er kränker und kränker. Ich weinte, hoffnungslos; ich sorgte mich sehr um ihn. Und er starb.[38] Es war schrecklich für mich. Ich knotete mein Haar auf und löste es. Für mehrere Tage und Nächte konnte ich aus Kummer nicht schlafen. Am vierten Tag rief ich die Männer. „Teilt unseren Besitz unter euch auf", sagte ich zu meinen männlichen Verwandten. Und die weiblichen Verwandten meines verstorbenen Mannes kamen herbei, um mir das Haar zu kämmen. Und sie brachten mir andere Kleider zum Anziehen. Ich trug schwarze Kleidung. Und bald brachten meine männlichen Verwandten, denen ich all unseren Besitz gegeben hatte, Nahrung verschiedenster Art. Die Frauen brachten Dinge, die sie selber gezogen oder hergestellt hatten. Ich ging hinüber zu jenen Frauen, die mir das Haar gekämmt hatten und forderte sie auf, die Nahrungsmittel zu nehmen. Ich fühlte mich äußerst elend. Ich fastete. Bald machte ich mich auf, um weit weg von allem zu weinen; ich ging so weit, damit niemand davon erfuhr und damit niemand über mich sagen konnte: „Um Himmwelswillen, muß ihr dies leid tun, so als ob sie mit ihm verwandt gewesen wäre!" Ich wurde träge. Ich wollte nur noch liegenbleiben. Ich schlief die ganze Zeit über, da ich einsam war.

Der Bruder meiner Mutter, den ich vorher erwähnt habe, hörte vermutlich davon: „Es geht ihr sehr schlecht, da ihr Mann gestorben ist. Sie verhält sich anders (als früher). Heute ist sie wie krank", wurde ihm gesagt. Er kam zu mir. „Du bist abgemagert", sprach er zu mir. „Nein", sagte ich. „Ich bin gekommen, um dich zu unterweisen, was du tun sollst. Ich weiß, daß du darauf gehört hast, was ich dir damals sagte, damals, als du dich scheiden ließest. Da du mir vertrautest, tatest du genau das, was ich dir sagte. Du hast mich dadurch sehr glücklich gemacht. Folgendes sollst du nun tun, meine Nichte: Denke nicht die ganze Zeit über nur an ihn, denn dies ist gefährlich. Folgendes wird geschehen, wenn du träumst, daß du mit ihm schläfst: du wirst nicht mehr lange leben. Deshalb ist es verboten, dies zu tun. Wenn du immer noch um deinen Mann trauerst, während du noch durch Trauervorschriften gebunden bist, solltest du nicht zu einem Anlaß irgendwohin gehen", sagte er zu mir. „Sprich nicht viel und lache nicht, solange du noch in der Trauerzeit bist. Gehe einfach still deiner Arbeit nach. Schau dich nicht zu viel um. Vielleicht warst du nicht achtsam genug, daß dich niemand sofort darin unterrichtete, was du tun solltest, als dein Mann starb. Ich selbst war beschäftigt damals; deshalb kam ich nicht, um dir Ratschläge zu erteilen. Dies aber sollte getan werden, wenn einem der Ehepartner [männlich und weiblich] stirbt. Wenn der Leichnam begraben wird, begleiten die Überlebenden den Toten dorthin, wo er begraben wird. Wenn er oben auf das Loch gelegt wird, beginnt man zu den Geistern zu sprechen. Wenn man zu ihnen gesprochen hat, werfen zuerst die Verwandten des Toten den Geistern Tabak zu, danach kommen die anderen an die Reihe. Wenn alle ihnen Tabak angeboten haben, kommt der überlebende Ehepartner an die Reihe und bietet ebenfalls Tabak an. Dann umschreiten sie den Toten im Kreis. Dann gehen sie in östlicher Richtung davon. Sie gehen weiter bis in irgendein Gestrüpp. Sie gehen durch dichtes Unterholz. Sie dürfen nie zurückblicken. Wer zurückblickt, muß bald sterben. Sie gehen weit weg und kehren dann heim. So müssen sich die überlebenden Ehepartner verhalten. Vermutlich hast du dies nicht so gehalten, wie man mir gesagt hat", sagte mein Onkel zu mir.

„Ich wußte nicht, daß es so vor sich gehen sollte. Denn meine Mutter, als sie noch lebte, sprach nie davon, wie man sich nach einem Todesfall verhalten muß. Deshalb wußte ich nicht, was getan werden mußte. Ich war nicht dabei, als mein Mann begraben wurde. Ich blieb hier im Wickiup", sagte ich zu meinem Onkel.

„Das ist der Grund, weshalb sie dies tun und sich vor der Seele verstecken und warum sie sich in dichtes Gebüsch begeben", sagte er zu mir. „Deshalb fühlst du dich so elend. Wenn du das getan hättest, was ich dir nun sagen werde, wäre es nicht so mit dir geschehen. Wenn du etwas ißt, stell immer etwas für ihn aufs Feuer. Vergiß nicht, dies zu tun, solange kein Adoptionsfest abgehalten worden ist und solange du noch nicht von den Trauervorschriften befreit bist. Das ist es, was du tun mußt", sagte mein Onkel zu mir. „Das ist alles. Ich werde bald wiederkommen, um dir weitere Ratschläge zu erteilen", sagte er zu mir. Dann ging er fort.

Und dann, immer wenn ich aß, legte ich ein wenig von den Speisen ins Feuer, für meinen Mann. Und ich versuchte, nicht mehr an ihn zu denken, da ich befürchtete, früh sterben zu müssen.

Später, als ich hörte, daß ein Adoptionsfest stattfinden sollte, kamen sie, um mich abzuholen. Als ich dort ankam, waren schon viele Menschen dort. Und als ich hineinging, waren diejenigen, die adoptiert worden waren, am Essen. Als sie mir Speisen gaben, war es, als ob wir gemeinsam mit meinem Mann aßen, zum letzten Mal, damit er befreit werde. Nachdem ich gegessen hatte, wurde mir gesagt: „Zieh deine Kleider aus." Und sie begannen mir frische Kleider anzuziehen, mein Haar wurde gekämmt und mein Gesicht gewaschen. Dann sagte man zu mir: „Zieh deine Kleidung nicht aus. Denn von jetzt an mußt du dich so kleiden. Von jetzt an darfst du auch wieder Schmuck tragen. Du darfst tun und lassen, was du möchtest. Wenn du wünschest, jemanden zu heiraten, kannst du ihn heiraten. Jemand wird für dich sorgen, wenn du heiratest. Fürchte dich nicht vor uns. Du hast uns Freude bereitet, indem du unseren Verwandten gut behandelt hast, als er noch am Leben war. Deshalb gibt es keinen Grund, weshalb wir gegen dich sein sollten. Du mußt uns das glauben, was wir dir heute sagen." Dann ging ich weg.

Zum ersten Mal trug ich wieder neue Kleidung. Und ich wurde wieder achtsam. Mein Onkel kam wieder. „Zum letzten Mal gebe ich dir wieder einige Ratschläge, meine Nichte. Mit dem heutigen Tag bist du nicht weiter an Trauervorschriften gebunden. Du weißt, wie schwierig es war, einen guten Mann zu finden, der dich gut behandelt hat. Deshalb fühlst du dich noch so elend. Denke ruhig noch ein wenig an ihn. Ein guter Mann ist schwierig zu finden. Du weißt, wie dich dein erster Mann behandelt hat. Er hat dich mißhandelt. Deshalb darfst du deinen letzten Ehemann nicht ganz vergessen. Die Männer werden dich wieder umwerben. Denke nicht daran, ihre Werbung sofort zu erwidern, wen auch immer du kennenlernst. Versuche während vier Jahren deinen Ehemann nicht zu vergessen. Denn du bist noch immer jung. Es macht nichts, wenn du für lange Zeit unverheiratet bleibst. Dein nächster Ehemann wird nicht so gut sein. Deshalb bin ich gekommen, um dir zu sagen, wie leid es mir um deinen Mann tut. Deshalb mußt du versuchen, es so zu halten. Und ich bin sehr stolz, daß du damals vertraut hast auf das, was ich dir sagte. Einige Frauen werden unmoralisch, wenn ihre Mütter sterben, da sie dann von niemandem mehr angeleitet werden. Und sie hören nicht auf andere, die ihnen Ratschläge erteilen. Aber ich denke, daß meine Nichte auf sich aufpassen wird. Das war es, meine Nichte; ich bin am Ende mit meinen Ratschlägen. Wenn du sie befolgst, wirst du ein geradliniges Leben führen."

Ich tat, was er mir geraten hatte. Keiner der Männer, die mich umwarben, erhielt meine Zustimmung. Ich wies jeden entschieden zurück, der mich umwarb. Während vier Jahren blieb ich allein und zeigte, wie ich um meinen Mann trauerte. Wenn ich ein Kind gehabt hätte, hätte ich nie mehr geheiratet. Aber es war so, daß ich die ganze Zeit über viel zu einsam war. „Das ist der Grund", dachte ich, „warum ich mich immer einsam fühle." Als mehr als vier Jahre vorbei waren, begann ich wieder zu einem Mann nett zu sein. Bald fragte er mich, ob ich ihn heiraten wolle. „Ich begann nett zu dir zu sein, weil wir heiraten sollten. Dein Mann war mein Freund. Wir plauderten oft und lange miteinander. Er sagte zu mir: ‚Wenn ich zuerst sterbe, mußt du diejenige, mit der ich lebe, umwerben, um sie zu heiraten. Sie ist sehr gut zu mir. Sie ist deine Schwägerin, weil wir Freunde sind.[39] Ich möchte nicht, daß ein anderer Mann sie heiratet, weil sie zu gut für einen solchen wäre. Deshalb sage ich dir dies. Es kann geschehen, daß ich zuerst sterben muß, denn wir wissen nicht, wann wir sterben müssen', hatte er zu mir gesagt, ‚und du mußt sie gut behandeln, denn ich liebe sie sehr, weil sie so gut ist'. Deshalb versuche ich nun deine Zustimmung zu erhalten. Da mir gesagt wurde: ‚Du mußt sie gut behandeln', könnte ich dich niemals gemein behandeln. Ich werde versuchen, dich so zu behandeln, wie mein Freund dich behandelt hat", sagte er zu mir. Da willigte ich ein.

Oh, er wurde nie böse, aber er war eher träge. Er war langsam in allem. Und er war ein Spieler. Ich liebte ihn nicht so sehr wie den, der tot war.

Und ich wünschte mir, wieder ein Kind zu haben. „Wenn ich ein Kind hätte, könnte es Dinge für mich tun. Sicherlich werden sie [die Babys] nicht alle sterben", dachte ich. Bald fragte ich eine alte Frau, die sich in Medizinen auskannte. „Gibt es vielleicht eine Medizin, die es mir ermöglicht, ein Kind zu haben, wenn ich sie getrunken habe?" fragte ich sie. „Sicher, ich kenne eine", sagte sie zu mir, „du wirst wahrscheinlich ein Kind bekommen, wenn du sie trinkst, denn du hast schon Kinder geboren." „Aber ich trank früher schon eine Medizin, um keine Kinder mehr zu bekommen", sagte ich zu ihr. „Das macht nichts. Du wirst vermutlich ohne weiteres ein Kind bekommen. Du wirst Verwandte haben, wenn du Kinder hast", sagte sie zu mir. Sie gab mir eine Medizin zu trinken. Und tatsächlich bekam ich Kinder.

Nachdem wir viele Kinder bekommen hatten, starb mein Mann. „Nun, ich werde nie mehr heiraten", dachte ich, „denn nun werden mir meine Kinder in meinem Leben zur Seite stehen."

Anmerkungen

1 Über die Stellung und die Pflichten der Fox-Frauen und das Unterrichten der Mädchen s. Marston, Forsyth, Perrot in Blair 1911:75-77; 1912:151-153, 165, 212-217; Atwater 1850: 101, 102, 111 ff.; Fulton 1882: 140. Die Hinweise betreffen vor allem Sauk und Fox; die präzisen Bevölkerungsgruppen, auf die Atwater und Perrot hingewiesen haben, können nicht mit absoluter Sicherheit identifiziert werden, aber sie stammen aus dem gleichen oder benachbarten Gebiet. Weitere Hinweise, die sich auf Einzelheiten beziehen, werden dort, wo es nötig ist, gegeben werden. Eine ziemlich umfassende Bibliographie der Fox-Ethnologie hat Michelson, Journal of Washington Academy of Sciences, Vol. 9, S. 595-596 zusammengestellt. Diese wurde überarbeitet und erweitert (1925:30-36). Der Schreibende besitzt auch einen ziemlich langen Fox-Text (der von einem anderen stammt und noch unpubliziert ist) über die Erziehung von Kindern und wie diese aussehen sollte. Der Teil, der sich mit der Mädchenerziehung befaßt, stimmt ethnologisch mit den Schilderungen im vorliegenden Bericht überein. Diese Arbeit wird gelegentlich mit T. zitiert. Es handelt sich um freie Übersetzungen (vgl. Michelson in Parsons, ed., 1925).

2 Puppen wurden früher im Herbst aus Maiskolben hergestellt, die Kleider aus Bisamratten- und Eichhörnchenfell.

3 Über Fox-Behausungen vgl. Carver 1796: 29, 30-31 (Sauk); Forsyth in Blair 1912: 227, 228; Fulton 1882: 442; Reports, Comm. Indian Affairs, 1896: 162; 1897: 148; 1898: 171; Busby 1886: 95; Rebok 1901: 39,40; Owen 1904: 24; Green 1912: 104-106. Heute leben viele Familien in Baracken; es gibt auch gut gebaute Häuser. Aber immer noch lebt fast die Hälfte im Winter in Wickiups aus Binsenmatten und im Sommer in „Rindenhütten" (Bretter ersetzen heute die Rinde. Diese Beobachtungen stimmten zum Zeitpunkt, als das Manuskript für den Druck vorbereitet wurde, aber heute, Herbst 1924, leben die meisten Fox in Baracken).

4 Selbst heute werden Fox-Kinder kaum gezüchtigt; man ließ sie stattdessen fasten. Früher wurden ihre Wangen mit Kohle bemalt; dadurch wußte das ganze Dorf, wer am Fasten war und deshalb bot ihm keiner Nahrung an, vgl. auch Marston in Blair 1912: 165; Forsyth in Blair 1912: 212; Fulton 1882: 443; Busby 1886: 166. Diese Form der Bestrafung, die Miss Owen 1904: 65, 66, erwähnt, muß nicht der Regel entsprochen haben. Vgl. die Besprechung ihrer Arbeit durch Michelson, Curr. Anthrop. Lit. 2, S. 233-237.

5 Faule Mädchen sind unbeliebt (T.).

6 Die gleiche Aufforderung wurde in T. erwähnt, aber abgeändert mit der Bemerkung: „Natürlich würden die Leute es gerne mögen, wenn das Mädchen einige Tage mit ihnen lebte."

7 *Tag* wird folgendermaßen gespielt: Wenn es zehn [Kinder] sind, besorgt man sich neun gleich lange Stöckchen, das zehnte ist länger. Sie werden zwischen Daumen und Zeigefinger gehalten, so daß nur die Spitze sichtbar ist. Derjenige, der die Stöckchen gemacht hat, hält sie versteckt. Dann fordert er die anderen Kinder auf, jedes solle eines ziehen. Wer das lange zieht, ist der Jäger. Sie schneiden Kerben in einen Baumstamm oder Pfosten. Alle versammeln sich dort, außer demjenigen mit dem langen Stöckchen. Wenn ein Kind davonspringen will, wird dasjenige mit dem Stöckchen ihm nachsetzen, oder alle Kinder können gleichzeitig davoneilen. Dann wird der Jäger dem Kind nachjagen, von dem er glaubt, daß er es einholen wird. Die Spielregel hält fest, daß das gejagte Kind quer über den Kopf berührt werden muß. Dasjenige Kind, das erwischt wurde, wird zum Helfer des Jägers. Wenn alle ein-

gefangen sind, werden neue Stöckchen gemacht, oder wenn ein geschickter Renner übrig geblieben ist, bestimmen die andern, daß er der Jäger sein muß.

8 Mädchen sollten lernen zu kochen, Matten zu flechten, Taschen, Perlenarbeiten und Mokassins herzustellen. Dann werden sie es nach der Heirat einfach haben (T.); vgl. auch Atwater (1850), Fulton, Forsyth, Marston, Perrot in Blair (1911/12).

9 Selbst heute noch sind es üblicherweise die Frauen, die Wasser und Holz holen. Jedoch schlagen jetzt gewöhnlicherweise die Männer das Holz; vgl. Atwater (1850), Fulton, Forsyth, Marston, Perrot in Blair (1911/12); ebenso Fulton 1882: 440 und Busby 1886: 108.

10 Selbst heute ist die Vorratsnahrung der Fox ein gebackenes Brot; vgl. Reports, Comm. Indian Affairs, 1896: 162, 1898: 171; Busby 1886: 96; Fulton 1882: 442, 443.

11 Es ist ungehörig für eine menstruierende Frau, mit anderen zu essen. Sie sondert sich in einer kleinen Hütte ab, und es gehört sich für einen Mann nicht, sich dort in der Nähe herumzutreiben oder diese gar zu betreten. Es muß festgehalten werden, daß heute gelegentlich junge Männer diese Vorschriften übertreten. Es muß hinzugefügt werden, daß die Früchte auf den Feldern verderben, wenn eine Witwe oder ein Witwer (die noch unter Trauervorschriften stehen) oder eine menstruierende Frau durch einen Garten geht. Wenn er/sie einen Baum berührt, wird dieser absterben; wenn er/sie einem Pferd das Zaumzeug anzieht oder es reitet, wird dieses sterben. Diese Erzählung enthält andere Einzelheiten; vgl. auch Marston in Blair 1911: 171, 172; Owen 1904: 69-71; Jones 1907: 318. Wie in vielen anderen Fällen können die Feststellungen von Miss Owen durch den Schreibenden nicht vollumfänglich bestätigt werden. Da der „Religion Dance" eine Innovation darstellt (von den Potawatomis übernommen), müssen alle Pubertätsriten, die damit zusammenhängen, neu sein oder erst kürzlich mit ihnen in Verbindung gebracht worden sein. Es soll beigefügt werden, daß Pubertätsriten für Knaben praktisch ganz aufgegeben wurden, während jene für Mädchen weiterbestehen. Wie bekannt sein dürfte, gibt es ähnliche Handlungen auch bei vielen anderen Indianergruppen.

12 „Die Mitte des Sommers": *nipenwi* ist die Zeit, wenn Mais, Kürbisse und Bohnen reif sind. Dies geschieht etwa in der Mitte des Sommers.

13 Wie erwähnt, war die Großmutter mütterlicherseits schon gestorben; die Bezeichnung Großmutter ist eine Höflichkeitsbezeichnung.

14 Dies mag merkwürdig erscheinen, aber ein „schüchternes Mädchen" ist eines, das kichert etc. Ein Mädchen, das kichert etc., ist nach der Meinung der Fox eines, das besonders anfällig dafür ist, sexuellen Avancen nachzugeben.

15 Der Leser wird zweifellos bemerkt haben, wie selten die Brüder des Mädchens in dieser Autobiographie erwähnt wurden. Dies ist möglicherweise darauf zurückzuführen, daß bei den Fox Bruder und Schwester nicht nahe beieinander sind, außer wenn sie noch Kinder sind. Die gleiche Art der Meidung kommt (oder kam bis vor kurzem) bei vielen Indianergruppen vor, so z.B. bei den Omaha. Selbst heute besteht bei den Fox diese Trennung noch weiter. Ein Fox-Knabe würde nicht im Traum daran denken, seine Schwester zu einem einheimischen Tanz, zu einer Filmvorführung oder in einen Zirkus etc. mitzunehmen. Dennoch aber sind Fox-Geschwister einander so sehr zugeneigt, wie dies bei weißen Geschwistern der Fall ist. Es ist einzig eine Frage der Etikette.

16 Der Laie wird zweifellos fragen, warum der Onkel mütterlicherseits sich des Mädchens wegen seines Verhaltens schämen würde, während vom Vater nicht die Rede ist. Für uns würde eine Frau für alle Verwandten Schande bringen, wenn sie unmoralisch wäre. Um die Situation aus der Sicht der Fox zu erklären, muß weiter ausgeholt werden. Bei den Fox besteht eine „joking relationship" [Neckverwandtschaft] zwischen einem Mädchen und dessen Onkel mütterlicherseits, wie

dies bei vielen Indianergruppen der Fall ist. Aber darüber hinaus verbindet die beiden ein besonderes Band: Vom Onkel mütterlicherseits wird erwartet, daß er seiner Nichte Ratschläge erteilt, und wenn er sie besonders gern hat, wird er ihr alles kaufen. Wenn das Mädchen vernünftig ist, wird sie die Ratschläge befolgen und deshalb ein angenehmes Leben führen (die Bezeichnung für „mein Onkel mütterlicherseits" ist *ne'ci'sä*[A]). Mit dem Onkel väterlicherseits verhält es sich ganz anders (die Bezeichnung für „mein Onkel väterlicherseits" ist *no's*[A], d.h. die gleiche wie für „mein Vater"). Er hat, vor allem so lange ihr Vater lebt, praktisch nichts mitzureden, was sie betrifft. Er nennt sie jedoch *netane's*[A], die gleiche Bezeichnung wie für „meine Tochter". Wenn er intelligenter als ihr Vater ist, mag er ihr gute Ratschläge erteilen, aber weiter könnte er wohl nicht gehen. Wenn jedoch ihr Vater schon gestorben ist, würde er sie so wie eine seiner eigenen Töchter behandeln. Wenn er keine eigenen Kinder hat, wird er der Tochter seines Bruders, selbst wenn dieser noch am Leben ist, vieles schenken, Kleider, Geld etc. Sie würde ihn, sofern er es sich leisten könnte, auch ohne weiteres darum bitten, so wie sie dies bei ihrem Vater tut. Wenn der Onkel väterlicherseits eigene Kinder hat, kümmert er sich vor allem um diese, und er würde seiner Nichte nicht solche Geschenke machen. Aber wenn der Vater des Mädchens gestorben wäre, würde er sich um es kümmern, als wäre es seine eigene Tochter. Selbst wenn das Mädchen frech gegen ihren Vater ist oder unmoralisch lebt und er davon weiß, würde er ihr deswegen nicht viel sagen; er würde sie nicht ernsthaft schelten. Die Mutter des Mädchens ist der Ansicht, daß es Aufgabe des Vaters sei, die Tochter zurechtzuweisen, wenn sie gegen ihn unverschämt ist; sie aber wird ihr nichts sagen. Wenn die Tochter jedoch frech gegen die Mutter ist, wird diese sie zurechtweisen, sie schlagen oder sie ohne Mahlzeiten lassen. Sie kann ihr eine Ohrfeige geben, bis sie fast 20 Jahre alt ist. Wenn eine Mutter weiß, daß ihre Tochter unmoralisch lebt, wird sie sie während acht Tagen zum Fasten zwingen. Früher wußte jedermann in der Siedlung, wer fastete, und niemand hätte ihr zu essen oder zu trinken gegeben. Aber unter keinen Umständen wäre ein Mädchen frech gegen seinen Onkel mütterlicherseits. Deshalb auch schickt eine Mutter ihre Tochter zu ihrem Bruder, um bei ihm Ratschläge zu holen. Auf eine gewisse Weise fürchtet sich ein Mädchen vor den Brüdern der Mutter: es ist vertrauter mit ihren Eltern. Auch wäre ein Mädchen nie unverschämt gegen seinen Onkel väterlicherseits; wenn sie dies täte, würden sie ihr zusetzen, obwohl ihr eigener Vater dies nicht tun könnte. Andererseits würde ein Mädchen nicht die Brüder ihres Vaters um Rat bitten. Die einzige Begründung, die ich erhalten konnte, war, „daß es nicht ihrer Art" entspricht. Dies ist wohl eine Antwort, wie sie auch Europäer geben würden, wenn man sie nach der Begründung fragte, weshalb sie soziale Gepflogenheiten nicht durchbrechen. (Ein Mädchen oder Knabe kann frech gegen die Großeltern sein; diese werden den[die Schuldige]n der Mutter anzeigen, die dann das Kind fasten lassen wird.) Ich vermute, daß Hartland die merkwürdige Beziehung eines Mannes zur Tochter seiner Schwester als Überbleibsel weiblicher [matrilinearer] Deszedenz interpretieren würde; tatsächlich sind die Fox in exogamen Gruppen mit männlicher [patrilinearer] Deszendenz organisiert. Das läßt sich bis 1827 zurückverfolgen, vgl. Forsyth in Blair 1912: 210. Auch besteht kein Hinweis dafür, daß ihre Gruppen früher weibliche Deszendenz besaßen. Den dargelegten Daten könnte man entnehmen, daß die Fox ursprünglich Vaterrecht besaßen, aber dieses ebenso leicht zugunsten des Mutterrechts aufgaben wie umgekehrt. Persönlich halte ich beide Interpretationen für vollkommen überflüssig und betrachte die ganze Angelegenheit einfach als soziales Phänomen.

17 Einige dieser Vorschriften kommen in T. vor.

18 Die Korbflechterei der Fox ist nicht sehr kunstvoll.

19 Von einem gewissen Alter an gilt es als unpassend für einen Knaben und ein Mädchen, wenn sie miteinander plaudern. Ein junger Mann kann seine Angebetete nicht öffentlich treffen; dies muß im Gebüsch oder nachts geschehen, wenn die alten Leute schlafen. Für die Sauk vgl. Patterson 1882: 60.

20 Viele Fox-Mädchen heiraten heute, seit etwa 1820, früher, vgl. Marston in Blair 1911: 165 (14-18); Forsyth in Blair 1912: 216 (gewöhnlich mit 14; seltener erst mit 16); Fulton 1882: 141 (im allgemeinen mit 15); Rebok 1901 (Dayton, O. 1900): 43 (zwischen 14 und 16). Miss Owens Behauptung (1904: 74), daß 24 Jahre das Heiratsalter der Mädchen sei, ist ein typisches Beispiel für ihre ungenauen Beobachtungen und für ihre Unkenntnis der Dokumentationsquellen.

21 Ein Mädchen soll nicht alleine weggehen, es sei denn, es hätte gute Gründe dafür. Wenn sich ein Mädchen herumtreibt und keine Hausarbeiten erledigt, erlangt es bald einen schlechten Ruf. So T.

22 Ehefrauen werden bei den Fox selten geschlagen, aber es kommt gelegentlich vor, offensichtlich war dies schon zu Forsyths Zeiten so; vgl. Forsyth in Blair 1912: 215.

23 Früher wollten junge Mädchen Männer heiraten, die gute Jäger waren, Fallen stellten und Pelze verkauften und so ein gutes Auskommen hatten. Aber heute wird dem Mädchen gesagt, daß sie Männer heiraten sollen, die Häuser, Pferde und vieles mehr besitzen. Ein Mann, der seine Frau unterhalten kann, ist derjenige, den ein junges Mädchen heiraten möchte. Es gilt als schlecht für ein junges Mädchen, einen geschiedenen Mann zu heiraten, und umgekehrt (T.).

24 Über Heiraten bei den Fox vgl. Marston in Blair 1911: 165-167; Forsyth in Blair 1912: 214; Busby 1886: 82, 83; Owen 1904: 72-76. Vergleiche dazu die Sauks, Patterson 1882: 59, 60. Vergleiche auch Perrot in Blair 1911/12: 67, 68, 69. Einige Ergänzungen mögen hinzugefügt werden. Wenn normalerweise ein Mann eine geschiedene Frau oder eine Witwe heiratet, erhält sie keine Geschenke, es sei denn, seine Eltern würden sie als Schwiegertochter sehr begrüßen. Heute spricht der Sohn beim Vater das Thema Heirat an; meist hat er dann bereits damit begonnen, nächtliche Besuche bei seiner Geliebten zu machen. Die Erzählung ist typisch für Heiraten, so wie sie heute bei den Fox stattfinden. Die Tatsachen belegen deutlich, daß das Mädchen nicht einfach gekauft wurde.

25 Die Daten im Text sind vollständig; vgl. auch Forsyth in Blair 1912: 210. Der Schreibende kann nur wenige von Miss Owen (1904: 63 ff.) als Tatsachen angegebenen Beschreibungen bestätigen. Manche sind falsch. Heute geben die Fox dem Kind nicht mehr unmittelbar nach der Geburt anläßlich eines Gens-Festes einen Namen.

26 Der indianische Text ist an dieser Stelle zu naiv für den europäischen Geschmack; er wurde deshalb weggelassen. Einzig von ethnologischem Interesse dürfte in diesem Zusammenhang die Tatsache sein, daß während dieser Zeit Geschlechtsverkehr verboten war. Der Hinweis, daß Männer keine unmoralischen Mädchen heiraten würden, entspricht dem, was auf S. 63 gesagt wurde, und den Informationen in T. Es ist fast genau das, was heute geschieht. Junge Männer heiraten gelegentlich, aber selten, Mädchen mit einem schlechten Ruf.

27 Der Leser mag sich wundern, weshalb keiner der männlichen Verwandten der Frau eingriff. Ich fragte einen männlichen Informanten nach dem Grund. Dieser meinte, daß ihm einst, als er noch jung gewesen war, die Eltern geraten hatten, sich nicht einzumischen, wenn sein Schwager seine Schwester schlage, da die Schwester ihren Mann mehr liebe als ihn. „Laß sie in Ruhe, und es wird schon recht herauskommen." Dann erzählte er von einem Beispiel, bei welchem Verwandte sich einmischten, und wie überflüssig dies gewesen war. Die Verwandten werden sich das nächste Mal nicht mehr einmischen.

28 Tatsächlich besitzen jene Fox-Frauen einen guten Ruf, die sich genau an das hielten, was ihnen ihre Mütter geraten hatten.

29 Es heißt, daß Kinder von Anfang an Verstand haben, einige Leute verstehen sie, noch bevor sie sprechen können, z.B. George Kapayous Vater.

30 Vollständige Angaben über Totenzeremonien und -vorschriften werden folgen.

31 Über Scheidung vgl. Forsyth in Blair 1912: 215; Busby 1886: 35, 83. Es ist bedauerlich, daß heute bei den Fox so viele Scheidungen vorkommen; es gibt kaum mehr eine junge Frau oder einen jungen Mann über 21, die noch nicht mindestens zweimal verheiratet gewesen sind. Es soll darauf hingewiesen werden, daß Forsyths Feststellung, ein Mann könne eine Frau zwingen, nach Hause zurückzukehren, immer noch bis zu einem gewissen Grad zutrifft. Wenn eine Frau ihren Mann verläßt und sich sofort einem anderen Mann zuwendet mit der Absicht, ihn zu heiraten, wird der frühere Ehemann sie schlagen. In früheren Zeiten wurde Ehebruch von seiten der Frau damit bestraft, daß ihr die Ohren und die Nase abgeschnitten wurden; manchmal wurde sie sogar getötet. Ein Ehemann durfte ihren Liebhaber töten, wenn er ihn in flagranti erwischte; vgl. Forsyth in Blair 1912: 214, 215; Jones 1907: 142, 144ff.

32 Ich fragte einen männlichen Gewährsmann, warum das Mädchen nicht zum Onkel väterlicherseits statt zu jenem mütterlicherseits ging. Er antwortete: „Wenn ein Mädchen heiratet, gibt der Vater sie völlig frei. Deshalb ist es sinnlos für sie, danach noch zu ihm zu gehen, um Rat zu holen. Wenn es sich um seinen Sohn handelte, wäre es anders." Vgl. meinen Hinweis auf die Beziehung zwischen einem Mädchen und seinem Onkel mütterlicherseits, s. Anmerkungen 15 und 16.

33 Heutige geschiedene Frauen sind oft unmoralisch. Deshalb die Warnung des Mannes.

34 Vollständige Angaben zum Totenbrauchtum s.Anmerkung 38.

35 Beim Shawnee-Tanz handelt es sich um den Snake-Tanz (nicht zu verwechseln mit dem Snake Dance der Hopi), den die Fox in Kansas übernahmen. Früher ging es dabei roh zu; junge Frauen trafen ihre Liebhaber bei diesen Anlässen. Das Vertrauen eines Mannes in seine Frau konnte nicht stärker zum Ausdruck gebracht werden, als indem er ihr erlaubte oder sie sogar aufforderte, daran teilzunehmen.

36 Über Kleidung der Fox vgl. Forsyth in Blair 1912: 235; Catlin 1841; Mc Kenney and Hull 1854; Busby 1886: 96, 97, 112, 113; Fulton 1882: 443, 445, 446; Reports, Comm. Indian Affairs. 1897: 149. Heutzutage tragen Fox-Männer gewöhnlicherweise europäische Kleidung, aber ich habe einige Oldtimer gesehen, mit traditioneller Haartracht, einer Decke etc. als alltäglicher Kleidung. Für Zeremonien tragen fast alle indianische Kleidung, d.h., der Zuschnitt ist indianisch, denn das dafür verwendete Material ist europäischen Ursprungs. Rehlederne Leggings und Mokassins werden bei solchen Gelegenheiten immer noch getragen. Mokassins für den Alltag bestehen aus Lederstreifen und Kanvas. Frauen sind in ihrer Kleidung traditionalistischer. Rehlederne Röcke und Hüfttücher sind heute unbekannt, die Alltagskleidung der Fox-Frauen entspricht im Schnitt aber dem indianischen Stil, obwohl Schuhe und Strümpfe an die Stelle von Mokassins und Leggings getreten sind. Einige alte Frauen sind immer noch daran gewöhnt, Leggings zu tragen. Für festliche Anlässe sind die Frauenkleider farbiger, und sie tragen mit Perlen herrlich besetzte Mokassins.

37 Die Trommel, die gebracht wurde, bezieht sich zweifellos auf den „Religion Dance", den die Wisconsin Potawatomi den Fox brachten.

38 Über die Totenbräuche und -vorschriften vgl. Marston in Blair 1911: 172. Vgl. auch Anmerkung 11.

39 Die beiden Männer stehen zueinander wie Brüder. Wenn der Ehemann einer Frau stirbt und das Adoptionsfest schon stattgefunden hat, werden die Schwiegereltern – sofern sie sie mögen – den älteren Bruder bitten, sie zu heiraten, damit sie in der Familie verbleibt. Abgesehen von der „joking relationship", die zwischen Schwager und Schwägerin besteht (oft obszön, völlig verschieden von der Beziehung zwischen einem Mann und der Tochter seiner Schwester), gibt es noch eine andere: nach dem Tod der Ehefrau eines Mannes, bevor dieser aus der Trauerzeit entlassen wird, muß er tun, was seine Schwägerin verlangt. Wenn er ihre Vorschriften befolgt, kann er sie nach Ablauf von vier Jahren zu seiner Braut machen. Wenn der Mann jedoch die Regeln nicht beachtet, wird seine Schwägerin gewisse Rechte über ihn erlangen.

[Literatur s.S. 34]

Szene in einem Gehöft, Baldama, Kamerun, 1953

Anneliese Eilers

Die sozialen Beziehungen des Kindes in Afrika*

Einleitung

Bemerkungen zur Literatur

Die Berichte und Werke, auf denen diese Arbeit aufgebaut worden ist, unterscheiden sich nicht allein in der Reichhaltigkeit des Mitgeteilten, sondern sie weichen auch sehr voneinander ab hinsichtlich der Art der Tatbestände, denen die Forscher ihre Aufmerksamkeit zuwandten.

Die älteren Autoren, bezw. die ersten Europäer, die die Völkerstämme und ihre Wohnsitze besuchten, hatten meist nicht die Muße, die erforderlich ist, gerade auf solche sozialen Verhältnisse zu achten, ihnen nachzuspüren und die rechte Deutung für ihre gelegentlich gemachten Beobachtungen zu finden. Außerdem lagen die hier zu untersuchenden Dinge etwas abseits von dem, was damals im Mittelpunkt der Forscherinteressen stand. Als weiterer, erschwerender Umstand kommt hinzu, daß gerade die das Kind betreffenden Tatbestände solcher Art sind, daß sie sich, wie manches andere, dem Fremden erst nach jahrelangem Aufenthalt und engem Verkehr mit den Eingeborenen erschließen. So besitzen wir von den älteren Schriftstellern meist nur einige gelegentlich und unabsichtlich gemachte Bemerkungen. Dies ist um so bedauernswerter, da es sehr interessant sein würde, gerade auf dem sozialen Gebiet einen etwaigen Wandel der Sitten und Anschauungen der Eingeborenen, z.B. durch europäischen Einfluß, zu untersuchen. Das Gesagte trifft ziemlich gleicherweise zu für Missionare, etwa Krapf oder die alten portugiesischen Glaubensboten und für einen Jäger wie Du Chaillu und einen

*Auszug aus den Kapiteln »Einleitung« (S. 7-10), »Die Beziehungen des Kindes innerhalb der Familie« (S. 11-24) und »Ergebnisse« (S. 105-109) aus: »Die sozialen Beziehungen des Kindes bei den Bantunegern«. Inaugural-Dissertation zur Erlangung der Doktorwürde der Philosophischen Fakultät der Hamburgischen Universität. Leipzig, 1927.

Forscher vom Range Wißmanns. Die Gefährlichkeit ihrer Unternehmungen und die Überfülle des Neuen auf den verschiedensten Gebieten des Wissens ließen sie kaum dazu kommen, auf besondere Punkte ihr Augenmerk zu richten.

Auch bei manchen neueren Schriftstellern findet sich eine Lückenhaftigkeit des Materials, die zum Teil bewußt und beabsichtigt ist. So leiden die Darstellungen der Amerikaner und Engländer und hin und wieder auch solche von Missionaren deutscher Herkunft unter ungenügender Berücksichtigung des Sexuallebens der Eingeborenen. Da gerade das Geschlechtliche für die Entwicklung des Kindes große Bedeutung hat, und die Anschauungen der Völker in diesem Punkte mit einer Menge von Vorstellungen über Sittlichkeit, Seelenglauben, Gesundheit u.a. verknüpft sind und bei den Naturvölkern in Kult und Recht eine große Rolle spielen, so ist das Verschweigen dieser Dinge ein Verlust und ein Verhalten, das Weule (1908: 28) mit Recht kritisiert.

Angesichts der großen Ausdehnung des Gebietes der Bantuvölker muß das für die sozialen Beziehungen und die gesamte geistige Kultur in Frage kommende Literaturmaterial dürftig genannt werden. Selbst so gründliche und reichhaltige Darstellungen wie die der *Dschagga* von Gutmann oder die des *Kafir*kindes von Kidd geben von dem einen Stamme kein umfassendes Bild – was durch die Natur der betreffenden Werke durchaus bedingt ist. So schildert Gutmann das Kind in der Sippe und Familie, während Kidd vor allem das Kind unter Kindern und seine seelische und körperliche Entwicklung beschreibt. Aus dieser Sachlage ergibt sich für die vorliegende Arbeit die Notwendigkeit zu verallgemeinern, das heißt anzunehmen, daß die bei dem einen Volke vorgefundenen Zustände sich auch bei anderen Bantustämmen finden – vielleicht nicht in demselben Grade und in der gleichen Form, aber doch auf einer ähnlichen Höhe. Warum sollten wir bei dem Dschaggakinde nicht ein ebenso reiches Innenleben, ein ebenso vielgestaltiges Verhalten zur Umwelt vermuten wie bei dem Kafirkinde? Und daß die soziale Organisation, die Sippenverhältnisse bei den Kaffern durchaus reich entwickelt sind, wissen wir. Es liegt im Wesen des Quellenmaterials, daß eine Darstellung sozialer Zustände bei den Bantuvölkern etwas Mosaikartiges bekommt: von dem einen Stamm wissen wir dieses, von dem andern jenes. Jedenfalls läßt sich an Hand des Vorhandenen und im Hinblick auf die im Laufe der Jahre gemachten Beobachtungen schließen, daß das Fehlen gewisser sozialer Erscheinungen nicht als Mangel an diesem Kulturgut bei einem Stamme zu deuten ist, sondern vielmehr auf unser Nichtwissen zurückzuführen ist.

So bin ich denn gezwungen, mich im folgenden in der Hauptsache auf einzelne, gut durchforschte Gebiete zu berufen, wie Deutsch-Ostafrika, Belgisch-Kongo und einzelne Gebiete des Britischen Schutzgebietes, und es soll nicht verschwiegen werden, daß von einzelnen Völkerschaften, wie z.B. den Bewohnern von Angola, fast nichts bekannt ist. Ich weise noch darauf hin, daß die Sitten und Gebräuche der Suaheli nicht als Muster reiner Bantusitte betrachtet werden können, da dieses Volk stark durch Islam und Arabersitte sowie von anderen fremden Einflüssen in seiner Ursprünglichkeit beeinträchtigt ist. Es wäre Aufgabe einer besonderen Untersuchung festzustellen, welches der einen und welches der anderen Kultur angehört.

Es bedarf nicht erst der Rechtfertigung, den spärlichen Quellen europäischer Beobachtung aufhelfen zu wollen, wenn ich Texte der Eingeborenen so viel wie nur irgend möglich als Belege heranziehe. Ihre Märchen, Sprichworte, Lebensweisheit, ihre dem weißen Manne gemachten Erklärungen über „ihre Welt“ enthalten glücklicherweise gerade auf dem Gebiete des Sozialen ungemein viel Wertvolles, hier finden wir alles am unmittelbarsten und unverfälschtesten. Außerdem bedeutet das Märchen für den Eingeborenen in viel größerem Maße Abbild des wirklichen Geschehens. Das Wunderbare darin ist ihm natürlicher als uns, und das übrige schildert sein tägliches Leben, seine Anschauungen über Welt, Mensch und Sittlichkeit.

Einführung in die zu untersuchenden sozialen Verhältnisse

Die nachstehenden Ausführungen sollen die sozialen Beziehungen des Kindes untersuchen. Diese sind ein Teil der gesamten sozialen Verhältnisse der Stämme und stehen in Wechselwirkung zu deren einzelnen Erscheinungen. Unter jene, die die Gestaltung der sozialen Beziehungen des Kindes am meisten beeinflussen, rechnet man vornehmlich die Stellung und Wertung der Frau, die Eheform und die Art der Sippenorganisation (ob vater- oder mutterrechtlich). Ferner ist zu beachten, ob der Volkskörper gesund oder im Verfall begriffen ist. Es liegt die Vermutung nahe – und sie findet des öfteren in der Literatur Ausdruck–, daß dort, wo das Weib eine sehr abhängige Stellung inne hat, wo es vom Besitzer verkauft, mißhandelt, getötet werden kann, notwendig auch die Beziehungen des Kindes, sei es zur Mutter, sei es zur Sippe, entsprechend beeinflußt werden. Ähnlich findet sich dann weiterhin behauptet, daß das Kind in der polygamen Ehe sowohl sittlich wie sozial schlechter gestellt sei als dort, wo die Einehe vorherrscht. Ebenso wird der mutterrechtliche Aufbau der Sippe wohl für eine ungünstige Lage des Kindes verantwortlich gemacht. Auf die Einrichtung der Kaufehe schiebt man einerseits ein Bevorzugen der Mädchen, andererseits eine wenig achtungsvolle bzw. harte Behandlung des weiblichen Geschlechts. Gewisse Verfallserscheinungen endlich können die Lage des Kindes insofern berühren, als es nicht mehr Wunsch und Ehre der Eltern ist, eine Schar gesunder Kinder zu besitzen und bei der Gattenwahl weniger auf Tüchtigkeit und Fruchtbarkeit gesehen wird als auf allerlei Äußerlichkeiten. Abtreibungen und häufiger Gattenwechsel treten daneben auf. Inwiefern alle diese Behauptungen, die teils auf Überlegung, teils auf Voreingenommenheit und teils auf Erfahrung beruhen, zutreffen, soll die nachfolgende Untersuchung ergeben.

Bei der Betrachtung der sozialen Beziehungen des Kindes ist der engste Kreis, in dem sie sich äußern, die Familie, zum Ausgangspunkt genommen worden. Hier sind die Beziehungen naturgemäß vorwiegend gefühlsmäßiger, seelischer Natur, zumal instinktive Anhänglichkeit und Anschlußbedürftigkeit sich im Familienkreis am stärksten auswirken.

Hieran schließt sich die Darstellung der Beziehungen im Sippenverband an. Dieser gliedert sich den Anschauungen der Eingeborenen zufolge in eine horizontale und vertikale Mitgliederreihe. Während bei der Untersuchung der Stellung des Kindes innerhalb des Sippenverbandes im Diesseits die Wertung, Zugehörigkeit, die Autoritätsverhältnisse im Vordergrund stehen, handelt es sich bei den Beziehungen zu den Gesippen im Jenseits vornehmlich um Abhängigkeit und Beeinflussung des Kindes durch die Ahnen. Damit eng zusammen hängt die Vorstellung von der Wiedergeburt und die Einrichtung der Leviratsehe.

Als Ergebnis dieses Sippenzusammengehörigkeitsgefühls erscheinen die Beziehungen des Kindes in bezug auf das kosmisch-magische Denken und Handeln, wie es in Familie und Sippe besteht. Denn ein großer Teil aller Geschehnisse, die an sich außermenschlich sind, fallen dort, wo der Ahnenkult eine so große Rolle spielt, in den Bereich zwischenmenschlicher Beziehungen: sie sind die Urheber solcher Ereignisse, mit ihnen wird verhandelt, wenn man einen Wandel erstrebt. Zu einem zwischenmenschlichen Handeln wird das kosmische um so mehr, als die Beziehungen zum Jenseits durchaus eine Übertragung der sozialen Verhältnisse im Diesseits aufweisen. Nicht allein aus diesen Gründen, sondern auch weil das kosmisch-magische Handeln die sozialen Beziehungen stark beeinflußt, habe ich an dieser Stelle eine Darstellung davon für notwendig gehalten. Mögen die Beweggründe auch außerhalb allen sozialen Handelns liegen, die Auswirkungen sind im Bereich der sozialen Bestrebungen sehr fühlbar. Es sei nur die Behandlung von Zwillingen und „Unglückskindern“ genannt.

Die Dorfgemeinschaft, sofern sie über eine gemeinsame Siedlung der Glieder derselben Sippe hinausgeht, und der Stammesverband schließen sich als weitester Kreis, in den das Kind gestellt ist, dem Sippenverband an. Auch hier gibt es schon für das Kind Rechte und Pflichten, hier sucht es seine Spielgefährten, hat es sich zu den ihm nichtverwandten Erwachsenen einzustellen.

Es ist nun nicht so, daß die Beziehungen des Kindes sich in den einzelnen Punkten immer nur auf einen der genannten Kreise allein erstrecken: wie das Kind, wenn es in der Dorfgemeinschaft hervortritt, immer zugleich ein Glied seiner Sippe bleibt, so ist sein Verhältnis zu den nächsten Familienangehörigen, seine Erziehung in diesem Kreise zugleich eine Sache, die den Sippenverband angeht. Über die Gründe, die den Ausschlag geben, einen Punkt gerade in dem jeweils gewählten Zusammenhang zu behandeln, wird an der betreffenden Stelle das Nötige gesagt werden.

Die Beziehungen des Kindes innerhalb der Familie

Die Beziehungen zwischen Vater und Kind

Die Beziehungen zwischen Vater und Kind sollen in diesem Abschnitt nur insoweit untersucht werden, als sie die Rechtsverhältnisse zwischen beiden unberührt lassen. Letztere werden im Zusammenhang mit den Sippenbeziehungen betrachtet werden, da bei manchen Völkern die väterlichen Rechte und Pflichten ganz oder teilweise nicht in seiner Hand, sondern in der des Bruders seiner Frau liegen. Ebenso wird auch die Anerkennung des Kindes bei der Geburt durch den Vater in Verbindung mit den Sippenzusammenhängen behandelt werden, denn meistens geht neben der Anerkennung durch den Vater die Aufnahme in den Sippenverband einher. So handelt es sich hier also im wesentlich um die Darstellung der *seelischen* Beziehungen zwischen Kind und Vater.

Abgesehen von jenen Fällen, wo die Art oder die Umstände einer Geburt ein Unglück sind, entsprechend den in dem betreffenden Stamme herrschenden Anschauungen, zeigt der Vater, wenn ihm ein Kind geboren wird, Stolz und Freude, es sei denn, daß dies Gefühl dadurch im Anfang etwas verdunkelt wird, daß das Geschlecht des Neugeborenen nicht den Erwartungen und Wünschen entspricht. Doch scheint solche Trauer nicht frei von Konvention zu sein, wenn der *Herero* sein Gesicht verhüllt bei der Nachricht, daß seine Frau ihm ein Mädchen geboren hat (Irle 1906: 94). Sonst findet sich jene Freude selbst da, wo das Kind der Familie der Frau zugerechnet wird, oder wo der glückliche Vater für jeden Familienzuwachs eine entsprechende Gabe an ihre Angehörigen zahlen muß.

Dieser ersten Freude entspricht die Fürsorge des Vaters für das kleine Wesen. In der Literatur finden sich verhältnismäßig wenig Bemerkungen über das Verhältnis des Mannes zum kleinen Kinde. Die Anteilnahme erstreckt sich im allgemeinen nur auf zeremonielle und rituelle Handlungen. Erst wenn im Kind das Verständnis für die Umgebung erwacht, spinnen sich seelische Beziehungen zwischen ihm und dem Vater an. Unter diesen Umständen ist es ganz besonders hoch zu bewerten, daß bei den *Dschagga* die Sorge für das Wohl des Säuglings – wie auch des grösseren Kindes – im Leben des Mannes einen so breiten Raum einnimmt. Ein wie selbstverständlicher und hochwichtiger Vorgang diese Fürsorge in der Anschauung der Dschagga ist, geht daraus hervor, daß die Unterweisungen und Ratschläge für die Behandlung des kleinen Kindes dem Jüngling bei der Männerweihe eingeprägt werden. So heißt es in den Kerbstocklehren (Gutmann 1922/23):

„Schelte nicht deine Frau, wenn sie dein Kind säugt (wenngleich sie anfing), schweige ganz still, um deinen Zorn zu vertreiben, geh fort, besuche deinen Nachbarn. Tust du es nicht, so wird dein Kind von eurem Zorn erfaßt. Du stirbst aus...“ (S. 275)

„Bemühe dich sehr um dein Kind, indem du seiner Mutter Speise verschaffst.“ (S. 220)

„Nimm das Geschärfte nicht in die Faust, wenn ein kleines Kind dabei ist (da es sich doch auch dort im Dunkel die Sehne kerbte, die das Knöchelgelenk verbindet). Und verwundest du diese Sehne, so schädigst du dies, dein Kind. Es wird ein Krüppel, die Sehne wird hinken...“ (S. 93)

Der Dschagga begnügt sich nicht damit, daß er selbst Rücksicht auf sein Kind nimmt, er hat sogar die Pflicht, etwaigen Nachlässigkeiten seiner Frau vorzubeugen. Es scheint, als wenn die Mutter, wenn ein Versäumnis vorkommt, weit weniger die Verantwortung daran trägt als der Vater, der dem Unglück mit seiner Fürsorglichkeit nicht zuvorgekommen ist. In den Kerbstocklehren heißt es weiter:

„Hat deine Frau ein Kind, und du hast keine Alte, die einhüte, so wirf dich ins Haus zu jemandem und sauge seine Brust, damit er dir ein ordentliches, erwachsenes Mädchen gebe, eine kluge Wärterin. Hältst du aber dein Kind achtlos, gleich als liebtest du es nicht, und die Mutter legt es im Haus nieder und denkt, besorge erst das Vieh, sonst schilt dein Mann, und dein Kind verbrennt sich inzwischen am Feuer, so wird das Mädchen nicht mehr geheiratet werden (eine Gebrannte zerbricht den Ehemann)..." (S. 94)

„Gib acht auf deine Frau... Wenn sie ein Kind bekommt, wird sie es gleichaltrig mit dem eines anderen Menschen gebären. Sorgt sie schlecht für ihr Kind, das des Nachbarn aber bekommt sein Recht, so wird dies das deine am Mark zerbrechen. Es wird nicht mehr gleichklassig mit ihm sein. Sein Mark wird Wasser. Nicht schweigen kannst du im Hause, nur weil es heißen könnte, du redest über deine Frau. Geh zum Schwiegervater, daß er sie mit der Schwiegermutter zusammen zur Rede stelle. Versagt sie es denen, so geh zum Vater der Frau oder ihren Brüdern: ‚Deine Gesuchte ist im Begriff mich aussterben zu lassen!' Schäme dich nicht, sage es deiner Alten: ‚Hilf mir aus, damit hier kein Waisenkind sterbe'..." (S. 95)

„Sage es der Wärterin ordentlich, wenn die Mutter nicht aufpaßt." (S. 97)

„Stecke gegen deine Frau nicht den Schweigezorn auf, das Kind hätte darunter zu leiden. Wenn du es aber tust, so belehre die Kindsmagd, damit sie aufpasse, daß das Kind sich nicht in den Schoß der Mutter werfe, wenn sie geschwollen kommt." (S. 108)

Es werden dem Dschaggajüngling zu gleicher Zeit eine Menge Einzelheiten aus der afrikanischen Säuglingspflege mitgeteilt, mit dem ausdrücklichen Befehl, die Mutter dereinst darin zu unterrichten. Die Sorge um das Wohl des Kindes erstreckt sich bis auf den Geburtsakt selbst: In den Lehren (1922/23: 101) heißt es: „... er soll das Kind selbst entgegennehmen, wenn er keine zuverlässigen Verwandten und nur böse Nachbarn hat..." Eine so weit gehende Hilfeleistung des Vaters beim Geburtsakt habe ich sonst nirgends erwähnt gefunden. In den meisten Fällen darf der Mann überhaupt nicht zugegen sein.

Je mehr das Kleine heranwächst, um so mehr weiß ein Vater auch etwas damit anzufangen, und es gilt nicht als Schande für einen Mann, sich öffentlich der Kinderwartung zu unterziehen. So erzählt Pechuel-Lösche (1878: 30) von den *Fiote* „Die Wöchnerin empfängt die Besuche des Vaters, der nicht müde wird, sein Kind zu hätscheln. Der Vater führt mit Stolz seine Nachkommen auf dieselbe Art vor, wie die Mutter es trägt. Oft trägt er schon ziemlich große Bengel mit Zärtlichkeit umher..." Von den *Pokomo* berichtet Werner (1913: 381): „Man sieht sehr oft Väter ihre Kinder warten und füttern, wenn die Mutter abwesend ist. Manchmal trägt er das Kind mit zum Palaverplatz, während die Frau ins Feld geht."

Sehr häufig sind die Eingeborenen vor der Welt zurückhaltend in den Liebesbezeugungen gegen ihre Familie. So sagt Werner (1906: 148) über die *Yao*: „Die mir bekannten Väter waren sicher nicht gleichgültig gegen ihre Kinder. Der Eingeborene ist nicht sonderlich für Zuschaustellungen, zumal nicht vor Fremden." Maugham (1910: 345) hebt bei den Völkern des *Zambesi* hervor, daß Zärtlichkeiten innerhalb der Familie selten zu beobachten seien, mit Ausnahme jener zwischen Eltern und ihren sehr kleinen Kindern, ein Zug, der ja auch bei uns häufig zu beobachten ist. Ähnlich liegen die Dinge bei den *Bondo* (Schütt 1881: 155), wo die Väter ihren Töchtern nur solange Schmuck schenken, als sie klein sind.

Bei vielen Völkern beschäftigt sich der Vater gern mit seinen Kindern und spielt mit ihnen. Z.B. *Fipa* (Fromm 1912: 91) und *Lesa* (Baeyens: 268).

Das Geschlecht des Kindes färbt die Beziehungen zum Vater in hohem Maße. Durchweg hängt der Knabe inniger am Vater als das Mädchen. Dies kommt zum Teil daher, daß ein Mädchen in mehr oder minder großer Zurückgezogenheit bei der Mutter aufwächst und dem Vater durch den ganzen Gang der Erziehung fremder bleibt. Vielleicht spricht auch eine gewisse Scheu des Mannes vor dem dereinstigen blutsverwandten Weibe mit. Pechuel-Lösche (1907: 30) sagt, die *Fiote* verwöhnten im ganzen ihre Söhne mehr, wenngleich hin und wieder auch wohl der Vater oder der Onkel ein Mädchen verzöge. Die Eingeborenen-Literatur spiegelt diese Verhältnisse deutlich wider. Hoffmann (1915/16: 220) erzählt ein *Sotho*-Märchen: Die Mädchen fürchten einen Schlangenmenschen, scheuen sich aber, ihre Angst zu gestehen. Die Häuptlingstochter bittet ihren Vater, von der Stelle fortzuziehen, den Grund nennt sie nicht. So tun alle andern Mädchen auch. Da beruft der Vater eine Versammlung und spricht zu den Männern: „Ich bin müde gemacht worden von meinem Kinde, es sagt, laß uns verziehen von diesem Ort, aber es sagt mir nicht, was uns veranlaßt, von diesem Ort zu verziehen." Ein jeder der Versammelten gestand von seinem Kinde dasselbe... einer sagte, König, laß uns zustimmen... Als später das Mädchen durch sein Handeln den Schlangenmenschen entlarvt, feiert der Vater seine Tochter und bereitet ihr ein Dankfest. – Aus dieser Erzählung klingt eine große Nachsicht und Gutmütigkeit des Vaters gegen die Wünsche seiner Tochter, ein Verhalten, das durch den Ausgang der Angelegenheit als recht anerkannt und belohnt wird. – Ein anderes lebendiges Bild der Beziehungen zwischen Vater und Tochter gibt die Rede eines Mädchens im *Suaheli*-Märchen vom „Sultan Darai" (Steere 1922: 35). Das Mädchen ist von der Frau seines Vaters, einer bösen Stiefmutter, schlecht behandelt worden und spricht sich nach langem Leiden und Mißverständnissen endlich gegen den Vater aus: Ich aber weiß, daß ich nichts bekomme (von dem Essen) und ich fürchte mich, meinem Vater davon zu sagen, weil ihr Erwachsenen sagt: „Oh, diese Frauen, die Sorge um ihr Kind ruht auf ihrer Hüfte", und weil ihr Männer sagt: „Ein Kind, das ein Weib ist, gehört zu seiner Mutter, die ein Weib ist." Und du, mein Vater, hast diese Frau geheiratet, damit sie für mich sorge. Kann ich, deine Tochter, ein großes Mädchen, kommen und zu dir sagen: „Vater, ich bin hungrig... ich, die ich ein Weib bin, muß da zu meiner Mutter gehen..."

Im Gegensatz zu diesen Beziehungen zwischen Vater und Tochter, die oft eine gewisse Fremdheit aufweisen, erscheint das Verhältnis zwischen Vater und Sohn meist recht innig. Der Junge ist stolz auf seinen Vater und sucht ihm als seinem Vorbild möglichst bald nachzukommen. Der kleine *Kafir* sieht in seinem Vater das vollkommenste Wesen in der Welt und läßt sich von ihm in einer Weise schmähen, die sich sonst niemand erlauben darf. „Ich bin Vaters kleiner Hund", sagt wohl so ein Junge, eine Bezeichnung, die sonst als schlimme Beschimpfung gerächt wird (Kidd 1906: 98).

Diese Gestaltung der Beziehungen zwischen dem Vater und seinen Kindern kann weder mit der Kaufehe als Ursache für eine geringere Achtung vor dem Weibe erklärt werden, noch spielt das Vorherrschen von Vater- oder Mutterfolge eine Rolle dabei: Die Aussicht auf den Brautpreis wirkt wohl in der Richtung, daß bei einigen Stämmen, z.B. *Konde* (Mackenzie 1925: 50) die Mädchen besser ernährt werden als die Knaben. Sie werden weniger zu Arbeiten herangezogen als sie. – Ein gutgenährtes und durch zu harte Arbeit nicht entstelltes Mädchen bringt bei der Eheschließung mehr ein. Jedoch hört diese Bevorzugung mit der Sorge für das körperliche Wohl auf. Wie wenig die Verteilung von Vater- und Mutterfolge in Frage kommt, zeigt sich darin, daß z.B. die *Rushongo*, die wohl die Deszendenz nach der Mutter rechnen, in allen übrigen aber das Kind der Vatersippe zuteilen, für den Vater keinen übergroßen Respekt hegen, wohl aber die Mutter vergöttern (Torday 1911: 12). Dasselbe sagt Czekanowski (1924: 224) von den Verhältnissen in dem vaterrechtlichen *Ruanda.* Dem gegenüber finden wir bei den *Bundu* in Angola, die Mutterfolge haben, in ihrer Literatur belegt, daß die Beziehungen zum Vater durchaus innig sind (Echo aus den Missionen Nr. 23, 61). In dem von Chatelain (1894: 147) mitgeteilten Märchen bewahrt ein Kind seinen Vater, der unwissend eine Löwin geheiratet hat, dadurch vor dem

Untergang, daß es stets beim Vater schlafen will, wenn dieser zu seiner Frau gehen möchte. Sie hängen so zärtlich aneinander, daß dem Manne das Bitten seines Kindes genügt, um zu verzichten. Dieses Mädchen steht in nichts jener Legende der ausgeprägt vaterrechtlichen *Pangwe* nach, wo ein liebender Vater sich zum Besten seines Sohnes in einen Leoparden verwandelt (Teßmann 1913: 102).

Die väterliche Autorität, die sich gleichmäßig auf Knaben und Mädchen erstreckt – wirkt sie sich auch aus erzieherischen Anschauungen mehr und direkter gegen die Söhne aus – umfaßt bei den einzelnen Stämmen einen sehr verschieden großen Zeitraum. Immerhin aber fällt der Zeitpunkt, bis zu dem die Kinder dem Vater Gehorsam schulden, in einen Lebensabschnitt, der die Kindheit weit hinter sich läßt. Selbst bei den mutterrechtlichen Stämmen besitzt der Vater eine gewisse Macht über seine Kinder. So ist es bei den *Kongo* nicht möglich, daß ein Kind gegen seinen Vater den Rechtsschutz anruft. Eine schlechte Behandlung von seiner Seite gilt nach der öffentlichen Meinung für umso schändlicher, als das Kind ihm gegenüber wehrlos ist (Weeks 1914: 119). Auch bei den *Ambo* gebietet der Mann innerhalb seiner Werft über Frau und Kinder (Krafft 1914: 20), obwohl sie der Sippe seiner Frau gehören.

In allen Berichten herrscht Einstimmigkeit darüber, daß die väterliche Autorität unantastbar ist. Vergehen hiergegen und Vernachlässigung der schuldigen Ehrfurcht werden als ungeheures Verbrechen angesehen (Johannsen 1912: 49). Dem entspricht es, daß der väterliche Fluch das gefürchtetste und letzte Erziehungsmittel ist, ein aufsässiges Kind zur Unterwerfung zu zwingen. Bezeichnenderweise genügt bei den keineswegs sehr sittenstrengen *Suaheli* noch bei einem schon erwachsenen Kinde ein viel weniger scharfer Bruch mit den Eltern, um es zum Stadtgespräch zu machen. Um sich zu rehabilitieren, muß es sich mit seinen Eltern wieder versöhnen (Velten 1903: 66). Unter solchen Umständen ist es klar, daß ein Kind der väterlichen Autorität unbedingt Unterwerfung schuldig ist. Obwohl die väterliche Macht sehr weit reicht – sie umfaßt oft Leben, Freiheit und Eigentum selbst schon erwachsener Kinder – so hört man fast nie etwas von Tyrannei. Die wenigen Fälle, die ich erwähnt gefunden habe, sind von Missionaren beschrieben und betrafen allemal Heiratskonflikte zwischen dem heidnischen Vater und seiner christlich gewordenen Tochter, also Fälle, in denen sich der Vater nach den Anschauungen der Eingeborenen im Recht fühlen durfte. Bei den *Luba* (Wißmann 1890: 160) findet sich trotz dem Verkaufsrecht recht zärtliche Liebe, und von den *Ngata* sagt Engels (1912: 49), daß die väterliche Autorität nie tyrannisch ist. Jedoch scheint es, als wenn bei manchen Stämmen das Verhältnis zum Vater mehr auf Achtung, Dankbarkeit beruht als auf Innigkeit und Vertrautheit. Den *Lesa* kommt eine Kritik an einem väterlichen Befehl gar nicht in den Sinn (Baeyens 1913: 264), und von den *Bena Lulua* urteilt Vervaecke (1910: 342): „Die Liebe der Kinder zu den Eltern, besonders zum Vater, ist stark mit Furcht und Aberglauben gemischt... die Kinder sind dankbar, besonders gegen ihren Vater, ohne ihn wahrhaft zu lieben. Sie beweisen ihre Willfährigkeit dadurch, daß sie morgens hingehen, um seinen Hof zu fegen, hernach begrüßen sie ihn, erkundigen sich nach seiner Gesundheit und fragen, ob er gut geschlafen hat..."

Die Beziehungen zwischen Mutter und Kind

Wie überall auf der Welt steht die Mutter dem kleinen Kinde infolge seiner natürlichen Hilfsbedürftigkeit und seiner Abhängigkeit von ihr am nächsten. Wie unentbehrlich sie dem Kinde ist, geht besonders klar daraus hervor, daß es kein größeres Unglück für so ein kleines Wesen gibt, als die Mutter durch den Tod zu verlieren. So wenig können sich manche Völker ein Fortbestehen des Kindes nach dem Tode der Mutter vorstellen, daß sie es teils lebendig, teils nach vorausgegangener Tötung mit der Mutter begraben. Dies finden wir von den *Kongo* (Weeks 1914: 117), von den *Kundu* (Bufe 1871: 232, 237), *Safwa* (Kootz-Kretschmer 1926: 16), von *Tschuana* (Brown 1926: 65) und *Xosa* (Kropf 1889: 181) berichtet. Wo dies nicht der Fall ist, muß solch ein Kind dennoch häufig zu Grunde gehen, da die andern Frauen sich seiner teils aus magischen, teils aus wirtschaftlichen oder sozialen Gründen nicht annehmen können oder wollen. Die Frauen haben die Ernährung der Familie in ihrer Hand, und ihr böser Wille vermag viel. Künstliche Ernährung (mit Kuhmilch) ist wenig bekannt und hat bei der herrschenden Unsauberkeit auch keinen großen Erfolg. Die körperliche Gebundenheit des Kindes an die Mutter wird durch die ganze Art der Säuglingspflege in Afrika erhöht: Man nährt überall wenigstens zwei Jahre, meist noch darüber hinaus, und während dieser ganzen Zeit verläßt das Kind die Mutter nicht. Sie schleppt es überall mit sich herum: Auf Reisen, bei der Arbeit und beim Tanz. Auch des Nachts schläft das kleine Kind im Arme oder Schoße seiner Mutter.

Schon auf Grund der Tatsache, daß die Frau ihre Stellung in der Gesellschaft und ihrem Gatten gegenüber erst völlig einnehmen kann, wenn sie geboren hat – im Absatz von der Wertung des Kindes werde ich darauf zurückkommen -, versteht es sich von selbst, daß eine Mutter ihr

Kind sehr hochschätzt und liebt. Die natürliche Sehnsucht nach Mutterschaft und höhere menschliche Gefühle kommen noch hinzu. Wenn dennoch wiederholt Europäer den eingeborenen Müttern Nachlässigkeit und Stumpfheit für das Gedeihen ihrer Kinder vorwerfen, so beruht das entweder auf Unkenntnis dessen, was wir für unerläßlich in der Säuglingspflege halten oder aber auf einer anderen Anschauung über die Ursachen und Mittel von Krankheit und Pflegemaßnahmen. Sie weiß z.B. nicht, daß es die Gesundheit des Kindes erfordert, daß sie das Tragetuch reinigt, und daß sie das Kind „trocken legen" muß. Daß sie solches nicht aus Trägheit oder Gleichgültigkeit unterläßt, beweist sie damit, daß sie weder Enthaltsamkeit für ihre Person noch große Opfer auf magischem Gebiete scheut, wenn sie glaubt, dem Kinde dadurch helfen zu können. In den Zeiten der Hungersnot gibt sie das Letzte für das Kind hin (vgl. *Schambala* Karasek, Eichhorn 1911: 187).

Den eingeborenen Müttern wird im allgemeinen eine große Zärtlichkeit und Liebe für ihre kleinen Kinder nachgesagt: sie überhäufen sie mit Liebkosungen, plaudern mit ihnen und singen sie in den Schlaf mit Wiegenliedern, die nicht immer unseren Begriffen von solchen Gesängen entsprechen: sind doch zum Teil Heldenlieder und auch erotische Lieder darunter.

Hat das Kind die erste Jugend hinter sich, so entwickeln sich aus den zunächst rein instinktmäßigen Gefühlen wirklich seelische Beziehungen. Was ich in Hinblick auf das Verhältnis zwischen Vater und Kindern sagte, gilt auch hier: Es macht keinen Unterschied, ob ein Stamm vaterrechtlich oder mutterrechtlich aufgebaut ist: Die Innigkeit zwischen Mutter und Kindern wird nicht davon berührt. Etwas anderes liegt vor, wenn die Anschauungen über den Wert der Geschlechter sich entfremdend zwischen Mutter und Kind drängen. Das liegt m.E. bei den Kafir vor: Kidd erzählt von den kleinen *Kafir*-Jungen, daß sie nicht früh genug der mütterlichen Obhut entkommen könnten und stolz seien, den älteren Knaben unterstellt zu werden, wo sie, wie später gezeigt werden wird, keineswegs auf Rosen gebettet sind. Es hängt dies offenbar mit der kriegerischen Einstellung jener Stämme zusammen: der Krieger gilt als höchstes Wesen. Diesem Ideal kann der Knabe nicht früh genug nachstreben. Von Anfang an hört er, daß er zu dem bevorzugten Geschlecht gehört. Bei jeder Gelegenheit wird er gehänselt, doch ja „kein Mädchen zu sein" usw. Der Einfluß und Verkehr mit Frauen und Mädchen hat bei einem solchen Volke stets den Beigeschmack von Verweichlichung und Feigheit. Je weiter der Kleine vom Ideal, dem Mannestum noch entfernt ist, je sorgsamer flieht er den Schein, sich bei den Frauen wohl zu fühlen.

Bezeichnend ist es, daß es eine sehr scharfe Herausforderung zu einer Balgerei bedeutet, wenn ein Junge zum andern sagt: „Du bist eine alte Frau." (Kidd 1906: 116, 199)

Die Beziehungen zwischen Mutter und Tochter sind sehr innig, denn die Tochter lebt bis zur Heirat in enger Gemeinschaft mit der Mutter, arbeitet mit ihr und hat dieselben Interessen. Von klein auf wird sie von ihr in alles, was Lebens- und Wirtschaftsfragen angeht, eingeweiht und geübt; durch sie empfängt sie alles, was die Erziehung des Stammes irgend vermitteln kann. (Die besondere Erzieherin, die bei einigen Stämmen vorkommt, tritt erst bei den Mannbarkeitsfesten auf.) Selbstverständlich kommen Unstimmigkeiten zwischen Mutter und Tochter vor: die Mutter kann recht ärgerlich sein und die Tochter strafen, wenn die Umstände danach sind, oder wenn sie einen hitzigen Charakter hat. Eine bezeichnende Geschichte erzählt Maugham (1910: 378) vom *Zambesi*... Zwei kleine Mädchen gingen fort, ein jedes einen Krug Wasser auf dem Kopfe tragend. Dem einen fiel der Krug zu Boden und zerbrach. Es weinte und weinte und fürchtete sich, nach Hause zu gehen, da es wohl wußte, daß es sehr geschlagen werden würde. Die Gefährtin sagte: „Bleibe hier, ich will erst sehen, ob deine Mutter wirklich so böse ist. Wenn ja, so will ich wieder kommen und es dir sagen." Sie ging in das Dorf und erzählte alles der Mutter. Die Frau wurde wirklich sehr böse. Das Mädchen kehrte zurück und riet der Freundin, bei Verwandten im benachbarten Dorf zu bleiben, bis der Zorn der Mutter verraucht sei... Zwischenfälle solcher Art kommen wohl vor, aber können ganz gut neben sonst herzlichen Beziehungen bestehen.

Sehr viel verschiedenere Gestalt zeigt das Verhältnis zwischen Mutter und Sohn bei den einzelnen Stämmen. Liebe und Achtung – wenn nicht immer in demselben hohen Grade – findet sich überall, anders steht es mit der Vertrautheit. Vielfach wird sie durch das sehr ausgeprägte Schamgefühl des heranwachsenden Knaben unterbunden. Vgl. Initiationslehren der *Bushongo* (Torday 1911: 85). Zahlreiche Höflichkeitsformen errichten eine Schranke zwischen ihnen. Doch längst nicht immer finden wir diese Scheu. Bei den *Schambala* pflegt die Mutter ihren Sohn ohne Zaudern über geschlechtliche Dinge aufzuklären und ihn nötigenfalls zu ermahnen (Karaksek, Eichhorn 1923/24: 3). Forscherberichte und Eingeborenenerzählungen bringen Beispiele in Hülle und Fülle von treuer Mutterliebe und Sohnesanhänglichkeit und von einem sehr vertraulichen Verhältnis zwischen beiden. In den Nachrichten aus der ostafrikanischen Mission (Märzheft 1902: 46) wird die folgende Äußerung eines *Saramo*jungen wiedergegeben: „Ich mache Arbeit und bekomme eine Rupie, dafür kaufe ich meiner Mutter Kleider. Ich gebe sie ihr, sie zieht sie an, weil sie keinen Mann hat, sondern nur mich..." Eine ähnliche Fürsorglichkeit des Sohnes für die alleinstehende Mutter spricht aus den Erlebnissen eines *Kamba*jungen, die Augustiny (1919/20: 164 ff.) mitteilt: ... „Die Mutter wollte wieder auf Arbeit gehen. Ich sprach: Geh nicht nach X (zum Lasttragen). Sie erwiderte: Du hast recht, mein Sohn, ich werde nicht wieder in jenes ferne Land gehen. Sie wollte nach N. Ich stimmte ihr zu, weil ich dachte, wenn ich nicht zustimme, geht sie allein..." Die Mutter ihrerseits steht in der Liebe dem Sohne nicht nach. Ist er krank oder sonst irgendwie im Unglück, so tut sie alles, ihn zu retten. Von den *Yao* wird ein Fall berichtet, wo eine Mutter ihren kranken, 12-14 Jahre alten Knaben zwölf Meilen weit auf dem Rücken schleppt, um ihn daheim gesund zu pflegen (Werner 1906: 146).

Die Märchen und Legenden der Eingeborenen sind reich an Beispielen von selbstloser und unermüdlicher Mutterliebe; an dieser Stelle will ich nur einige Sprichworte wiedergeben, deren Gegenstand das Verhältnis zwischen Mutter und Sohn ist:

„Die Mutter ist das Schneckenhäuschen der Zärtlichkeitspflege" (*Dschagga*, Gutmann 1922/23: 90).

„Den Schmerz des Kindes kennt die Mutter" (*Suaheli*, Velten 1903: 271).

Durch nichts ist ein Kind schwerer zu kränken, als wenn jemand in seiner Gegenwart abfällige Bemerkungen über seine Mutter macht. Es greift den Beleidiger an, gleichviel, wie stark oder wie alt er ist, und nie vergißt er solche Kränkung. Zanken sich zwei *Kamba*kinder, so setzt es zunächst einmal auf beiden Seiten Schimpfreden auf die beiderseitigen Mütter: Etwa „Deine Mutter ist eine Hexe, deine Mutter ist von ihrem Manne fortgelaufen." (Lindblom 1920: 448). Ganz ähnlich eröffnen die *Kafir*knaben ihre Gefechte: „Deine Mutter ist ein häßliches, altes Ding; deine Mutter ist eine Krähe." (Kidd 1906: 198). Bei den *Kongo* ist es ein beliebtes Schimpfwort zwischen streitenden Knaben und Mädchen zu sagen: „Möge deine Mutter sterben und dir Veranlassung zum Trauern geben." Weeks sagt, er hätte kleine Knaben über diesen Fluch ganz toll werden sehen (1914: 157), und Torday erzählt von den *Rushongo* (1911: 12), daß sich die Jungen bei ähnlicher Gelegenheit auf Knaben gestürzt hätten, die noch mal so groß waren wie sie selbst. Natürlich stehen die Kinder auch ihren Müttern bei, wenn ein paar Weiber sich untereinander streiten und die Sache endet meist mit einem blutigen Gefecht zwischen den Parteien (Colle 1913: 344).

In der Literatur findet sich aber nun nicht nur das Verhältnis so dargestellt, wie es sein sollte, oder wie es ist, wenn alles richtig zugeht, es gibt auch Schilderungen von Müttern, wie sie nicht sein sollen, und von Kindern, die ihre Pflicht nicht tun. Teils spricht sich das Volksempfinden in diesem Punkte in Märchen aus, in denen die Schuldigen erzogen oder bestraft werden, teils wählt es dazu das Sprichwort, z.B. bei den *Suaheli* (Velten 1903: 271): „Vieles Spazierengehen zieht kein Kind groß." Die *Pare* sagen: „Wenn eine junge Henne die Eier auffrißt, so hat sie das von der Mutter her." (Kotz 1922: 299). Die *Kweli* haben ein Märchen, in dem eine Mutter, die ihren lahmen Sohn gegen die andern Söhne zurücksetzt, von diesem selbst zu der Erkenntnis gebracht wird, daß sie Unrecht getan hat. Von da ab behandelt sie ihn besonders gut (Beihefte z. Ztschr. f. Eingeb. Sprachen IV, S. 79). Ebenso wenig fehlt es an Ermahnungen, die Mutter richtig zu behandeln. In den Kerbholzlehren der *Dschagga* steht: „Wage es nicht mehr deine Mutter zu schmähen, die dich doch groß gepflegt hat, daß du ein Mensch wurdest. Wenn dir die Mutter etwas Ärgerliches sagt, das du hassest, so mußt du es in die Seele herunterschlucken und stille sein." (Gutmann 1922/23: 90). Die *Pare* sagen: „Dein Mütterchen ist dein Mütterchen, auch wenn es runzelig geworden ist." (Kotz 1922: 229).

Erwähnenswert in diesem Zusammenhange ist auch, daß Vatermord bei einigen Stämmen wohl vorkommt, während Muttermord mir in der Literatur nur ein einziges Mal bekannt geworden ist (Petermanns Mitteilungen 1897: 80): Ein Mann vom Victoria Nyansa See hatte seine Mutter umgebracht, weil der Zauberer herausgefunden hatte, daß die alte Frau sein Kind vergiftet habe. Eine Darstellung in einem Märchen, wo ein ungeratener Sohn aus Wut seine Mutter tötet, endet bezeichnenderweise für ihn damit, daß selbst die wilden Tiere ihn fliehen. (*Kweli*, Beihefte z. Ztschr. f. Eingeborenen-Sprachen IV, S. 80).

Einen Rückschluß auf die Tiefe und Innigkeit des Verhältnisses zwischen Mutter und Kind gestattet auch die Tatsache, daß die Beziehungen zwischen den erwachsenen Söhnen zur Mutter bis ins hohe Mannesalter hinein sehr zärtlich sind. Die Anhänglichkeit an die Mutter übertrifft stellenweise sogar die Liebe zur Gattin. Pechuel-Lösche (1907: 66) erzählt von einem glücklich verheirateten Ehemann, den die Sehnsucht nach der Mutter forttreibt. Ist der Mann auf Reisen, so bringt er etwas für die Mutter mit, um sie zu erfreuen, und Karawanenträger verkürzen sich gern den Weg damit, daß sie sich das Wiedersehen mit der Mutter ausmalen. Auch sonst finden sich mancherlei Spuren eines Nachwirkens der Beziehungen zur Mutter aus der Kinderzeit. Will bei den *Nyangi* ein Mann eine Frau begrüßen, die er lange Zeit nicht gesehen hat, so tut er das auf eben die Weise, wie die kleinen Kinder zur Mutter laufen, wenn sie ihrer ansichtig werden (Stachewski 1917: 34). Der Schreckensruf bei den *Fiote* ist „mama" (Pechuel-Lösche 1907: 43 und 1878: 17). Mit dem gleichen Wort drücken die *Songo* ihre Bewunderung aus. In einem *Yao*-Märchen schreit sogar der Elephant „Mama", als es ihm schlecht geht (Werner 1906: 236).

Eine ganz hervorragende Quelle für die Beziehungen zwischen Kind und Eltern bietet eine Untersuchung des Verhaltens auf beiden Seiten anläßlich eines Todesfalles.

Beim Tode eines Kindes kommt es sehr darauf an, in welchem Alter es den Eltern entrissen wird. Von dem vorzeitig geborenen (totgeborenen) Kinde oder einem solchen, das nur kurze Zeit nach der Geburt gelebt hat, wird nicht viel Aufhebens gemacht. Seelische Beziehungen im eigentlichen Sinne haben ja auch noch nicht bestanden. Das Wesentliche des Verlustes liegt in der zerstörten Hoffnung. So überläßt man denn auch die Bestattung bzw. Beseitigung der Kinderleiche der Mutter oder den Frauen (andere Leichen werden immer von Männern bestattet). Sie erfolgt meist heimlich, wohl um Zauberern das Erlangen der begehrten Leichenteile zu verwehren.

Anders liegt die Sache beim Tode eines älteren Kindes. Der ist für die Eltern allemal ein harter Schicksalsschlag. Man fahndet erbittert nach dem Täter, das heißt dem Schuldigen, dessen Zauber das Kind zum Opfer fiel. Die Giftprobe im Familienkreis ist eine sehr häufige Folge. Z.B. *Bundu* (Magyar 1859: 286). Vgl. auch das *Kweli*-Märchen, wo sogar die Tiere Kawa trinken, weil eins das andre der Schuld am Tode eines Kindes bezichtigt (Bender 1923: 45). Die Traueräußerungen des Mannes um ein Kind sind nicht geringer, als wenn er eine Frau oder einen Bruder verliert (Hobley 1910: 67) und der *Kafir*, sonst in Gefühlssachen sehr zurückhaltend, weint beim Tode seines Kindes (Kropf 1889: 150). In Bezug auf den Kult läßt man es bei Kindern etwas weniger feierlich zugehen, bringt nicht so viele Opfer wie bei Erwachsenen, wobei es sicher nicht ohne Einfluß ist, daß solch ein Kind noch nicht durch die Initiation gänzlich in den Sippen- und Stammesverband aufgenommen worden ist. Soweit das mehr Äußerliche.

Die inneren Erschütterungen der Eltern beim Tode eines Kindes sind oft heftig und von Dauer, zumal bei der Mutter. Die *Bushongo* haben eine Legende über den Ursprung des Selbstmordes: sie führen ihn auf die Verzweiflung eines Vaters zurück, dem der Sohn in seiner Gegenwart auf der Jagd verunglückt (Torday 1911: 246). Bei den *Schambala*frauen ist Selbstmord in der Verzweiflung über den Tod des Kindes nicht selten

(Karasek, Eichhorn 1911: 187, 1923/24: 13). Ähnliches erzählt Pechuel-Lösche von den *Fiote*(1907: 21). Auch Wahnsinn aus Gram kommt vor (a.a.O.). Eine Bestätigung dieser Berichte geben die Kerbstocklehren der *Dschagga* (Gutmann 1922/23: 212).

„... Das Kind ist krank... Du siehst, dein Kind ist am Verscheiden, dann stärke dein Weib, daß es sich nicht aufhänge über den Qualseufzer deines Kindes, das das Leben aufgibt. Sprich zu ihr: „Sei ruhig, es kommt durch" – wenn du jedoch den Anfang machst zu zittern und dich auf die Erde zu werfen, so wird dein Weib darangehen, den Strick überwerfen und sich aufhängen, damit es mit dem Kinde sterbe – und du bleibst als Dummkopf allein übrig. Tröste sie, bis die Nachbarn kommen, dich zu besuchen; und die mögen sie dann hüten, daß sie sich nicht mehr aufhängen kann, bis ihr Zorn (d. d. Verzweiflung) vergangen ist."

Die Spruchweisheit der *Schambala* beschäftigt sich viel mit dem Tode des Kindes (Johannsen und Döring 1914/15: 200).

„Gott weiß es, er tötet, aber er bezahlt auch wieder, er wird dir auch schon wieder ein anderes Kind geben."

„Iß nur, ist auch dein Kind gestorben, so lebst du doch noch."

„Die Zunge strebt immer wieder dahin, wo ein Zahn entfernt worden ist."

„Ein Haus, das voll von Kindern war, ist jetzt leer."

So groß ist der Jammer der Mütter, daß sogar Gott, zu dem die Kinder gehen, Erbarmen hat, und ihnen manchmal erlaubt, wieder auf die Erde zurückzukehren, weil die Mutter sich so sehr nach dem Kinde sehnt. (*Fiote*, Pechuel-Lösche, 1907: 301).

Den jeweils herrschenden Seelenvorstellungen entsprechend, sorgt man auch weiterhin für ein verstorbenes Kind, manchmal gibt man sich mehr Mühe als bei Erwachsenen, weil die Kinder im Jenseits ja ganz hilflos sind (*Pangwe*, Teßmann 1913: 106).

Übrigens gibt es wohl nur wenig Eltern, denen der Schmerz, ein Kind zu verlieren, erspart bleibt. So groß im allgemeinen die Gebärfähigkeit der Frauen ist, so ist die Kindersterblichkeit erschrekkend. Es scheint, als wenn nur ein kleiner Teil der geborenen Kinder heranwächst. [...]

Stirbt den Kindern eines der Eltern, so nehmen sie in ihrer Weise an den Trauergebräuchen teil. Von einigen Stämmen haben wir auch Berichte, daß die Kinder um ihre Eltern eine bestimmte Art von Trauerabzeichen tragen (*Henga*, Sanderson 1923: 137; *Konde*, Mackenzie 1925: 65; *Schambala*, Karasek, Eichhorn, 1923/24: 7; *Pangwe*, Teßmann 1913: 381).

Ich erwähnte schon, daß der Verlust der Eltern, besonders der Tod der Mutter, seelisch und wirtschaftlich ein Unglück für das Kind ist, das sehr leicht zum Verhängnis wird. Darum sagen die *Schambala* (Johannsen und Döring 1914/15: 198):

„Wer noch seinen Vater hat, wird zweimal satt, ihm fehlt es an nichts."

„Solange der Vater lebt, brauchst du nicht in der Nacht zu gehen."

Da ist es ganz natürlich, daß Vater und Mutter, wenn sie ihr Ende herannahen fühlen, ihr Haus bestellen und, soweit es möglich ist, dem Unheil für das Kind vorzubeugen suchen. Mancher Vater ruft seine Kinder, um ihnen seinen Segen zu geben, deckt seine Schulden und Forderungen auf, damit niemand die Kinder übervorteilen kann und vertraut sie der Obhut eines Bruders oder Freundes an (z.B. *Pare*, Kotz 1922: 213; *Herero*, Irle 1906: 128). Ebenso sucht die sterbende Mutter ihr Kind sicher zu stellen, indem sie ihre Mitfrauen und Anverwandten bittet, sich des Kindes anzunehmen. Nicht bei allen Stämmen nehmen die Frauen ein fremdes Kind an die Brust. Bei den *Safwa* fürchten sie, das Blut des fremden Kindes schade den eigenen Kindern oder der nährenden Frau selbst (Kotz-Kretschmer 1926: 16). Anderswo wieder wird diese Fürsorge den Frauen dadurch verleidet, daß sie für alle etwaigen Schäden, Krankheiten usw. des Kindes, solange es sich in ihrer Obhut befindet, der Sippe, der das Kind gehört, verantwortlich sind und dafür haften.

Der Schmerz der Kinder um den Tod der Eltern sitzt sehr tief. Sie sind oft ganz aus dem seelischen Gleichgewicht gebracht und leiden jahrelang unter der Sehnsucht nach den Toten. In der Eingeborenen-Literatur ist die Trauer um verstorbene Eltern oder Kinder ein immer wiederkehrendes Motiv. Ein *Tschuana*märchen handelt von einem Knaben, der so lange um den toten Vater weint, daß die Mutter schließlich zornig wird und den Häuptling veranlaßt, das Kind zu töten. Es entgeht aber den Nachstellungen, flieht und wird reich und mächtig und kehrt später zurück, um sich an der Mutter zu rächen, die ihm die Trauer um den Vater verwehrte (Brown 1926: 178). Dieses Märchen zeigt klar, daß im Gefühl der Eingeborenen die Kindestrauer so heilig ist, daß eine Verachtung dieser Regung eine so ungeheure Tat wie Tötung der Mutter in ihren Augen als Strafe rechtfertigt.

In vielen Märchen und Legenden werden die Beziehungen zwischen der toten Mutter und dem verlassenen Kinde geschildert. Das Kind kommt anklagend oder hilfeflehend zum Grabe der Verstorbenen. Es bittet nicht vergebens: sie wird seine Schützerin und Helferin. Die *Fiote* glauben, sagt Pechuel-Lösche (1907: 301 ff. und 1878: 18), daß die tote Mutter ihr Kind aus Gefahren errettet, es warne, ja sogar heimlich nähre.

Ein *Konde*märchen erzählt von einem Mädchen, das jeden Tag weint, weil es seit dem Tode der Mutter allein das Feld ackern muß. Da steigt die Mutter aus der Unterwelt empor und ackert für sie. Das Mädchen bemerkt das, verbirgt sich, trifft die Mutter und bestürmt sie, es mitfortzunehmen... (Fülleborn 1906: 324). In einem *Kamba*märchen sterben während einer Hungersnot alle Leute bis auf eine alte Frau und ihren Enkel. Der Knabe tötet Wild. Die Alte entzieht ihm Pfeil und Bogen. Da fängt der Knabe an zu weinen und geht an das Grab, in dem seine Mutter begraben liegt. Dort singt er: „Meine Mutter, ich bin sehr traurig, öffnest du mir nicht?" Und seine Mutter sang: „Mein Sohn, komm!" Da stieg der Knabe hinunter ins Grab. Als die Großmutter das sah, gab sie ihm Pfeil und Bogen zurück (Augustiny 1919/20: 106). Auch die *Suaheli* besitzen in dem Märchen vom Sultan Darai eine Schilderung von einem Mädchen, das von seiner bösen Stiefmutter so gut wie nichts zu essen bekommt und weinend zum Grabe der Mutter geht. Hier pflückt es sich eine Gurke, um seinen Hunger zu stillen und eine zweite nimmt es sich, um sich eine Puppe daraus zu machen. Hier sind keine übernatürlichen Dinge im Spiel. Es kommt aber dennoch die Vorstellung zum Ausdruck: Dies ist der Ort, wo du klagen darfst, wo du ein Recht hast, wo dir Hilfe wird.

Ergebnisse

Die Stellung und Behandlung des Kindes in bezug auf das Seelische und Körperliche zeigt sich, im Ganzen betrachtet, unabhängiger von den übrigen sozialen Verhältnissen, als es auf Grund von mancherlei Erwägungen und Urteilen zu erwarten war.

Die oft erwähnte niedere Stellung der Frau berührt die Aufzucht der Kinder nicht merklich, wenigstens wissen wir zu wenig darüber, um etwas Positives über diesen Punkt aussagen zu können. Es darf auch nicht vergessen werden, daß die Tatsache, daß der Gatte das Züchtigungsrecht über die Frau hat, nicht unbedingt einen rauhen, tyrannischen und harten Ton in den Umgang von Mann und Frau bringen muß. Die zahlreichen Geschichten der Eingeborenen, die reich an ehelichen Szenen und Zwiegesprächen sind, zeigen nur, daß die Frau dem Manne gehorcht, daß sie daneben aber sehr wohl Einfluß und Meinung besitzt und ihm des Unangenehmen so viel sagt, wie ihr es beliebt.

Wo eine Entfremdung zwischen Mutter und Kind herrscht, da geht diese Erscheinung auf andere Ursachen zurück: Entweder auf ein Überragen des Sippengefühls im Verhältnis zu den seelischen Beziehungen zwischen Mutter und Kind, oder auf ein ausgeprägtes Bewußtsein der kriegerischen Leistungen des Mannes. Ich habe aber nachgewiesen, daß diese Entfremdung selten vorkommt. Sie läßt sich für *Dschagga* und *Kafir* belegen. Sonst aber findet sich ungeachtet vater- bzw. mutterrechtlicher Sippenorganisation ein inniges und fürsorgliches Verhältnis zwischen Mutter und Kindern bzw. Vater und Kindern.

Ebenso läßt sich nicht beweisen, daß die Vielweiberei verschlechternd auf die Lage der Kinder einwirkt. Der dieser Eheform oft zur Last gelegte Unfriede im Hause scheint dort, wo er die Unstimmigkeiten, die im Durchschnitt in der Einehe vorkommen, übertrifft, mehr die Frauen als die Kinder zu beunruhigen und zu benachteiligen.

Hinsichtlich der Einwirkung des Mutterrechtes auf die Aufzucht und die Beziehungen der Kinder ist zu sagen, daß zwar in den Gebieten, wo der Vater am Herde der Frau und Mutter ein Fremder bleibt, wo die Sippe der Frau die Ehe löst, und die Kinder durch die neue Eheschließung der Mutter einen andern Vater bekommen, kein Familienleben, kein „Elternhaus“ im Sinne des Nordeuropäers besteht, daß aber wohl etwas Ausgleichendes an dessen Stelle gesetzt ist. Es liegt mir fern, den Wert des Elternhauses in Frage zu stellen, oder es als ideale Erziehungsstätte herabsetzen zu wollen. Ich glaube aber, daß die einseitige europäische Einstellung uns leicht verleitet, den Wert der Sippenbeziehungen zu gering zu veranschlagen. Die Kinder in den mutterrechtlichen Gebieten haben zwar kein Heim in unserem Sinne, aber sie leben im Schoße ihrer Muttersippe, unter dem Schutze der Mutterbrüder so vergnügt und behütet dahin wie anderswo im Vaterhaus. Wir haben m.E. kein Recht, von vornherein anzunehmen, daß das Sippengefühl und die Sippenfürsorge im Seelen- und Wirtschaftsleben weniger zu bieten hat als das Familienleben, wie wir es kennen. Man kann nur sagen, es ist anders, ganz anders, was das im Sippengedanken aufwachsende Kind erlebt – zumal in einem mutterrechtlichen Verbande –, aber wir sind nicht in der Lage zu sagen, daß es weniger oder geringer ist. Wir können das um so weniger, als wir über die Seelenvorgänge und Anschauungen der Eingeborenen nur schlecht unterrichtet sind, und ein gut Teil der bereits gemachten Beobachtungen deutlich verrät, daß die Europäer nicht vom Standpunkt des Eingeborenen, sondern von ihrem eigenen abendländischen ausgehend, diese schwierigen und zarten Dinge zu erfassen gesucht haben. Mancher von ihnen, der die Unrichtigkeit eines solchen Vorgehens wohl empfunden haben mag und einsah, daß er der fremden Welt auf diese Weise nicht näher kam, suchte sich damit zu helfen, daß er alles Afrikanische durch Vergleich mit dem Jüdischen zu begreifen und zu erklären versuchte. Natürlich konnte diese Methode nicht weiterhelfen.

Ein Umstand, der offenbar schädigend auf das Wohl des Kindes wirkt, ist die Vereinigung von Vaterfolge und Vielehe. Ränkesucht und Ehrgeiz der Frauen finden hier mehr Nahrung, weil der Vorteil für den Nachwuchs durch den Vater und Gatten vermittelt wird. Ich habe gezeigt, daß die Erb- und Ehegesetze eine Schranke für derartige Gelüste der Mütter bilden, daß auf der andern Seite aber durch den Todesfall der Mutter ein Kind in eine schlechte Lage geraten kann. An der Muttersippe hat es infolge des herrschenden Vaterrechtes wenig Halt, der Sorge des leiblichen Vaters ist es durch das wirtschaftliche Übergewicht der Frauen ferngerückt. Verliert ein Kind in einem mutterrechtlichen Verbande seine Mutter, so finden sich in ihrer Sippe genug Frauen, die sich seiner annehmen. Daß die Eingeborenen selbst die Gefahr dieser Zustände in vaterrechtlichen Sippenverbänden empfinden und zu mildern trachten, sieht man daran, daß bei einigen Stämmen die Sitte herrscht, die kleinen Kinder nach dem Tode der Mutter zur Aufzucht in deren Sippe zu entlassen, wenn der Witwer nicht eine Schwester der Toten heiratet. Der Mann büßt durch dieses Abkommen nichts an seinen väterlichen Rechten ein, und die Muttersippe gewinnt keinerlei Rechtsansprüche auf das Kind.

Als Hauptgewinn der vorliegenden Untersuchung würde ich es ansehen, wenn sie etwas zur Klärung des Problems von Vater- und Mutterfolge beitragen könnte.

Es ist üblich, das Gebiet der Bantustämme, besonders das der Kongobewohner, als ein rein mutterrechtliches Gebiet anzusehen. So bezeichnet Torday in seinen „Causeries Congolaises" (1925) ungeachtet seiner eigenen ethnographischen Arbeiten, die Kongostämme als mutterrechtlich. Wenn jedoch ein Mann seine Kinder verkaufen, verpfänden und besonders verheiraten kann, so sind das so deutliche Beweise von Besitzrecht, wie sie hinsichtlich der Anrechte auf ein Kind nicht besser gewünscht werden können.

Noch verwickelter wird die Sache, wenn wir in das Gebiet der Totem- und Ahnenvorstellungen kommen. Das, was wir an Kenntnissen in dieser Richtung besitzen, ist überaus spärlich; das wenige beweist aber, daß sich die Mutterfolge keineswegs und überall bis in dies Gebiet erstreckt. Nach den Untersuchungen von Gutmann ist das Mutterrecht bei den *Dschagga* das ursprünglichere gewesen. Wir finden bei anderen Stämmen viele Spuren, die Ähnliches vermuten lassen. Wir sind zufrieden und beruhigt, wenn wir hören, daß die *Saramo* nur die mütterlichen

Ahnen im Kulte berücksichtigen. Wir müssen uns aber mit der Tatsache auseinandersetzen, daß die in wirtschaftlichen und rechtlichen Angelegenheiten ausgesprochen mutterrechtlichen *Fiote* und *Herero* allein die Vaterseite berücksichtigen, sowie es sich um magische oder die Ahnen- und Seelenvorstellungen betreffende Dinge handelt.

Auf Grund des Mitgeteilten läßt sich bei den genannten Stämmen folgende Anschauung herausschälen: Die Potenz, der Seelenstoff erbt sich allein im Manne, dem Erzeuger, fort. Sie ist jedoch nach zwei Seiten in Beziehungen gesetzt. Einmal steht sie im Zusammenhang mit der Erde, dann aber führt sie den Lebensfaden der Geschlechterreihe fort. Die Seelen- und Lebenskraft geht vom Vater auf sein leibliches Kind über, die Erde aber an seinen Schwestersohn. Nirgends habe ich einen so klaren Ausdruck für das Zusammengehörigkeitsgefühl von dem Menschen und dem Boden, zu dem er gehört, gefunden, wie bei den Fiote. Für sie herrscht zwischen beiden ein heiliges Band. Seine Erde ist dem Fiote der Boden, auf dem sein Geschlecht wächst und gedeiht. Beides läßt sich nicht voneinander trennen. Wer zu seiner Erde gehört, ist so innig mit ihm verbunden, als ob er seines Blutes wäre und in seinem Leibe dieselbe Seelenkraft lebte. Was bei den *Fiote* noch als Einheit empfunden wird, hat sich bei den *Herero* geschieden. Bei ihnen erbt der Seelenstoff getrennt von der Erde weiter. Niemand kann in den Ahnenkreis eines Menschen übergehen, auf Grund der Zugehörigkeit zu seiner Erde. Für die Erde muß man sich bei den *Herero* das nicht weniger hochgeschätzte Vieh denken, denn sie sind ein Hirtenvolk. Bei den *Fiote* gehörte derjenige, der ein Kind der gleichen Erde mit dem Erdherrn wurde, ohne es dem Blute nach zu sein, etwa ein gekaufter Sklave, oder eine Ehefrau, die der Mann aus dem Verbande ihrer Sippe losgelöst hatte, ohne weiteres auch in den Ahnenverband des Erdherrn. (Umgekehrt macht nicht Besitz derselben Potenz zum Kind der gleichen Erde, denn der leibliche Sohn eines Mannes, der dessen Potenz beim Zeugungsakt mitbekommt, ist nicht Kind seiner Erde.) Bei den *Herero* ist das Hinübergehen von „eanda“ (entspricht der „Erde“ der *Fiote*) in „oruzo“ (entspricht Ahnenverband der *Fiote*) nicht möglich.

Bezeichnenderweise erbt das irdische Gut, die Erde, das Vieh nach der Mutterlinie, das Unirdische, die Seelenkräfte auf der Vaterseite fort. Diese Tatsache läßt den Schluß zu, daß Vater- und Mutterfolge zwei Erscheinungen sind, die nebeneinander bestehen und sich nebeneinanderentwickeln, so daß unter Umständen das eine das andere in den Hintergrund drängen kann.

Kehren wir nun zu den bei den *Saramo* gefundenen Zuständen zurück: Es entsteht die Frage, ob hier eine Anschauung zugrunde liegt, die von der bei *Fiote* und *Herero* nachgewiesenen durchaus verschieden ist, oder aber ob es sich um eine Erscheinung handelt, die sich erst später entwickelt hat. Etwa weil durch den fremden Einfluß der Machtbereich der Muttersippe vom Diesseits ins Jenseits verdrängt worden ist. Es kommt vor, daß wirkliche, auf Materielles gerichtete Rechte, wenn sie ihre Kraft verloren haben, auf dem Gebiet des Zeremoniellen und Magischen fortleben.

Diese Fragen zu entscheiden, fehlt noch die Grundlage. Was wir wissen, genügt gerade, um uns zu zeigen, auf einem wie schwankenden Boden sich jeder bewegt, der einen Schritt in das Gebiet der verwickelten seelischen und sozialen Vorstellungen und Zustände unternimmt. Mir scheint über all diesen Dingen noch ein dichter Schleier zu liegen. Wagt man ihn etwas zu lüften, so blickt man auf eine Fülle durcheinander laufender und zum Teil durch fremden Einfluß schon verwirrter Fäden. Ich glaube, daß gerade die sozialen Verhältnisse der Bantustämme nachdrücklich bestätigen, was Thilenius in seinen Vorlesungen betont: Daß mit dem Einordnen, Systematisieren und Schematisieren auf dem Wege der Erkenntnis dieser Dinge nicht weiterzukommen ist.

Die [im Original] beigefügten Karten haben den Zweck zu zeigen, wie verwickelt die Dinge liegen, wie wenig allgemeine Sätze vor den Tatsachen standhalten, und daß der Stand der Quellen es nicht zuläßt, von einer durchgehends vorkommenden Mutterfolge zu sprechen. Beschränkt man den Begriff von Mutter- und Vaterfolge auf die Wirtschafts- und Rechtsverhältnisse, wie ich es durch das Wort „Zugehörigkeit“ zum Ausdruck gebracht habe, so läßt sich in bescheidenem Umfange eine Eintragung machen. Wendet man das Wort Mutter -und Vaterfolge aber in umfassenderem Sinne an – Mutter- und Vaterrecht müssen sich im Prinzip weiter erstrecken als auf allein rechtliche Zugehörigkeit, weil die Sippenverbände selbst bis ins Jenseits gehen –, faßt man es vollends im Sinne der Kulturkreislehre auf, so komme ich auf Grund des in dieser Arbeit Dargestellten und in Betrachtung der daraus erwachsenen kartographischen Eintragungen zu dem Schluß, daß es zu einer so umfassenden Beurteilung der Verhältnisse noch zu früh ist, und daß wir erst am Anfange einer Erkenntnis der Zustände und Vorstellungen der Eingeborenen stehen.

[Literatur s.S. 34 – 36]

Hilde Thurnwald

Hilde Thurnwald

Die schwarze Frau im Wandel Afrikas*

Einleitung

Diese Arbeit soll als Beitrag zur Untersuchung des Problems der Anpassung dienen, und zwar der Anpassung ostafrikanischer Frauen an die durch die Europäer in ihrem Lande verursachten Lebensveränderungen. Das herangezogene ethnologische Material wird nur als der notwendige Hintergrund verwendet, von dem aus allein die Anpassungsfragen verstanden werden können. Es erhebt deshalb von vornherein keinen Anspruch auf Vollständigkeit. [...]

Wenn im folgenden immer wieder von „Anpassung" die Rede sein wird, so darf das nicht mißverstanden werden, als ob mit Anpassung eine einseitige und möglichst weitgehende Anlehnung an europäisches Wesen gemeint sei. Unter Anpassung ist vielmehr ein Veränderungsprozeß zu verstehen, der einem neuen Gleichgewichtssystem[1] zustrebt. Durch die Berührung mit den Europäern ist das alte Gleichgewicht der Afrikaner erschüttert worden. Sie sehen sich einer Unzahl neuer Situationen gegenüber, die neue Einstellungen, Gedanken, Gewöhnungen usw. erfordern. Alte Sitten, Gesetze, Wertungen sind überflüssig geworden und zerfallen. Beziehungslos steht man zunächst dem Neuen gegenüber. Die Anpassung besteht nun in einer Umorientierung, die aber nicht wie die Umschaltung eines elektrischen Stromes gehandhabt werden kann, sondern ein Prozeß ist, der Generationen erfordert. Durch den Kontakt mit den Europäern ist bei den Afrikanern ein sozialpsychischer Reiz ausgelöst worden, der verändernd auf das persönliche Leben der Einzelnen wie der Gemeinden einwirkt. Hier können nur einige Phasen dieses in verschiedene Stadien[2] zerlegbaren Prozesses eingefangen werden, die sich

---

*Auszug aus den Kapiteln „Einleitung" (S. 1-9) und „Materielle Einflüsse" (S. 80-97) aus dem Teil „Analyse des Wandels" des Buches „Die Schwarze Frau im Wandel Afrikas. Eine soziologische Studie unter ostafrikanischen Stämmen". 1935 erschienen, Forschungen zur Völkerpsychologie und Soziologie, Kohlhammerverlag Stuttgart.

mir zur Zeit meines Aufenthaltes in Afrika und im Zusammenhang mit der weiblichen Lebenssphäre besonders aufdrängten. Der Anpassungsvorgang selbst setzt sich, wenn auch abebbend mit der Zeit, nahezu unabsehbar fort. Jede neue Maßnahme der Europäer wirkt als neuer Reiz, der Reaktionen bestimmter Natur bei den Eingeborenen hervorruft. Umgekehrt findet auch ein Anpassungsprozeß bei den Europäern statt, nicht nur an das Klima, sondern auch an die Afrikaner als Persönlichkeiten und als Gesellschaft.

Wir können den Anpassungsprozeß an einem Einzelnen oder an einer Gesellschaft bzw. einer ihrer Untergruppen studieren. In der vorliegenden Arbeit findet hauptsächlich die soziologische Seite Berücksichtigung. In diesem Zusammenhang erschien es zweckmäßig, zunächst einen Überblick über die Art und den Grad der Anpassung verschiedener Stämme zu gewinnen. Sonst hätte die Gefahr einer unzulässigen Verallgemeinerung der Situation eines Stammes für alle übrigen bestanden. In der Tat kann man in dieser Beziehung nicht vorsichtig genug sein. Denn es besitzt nicht nur jeder Stamm seine ausgeprägte Eigenart und Überlieferungen, die in seiner Geschichte wurzeln, sondern auch die Bedingungen und Formen des Kontaktes mit dem Europäertum sind überall irgendwie anders: hier sind riesige Sisalpflanzungen als Großbetriebe angelegt, die je Hunderte, ja Tausende aus allen Gegenden rekrutierte Arbeiter beschäftigen, dort siedeln Kaffeepflanzer, die ihre verhältnismäßig wenigen Arbeitskräfte aus der Umgebung beziehen. Woanders wieder sind kaum Europäer zu finden außer einem Verwaltungsbeamten oder einem Missionar, in einer anderen, für den Verkehr besonders geeigneten Gegend, kam es zur Anlage von Eisenbahnlinien und zur Bildung von städtischen Handelszentren wie Tabora, Moshi, Dodoma, Arusha oder Mwanza, anderswo wieder schließlich werden Gold oder Kohle gefunden und Bergbau eröffnet. Alle diese Bedingungen beeinflussen den Anpassungsvorgang verschiedenartig und wirken teils auf dem Wege über die Männer, teils direkt auf die Frauen ein.

Nicht nur die weibliche Eigenart, sondern auch die bei „Naturvölkern“ weitgehend in sich abgeschlossene Lebenssphäre der Frauen bedingt, daß ihre Auseinandersetzungen mit den fremden Einflüssen der Art wie dem Tempo nach anders verlaufen als die der Männer. Deshalb ist es angezeigt, die Untersuchung der Situation der Frauen durch eine Frau vornehmen zu lassen, zumal sich ihr auch Seiten des traditionellen Lebens primitiver Frauen erschließen können, die ein Mann nicht sieht und zum Teil nicht sehen kann, weil sein Aufmerksamkeitsbereich von vornherein anders eingestellt ist. Dazu kommt die meistens große Scheu der noch traditionsgebundenen Frau vor dem weißen Mann und die Tatsache, daß gewisse Frauensitten selbst vor den eigenen Männern geheimgehalten werden – ebenso wie bestimmte Bräuche und Einrichtungen der Männer den Frauen unzugänglich sind.

Den Ausgangspunkt für eine Untersuchung der Veränderungen, die heute das traditionelle Leben der ostafrikanischen Frauen erschüttern, muß ihre „alte" Stellung bilden. Sie war sicher nicht immer die gleiche. Auch in mehr oder weniger weit zurückliegenden Zeiten strömten fremde Einflüsse ein, wurden gewaltsame Eingriffe in bestehende Kulturen vorgenommen. Ihre Urheber standen aber meistens raßlich und kulturell den Eingeborenen erheblich näher als die Europäer. Die Änderungen konnten sich langsamer, organischer vollziehen, namentlich dank der häufigen Mischungen. Die Kulturen, welche die Europäer in Afrika vorfanden, waren ausbalanzierte und darum verhältnismäßig stabile Systeme. Es hat auch ziemlich lange gedauert, bis es den Europäern gelungen ist, den alten Gleichgewichtszustand der afrikanischen Lebensordnung zu erschüttern. Der Wendepunkt trat etwa mit dem [Ersten] Weltkrieg ein. Heute steht Europa vor Zertrümmerungen, die es selbst hervorgerufen hat durch das Einschleppen von Gegenständen, Maschinen, Techniken, Kenntnissen und Theorien, die keine unmittelbare Anknüpfung an die Tradition und Gedankenwelt der Afrikaner ermöglichen.

Während sich der moderne Zusammenstoß von Europa und Afrika hauptsächlich auf der wirtschaftlichen und intellektuellen Ebene vollzieht, waren die unzähligen Zusammenstöße, wie sie in früheren Zeiten zwischen den im riesigen Raum des afrikanischen Kontinents hin- und herwandernden Völkergruppen stattfanden, oft von Blutmischungen begleitet, wie schon angedeutet. Dadurch wurde die biologisch-kulturelle Funktion der Frauen besonders bedeutungsvoll.

Die Folge dieses biologisch-kulturellen Kontaktes früherer Zeiten spiegelt sich in Ostafrika hauptsächlich in den Mischungen zwischen Familien von Hirtenstämmen und Feldbauern [3]. Wir haben es bei den afrikanischen Stämmen so wenig wie bei den Naturvölkern anderer Länder mit „rassisch reinen" Einheiten zu tun, und auch nicht mit homogenen Kulturen, die, wie eine ältere Lehre annahm, erst durch die Weißen durcheinandergeworfen wurden. Die Europäer waren durchaus nicht die ersten, die den von Rousseau geschilderten „paradiesischen Zustand der Naturvölker" gestört haben, sie wenden nur andere Mittel und Methoden an. In Ostafrika war in den letzten 2 bis 3 Jahrhunderten der Einfluß der arabischen Sklaven- und Elfenbeinhändler sehr stark. Sie produzierten eine Mischlingsbevölkerung, die Suaheli, deren Führer mitunter eine grausam-despotische Herrschaft über eingeborene ostafrikanische Stämme ausübten. Vor den Arabern waren Inder, Perser, Malayen und Portugiesen nach verschiedenen Plätzen der Küste gekommen und hatten sich je nach der wirtschaftlichen Ausbeute länger oder kürzer dort aufgehalten. Im Innern Ostafrikas fanden durch viele Jahrhunderte hindurch die Einfälle der schon erwähnten, aus Nachbargebieten oder auch von weiterher (Abessinien) kommenden hamitischen Hirtenstämme statt, zu denen z.B. die Masai und die Hehe sowie die mit ihnen verwandten zentral-afrikanischen wa-Hima, wa-Tussi usw. gehören. Die Banden und Sippen dieser Hirten faßten in verschiedener Weise Fuß: bald dadurch, daß sie sich in leere Räume oder zwischen Jäger oder zwischen Feldbauer schoben, oder daß einzelne Familien in Zeiten der Dürre von den früheren Weideplätzen abzweigten und durch den Besitz von Milchkühen oder durch magische Künste Einfluß auf die benachbarten Feldbauergruppen gewannen, zwischen denen sie ihre Herden weideten. Das mag z.B. bei den wa-Sukuma und wa-Nyamwezi der Fall gewesen sein. Daran schlossen sich weitere Vorgänge, die zusammenfassend als „Überschichtung“ bezeichnet werden können, obwohl sie in verschiedener Weise in Erscheinung traten – je nach der Verhältniszahl der Hirten zu den Feldbauerfamilien, der Art und dem Umfang der dann einsetzenden Vermischung, dem Einfluß einzelner Persönlichkeiten, den beiderseitigen Traditionen und anderen Bedingungen.

So finden wir bei jedem Stamm eine abweichende rassische Zusammensetzung, eine andere Ordnung der Gemeinwesen, Unterschiede in der Stellung der Frau, in der Kindererziehung, in der wirtschaftlichen Organisation und Arbeitsteilung der Geschlechter, in den religiösen Vorstellungen und zahlreichen Sitten [...]. Daneben sind indessen so viele ähnliche Züge vorhanden, daß man die ostafrikanischen Stämme als eine zusammengehörige Kulturgruppe betrachten kann. Die Bezeichnung Bantu-Stämme bezieht sich in erster Linie auf die Verwandtschaft ihrer Sprachen.

In vielen Fällen hatte die Überschichtung durch eine oft nur kleine Zahl von Hirten und deren Vermischung mit den Frauen der betreffenden Feldbauergruppe zur Folge, daß, nach der Aufnahme einer Reihe von Kulturbestandteilen aus dem Hirtentum, namentlich der Rindviehzucht, bald wieder eine Tendenz zur Ausgleichung der entstandenen Gleichgewichtsstörungen und sozialen Unterschiede in den Gemeinwesen einsetzte. Meistens wuchsen die folgenden Generationen in der Sprache der Mütter auf. Nur gewisse, z.B. mit der Kuhhaltung zusammenhängende

Ausdrücke assimilierten sich in solchem Fall mit der Sprache, die im übrigen die Struktur der Bantu-Feldbauer-Sprachen behielt. Völlig anders verliefen die Vorgänge, wenn Hirtenstämme, wie z.B. die Masai, Frauen aus benachbarten Feldbauergemeinden raubten. In solchem Fall gingen diese, zumal es sich nicht um große Mengen von Frauen handelte, restlos in der Hirtenkultur unter.[4]

Alle diese Entwicklungen waren nicht, wie heute, mit intellektualistischen Planungen und Programmen verbunden, sondern entstanden aus Vorgängen, deren Zusammenhänge und Bedingtheiten nicht übersehen wurden. Außerdem war, wie schon weiter oben erwähnt, der Unterschied des Kulturniveaus unter den in biologisch-zivilisatorischen Austausch tretenden Stämmen sehr viel geringer als heute beim Zusammentreffen mit Europäern. Man kann daher die damaligen Kontakterscheinungen nicht ohne weiteres in Parallele mit den heutigen Vorgängen setzen.[5] Schließlich bedingten die biologischen Komponenten der früheren Zusammenstöße, daß das Tempo der Anpassung sich im Rhythmus des Generationswechsels vollzog, während heute rationalistische Dogmen zu schädlicher Überhastung drängen. Die alten Kulturen konnten zu Ausgeglichenheit und einer gewissen Dauerhaftigkeit gelangen, weil ihnen genügend Zeit zur Assimilierung des Neuen gegeben wurde.

Der Kulturkontakt mit den Arabern bildete eine gewisse Übergangsstufe von der alten Form der Zusammenstöße – wie sie vorher skizziert wurden – zu den modernen. Die Araber bereiteten auch insofern den Boden vor, als sie ihre Macht mit Hilfe ihrer Schießwaffen begründeten und gleichzeitig Handel mit Europa trieben. Trotzdem bewegte sich das Leben der Eingeborenen wesentlich in den alten Gleisen weiter, zumal die Araber nur mit einem Teil der Stämme in Berührung kamen. Die wenigen festen Plätze der Portugiesen (hauptsächlich die im 15. Jahrhundert angelegte Festung Mombassa an der Kenya-Küste) waren für eine Ausübung kultureller Einflüsse kaum in Betracht gekommen. Die Portugiesen wurden später durch die Araber vertrieben. Die tatsächliche Macht der Europäer über Ostafrika erstreckt sich nicht über ein halbes Jahrhundert hinaus (die britische Kenya-Kolonie ist etwas älter). Der europäische Einfluß indessen sickerte schon vor der Aufrichtung der politischen Macht ins Land. Wagemutige Reisende wie die Missionare Krapf und Livingstone, der große Abenteurer Emin Pascha, Karl Peters und andere Pioniere trugen ihn in verschiedene Gegenden.

So wurde langsam die Erschütterung der alten Lebensformen vorbereitet. Die Aufrichtung der politischen Oberhoheit brachte erst den entscheidenden Eingriff.[6] Ein gegen früher unerhört weites Friedensgebiet wurde geschaffen, in welchem die blutigen Fehden der Banden, Stämme und Sippen, die Unterwerfungen und die Sklaverei (der arabisierten Gebiete) aufhörten. Die rohe Unbekümmertheit des Lebens, die neben aller Lebensangst aus den oft bitteren Nöten jener alten Daseinsformen hervorgegangen war und den Eindruck der Wildheit erweckte, wurde von den europäischen Normen und Maßstäben nach und nach in Bann geschlagen, nicht zuletzt durch die Missionen. Sie unternahmen das Zerstörungswerk an den alten Traditionen, vor allem an deren Mark, dem Ahnenkult, von innen her. Die Einführung des europäischen Geldes und die Einrichtung von Schulen sind weitere Meilensteine in der Reihe der ausschlaggebenden Kräfte, die eine äußere und innere Umstellung der Afrikaner auf allen Lebensgebieten nach sich ziehen.

Der Einbruch des Geldes und des europäisch-indischen Handels hat im letzten Jahrzehnt solche Ausmaße angenommen, daß das Streben nach Gelderwerb wie kaum ein anderer Faktor zersetzend auf die alten sozialen Verbände einwirkt. Die Grundlagen des Stammeslebens, die Sippenorganisationen, sind schon überwiegend zerstört. Das wirkt sich, wie die späteren Beispiele zeigen werden, nach verschiedenen Richtungen auf die Einzelfamilie aus, die infolgedessen heute auch mehr und mehr an Stabilität verliert. Alle diese wirtschaftlichen und materiellen Einwirkungen verbinden sich mit der durch die Schulen vermittelten intellektuellen Aufklärung und erschüttern in dieser Koppelung besonders intensiv die alten Bindungen und Wertungen. Das Tempo dieses Prozesses, obwohl in den einzelnen Stammesgebieten verschieden, ist so rasch, daß die positiven Seiten der europäischen Einflüsse – im gegenwärtigen Stadium jedenfalls – auf vielen Gebieten paralysiert werden.

Die Männer, die bisher am unmittelbarsten von den modernen Gedanken und Einrichtungen erfaßt wurden, wirken ihrerseits als Einflußträger auf die Frauen ein und bringen sie in neue Situationen. Das ist nicht minder bedeutsam als der direkte Einfluß, ja kompliziert häufig die Lage und erschüttert [...] das Leben der Frauen zum Teil von ganz anderen Seiten her. Da die Frauen noch intensiver als die Männer ihren Rückhalt in Familie und Sippe haben, werden sie, soweit die individualisierenden Einflüsse diesen Halt zerstört haben, nicht selten heftiger aus der Bahn geworfen als die Männer. Auf der andern Seite stehen die Frauen, als die konservativen Elemente, in ihrer Masse immer noch viel traditionsgebundener als die Männer den neuen Umwelteinwirkungen gegenüber.

Wie zu Beginn erwähnt, möchte die nachfolgende Arbeit als Beitrag zur Untersuchung dieser Übergangsprozesse dienen. Dazu mußte zunächst hier in der Einleitung ein, wenn auch noch so flüchtiger, Überblick über den geschichtlichen Hintergrund und den Ablauf einiger älterer Vorgänge, die für das Anpassungsproblem aufschlußreich sind, vorausgeschickt werden. Die Sonderprobleme der Frau können nicht verstanden werden ohne den Rahmen der Gesamtentwicklung. Ebenso lassen sich die heutigen Vorgänge in ihrer Auswirkung auf das weibliche Leben nur erfassen, wenn – wie es der erste Teil dieser Arbeit anstrebt – wenigstens in groben Umrissen die traditionellen Formen aufgezeigt werden, in denen sich die wichtigsten Lebensphasen der Frau bisher abspielten. Erst daran läßt sich eine Betrachtung der modernen Anpassungsvorgänge knüpfen. Natürlich konnte von diesen Vorgängen lediglich die Phase eingefangen werden, die in die Zeit meiner Untersuchungen fiel. Durch die Arbeit „am lebenden Objekt" und durch Anschauung, versuchte ich in erster Linie den Problemen nahezukommen. Vorgänge, die sich auf einen im beständigen Fluß befindlichen Prozeß beziehen mit allen seinen dynamischen Auswirkungen, können nicht mit Hilfe vorgefaßter Lehrmeinungen und bloßem Manipulieren mit Begriffen erfaßt werden.

Da es sich bei der vorliegenden Arbeit darum handelt, einen Überblick über eine große Zahl bisher noch nicht in den ethnosoziologischen Zusammenhängen aufgezeigter Probleme zu geben, so schließt dieser Überblickscharakter der Arbeit von vornherein eine erschöpfende Behandlung der Einzelprobleme aus. Über jedes von diesen könnte ein umfangreiches Buch geschrieben werden. Versucht man indessen einen Überblick, so kann man nicht die alte und heute in der Umwandlung begriffene Stellung der Frau bei verschiedenen Stämmen als eine in alle Einzelheiten gehende Untersuchung vornehmen. Die sorgfältige Einzeluntersuchung eines Stammes macht wiederum eine Verallgemeinerung und einen Überblick unmöglich. Letzterer erscheint aber notwendig, um zunächst überhaupt einmal die Fülle der die Anpassung betreffenden Fragen und die verschiedenen Phasen aufzuzeigen, in denen sich der Anpassungsprozeß bei den einzelnen Stämmen befindet. Die vorliegende Arbeit bezieht sich lediglich auf die im Vorwort angeführten Stämme [„eine Anzahl Stämme im britischen Mandatsgebiet Tanganyika (dem ehemaligen Deutsch-Ostafrika)", die sie wie folgt nennt: Kamba, wa-l-Ugura, Shambala, wa-Gogo, Shirazii, Suaheli, Dschagga, Sukuma, Nyakyusa, Shambala, Kikuyu (Kenya), Arusha, Hehe, Masai, Haya, wa-Mbugu, wa-Pare, Madjita].

Die durch uns Europäer in vielen Teilen von Afrika verursachten Veränderungen der Lebensbedingungen bedeuten für die davon betroffenen Afrikaner eine ungeheure, in ihren Ausmaßen von uns vielfach noch nicht erkannte und in ihren Folgen unübersehbare Krise. Nicht nur, weil wir uns als ihre Urheber bekennen müssen, sondern weil auch eine Rückwirkung auf die europäischen Länder, nicht zuletzt Deutschland, unausbleiblich sein wird, sollten wir ein lebendiges Interesse an allen diesen Vorgängen nehmen, trotz ihrer räumlichen Ferne.

Die Analyse des Wandels

Wie der vorangegangene Überblick [Teil I des Buches] gezeigt hat, sind die Frauen heute noch überwiegend in ihre traditionelle Welt eingebaut, aber deren Zersetzung bereitet sich mehr und mehr vor. Noch haben viele der alten Sitten neben der Macht der Gewohnheit den alten Sinn und Wert für die Frauen. Nicht wenige indessen sind in der Abwandlung, andere im Aussterben begriffen. Das immer raschere Tempo, das dieser Prozeß infolge der wirtschaftlichen Erschließung des Landes und der unentwegt sich vermehrenden Schulen angenommen hat, erfaßt auch zunehmend die Lebenssphäre der Frauen. Natürlich gibt es in der Anpassung an die modernen Existenzbedingungen außerordentliche Gradunterschiede, nicht nur unter den Stämmen, sondern auch innerhalb eines Stammesgebietes. Die Art und Weise, in der sich die Frauen mit den fremden Einflüssen auseinandersetzen, wird bedingt: 1. durch die Beschaffenheit und Intensität dieser Einflüsse, 2. durch die spezifische Reaktion der betreffenden Stammesgruppe und der männlichen Verwandten und Dorfgenossen, unter denen die Frauen leben, 3. durch die individuellen Unterschiede und Temperamente der Frauen selbst.

In den abgelegenen Gegenden sind in erster Linie die Männer die Träger des Kontaktes, und die Frauen gelangen mehr indirekt unter seine Auswirkungen. Dort aber, wo sich Missionen niedergelassen haben und Verkehrswege bis in die Nähe der Eingeborenensiedlungen reichen, erfolgt auch die direkte Berührung. Sie ist in der Regel nicht so vielseitig wie für die Männer, weil die Frauen abgeschlossener leben, scheuer gegen Fremde sind und auch durch die alten Leute der Sippe sich mehr zurückhalten lassen. Schließlich verfügen sie meistens nicht über so viel freie Zeit wie die Männer.

Eine emanzipierte Haltung gegen die alten Bräuche findet man nur bei jüngeren Christinnen, die Schulen besucht haben und unter städtischen Einflüssen stehen. Auch indirekt, d. h. über die Männer, wirken sich solche Einflüsse öfter drastisch aus, wie Beispiele aus einzelnen

Landschaften der Dschagga später noch zeigen werden. In den Städten selbst, vor allem den Verkehrszentren wie Daressalam, Tabora, Mwanza usw., führt die Loslösung von der Stammessitte nicht selten zu Extremen. Diese äußern sich in der bunten Durcheinanderheirat von Individuen der verschiedensten Stämme, in dem häufigen Wechsel der mit dem selbstverdienten Geld „gekauften" Ehepartnerin und den zahlreichen, in offener Prostitution lebenden Mädchen. Die Grenzen zwischen Ehe und Prostitution verschwimmen hierbei oft, zumal der den Mädchen ausgehändigte „Brautpreis" einen starken Anreiz bietet, auch ihrerseits die Ehepartner häufig zu wechseln.

Scharfe Trennungslinien scheiden vielfach schon in den ländlichen Gegenden die alte von der jungen Generation, wobei die heiratsfähigen Mädchen öfter unter den entscheidenden Einfluß der modernisierten Burschen geraten. Als äußere Zeichen der neuen Zeit findet man aber auch bei alten heidnischen Frauen, so fest sie sonst in ihrer Tradition noch wurzeln mögen, manche europäische Gebrauchs- und Schmuckgegenstände, wie Perlenketten, eiserne Kochtöpfe, Lampen und anderes. Die rasche Verbreitung derartiger Dinge hängt nicht nur von der verkehrstechnischen Erschlossenheit einer Gegend ab, sondern auch von den besonderen traditionellen Bräuchen der Frauen. Ihre Gewohnheiten veranlassen sie z.B., gewisse Gebrauchsgegenstände für andere Zwecke zu benutzen als es deren europäische Bestimmung ist, etwa Sicherheitsnadeln als Haarschmuck – eine weitverbreitete Mode.

In den folgenden Ausführungen sollen die wichtigsten materiellen und geistigen [die v.a. im hier nicht abgedruckten Kapitel „Religiöse und kulturelle Einflüsse" verdeutlicht werden] Einflußsphären, denen die Frauen ausgesetzt sind, untersucht werden.

Materielle Einflüsse: Gelderwerb

Der Gelderwerb dringt auf sehr verschiedenen Wegen in das Familienleben ein und berührt die Sphäre der Frauen direkt und indirekt. Der Einfluß des Geldes ist in psychischer und materieller Hinsicht von außerordentlicher Tragweite. Wie wir schon in den früheren Kapiteln sahen, erstreckt er sich heute bereits auf alle Lebensgebiete. Wir stellten die direkten und indirekten Auswirkungen des Geldes auf den Brautpreis fest, auf die Polygynie, auf die allgemeine Stellung der Frau in Familie und Sippe, auf Ehebruch, auf die Kinderzahl der in der Stadt lebenden Frau und so fort. In allen diesen Fällen zeigte sich ein individualisierender und rationalisierender Einfluß des Geldes, der die alten Sippenbindungen und gegenseitigen Verantwortungen zersetzt und in den Städten auch schon die Frauen zu einer auf die engsten persönlichen Interessen und Vorteile konzentrierten Haltung treibt. Dabei spielt das Geld als Wertmesser für den Afrikaner durchaus noch nicht die gleiche Rolle wie für den Europäer. Es wird auch vom modernisierten und durch Schulen erzogenen Eingeborenen in der Regel nur als „fiktiver Wert" betrachtet, den er sofort in „wirkliche Werte" = Sachgüter umzusetzen pflegt. Es widerstrebt ihm, Geld als solches aufzusparen. Soweit er es nicht in Vieh anlegt (was in den Küstengebieten und für den verstädterten Eingeborenen fortfällt), setzt er es in Regenschirme, Motorräder, Uhren, Koffer, europäische Kleider usw. um. Alle diese modernen Gebrauchsgegenstände repräsentieren ihm einen realen Wert, ähnlich seinen alten Sachwerten. Natürlich will er, in dem Maße wie er sich von den alten Sitten loslöst, die neuen Dinge zunächst als Bestätigung seiner Modernisierung besitzen. Er will mit ihrer Hilfe vor allem den Europäer nachahmen. Das starke Verlangen nach dessen Gebrauchsgegenständen und die Vorstellung, durch sie reale Werte zu erwerben, läßt gerade den von europäischen und städtischen Einflüssen erfaßten Afrikaner den ihm geläufigen Unterschied zwischen dem sich durch Nachwuchs vermehrenden „Viehkapital" und den toten Gebrauchsgegenständen ignorieren. Diese Einstellung zu den Sachwerten im Sinne von wirklichen Werten und den Geldwerten im Sinne von fiktiven Werten ist aufschlußreich für die gesamte Frage der Anpassung von Männern und Frauen an die modernen Wirtschaftsbedingungen und für die Rolle, die sie als Produzenten und Konsumenten in den Handel und Verkehr erschlossenen Gebieten spielen. Später folgende Beispiele werden das noch genauer zeigen.

Indirekter Gelderwerb

Außer den schon angeführten indirekten Wirkungen des Geldes auf die Frauen und das Familienleben bildet die in zahlreichen ländlichen Gebieten übliche Wanderarbeit der Männer einen Faktor von einschneidendem Einfluß. Bis zum Beginn der gegenwärtigen Wirtschaftskrise waren diese Wanderungen nach den europäischen und indischen Pflanzungen – meistens mit Bahn oder Lastauto – in starker Zunahme begriffen. Die Familien der Wanderarbeiter bleiben überwiegend in der Heimat. Auch Männer, die sich als Hausboys Verdienst suchen, lassen vielfach die Frauen und Kinder zu Haus. Bei den Kontraktarbeitern handelt es sich um eine wenigstens sechsmonatliche Abwesenheit, die sie durch Einschaltung von Ruhepausen häufig auf eine längere Periode ausdehnen. Die amtlich kontrollierten Kontrakte gestatten, daß die Männer eine festgelegte Zahl von Arbeitstagen in einer beliebig langen Zeit abarbeiten. Auch die Gelegenheitsarbeiter, einschließlich der wandernden Hausboys, bleiben oft lange fort, vor allem in Zeiten günstiger Konjunktur. Dazu kommen die zum Teil weiten Hin- und Rückreisen. Von den wa-Nyamwezi und wa-Sukuma kehren bei normaler Wirtschaftslage die Männer oft erst nach einem Jahr oder später von der Küste heim. Die wa-Kamba bleiben gewöhnlich neun Monate fort. Bei den wa-Nyakyusa und Kukwe gehen meistens nur die unverheirateten Männer für ein bis zwei Jahre fort. Auch bei den Dschagga sind es im wesentlichen die Burschen, die für Monate oder auch Jahre in die Küstenstädte abwandern.

Die zurückbleibenden Frauen der verheirateten Wanderarbeiter leben zwar nach alter Sitte weiter und stehen unter dem Schutz ihrer Eltern und Verwandten. Nicht selten aber suchen sie sich männliche Freunde und vernachlässigen die Kinder, falls die Familie nicht energisch eingreift. Die Nahrungsfrage liegt in der Regel noch einfach, solange die Frau ihre Felder ordentlich bestellt. In Notfällen hilft ihre Familie, bei der die Frau auch öfter während der Abwesenheit des Mannes lebt. Dieser versorgt hier und da, bevor er geht, seine Frau oder Frauen mit Kleidung und Geräten und schickt dann und wann etwas Geld. Meistens setzt er es aber sofort in „Sachwerte" um und gerät so in Schulden bei den indischen Kaufleuten, daß er ohne nennenswerte Einnahmen nach Hause zurückkehrt. Oft entstehen nach einer Heimkehr Streit und Verdächtigungen wegen Ehebruchs durch die beiderseitigen Familien. Der Mann nimmt als Resultat der langen Ungebundenheit und der vielfältigen neuen Einflüsse (die heute erheblich intensiver auf ihn wirken als in den Anfängen der Wanderarbeit) oft eine veränderte Haltung gegen Frau und Verwandtschaft ein und vermehrt dadurch Streit und Entfremdung. Vor allem kehrt er nicht selten geschlechtskrank zurück und infiziert seine Frau oder Frauen. Das gleiche gilt für die Burschen, die nach der Heimkehr heiraten.

Alle diese Folgen längerer und periodisch wiederholter Abwesenheit der Männer äußern sich unter den einzelnen Stämmen in verschiedener Weise. Es kommt dabei sowohl auf die Stärke der noch vorhandenen Traditionen an als auf die Eigenart der Ehepartner. Für die zurückbleibende Frau sind Rückhalt und Art der Beeinflussung durch die Familie von großer Bedeutung. Bei den Dschagga, unter denen die Wanderarbeit verheirateter Männer nur eine geringe Rolle spielt, stehen die Frauen während einer Abwesenheit des Mannes unter der Obhut seines Bruders. Die Frauen haben außerdem, wie berichtet wird, „so viel zu arbeiten, daß ihnen wenig Zeit zu Ausschweifungen bleibt". Von den wa-Saramo, deren Männer mit zu den ältesten Wanderarbeitern gehören, und die fast alle zeitweilig abwesend sind, heißt es: „die eheliche Treue ist unter den Getrennten noch seltener als sonst, Frauen und Kinder der abwesenden Männer werden schlecht versorgt. Viele Ehescheidungen sind die Folge. Die Zerstörung des Sippenzusammenhanges und Diebstahl (letzterer nur seitens der Männer) nehmen zu." Die Nachbarschaft von Daressalam ist für diesen Stamm besonders verhängnisvoll.

Der Anteil der Stämme an der Wanderarbeit ist sehr verschieden. Große Gruppen wie z.B. die wa-Gogo und Hehe beteiligen sich so gut wie gar nicht an ihr, was mit ihrem Hirtentum zusammenhängen dürfte. Die Shambala-Männer gehen in der Regel nur auf wenige Monate fort. Andere Stämme, wie die wa-Nyamwezi und wa-Sukuma, gehören gleich den wa-Saramo zu den ältesten Wanderarbeitern. Die wa-Nyamwezi z.B. wurden schon von den Arabern als Sklaven gekauft, wozu die Häuptlinge dieses Stammes und die relative Überbevölkerung ihres wenig fruchtbaren Gebietes besondere Handhaben boten. Allein schon aus alter Gewöhnung ließen sie sich, als später die deutschen Pflanzer kamen, gern anwerben. Dazu trat ihr Ruf als geschickte und zuverlässige Arbeiter. In anderen Gegenden wieder wirkten und wirken sonstige Faktoren als Anreiz oder Nötigung zur Wanderarbeit. Der Wunsch Geld zu verdienen und in Kontakt mit der kaum noch gefahrdrohenden[7], vielmehr lockenden Außenwelt jenseits der Stammes- oder doch engeren Heimatgrenzen zu gelangen, spielt heute eine große Rolle, ja, ist wohl der Hauptanlaß zu der starken Fluktuation der Arbeiter. Von der anderen Seite wird diese Fluktuation genährt durch die Werbetätigkeit der „Anwerber" (Recruter), welche die von den großen Pflanzungen benötigten Arbeitskräfte aus zum Teil weit entfernten Gegenden heranschaffen müssen. Die größten Sisalpflanzungen z.B. brauchen in Zeiten günstiger Konjunktur oft 1000 – 2000 Arbeiter. Bei diesen großbetrieblichen Pflanzungen handelt es sich in der Regel um Kontraktarbeiter. Die Kontrakte werden, wie früher erwähnt, auf wenigstens sechs Monate = 180 Arbeitstage abgeschlossen. Eine Mitnahme der Familien für eine solche Arbeitsperiode ist in der Regel undurchführbar. Eine Seßhaftmachung der von den Pflanzungen benötigten Arbeiter samt deren Familien im Bereich der Pflanzung dürfte vorläufig an betriebstechnischen Gründen und den Schwierigkeiten, eine fremde Gruppe in ein anderes Stammesgebiet zu verpflanzen, scheitern. Die Stammesgebundenheit ist dazu doch noch zu groß. Eine gesunde Lösung des Wanderarbeiter-Problems, die das Auseinanderreißen der Familien verhüten könnte, ist für die Hauptgruppen der Wandernden noch nicht zu sehen.

Direkter Gelderwerb

Auch die Frauen beginnen sich dem direkten Gelderwerb zuzuwenden. Zunächst in ihrer Eigenschaft als Produzentinnen. Wie früher [d.h. in einem hier nicht abgedruckten Kapitel] geschildert wurde, liegt der Feldbau überwiegend in der Hand der Frauen. Neben den alten Tauschhandel auf den Märkten tritt zunehmend der Verkauf ihrer Erzeugnisse gegen Geld, sei es auf den Märkten, sei es an den indischen Händler. An letzteren werden vor allem die von den Frauen hergestellte Kochbutter (Samli) und – je nach dem zur Verfügung stehenden Boden – Erdnüsse, Bohnen, Maniok, Mais, Reis (letzterer nur in wenigen Gebieten), oder auch nur für den Gelderwerb angebaute Erzeugnisse wie Baumwolle oder Kaffee verkauft. Da der Anbau dieser beiden Pflanzen mehr vom Manne durchgeführt wird, so liegt auch der Verkauf überwiegend in seiner Hand.

Es wurde schon erwähnt, daß der Mann in den verkehrsreicheren Gegenden ein wachsendes Interesse daran hat, seine Frau oder Frauen zum Anbau der für den Verkauf günstigen Produkte anzuspannen. Er hat die Kopfsteuer zu bezahlen. Vor allem aber sollen seine und der Frauen steigende materielle Wünsche befriedigt werden. Diese wachsende Kauflust, verbunden mit der Vorstellung, das verdiente Geld rasch in „reale Werte“ umsetzen zu müssen, läßt die Einnahmen unversehens verschwinden und drängt zu neuem Gelderwerb. Indessen scheint es zu einer Ausbeutung der Frau durch den Mann zum Zwecke des Gelderwerbs, über die J. H. Driberg[8] von einigen Bantu-Gemeinden („certain Bantu communities“) in Kenya berichtet, unter den Tanganyika-Stämmen bisher nicht gekommen zu sein. Nach den mir zur Verfügung stehenden Mitteilungen und eigenen Beobachtungen gibt auch die Frau selbst häufig das von ihr oder dem Manne erworbene Geld besinnungslos aus oder drängt den Mann, ihr Kleidung und Schmuck zu beschaffen. Es kommt sogar vor, daß der durch die Schule erzogene Mann, der den Europäer nachahmen will, seine Frau weniger arbeiten läßt und sie mit Geschenken aus seinem Verdienst verwöhnt.

Eine andere Quelle des Gelderwerbs ist die Arbeit von Frauen auf europäischen Pflanzungen. Man trifft sie in geringer Anzahl dort als lokale Gelegenheitsarbeiterinnen. Beispiele von Kontrakt-Arbeit wurden mir nicht bekannt. Meistens fehlt den Frauen die Zeit. Heidnische Frauen haben außerdem ihre starken traditionellen Hemmungen. Im Usambara-Gebirge und am Kilimandjaro arbeiten kleine Gruppen christlicher Mädchen bei einzelnen Pflanzern, die das Vertrauen der umwohnenden Bevölkerung besitzen. Auf der Insel Ukerewe sind Frauen auf den Baumwollfeldern der katholischen Mission tätig, an der Küste auf Kokosnußplantagen. Überall sind sie nur zeitweilig beschäftigt, häufg nur 14 Tage hintereinander, weil sie dann erst wieder ihre eigenen Felder bestellen oder andere Arbeiten verrichten müssen. Vielfach erhalten die Frauen und Mädchen die gleichen Löhne wie die unverheirateten Männer. In einigen Gegenden des Usambara-Gebirges z.B. verdienen die 15- bis 18jährigen Mädchen wie die Burschen 25 Cents pro Tag (für Feldhacken), während der verheiratete Arbeiter 40 Cents (= 40 Pfennig) bekommt. In anderen Gebieten sind wieder abweichende Regelungen. Dschagga-Mädchen verdienten 1931 für Kaffeepflücken 6 bis 10 Schilling (damals = Mark) pro Monat. In der gleichen Gegend waren sie auch vereinzelt als Gehilfinnen in europäischen Haushaltungen angestellt und erhielten dort denselben Lohn plus freie Verpflegung. Sie zogen aber das Kaffeepflücken vor, weil es eine bequemere Arbeit war und sie zu Hause wohnen konnten.

Auf verschiedenen Pflanzungen werden für leichte Arbeiten (etwa Pflücken und erstes Reinigen der Baumwolle) auch Kinder beschäftigt, manchmal schon vom vierten Lebensjahre ab. Sie arbeiten z.B. auf der Insel Ukerewe wie die Frauen nach Akkord und erhielten dort 1930 für 1 kg gepflückte Baumwolle 5 Cents. Fleißige Pflücker, vor allem die Frauen, brachten es auf 10 bis 15 kg täglich und verdienten 1/2 bis 3/4 sh., ein Betrag, für den sich unter den dortigen einfachen Verhältnissen schon eine Menge Dinge kaufen ließen. Man darf hier nicht europäische Maßstäbe gedankenlos anlegen. Die kleineren Kinder pflückten – mehr aus Spielerei – 1 bis 4 kg. Von einer Ausnutzung der kindlichen Arbeitskraft war weder durch die Mütter noch durch die Mission die Rede.

Die europäischen Pflanzer schätzen die Arbeitsleistung der Frauen. Sie sind für viele Arbeiten, z.B. Feldhacken, Getreidereinigen usw. durch ihre große Übung erheblich geschickter, rascher und stetiger als die Männer. Die Pflanzer würden gern mehr Frauen beschäftigen. Diese arbeiten aber, soweit sie durch ihre Männer oder die Missionen in Kontakt mit europäischen Pflanzern gekommen sind (zum Teil handelt es sich ja um Missionspflanzungen), in der Regel nur, wenn sie gerade Geld verdienen wollen. In einzelnen Gegenden hat sich allerdings schon eine feste Gewöhnung an solche periodischen Einnahmen herausgebildet und die Frauen melden sich z.B. auf Ukerewe, zu den Erntezeiten, wenn die Pflanzung sie braucht. Ähnlich ist es mit den Mädchen. Sie ziehen auch öfter die zum Teil leichte Arbeit auf der Pflanzung, zusammen mit Kameradinnen und in Reichweite der Burschen, der häuslichen Tätigkeit vor. Die Befürchtung mancher Europäer, daß solche im Heiratsalter stehenden Mädchen durch die Arbeit auf Pflanzungen, wo sie dem Aufsichtsbereich der Familie tagsüber entzogen sind, leichter der Prostitution anheimfallen können, ist nicht von der Hand zu weisen. Indessen wird das im Einzelfall von den jeweiligen lokalen Verhältnissen, von der Größe der Pflanzung und der Art ihrer Aufsicht abhängen.

Auch auf anderen Gebieten der Erwerbsarbeit ist die Beteiligung von Frauen und Mädchen im Durchschnitt sehr gering. Für die Mädchen – gemeint sind jetzt nur die durch Mission und Schule beeinflußten – ist neben der traditionellen Arbeit das frühe Heiratsalter die Hauptschranke. Natürlich erweist sich in den Christengemeinden der meisten Stämme die psychische Bindung an die traditionelle Lebensweise der Frau und das Beispiel der Mutter noch immer als starke Hemmung. Als Hausgehilfinnen, Kindermädchen, Köchinnen usw. sind Mädchen erst vereinzelt beschäftigt, Frauen hier und da etwas häufiger. Mitsprechen mag dabei noch, daß in der ersten Europäerzeit Mädchen wie Frauen aus traditionellen Gründen sogar das Haus einer Europäerin nicht betreten durften und infolgedessen die Mode des „Hausboys" sich einbürgerte. Dieser übernahm im Europäerhaushalt auch Arbeiten, die nach der Stammessitte immer der Frau zufallen (z.B. das Kochen). Andererseits hat die alte Arbeitsteilung, die dem Mann bei der Mehrzahl der Stämme das Waschen und Nähen zuschiebt, zweifellos dazu beigetragen, daß er nicht nur als Boy für die Arbeiten besonderes Geschick und Neigung zeigt (unser Boy stopfte auch ausgezeichnet Strümpfe und bügelte selbst kompliziertere Kleider mit erfolgreichem Eifer), sondern auch den Schneiderwerkstätten und Wäschereibetrieben in den Städten zuströmt. Der moderne junge Ehemann kauft sich öfter eine Nähmaschine und fertigt für sich und seine Familie die Kleidung an. Da aber die Mädchen jetzt in den Internatschulen (Boarding-Schools) Waschen, Bügeln und Nähen lernen und die verheirateten Christinnen in den Kursen der Missionen im Nähen unterwiesen werden, so bahnt sich auch hier eine Verschiebung der traditionellen Arbeitseinteilung an [darüber geben die Kapitel IV und VIII Aufschluß].

Eine über die gelegentliche Erwerbsarbeit hinausgehende Neigung für bestimmte europäische Berufe findet man bei kleinen, aber wachsenden Gruppen von Frauen und Mädchen in einigen der ältesten Christengemeinden, unter dem unmittelbaren Einfluß der Missionen oder der von ihnen angestellten eingeborenen Pastoren und Lehrer. Der in verschiedenen dieser Gemeinden bereits vorhandene Überschuß an heiratsfähigen, in der Einehe nicht ohne weiteres unterzubringenden Mädchen und der ansteigende Bedarf an weiblichen Hilfskräften in der Krankenpflege, als Hebammen, in Schulen und Kindergärten schafft ausserdem schon gewisse sachliche Nötigungen für derartige Berufsarbeit. Die bisher geringen Zahlen der in diese Arbeitsgebiete eintretenden Mädchen hängt natürlich auch hier zum Teil mit ihrer Gebundenheit durch häusliche Arbeit und Heirat zusammen. Unter den Shambala, den wa-Gogo, wa-Sukuma und Dschagga z.B., haben Frauen wie Mädchen angefangen, als Gehilfinnen der europäischen Schwestern in den Hospitälern und Polikliniken tätig zu sein. Wa-Sukuma- und Dschagga-Frauen wirken außerdem als Hebammen; Mädchen und Frauen der wa-Gogo arbeiten in den Kindergärten und Schulen der Mission als Gehilfinnen. Ihre Löhne bleiben infolge der in der Regel noch geringeren Vorbildung erheblich hinter denen der in den gleichen Berufen beschäftigten Männer (Lehrer, Krankenpfleger) zurück. [...]

Nicht nur in den Städten, sondern auch in ländlichen Orten, wo Europäer wohnen, bildet die Prostitution eine erhebliche Einnahmequelle für Mädchen. In den Städten erstreckt sie sich zum Teil auf Frauen, wenn auch seltener. Die heidnische Tradition soll, soweit bekannt ist, keine Prostitution kennen. Die Afrikaner Tanganyikas legen ihre Einführung den Europäern zur Last. Man muß in der Tat annehmen, daß in der alten sozialen Organisation der Stämme kein Raum für sie da war. Die Europäer schieben ihre Einführung auf das anfängliche Fehlen der weißen Frauen. Dies dient für die unverheirateten Männer heute noch mehr oder weniger als Anlaß. Vermutlich spielte die Prostitution auch schon in der arabischen Periode eine gewisse Rolle. Allerdings dürften durch das Halten der großen Harems die Grenzlinien zwischen Prostitution und Ehe verwischt gewesen sein. Bei den wa-Saramo kam – offenbar unter dem Einfluß der Araber – das Halten von „Konkubinen“ auf. Sie unterscheiden auch heut noch streng zwischen dem „Kauf einer Konkubine“ und dem Erwerb einer Ehefrau durch die „Morgengabe“.

Doch scheint sich die Prostitution erst seit dem Auftreten der Europäer in ihren uns geläufigen Zügen entwickelt zu haben. Zu ihrer seither fortlaufenden Vermehrung trägt zweifellos auch das Tempo des Anpassungsprozesses bei, in welchem sich die Afrikaner befinden. Ein beträchtlicher Anteil an der Zunahme der Prostitution fällt in den Städten auf die eingeborenen Männer. Die Zersetzung der alten Sippen- und Familienbindungen, die Wanderarbeit, das Anwachsen der Städte, die Gewöhnung an Geld und europäische Waren, alle diese Faktoren wirken außerordentlich auf die Prostitution ein und empfangen von ihr Rückwirkungen.

In den Städten findet man heute einheimische Mädchen als Prostituierte, und auch zahlreiche Zugewanderte. Meistens erscheinen diese mit Männern zusammen, öfter als deren eben geheiratete Frauen, die nachher verlassen werden. Zum Teil leben die Mädchen in Bordellen oder bestimmten Vierteln der Stadt, die im wesentlichen von den afrikanischen Männern besucht werden. Indessen kommt es vor, daß sich Häuptlinge und Europäer am gleichen Ort treffen. In den kleinen Städten und ländlichen Plätzen vermieten sich die Mädchen für etwa monatlich 40 sh. an einzelne Europäer (dieser Betrag war in einigen der von mir besuchten Gebiete üblich). Die im Zentrum von Tanganyika gelegene Stadt Tabora hat einen hohen Prozentsatz mohammedanischer Bevölkerung (war in der Araber-Periode Mittelpunkt des Sklavenhandels und der ersten Ausbreitung des Islams), deren Mädchen wie Frauen stark an der Prostitution beteiligt sein sollen. Zu Verhältnissen, die an Prostitution grenzen, führen die schon erwähnten Eheschließungen in den Städten, bei denen der Mann dem Mädchen den Brautpreis in Geld aushändigt und beide Partner die Ehe häufig wechseln.

Materielle Einflüsse: Neue Gebrauchsgegenstände

Wie ein breiter Strom mit unzähligen Nebenflüssen und Rinnsalen ergießen sich die europäischen, indischen und japanischen Waren über das Land. Sie gelangen durch ihre Haupt-Mittler, die indischen Kaufleute und Händler[9], auch schon in die abgelegeneren Gebiete. Die Inder kamen überwiegend mit ihren Familien nach Tanganyika oder ließen diese nachkommen. Auch die Unverheirateten, die herüberkommen, sind meistens verlobt. Die Festigkeit der indischen Familienorganisation (die als Ganzes gewöhnlich auch ihre Mitglieder finanziert und von ihnen nachher, wenn sie Geld verdienen, die Ersparnisse erhält, jedenfalls von den noch Unverheirateten) verhindert eine Vermischung mit den Afrikanern. Auch an der Prostitution sind, soweit die Feststellungen gehen, die Inder nicht beteiligt. Überall am Rande der Wildnis stößt man auf die „Inder-Duken“ (kleine Läden), deren Besitzer den Eingeborenen an primitiver Lebenshaltung nicht viel nachgeben. Mit dem bunten Inhalt ihrer Kramläden üben sie auf Männer wie Frauen eine faszinierende Wirkung aus. Auf dem Wege des direkten und indirekten Gelderwerbs suchen die Frauen die lockenden Gegenstände zu erwerben. Neben mancherlei Hausgerät, Spiegeln und einigen Lebensmitteln, unter denen Zucker, andere Süßigkeiten und Salz besonders begehrt sind[10], spielen für die Frauen Kleidung und Schmuck die Hauptrolle – letzterer in Gestalt der bunten Glasperlenketten, der Armbänder, Sicherheitsnadeln usw. Auch die Zigarette findet in vielen Stammesgebieten zunehmenden Absatz bei Frauen und Mädchen. Dort, wo es Sitte ist, daß die Frauen Pfeife rauchen, beginnt sie diese zu verdrängen. Bei den Shambala z.B. dürfen der Tradition nach die Frauen „ungesehen" Pfeife rauchen. Dieser Brauch schwindet langsam und die Frauen, voran die Mädchen, fangen an, öffentlich Zigaretten zu rauchen. Bei andern Stämmen sind es manchmal gerade die alten Frauen, die sich dem Zigarettenrauchen ergeben. Ich traf in einer Mädchenschule unter den Hehe eine für die Beaufsichtigung der Mädchen angestellte alte Frau, die jeden Nachmittag, wenn sie mit den Mädchen tanzte, eine Zigarette nach der andern paffte. Die Mädchen mußten ihr die Zigaretten am volkstümlich glühenden großen Holzfeuer des Tanzplatzes anstecken, durften aber selbst nicht rauchen (d. h. solange sie unter Aufsicht waren). Von verschiedenen andern Stämmen heißt es in den Berichten, daß Frauen und Männer Zigaretten kaufen „so oft sie nur können", d. h. Geld dazu haben.

Besonders aufschlußreich für das Tempo des Anpassungsprozesses in den verschiedenen Stammesgebieten ist die weibliche Kleidermode (natürlich auch die der Männer, die vielfach mehr auf Ausschmückung ihrer Erscheinung bedacht sind als die Frauen – ein allgemeiner Zug unter Naturvölkern). Die alten Bekleidungsarten wie etwa grasgeflochtene Gürtel, Rindenstofftücher, Tierhäute, oder bei manchen Stämmen handgewebte Tücher, sind heute überwiegend verdrängt durch die importierten, buntbedruckten Baumwollkattune und kunstseidenen Umschlagtücher. In verschiedenen Gegenden geht offenbar die Einführung der Tüchermode auf Araber und Islam zurück. Als später die Missionen Fuß gefaßt hatten, suchten sie zum Teil die Frauen von den einerseits mit dem Islam verquickten, andererseits im Tragen unpraktischen und unhygienischen Tüchern abzubringen und an von ihnen entworfene Hängekleider zu gewöhnen. Diese fanden aber, vor allem bei den Männern, keinen Anklang und die Tüchermode behauptete sich. Heute sind die kunstseidenen Umschlagtücher in verschiedenen Christengemeinden, z.B. unter den Dschagga und Shambala, für festliche Zwecke und den sonntäglichen Kirchgang die große Mode. Sie dominieren auch in den Städten, werden aber dort schon wieder durch die europäische Tracht überboten, die sich gelegentlich – auch in der Kirche – bis zum Schneiderkostüm, Tropenhelm und Brille oder Klemmer auf der Nase versteigt. Seidene Strümpfe und hochhackige Schuhe findet man auch schon in kleineren Orten, in denen Europäer wohnen und eine Anzahl von Läden diese Dinge feilbieten. Selbst in den ländlichen Gegenden sucht der indische Händler durch einen beständigen Wechsel der Muster und Farben der Tücher seine Kundinnen zur Neuanschaffung anzureizen. Außerdem nötigt die Minderwertigkeit der meisten Gewebe und die starke Abnutzung durch das Tragen der langherunterhängenden Tücher bei jeglicher Arbeit zu häufigem Ersatz. Die heidnischen Frauen „im Busch" tragen ihre Tücher gewöhnlich, bis sie in Fetzen abfallen. Unter den Christinnen gibt es, je nach Stamm und örtlichen Umständen, zahlreiche Abstufungen. Frauen, die an reinliches Aussehen höhere Ansprüche zu stellen gelernt haben, brauchen meistens alle zwei Monate neue Tücher. Die besonders eitle Frau verlangt jeden Monat oder alle 14 Tage Ersatz. „Viel Streit kommt dadurch in die Ehe", heißt es von den wa-Saramo-Frauen. Unter den Shambala-Christen ist es Sitte geworden, daß zu Konfirmation und Heirat der Mädchen von jedem männlichen Verwandten ein Tuch geschenkt wird. Stapelweise werden die Tücher dann in den kleinen Blechkoffern aufbewahrt, die man beim Inder kauft. Das Verfahren erinnert an unsere europäischen Holztruhen, in denen man früher die Aussteuer aufbewahrte, die freilich etwas solider war.

Die Tücher sind zwar billiger geworden, aber dafür um so begehrter. Zwei Stück – wie man sie für die Umhüllung benötigt (öfter auch ein Kopftuch) kosteten 1931: 3 Schilling, statt 5 sh. einige Jahre vorher, zwei kunstseidene Tücher 5 sh. statt 10 sh. Ihre Beschaffung bedeutet stets Ausgaben in europäischem Geld, das von Mann oder Frau erst verdient werden muß. Soweit die Männer nicht als Handwerker oder Boys, als Büroangestellte oder Lehrer regelmäßige Einnahmen haben, müssen immer erst Naturalien in Geld umgesetzt werden. Aber auch für den ungelernten Arbeiter, der 1931 noch auf einer Anzahl von Pflanzungen monatlich 12 bis 15 sh. verdiente (neben freier Verpflegung), ist der häufige Kauf von Tüchern sehr spürbar, zumal er gewöhnlich nicht fortlaufend zu arbeiten pflegt. Bei den höher besoldeten Gruppen – wozu auch der in Betrieben angestellte Handwerker gehört – bedeutet die fortgeschrittene Europäisierung und das soziale Prestige ihrer Stellung meistens eine Hebung ihres gesamten Lebensstandards und damit einen entsprechenden Geldverbrauch. In den Städten treten neben die allgemeine Verteuerung der Lebenskosten noch die vielfältigen Kauf- oder

Vergnügungslockungen hinzu. Nicht nur Ehestreit, auch Ehebruch und Prostitution sind hier sehr oft die Folge des besonders gesteigerten Verlangens der Frauen nach neuer Kleidung und Schmuck. Indessen, auch in ländlichen Christengemeinden, soweit sie durch Schulden, Geld und indischen Handel hinreichend beeinflußt sind, können die Missionen es nicht mehr hindern, daß Mädchen und jüngere Frauen die Wünsche oder Vorschrift der Mission nach einfacher Kleidung ignorieren und ihren modischen Neigungen nachgehen. Dabei darf man nicht übersehen, daß die Missionen selber mit ihrer Forderung nach reinlicher, den Körper überwiegend verhüllender Kleidung und mit ihrem Bestreben, den gesamten Lebensstandard der Afrikaner zu heben, wenigstens einen Teil der Voraussetzungen geschaffen haben für die heutige Entwicklung der Kleidermode und anderer materieller Ansprüche.

Unter einigen Stämmen, die bisher – zum Teil infolge der Abgelegenheit ihrer Siedlungen – den europäischen und indischen Einflüssen weniger zugänglich waren, tragen die Frauen nach wie vor ihre alte Bekleidung aus Rinderhaut, wie z.B. die wa-Mbugu-Frauen im Usambaragebirge. Nur die bunten Perlen für die großen Ohrgehänge kaufen oder handeln sie auf den Märkten ein. Die tüchergeschmückten Shambala-Frauen, die sie dort regelmäßig treffen, und mit denen sie in lebhaftem Handelsverkehr stehen, beeinflussen sie nicht. Ebenso halten die am Rande der Masaisteppe lebenden wa-Arusha-Frauen, obgleich teilweise im Einflußbereich der Stadt Arusha und einer Mission, überwiegend noch an ihrer Rinderhautbekleidung und den großen, dekorativen Kupferspiralen (im Stil der Masai) um Hals, Arme und Beine fest. Nur die wenigen im Bereich der Mission lebenden Christinnen und die Frauen in der Stadt tragen Tücher, oder hier und da europäische Kleidung. Die Masai-Frauen in der Steppe selbst bewahren noch ausnahmslos ihre alte Tracht. Die Mission hat in der Steppe erst einen kleinen Vorposten, und die indischen Händler kommen bei diesen immer noch nomadisierenden Hirten nicht auf ihre Kosten. Sie sind nur zu einem großen Tränkplatz vorgedrungen. Auch bei der kleinen, nach Usambara versprengten wa-Mbugu-Gruppe und bei den wa-Arusha handelt es sich um Stämme mit noch vorwiegendem Hirtencharakter, vor allem bei den wa-Mbugu. Sie gelten als reine Hamiten (die wa-Arusha sind ein Gemisch von Bantu und Hamiten) und fühlen sich in ihrem Hirtentum den benachbarten feldbauenden Shambala überlegen, ja verachten diese. Sie handeln zwar mit ihnen, weil sie ihre Felderzeugnisse brauchen, wahren aber sonst noch streng ihre Eigenart. Bei den im Südosten Tanganyikas – am Nyassasee – siedelnden wa-Nyakyusa wiederum ist es mehr die Abgelegenheit ihres Gebietes, welche die alte Bekleidung erhält. Die heidnischen Frauen gehen dort noch heute fast unbekleidet, die Christinnen tragen Tücher, ohne sich indessen so um die Mode zu kümmern wie viele ihrer Genossinnen in den von Handel und Verkehr und städtischen Orten stärker durchsetzten Gegenden. Auch in manchen andern alten, großen Christengemeinden, z.B. bei den wa-Gogo im Zentrum Tanganyikas, findet man die Frauen noch ziemlich gleichgültig gegen die Einflüsse von außen. Selbst in der Stadt Dodoma, einem großen Handelsplatz an einer Bahnlinie, trifft man viele der wa-Gogo-Männer und Frauen noch in der alten Tracht. Der Stamm hält, obgleich der Christianisierung und dem Schulbesuch durchaus zugänglich, an vielen alten Sitten besonders zäh fest, und die Mission läßt die Christen darin gewähren.

Wir sehen, daß auch auf dem Gebiete der Bekleidung der Anpassungsprozeß von verschiedenen Faktoren gespeist wird, Faktoren, die ihn bald rasch vorwärtstreiben, bald hemmen. Psychische Eigenart und Tradition der Stammesgruppe bereiten zunächst den Boden für eine größere oder geringere Aufnahmebereitschaft gegenüber den neuen Einflüssen. Hinzu kommen die besonderen lokalen Umstände, die materiellen Einwirkungen, die Intensität von Missionen und Schulen, und schließlich – bei der Kleidung die persönliche Eitelkeit ihrer Träger. Am langsamsten geht in der Regel die Anpassung an eine wirklich *zweckmäßige* Benutzung der Kleidung vor sich. Man verwendet die fremdartigen Kleidungsstücke meistens nur als Schmuck und als Symbol der Modernisierung. In der schwersten Mittagsglut sieht man Jungen mit dicken Wollmützen und Wollschals herumlaufen oder männliche Würdenträger – wie Sultane – in blauen, wollnen Militäruniformen (manche Firmen haben derartige alte Militärstücke in europäischen Ländern aufgekauft und bieten sie den Eingeborenen an). In der Regenzeit (d.h., wenn wochenlang die heftigen Tropenregen niederprasseln) wechselt man nicht oder ungenügend die naßgewordenen Kleider, läßt sie vielmehr am Körper trocknen. Die alten Rindenstoffe und Tierhäute verhüten solche Durchnässung, sind allerdings wieder durch ihre Undurchlässigkeit in der Hitze ungesund. Da man nicht gewöhnt ist, Kleidung häufig oder überhaupt zu waschen, so unterläßt man das auch bei den Tüchern oder den Hemden der Kinder, soweit nicht die europäische Schulerziehung und der Einfluß der Missionen besonders nachhaltig sind. Kinder und Frauen tragen, wie schon erwähnt, meistens die Kleidung ungewaschen, bis sie in Fetzen fällt. Derartig verschmutzt kann sie, zumal die Tücher bei der Arbeit beständig den Boden berühren, viel leichter Infektionen vermitteln als den Körper davor zu schützen. Eine Einsicht in alle diese Zusammenhänge ist natürlich nur auf dem Wege über die Schulerziehung möglich. Sie wächst auch dann nur langsam, weil sie eine Ablösung von den alten Denkwegen zur Voraussetzung hat.

Die verschiedenen Beispiele, die in den vorangegangenen Abschnitten den Einfluß des Geldes und der neuen Gebrauchsgegenstände zu illustrieren suchten, ließen bereits erkennen, welche wichtige Rolle die Vermittler dieser Güter im Anpassungsvorgang spielen. Nicht der Gelderwerb als solcher, nicht die Objekte als solche, sondern die Bewertung aller dieser Dinge durch die Europäer wird – als Konsequenz ihrer Überlegenheit und politischen Autorität – zur regulierenden Kraft. Die Afrikaner sehen den Europäer abhängig von Geld und Gebrauchsgegenständen und ahmen ihn nach. Unter der Suggestion seiner Wertschätzungen vernachlässigen sie ihre traditionellen Handfertigkeitserzeugnisse, ja beginnen sie zu verachten. Die Frauen, obwohl weniger in direkter Berührung mit den Europäern, sehen, wie ihre Männer und Söhne die Europäer nachahmen und die altmodische Ehegenossin oder Mutter geringschätzig behandeln. Sie wissen, daß die Europäer nicht nur von ihrem Land und der politischen Macht Besitz ergriffen haben, sondern auch von ihren Töchtern, indem sie diese vorübergehend für Geld kaufen. Die Frauen sehen, wie die eignen Stammesgenossen auch das den Europäern nachmachen. Sie sehen ihre Söhne, Neffen und Enkel die Heimat verlassen, um dem Gelderwerb nachzugehen und das Prestige der „Neu-Reichen" zu erlangen. In der alten Generation haben deshalb die Frauen – wenn ihnen auch die Zusammenhänge vielfach nicht deutlich bewußt werden – oft genug noch tiefe Angst und Widerwillen gegen die Europäer und suchen die Mädchen von ihnen fernzuhalten – manchmal mit dem entgegengesetzten Ergebnis.

Seite an Seite mit diesen negativen Wirkungen des Kontaktes gehen die positiven Einflüsse, die nicht nur durch die Missionen, sondern auch durch Pflanzer und andere europäische Persönlichkeiten den Familien zuteil werden. Dort, wo z.B. langjährige Nachbarschafts- und Arbeitsbeziehungen zwischen Pflanzern und Eingeborenen bestehen, und die Pflanzer an den Eingeborenen menschlich interessiert sind, hat sich öfter ein großes Vertrauensverhältnis entwickelt. Der menschliche Einfluß kann in solchem Fall wohltätiger und nachhaltiger sein als die Wirkungen von Regierungsverordnungen und Schulerziehung.

Der Einfluß der indischen Kaufleute auf die Frauen ist, soweit meine Feststellungen reichen, in der Regel ungünstig. Die prinzipielle Einstellung dieser Ladenbesitzer, welche die Unwissenheit der Afrikaner zu ihrem Vorteil ausnutzen, findet in den Frauen besonders geeignete Objekte. Die Verabreichung schlechter, oft falsch abgewogener Waren, die Überredung zum Kreditkauf und immer neuem Schuldenmachen kennzeichnen, von wenigen Ausnahmen abgesehen, den indischen Händler – (nicht den Goanesen). In den meisten Gegenden sprechen die Frauen wenig oder gar nicht Kisuaheli (die *lingua franca* des Territoriums) und können sich deshalb oft nur notdürftig mit den Indern verständigen. Dazu sind die Rechenkenntnisse der Frauen minimal. Diese Umstände verschärfen ihre ungünstige Position. Es wird zwar, da auch die Männer immer wieder ein Opfer der Schlauheit der Inder werden[11], in den meisten Gegenden eine mißtrauische und geringschätzige Haltung gegenüber diesen Kaufleuten eingenommen. Trotzdem kaufen die Afrikaner überwiegend auch dann beim Inder, wenn europäische Geschäfte am gleichen Ort sind. Die Beherrschung von Kisuaheli und Rechnen ist jedenfalls eine, wenn auch nicht die alleinige Voraussetzung für die Eingeborenen, den indischen Kaufleuten (und auch den indischen Pflanzern) besser gewachsen zu werden. Auch für die junge Frauengeneration wird es in vielen Gegenden Tanganyikas zunehmend nötig, nicht nur in eine isolierte Sprach- und Rechenkenntnis durch den Schulunterricht eingeführt zu werden, sondern auch in die allgemeinen Aufgaben, die der afrikanischen Frau als Produzentin und Konsumentin erwachsen.

Anmerkungen

1 Vgl. Richard Thurnwald, „Die menschliche Gesellschaft“, Bd. IV, Verlag Walter de Gruyter. Berlin 1935.

2 Vgl. Richard Thurnwald, „Psychology of Acculturation“ American Anthropologist, 1933, Jan., und „Anpassung im Gesellungsleben“ in „Forschungen und Fortschritte“, 1. März 1934.

3 Ausführliches dazu siehe im I. Kapitel des Buches von R. Thurnwald, „Black and White“, und im IV. Bande von „Die menschliche Gesellschaft“, S. 164 ff.

4 Ausführliches über diese Gedankengänge s. R. Thurnwald, „Die menschliche Gesellschaft“, Bd. III u. IV und „Black and White“, Kap. I.

5 Wie J. Driberg es tut in seinem Buch „East African Problems“, 1930, S. 27, 29, 34, 42.

6 Die erste Zeit der deutschen Schutzherrschaft war noch durch kriegerische Auseinandersetzungen mit den Arabern und einigen Hirtenstämmen (Hehe, Masai) gekennzeichnet.

7 In manchen Gebieten bestehen für die zu Fuß Wandernden noch gewisse Gefahren durch wilde Tiere, vor allem beim unvorsichtigen Nächtigen im Freien. Auf den Hauptstrecken der Wandergebiete dienen von der Regierung eingerichtete „Labour Camps“ als Nacht- und Rastquartiere und zur Behandlung Erkrankter.

8 J. H. Driberg, „The Status of Women among the Nilotics and Nilo-Hamites", Africa, Bd. V, No. 4, Oct. 1932, S.410, 411.

9 Der arabische Händler ist in einzelnen Gebieten, z.B. am Viktoria-See, noch häufig zu treffen – unterliegt aber immer mehr der überlegenen Konkurrenz des Inders. Neben diesem treten in den Städten die Goanesen (Mischung von Indern und Portugiesen) als Kaufleute hervor, gelegentlich auch Griechen und Italiener. Deutsche und englische Geschäfte finden sich nur in den städtischen Orten.

10 In salzarmen Gebieten ist das Bedürfnis nach Salz so stark, daß Leute, die keine oder selten Gelegenheit haben, Salz zu kaufen, uns gelegentlich darum baten und es dann handvollweise als „Leckerbissen" verschlangen.

11 Vielfach haben die Ladenbesitzer ein raffiniertes System, die Wanderarbeiter oder Boys mittels Krediten bis zur vollständigen Verpfändung ihrer Löhne zu treiben und ihnen auch noch die in ihrem Laden gekauften und dort bis zum Abschluß der Arbeit und Lohnzahlung in den gleichfalls erworbenen, schlecht verschlossenen Blechkoffern aufbewahrten Kleider und Decken heimlich zu vertauschen oder zum Teil herauszunehmen. Zahlreiche Gerichtsprozesse befassen sich in den Hauptwandergebieten mit diesen Betrügereien, denen vor allem die jungen, unerfahrenen Arbeiter durch ihre Vertrauensseligkeit Vorschub leisten. Die zur Überwachung der Wanderarbeit bezirksweise angestellten „Labour Officers" der Regierung (die Zentralstelle ist das Labour Office in Morogoro) suchen diesen Mißständen nach Kräften entgegenzuwirken. Die inkonsequente Haltung der betrogenen Eingeborenen, die vielfach, ehe ein Prozess zu Ende geht, davonlaufen, erschwert offenbar das Durchgreifen.

[Literatur siehe S. 36]

Phoebe Parkinson in der Mitte der vorderen Reihe sitzend,
umgeben von ihren Kindern; Richard Parkinson
hintere Reihe rechts; um 1910

Margaret Mead

Vermittlerin zwischen zwei Welten: Phebe Clotilda Coe Parkinson*

Eine Vielzahl von ethnologischen Texten hebt an – und fährt auch so fort – als ob der Ethnologe in einem Raumschiff mitten in einem vollständig isolierten Stamm gelandet wäre und dort ohne jede Hilfe von Übersetzern eine seit Jahrtausenden bewahrte Kultur erfahren hätte. „Unberührte" Menschen zu erforschen, ist die Idealvorstellung von Ethnologiestudenten, und wenn sie sich dann in Afrika oder der Südsee befinden, dauert der Traum immer noch an. Ihre Monographien zeigen keine Spuren von jenem viele Tage, Wochen oder Monate dauernden Aufenthalt in einem Grenzbereich, in dem ein mysteriöser Prozeß mit Namen „Kulturkontakt" sein Eigenleben führt. All die Regierungsbeamten, Anwerber, Handelsleute, Ölsucher, Missionare, Ärzte, Pflanzer, Schiffseigner, die diese Zwischenwelt bevölkern und dem Ethnologen erste Kontakte sichern, ihn füttern und transportieren, ihm Bedienstete finden und die Zollformalitäten erleichtern, ihn ärztlich betreuen und ihm Dutzende von Tips geben über die Bevölkerung, mit der er arbeiten will – alle diese Individuen verblassen im späteren Bild. Sie erscheinen bestenfalls als nicht identifizierbare Namen im Vorwort, oft zur großen Verlegenheit dieser Helfer einer Berufskaste, die nicht viel übrig hat für weißes Prestige und trotzdem Informationen braucht von Leuten, die bereits an Ort und Stelle waren, noch bevor die betroffenen Ethnologen zur Welt kamen.

So läuft es meist, wenn der Ethnologe in weit abgelegenen Gebieten arbeitet, wo er die Europäer, Amerikaner, Chinesen, Japaner, aber auch Afrikaner wie in Britisch Guayana oder Inder in Trinidad einzig als Teil des modernen Kulturkontakts sieht, der sich im Beherrschen oder Bekehren der von den Forschern liebevoll gehegten Eingeborenen

*Unter dem Titel »Weaver of the border« 1960 erschienen, in: Casagrande Joseph B. (ed.): In the company of man. Twenty portraits of anthropological informants. Haper & Row, New York. Aus dem Englischen übersetzt von Susanne Knecht.

manifestiert. Dasselbe passiert aber auch, wenn der Ethnologe nicht etwa ein „unberührtes“ Volk ergründen will, sondern die allerletzten Fragmente einer „verschwindenden Kultur“. Er haust dann in einem Kleinstadthotel und fährt täglich zum Reservat hinaus, um seine wenigen Informanten aufzusuchen. Die Straßen rund um ihn herum sind voll von Amerikanern jeder Sorte: Bauern, Geschäftsleute, in deren Welt die Indianer merkwürdige Anomalien darstellen. Die Indianer selbst, während sie durch die Straßen solcher Städte bummeln oder vor den Läden sitzen, die indianisches Handwerk feilbieten, setzen den Vorübergehenden zuliebe ihr „Kulturkontakt-Gesicht“ strikter Verschlossenheit und Unbeweglichkeit auf, das ihnen vertraut ist aus längst vergangenen Zeiten noch vor der weißen Einwanderung, als die Kriegsgefangenen sangen, wenn sie von ihren Stammesfeinden verbrannt wurden. Den ethnologischen Bericht finden wir dann ausschließlich in dieser Vergangenheit angesiedelt, liebevoll und arbeitsam konstruiert aus den bruchstückhaften Erinnerungen der Alten: Große Büffelherden donnern durch die Vorstellungen der Indianer, wie sie ihnen durch die Altvorderen übermittelt worden sind. Rotwild bewegt sich frei in den großen Wäldern, und die Büffel-Polizei sorgt für Ordnung im Lager. Gemeinsam bevölkern Ethnologen und Indianer eine entschwundene Welt, unwiederbringlich und besonders kostbar, wie sie auf der Erde niemals wieder sein wird.

Solche Auslassungen haben mich bewogen, über meine begabteste Informantin aus dem Grenzbereich zu schreiben: Mrs. Phebe Clotilda Coe Parkinson. Ihre Mutter stammte aus einer Häuptlingsfamilie auf West-Samoa, ihr Vater war der Neffe eines amerikanischen Bischofs. Sie war eines von 18 Kindern einer Familie, die früh schon „Kontakt“-Beziehungen auf Samoa aufgebaut hatte, um dann mitsamt dem ihr eigenen Kontakt-Stil nach Neuguinea auszuwandern. Zur Zeit der Deutschen bauten sie dort vor dem Ersten Weltkrieg eine zweite Kontaktkultur auf. Diese Samoaner und Teil-Samoaner gehörten nicht zu der wenig zivilisierten „Eingeborenengruppe“, sondern sahen sich in einer übergeordneten Position als Leute, deren Lebensstil weit entfernt war von dem der Eingeborenen Neubritanniens, wo sie zuerst gelandet waren. Größer von Statur, besser genährt und stärker, fähig, Deutsch und Englisch zu sprechen, christlichen Glaubens und gebildet, waren sie tief beeindruckt von den kleinen Zeremonien und Ritualen der westlichen Kultur in der Südsee: Kleiderplättvorrichtungen aus Deutschland, weiße Tischtücher und Blumen auf den Eßtischen, strenge europäische Rangordnungen, strenge Rangordnungen auch für die Samoaner und Teil-Samoaner sowie die rasch sich einbürgernden Funktionen des „boss boy", des „police boy" und ähnlichem unter den Eingeborenen. Sie mischten samoanische Ausdrücke in die *lingua franca*, damals Pidgin English, heute Neo-Melanesisch genannt: *malolo* (ausruhen), *tainam* (Moskitonetz) sowie Brocken, die frühere Missionare auf Samoa aus dem Latein verballhornt hatten wie *patu* (Ente). Die deutsche Regierungsschicht wünschte nicht, daß die Eingeborenen in Neubritannien (zu jener Zeit Neu-Pommern genannt) Deutsch lernten. So kommunizierten die deutsche Oberschicht, samoanische Vermittler, Eingeborene, die früher als Arbeitskräfte nach Australien verkauft worden waren, und Eingeborene unterschiedlicher Stammessprachen im neuen Idiom mit der melanesischen Grammatik und dem meist englischen Vokabular.

Ich hatte ganz besonderes Glück, daß ich Mrs. Parkinson überhaupt gefunden habe. Während der Zeit meines Studienabschlusses – 1923 bis 1925 – arbeitete ich über die Literatur der Pazifikinseln. Bevor ich meine Feldforschung auf den Admiralitätsinseln begann, las ich ein deutsches Buch mit wichtigen ethnographischen Informationen, das bereits damals als Klassiker galt: „Dreißig Jahre in der Südsee" von Richard Parkinson. Es enthielt Beobachtungen über die Inselbewohner, mit denen der Autor als Händler, Ausheber von Arbeitskräften und vor allem Sammler ethnographischen und zoologischen Materials vertraut war, das dann nach Deutschland wanderte. Seine Witwe erzählte mir später: „Meine Nichte schrieb mir von einer Deutschlandreise, daß sie in Stuttgart einen Kasuar gesehen habe, dessen Beschriftung lautete: ‚Kasuar aus Neu-Pommern, geschenkt von Mrs. P.C. Parkinson.' Ich hatte gar nicht mehr daran gedacht; so viele Sachen schickten wir an alle möglichen Orte."

Als mein Mann und ich im Herbst 1928 nach Rabaul kamen, freundeten wir uns mit dem damaligen Richter und Verwaltungsbeamten, dem späteren Obersten Richter, Sir Beaumont Phillips, an. In seinem Haus erfuhren wir, daß Richard Parkinson schon seit vielen Jahren tot sei, aber seine halbsamoanische Witwe in einer abgelegenen Plantage an der Südküste lebe. Eben übersetze ein junger Regierungssekretär Parkinsons Klassiker ins Englische. Irgendwie muß ich erwähnt haben, daß ich Parkinsons Witwe unbedingt kennenlernen wolle. Die Reise zu ihr nach Sumsum schien aber zu beschwerlich, und so zogen wir weiter auf die Admiralitätsinseln. Bei unserer Rückkehr im Sommer 1929 schlug mir Richter Phillips vor, ein Schiff zu überspringen (sechs Wochen) und ein Buch über Mrs. Parkinson zu schreiben. Offenbar hatte ein amerikanischer Schriftsteller Mrs. Parkinson früher dazu überredet, ihn mitsamt seiner Frau und den Kindern zu unterstützen und bei sich aufzunehmen. Als Gegenleistung wollte er ihre Biographie aufzeichnen. Sie gab ihm einiges an schriftlichen Zeugnissen und Photographien. Nichts passierte daraufhin, außer daß der Amerikaner erneut um Unterstützung bat, was sich aber Mrs. Parkinson nicht mehr leisten konnte. Richter Phillips, als Jurist besonders empfindlich für ethische Brüche zwischen zwei Kulturen – immerhin hatte er fast vierzig Jahre lang englisches Recht im Gebiet zu verankern gesucht –, schlug vor, daß ich als Amerikanerin die Sache wieder gutmachen könne, die Biographie verfassen und das Honorar mit Mrs. Parkinson teilen solle. Es kann auch sein, daß der Richter fand, ich brauche ein wenig Ruhe, und Mrs. Parkinsons Fürsorge sei genau das Richtige, um meine malariabedingten 98 Pfund wieder in die Höhe zu bringen. Der Plan wurde am Mittagstisch ausgeheckt, während der Dampfer noch im Hafen lag. Unerwartet bekam er den Segen, als sich herausstellte, daß Mrs. Parkinson gerade in Rabaul weilte und am Nachmittag ins Haus kam. Ich sehe sie heute noch vor mir: eine große, stattliche, schwere Frau, ihre Haut dunkler, als sie wohl während der Mädchenzeit gewesen war. Sie hatte zwölf Kinder geboren und viele weitere durchgebracht. Streng, stolz, freundlich, ein wenig skeptisch stand sie auf der Veranda, wo an den Wänden Speere, Keulen, Modelle von Kanus und geschnitzte Schalen von Inselbewohnern hingen, über die der Richter auch zu Gericht saß.

Wir verstanden uns innerhalb von Sekunden; immer noch sprach ich geschliffenes Samoanisch, eine Sprache, die sie kaum mehr zu hören bekam. War es möglich, daß ich sie nach Sumsum begleite, dort für einige Wochen bleibe und sie mir die Geschichte ihres Lebens erzählt, die gleichzeitig die Geschichte des Versuchs war, Neubritannien „unter Kontrolle“ zu bringen? (Wir sprachen nie von „Kolonisation“ Neuguineas. Dieser Ausdruck bleibt jenen Gebieten vorbehalten, deren Land gut genug ist, tausende von Europäern zu erhalten, und die Eingeborenen werden vertrieben oder umgebracht.) Unsere Abmachungen trafen wir in wenigen Minuten. Ich ging zum Schiff zurück und holte meine Sachen. Mein Mann brach zu einem kurzen Ausflug nach Papua auf, um dringend benötigte Photos und Spezialmaterial beizubringen. Ich blieb in Rabaul. Der Richter fertigte meine Papiere aus und ermächtigte mich vor Zeugen, ihre Geschichte und sonstiges Material zu benutzen. Ich mußte versprechen, ihr die Hälfte des Honorars zu überlassen.[1]

Diese Details mögen langweilig scheinen und weit entfernt von jenen romantischen Autobiographien, in denen kleinste Kleinigkeiten über Sex und Zauberei, Hellsehertum und Ekstase identifizierbarer Angehöriger wilder Völker einem blasierten Publikum serviert werden. Was sagte mir doch ein Pressephotograph kurz vor meinem Aufbruch ins Feld: „Warum lassen Sie sich nicht von einer Seifenfabrik Seife mitgeben, um Bilder von diesen Wilden mit Seife in der Hand zurückzuschicken? Wetten, daß die Sie nie einklagen würden." Vielleicht nicht, obwohl heute ehemals als Wilde bezeichnete Menschen Aktivitäten entwickeln, welche die Botschaften vielerorts in der Welt in Unruhe versetzen. Vielleicht auch deshalb nicht, weil mein erster Aufenthalt im Feld bei den Samoanern war, die eine hochentwickelte Sprache und ein feines Gefühl für die Probleme des Kulturkontakts haben. Immer war ich der Meinung, daß die Identität auch des „wildesten" Informanten geschützt werden müsse. Entweder weiß er oder sie klar, daß ich ihre Aussagen oder Bilder von ihnen oder den Kindern veröffentliche, oder ich verberge sie unter dem Mantel der Anonymität. Falls ich irgend etwas publiziere, das Menschen in Schwierigkeiten oder Gefahr bringen könnte, tarne ich ihre Identität – in Samoa die Namen und bei den nordamerikanischen Indianern sogar den Namen des Stammes.

In jenem Zwischenbereiche, in dem Mrs. Parkinson immer noch als führende Macht galt – obwohl sie nie mehr die Stellung einnehmen konnte, die sie unter den Deutschen inne hatte, in jener Zwischenwelt also verlangten solche Dinge unendliche Feinfühligkeit – genau wie etwa Feststellungen über den Anteil an samoanischem oder neuguineischem „Blut", über legale Hochzeiten oder christliche Identität. Sie wurden zu Faktoren in Machtspielen, die rauh und grausam sein konnten. (Einer von Mrs. Parkinsons Söhnen beging Selbstmord, kurz nachdem er auf einer deutschen Gartenparty eine Kränkung erfahren hatte.) Aus zwei Gründen mußte man außerordentlich vorsichtig sein: einmal zum Schutz des arglosen Informanten, dann aber auch zum Schutz der Mitglieder der eigenen Gesellschaft.

Die Papiere wurden nun unterschrieben und versiegelt, und wir machten uns in einem winzigen Schoner auf nach Sumsum. Nach einem langen, seekranken Tag durchquerten wir in einem kleinen Boot das Riff und ließen uns im Haus der Plantage nieder. Lang und hoch gebaut, besaß es einen winddurchlüfteten Korridor in der Mitte, der als Eßraum diente. Alles war so, wie zur Zeit der Deutschen: Es gab importierte Geschirrschränke, altmodische Moskitonetze und gesondert die Küche. Es fand sich aber auch unschätzbares chinesisches und japanisches Porzellan, Batiktücher, die Mrs. Parkinsons Kinder aus Java geschickt hatten, steife kleine Sofaschoner aus Deutschland, samoanische Baumrindentücher sowie silberne Eierbecher aus Sydney. Und die angestellten Boys schnitten in Reih' und Glied die Kokosnüsse immer noch so, wie es vor vierzig Jahren der Brauch war. Es schien, als hätte sich plötzlich ein

Fenster zur Vergangenheit geöffnet, die auf Plantagen immer wieder überdauert. Nach dem Ersten Weltkrieg waren sie in die Hände australischer Veteranen gefallen, als das Expeditionscorps den ehemaligen Bismarck-Archipel und Deutsch-Neuguinea besetzte.

Nun kam das Problem, verstehen zu lernen, was Mrs. Parkinson sagte – eine Forschungsarbeit, bei der der Ethnologe nie müde wird, die einzigartigen Wahrnehmungen des Informanten zu erkunden, durch dessen Augen er sich zuerst den mannigfachen Aspekten einer Kultur annähert. In einem Eingeborenendorf hat man oft wenig Auswahl. Man kann anfangs mit drei oder vier Leuten experimentieren, die ein bißchen Kenntnis der *lingua franca* besitzen, und dann Wesensart und Temperament auswählen, die am besten für die Arbeit geeignet scheinen. Als Hauptinformant nicht in Frage kommt einer, dessen Tempo allzusehr vom eigenen abweicht, dessen Sinn nach unangenehmen Verzerrungen steht, der mit seinen Nachbarn nicht gut auskommt oder dessen eigene Erfahrung zu abseitig ist, um als Leitbild zu dienen.

Hier aber hatte ich eine einzige Informatin, perfekt geeignet vom Umfeld und Temperament her. Von Anfang an waren wir völlig eins in bezug auf jene Gefühlswerte, die eine Verständigung über sämtliche Barrieren, Jahrhunderte oder Hemisphären hinweg möglich machen. Zudem hatte ich Samoa- und Neuguinea-Erfahrung, die mir den Zugang erleichterte zu allem, was sie sagte. Die samoanische Kultur bildete den Kontrast. Als ebenso kontrastreich erwiesen sich meine intensive Erfahrung auf den Admiralitätsinseln und meine Kenntnis – entsprechend dem Hin und Her von Rabaul nach Lorengau [Insel Manus] – der Regierungsbeamten, Händler, Missionare und Ausheber.

Phebes klares Gedächtnis und ihr lebendiges Interesse an Menschen machten es möglich, aus ihren Erinnerungen zu skizzieren, in welcher Weise die Zivilisationen sie beeinflußten, mit denen sie in Berührung kam; wie sie vermittelt wurden durch feststellbare Personen; wie der Filter ihres eigenen Temperaments und ihrer eigenen Erfahrung funktionierte: ein amerikanischer Vater, eine samoanische Mutter, ein in Deutschland erzogener Ehemann, französische Nonnen, Kindheit in Apia, Erwachsenenzeit in Deutsch-Neuguinea, das Alter im australischen Mandat, eine Reise nach Australien, ein irischer Schwager, ein neuseeländischer Schwiegersohn, deutsche, australische und neuseeländische Großkinder, die deutsche Flotte, deutsche Verwaltung, australische Expeditionstruppen, schließlich die australische Verwaltung. Ihre Rede war durchsetzt mit deutschem Wissenschaftsvokabular, französischen Kochsentenzen, wenigen amerikanischen Wörtern und idiomatischen Ausdrücken sowie Neo-Melanesisch. Einmal hatte sie in Samoa zwei amerikanische Schwarze gesehen: „Einer von ihnen spielte wunderschön Geige." Sie sah auch einen russischen Weihnachtsbaum und lernte in Finschhafen Skat zu spielen. An Bord der Kriegsschiffe degustierte sie Weine aus aller Welt. Jede Erfahrung kam einzeln, als ob sie von den Wellen an die Küste ihrer Insel gespült, dann von ihr aufgenommen, sorgfältig geprüft und entweder verwendet oder zurückgeschickt, nie aber vergessen worden wäre. Nie ärgerte sie sich, wenn sie wieder ein Baby bekam: „Ich wollte ihre Augen sehen, wie sie ausschauten." Jeder wichtige Eindruck blieb scharf und deutlich: „Es gab eine *taupou* (zeremonielle jungfräuliche Gastgeberin in einem samoanischen Dorf) in Opolu (Westsmoa, wo Apia liegt). Sie war schön. ‚Ein echtes griechisches Profil', sagte mein Mann. Ich wußte damals nicht, was ein griechisches Profil ist. Heute weiß ich es."

Wenige Monate später schrieb ich in meinen Notizen: „Ich hatte unglaubliches Glück, daß mir die Biographie einer Frau in die Hände fiel, die niemals selbst eine Zeile zu Papier gebracht hat – und die doch die einzigartige Gabe besitzt, zu erzählen. Mrs. Parkinson ist jetzt 66 Jahre alt und so lebendig und fasziniert vom Leben wie mit 16. Sie betrachtet sich selbst immer wie von außen her."

So begannen wir zu arbeiten. Zuerst stellte sich die Aufgabe, die wichtigen Umrisse ihres Lebens zu zeichnen: wie sie 1863 in Samoa zur Welt gekommen war als Tochter einer Samoanerin von hohem Rang und eines Amerikaners, Joe Minders Coe, geboren 1822 in Troy, New York, als Junge zur See durchgebrannt. In jenen Tagen stritten sich in Apia Amerikaner, Engländer und Deutsche um die Vorherrschaft. Ihr Vater hatte vier Mal geheiratet und achtzehn Kinder gezeugt. Wir schrieben alle ihre Namen auf – einige waren klein gestorben, eine Schwester war epileptisch, ein Bruder im Fluß ertrunken, die älteste Schwester Emma wurde in Neubritannien so mächtig, daß man sie „Queen Emma" nannte. Deren Dampferflottille fuhr hin und her von Rabaul aus. Ein älterer Bruder hatte ein Jahr lang als Gouverneur von Guam amtiert, nachdem er aus Neubritannien verbannt worden war, weil er auf einem Latrinenhaus die deutsche Flagge gehißt hatte. Er starb auf den Philippinen. Wir gingen allen Kindern und Kindeskindern nach. Einige waren auf Sumatra, andere in Deutschland, wieder andere lebten auf Schafsfarmen in Neuseeland oder arbeiteten als Geschäftsleute in Sydney. Emma war in Monte Carlo gestorben.

Alte Zeiten in Apia mußten durchforstet werden, wie Mrs. Parkinson damals, als einzige unter allen Geschwistern – die Epileptikerin ausgenommen –, gleich ihrer Mutter katholisch geworden war, bezaubert durch die gesittete Schönheit der klösterlichen Lebensart. Sie erzählte von der strengen Erziehung, die der Vater den Kindern angedeihen ließ und vom Kontrast zwischen seinen Maßstäben und dem Leben der Samoaner, zu deren Feierlichkeiten und Fröhlichkeit sie manchmal entfloh. Mit 16 heiratete sie Richard Parkinson, der im prinzlichen Haushalt Schleswig-Holsteins aufgezogen worden und dann mit 36 als ehrgeiziger Aufseher und Amateurethnologe nach Samoa gekommen war, um dort die große Handelsfirma Gottfried [Goddefroy] zu vertreten. Zwei Jahre später überredete die Schwester Emma, die sich im weit entfernten Neubritannien etabliert hatte, Phebe, Richard und deren erstes Kind, sich ihr im wilden Land anzuschließen. Zwei Monate dauerte die Reise auf einem Segelschiff zum Bismarck-Archipel. Mit von der Partie waren das Baby, ein Klavier und ein Papagei. Die teil-samoanische und samoanische Verwandtschaft folgte einer nach dem anderen nach Neubritannien, wo Queen Emmas Vermögen wuchs. Richard teilte seine Arbeit zwischen dem Management der Geschäfte seiner Schwägerin und dem Sammeln und Schreiben für Museen. Phebe gebar zwölf Kinder, beaufsichtigte ihre eigene sowie die meisten Plantagen ihrer Schwester, überwachte die zwanziggängigen Dinners, die die Schwester für die deutschen Marineoffiziere zu geben pflegte und wurde in jenen Tagen für die Deutschen zu einer Art Ideal eines neu in Erscheinung tretenden Lebens der Südsee. Nach dem lange sich hinziehenden Tod ihres Mannes, als „Witwe Parkinson", wurde sie zur Vertrauensperson des deutschen Gouverneurs, Dr. [Albert] Hahl. Später dann gab es Schwierigkeiten zwischen der teil-samoanischen Gruppe und einigen Deutschen, Beleidigungen und Gegenbeleidigungen. Die zweite Generation erwies sich als weniger standhaft als die erste. Als die australischen Expeditionstruppen in Neuguinea landeten, war Queen Emma bereits tot, und der Zusammenhalt unter den teil-samoanischen Familien, die einst riesige Gebiete Neubritanniens und der Duke of York besessen hatten, war brüchig geworden.

Als der Erste Weltkrieg ausbrach, stellten die Deutschen Mrs. Parkinson nicht unter den Schutz deutscher Landsleute. Zum ersten Mal war sie alleingelassen als Bürgerin einer Grenzwelt, in der es weder ein Oberhaupt noch eine Macht gab, an die sie sich hätte wenden können. Die Australier brachten sogar noch ein größeres rassisches Selbstbewußtsein mit, und nach dem Krieg zog sie sich in ihr Plantagendasein zurück, half da und dort einem ihrer Kinder, Plantagen aufzubauen, Arbeit zu finden oder im Busch Handel zu treiben. Immer noch fühlte sie sich stark genug, durchs Riff an Land zu schwimmen, wenn die See zu rauh war, um ein Boot einzulassen. Einmal während einer Rekrutierungsreise nach Buka auf den Salomonen wurde sie bei schrecklichem Sturm mit ihrem stark schaukelnden Kutter an eine öde Küste verschlagen. Sie fühlte sich zu erschöpft und krank, um zu Fuß zum nächsten Dorf zu gehen. Sie und ihr Begleiter entschlossen sich, hinauszuschwimmen und unter den Brechern durchzutauchen. Schließlich erreichten sie den Kutter wieder. „Ich konnte unmöglich ertrinken. Ich kann mich meilenweit treiben lassen und gehe nie unter. Wohl könnte mich ein Hai erwischen oder Beinkrämpfe, jetzt, wo ich alt werde. Aber niemals würde ich untergehen." Sie erinnerte sich genau an die Sammelaktivitäten ihres Mannes und versuchte es gelegentlich selbst. Immer noch war sie eine gute Katholikin trotz gelegentlichen Zwistigkeiten mit den Priestern, die sie oft als Gegenpart der Nonnen empfand.

Dicht gewoben waren ihre Beziehungen zu den Eingeborenen, die sie zu disziplinieren gelernt hatte, vor denen sie sich nie fürchtete, deren Frauen und Kinder sie beschützte, die sie aber generell als Wilde betrachtete, die den Schutz benötigten als Seelen, die zu Gott gebracht werden sollen, sowie als Volk, über das die Ethnologen schrieben und von dem sie Sammlungen anhäuften – alles unendlich interessant: „In früherer Zeit pflegte ich sonntags mit meinem Baby in den Busch zu gehen. Nellie, das Baby, mußte mit, weil sie noch nicht entwöhnt war. Ich ging, weil ich wissen wollte, wie die Eingeborenen lebten. Einer der Jungen, die ich mitnahm, trug das Baby und sechs andere Jungen trugen Schneider-Flinten, ich selbst nahm eine Winchester, und so zogen wir los. Die Eingeborenen – so wie Gott sie erschaffen hatte, Männer wie Frauen – waren froh, uns zu sehen und meist kehrte ich beladen mit Geschenken zurück: Zuckerrohr und Taro. Später erwies sich das als sehr hilfreich für meinen Mann. Hatten wir Schwierigkeiten mit einem Eingeborenen oder mein Mann wußte nicht, wo er einen speziellen Eingeborenen finden sollte, dann fragte er nur: ‚Wo kommt der her? Wo liegt dieses Dorf?' Und ich kannte die Antwort."

1935 schrieb sie mir: „Schau, *la'u pele* (meine Liebe), könntest Du dort drüben einige Museen herausfinden, die interessiert wären an präparierten Schädeln, und wieviel sie zu bezahlen gewillt sind ... In Australien gibt es nur einen einzigen in Canberra, ich sandte ihn Dr. Cilento, und heutzutage ist es nicht mehr leicht, welche zu kriegen, weil die Eingeborenen aufhörten mit den Kämpfen seit der neuen Regierung, und die Jungen wissen nicht mehr, wo die alten Leute begraben sind ...

Aber ich bin nun einmal da und kenne die alten Eingeborenen, deren Schädel präpariert wurden. Ich könnte einen oder zwei bekommen, wenn ich mir die Mühe nehme ..."

Als die groben Umrisse ihres Lebens aufgezeichnet waren, kehrte ich an den Anfang zurück und bat sie um nähere Einzelheiten ihrer Erinnerungen, die ich in ihren eigenen Worten aufschrieb.

Ihr Vater war an Bord eines Walfängers auf Samoa gelandet, verließ die Besatzung und blieb auf der Insel. „Zu jener Zeit trugen die Samoaner nur *ti* – Blattgürtel – und es gab noch eine Maliatoa, die Menschenfleisch aß. Die Missionare waren natürlich bereits da, aber es gab noch keine europäische Siedlung. Auch später waren es nur einige wenige europäische Familien." In Samoa baute sich ihr Vater ein kleines Schiff und begann, mit den Samoanern Handel zu treiben. Er hatte drei Serien Kinder, wovon die letzte Serie auf Samoa blieb und seine Ländereien erbte: „Mein Vater war sehr reich. Er besaß viel Land, einiges unbebaut, aber beaufsichtigt im Busch. Zu Zeiten kriegerischer Auseinandersetzungen marschierten Samoaner in Apia ein, aber sie rührten nicht an europäisches Eigentum, nur an das ihrer Feinde. Wir wohnten nahe beim Dorf. Ich erinnere mich, wie die Krieger einzogen und die Pfosten der Häuser absägten, so daß die Dächer in sich zusammenfielen. Und dann fällten sie die Kokosnußbäume. Nachher gingen wir Kinder und schlitterten auf und ab über die Dächer der eingesunkenen Häuser. In ganz früher Zeit hieben sie auch die Köpfe ab und hielten sie in Körben hoch, und die Frauen tanzten. Ich war noch sehr klein damals. Mein Vater schloß uns ein, damit wir nichts sehen konnten, aber wir krochen auf einem andern Weg hinaus und sahen. Oft überlege ich mir, wie rücksichtslos Kinder sind. Wenn mein Vater den Häuptlingen Munition und Gewehre gab und sie nicht zahlen konnten, dann überließen sie ihm Land. Mein Vater war ein Pionier. Er sprach Samoanisch, und alle Häuptlinge kamen mit ihren Sorgen zu ihm. Immer waren viele Häuptlinge ums Haus herum. Sie wollten uns Mädchen heiraten, um in die *gafa* (Genealogie) unserer Familie hineinzukommen. Dann pflegte mein Vater zu sagen: ‚Was? Glaubt ihr denn, ich gebe mir alle diese Mühe mit der Erziehung meiner Kinder und dann lasse ich sie Samoaner heiraten und wieder zu Samoanern werden?'

Die Samoaner sind sehr stolz und sehen auf die Mischlinge herunter. Ich erinnere mich, da gab es einen Mann mit Namen Edward S. Es war ein sehr wohlerzogener Mann, und er heiratete eine reine Samoanerin, eine Busch-Samoanerin, die nicht in Apia oder sonstwo erzogen worden war. Später zog er nach Apia, baute ein großes Haus und brachte seine Frau mit. Meist saß sie mit gekreuzten Beinen mitten auf seiner feinen Matte. Sie gehörte zur Tui Aana-Familie. Die beiden gaben ihren Kindern – einem Jungen und einem Mädchen – Namen der Tui Aana-Familie. Als er dann starb, existierten für die Tui Aana-Familie keine *tamatane* (Kinder der männlichen Linie), nur gerade diese *tamafafine* (Kinder der weiblichen Linie). Aber die Familie wollte nichts mit ihnen zu tun haben. Sie sagten: ‚Was? Wir sollen unseren guten samoanischen Namen jemandem überlassen, der europäisches Blut hat und kein reiner Samoaner ist?' Sogar wenn jemand edles Tonga-Blut hatte, schauten sie auf ihn herab. Oh, ja, ich weiß natürlich, daß einige heute Fidjianer oder sogar Salomon-Insulaner heiraten, aber das sind Straßenmädchen, die zu nichts anderem taugen.

Wir Kinder lernten, im Fluß die Wäsche zu waschen. Meines Vaters Kleider und die seiner Frau wurden ausgegeben, aber wir wuschen die unsrigen selbst. Später im Kloster wuschen wir auch, und die Schwestern wachten über uns und gaben uns, oh, so wenig Seife, weil sie sparten. Und wir mußten die Wäsche auf den Steinen reiben und reiben.

Mein Vater besaß ein wunderschönes Haus. Es war in San Francisco geplant und zurechtgezimmert worden. Die Böden bestanden aus prächtigen, schmalen Riemen, ganz weiß bemalt. Die Wände waren alle tapeziert zu jener Zeit. Der Wohnraum hatte eine weiße Tapete mit kleinen Goldmustern. Meine Brüder mischten Mehl mit kochendem Wasser und zogen die Tapete auf. Es war sehr spannend. Jeder Raum hatte eine andere Tapete. Und im Wohnraum war die ganze eine Wand ein einziger Spiegel, und zwei weitere Wände bestanden aus Regalen voller Bücher mit Glastüren. Aber ich erinnere mich nicht, daß mein Vater je ein Buch gelesen hätte. Wenn die Kinder des britischen Konsuls zu Geburtstagsfeiern einluden, trat mein Vater jeweils vor die Regale und gab jedem von uns ein Buch als Geschenk mit. In meiner Erinnerung ist das der einzige Gebrauch, den er von den Büchern machte. Unsere Stiefmutter tat gar nichts, wir Mädchen hielten das Haus sauber und aufgeräumt. Jede übernahm einen Raum, wir wechselten uns ab. Wir waren sehr stolz auf unser Heim. Es brannte nieder, als Kriegsschiffe im Krieg die Stadt beschossen; dieser ganze Teil Apias brannte.

Als Kind war ich sehr unglücklich. Weißt du, noch bevor ich geboren war, nahm sich mein Vater eine andere Frau, das heißt er heiratete sie nicht, sondern ging einfach mit ihr, und meine Mutter fand das heraus und verließ ihn, obwohl sie schon sehr dick war mit ihrem Kind. Sie ging zurück zur Missionsstation, wo sie als Kind gearbeitet hatte, und deshalb wurde ich unter einem Ifififi-Baum geboren. Dann heiratete mein Vater diese andere Frau, nachdem er meine Mutter vorher inständig gebeten hatte, zu ihm zurückzukehren. Sie wollte aber nicht. Sie war sehr stolz, und so sprach Mr. Pritchard, der britische Konsul, der meine Eltern verheiratet hatte, die Scheidung aus. Später dann erinnere ich mich, wie ich mit meiner Mutter zusammen beim Fluß unten war, sie wusch im Fluß. Ich muß sehr klein gewesen sein, denn ich weiß noch, daß ich in ihrem Schoß gelegen habe. Mein Bruder kam, hob mich auf, brachte mich zu einem Schoner und von Falealili nach Apia. Ich entsinne mich, daß wir dort sehr früh am Morgen ankamen. Sie trugen mich hinauf zum Haus meines Vaters. So wurde ich mit dieser anderen Familie aufgezogen; ich betrachtete ihre Töchter als echte Schwestern. Aber ihre Mutter war nicht nett zu mir. Sie machte mir nie neue Kleider. Wenn sie ihnen neue Kleider machte, dann mußte ich ihre alten anziehen. Mir war das eigentlich gleichgültig, aber die Leute draußen sprachen davon. Mein Vater verbot mir, meine eigene Mutter zu sehen. Aber ich erinnere mich, wie sie auf dem kleinen Bauernhof auf der Rückseite unseres Hauses erschien, sich versteckte und ein Mädchen ausschickte, mich zu holen. Sie drückte mich dann an ihr Herz und weinte, und ich weinte mit ihr. Ich weiß nicht, wo sie lebte, aber es muß sehr nahe gewesen sein, denn einmal, als unser Haus Feuer fing und alles in Flammen stand, erschien sie und trug mich aus den Flammen. Also mußte sie das Ganze aus der Nähe beobachtet haben. Nachdem diese andere Frau gestorben war, verheiratete sich mein Vater wieder. Noch einmal hatte er versucht, meine Mutter zurückzubekommen, aber sie wollte nicht. Als mein Vater einige seiner Kinder in San Francisco zur Schule schickte, kam sie und kümmerte sich jeweils ums Haus, während er, seine Frau und die Kinder nach San Francisco fuhren. Wenn sie zurückkamen, ging sie wieder weg. (Phebe wurde zu Hause zurückgelassen, um für die epileptische Halbschwester zu sorgen, die sie auch mit in die Klosterschule sowie in die Kirche ihrer Mutter nahm.)

Als ich dann heiratete, lebte ich drei Meilen weg vom Meer; meine Mutter kam zu uns und blieb, bis mein erstes Kind geboren war. Ich hörte sie im Nebenraum mit all den alten Frauen reden über Mädchen, die ihre ersten Kinder erwarteten, und wie einige von denen selbstsüchtig seien und nur an sich dächten und sagten: ‚Oh, nehmt das Ding raus, wie, ist mir egal, nur die Schmerzen sollen aufhören.' Ich entschied mich, daß ich nicht so sein wollte. Als wir dann hierher kamen, schickte meine Schwester – Queen Emma wurde sie genannt, sie hieß Mrs. Kolbe – nach meiner Mutter. Sie baute ihr ein richtiges europäisches Haus, sie hatte ihre Boys und ihre ganzen samoanischen Sachen und war sehr glücklich dort. Sie flocht Fächer, verzierte sie mit roten Papageienfedern und schickte sie zurück nach Samoa. Jeden Tag bekam sie ihre Flasche Bier und in der Nacht einen kleinen Cognac. Etwa um drei in der Nacht. Sie konnte nicht schlafen, und das half. Sie nannte es ihre Medizin. Drei Mal ging sie nach Samoa zurück zu Besuch. Als sie starb, machten wir aus ihrem Haus einen Erholungsort für die Marineoffiziere, die unsere Freunde waren. Sie konnten kommen und sich ausruhen, wenn sie Urlaub hatten oder sich krank fühlten."

Das Hauptthema in Phebes Leben war die schwierige Akzeptanz eines Bündels wechselnder Ideale, von denen sie wenig Kenntnis hatte. Ihres Vaters enge, strenge Maßstäbe, die die Kinder zwangen, Schuhe zu tragen, um acht ins Bett zu gehen, bis sie verheiratet waren, oder ihnen untersagten, an Einladungen teilzunehmen, bei denen legal nicht verheiratete Paare zugegen waren, schienen ihr nicht plausibel. Sie befand sich in dauernder Rebellion gegen seine Überwachung, seine Peitschenhiebe, seine Behandlung ihrer Mutter.

Ihr widerspenstiger Geist und ihre scharfe Beobachtung hätten sie ebensogut dazu bringen können, die europäische Häuslichkeit abzulehnen, hätte sie die Chance wahrgenommen, dies in der Praxis zu bewerkstelligen. Aber das tat sie nicht. Rund um sie herum lebten hartgesottene Händler mit eingeborenen Frauen oder – öfters noch – eingeborenen Haushälterinnen, dicken, verkommenen Mätressen, die rauchend und spuckend in ihren erhöhten Türrahmen thronten, während Dienstboten die Arbeit erledigten, zu der sie nicht fähig oder an der sie nicht interessiert waren. Die Halbblutkinder waren zu wenige und von allzu unterschiedlichen Vätern stammend, als daß sie sich zu einer Gruppe zusammenfinden konnten. Es war eine wechselnde Halbwelt ohne Normen, ohne Sinn. Auf der einen Seite spielte sich das fröhliche, stolze Samoanerleben ab, die feierliche Pracht der alten Häuptlinge, die Blumen und die gewinnenden Liebeswerbungen, die Festlichkeiten der *malagas* (zeremonielle Besuche). Auf der andern Seite gab es eine Welt, die Phebe eher verschwommen wahrnahm, als daß sie danach strebte. Die Brüder und Schwestern, die aus Sydney oder San Francisco zurückkehrten, vertreuten Nachrichten über diese andere Welt. Da gab es die überheblichen priesterlichen Verwandten ihres Vaters, die ihn ausgestoßen hatten und seine Kinder „Schwarze" nannten. Für Phebe gab es aber vor allem das Kloster, wo ihre Mutter als Kind gelebt hatte, wo sie unter dem Ifififi-Baum geboren wurde – so schnell, daß die Nonnen erschrokken waren. Kaum war Joana hochschwanger an ihnen vorbeigegangen, schon kam sie eine Minute später zum Haus zurück und bat um Seife für das Neugeborene.

Als kleines Kind wollte sie Nonne werden: „Die Schwestern wünschten, daß ich Französisch lerne, aber der Priester sagte: ‚Nein. Keine Ausnahmen. Alle Kinder sollen dasselbe tun.' Häufig saß ich in der langen Brotfruchtbaum-Allee, wo die Schwestern ihre freie Zeit verbrachten, und ich hörte ihrem Französisch zu. Oft schlief ich ein, wenn ich dieser wunderschönen Sprache lauschte."

Es gab aber auch noch die andere Seite von Phebes Welt: das Leben der Samoaner, deren Blut sie geerbt hatte und deren Sprache sie sprach. Ihre anmutige, glückliche Lebensweise sagte ihr viel mehr zu als das strenge Regiment in ihres Vaters Haus. „Mein Vater hatte einen äußerst geregelten Tagesablauf. Jeden Morgen ging er weg in sein Landverwaltungsbüro und kehrte erst um vier nachmittags zurück. Ich und meine Schwestern hatten den ganzen Tag für u ns. Wir zogen unsere Kleider aus, wickelten uns in *lavalavas* (Sarongs), wanden *laumaile* (süß riechende Blätter) um den Hals, Blumen ins Haar und sammelten Blätter und Holz im Busch für unsere eigenen kleinen *umus* (Herde). Oder wir schwammen in den Flüssen und tauchten im Meer unter den Wellen durch. Einmal erwischten wir Nadeln und Ruß und tätowierten unsere Beine. Ich tätowierte eine Möwe sowie ein ‚M', den ersten Buchstaben des Namens meines kleinen samoanischen Liebsten. Als ich später verlobt war, verletzte ich meinen Fuß, und er mußte täglich frisch verbunden werden. Jeden Tag kam mein Verlobter zum Verbinden. Da sah mein Vater die Tätowierung. Oh, was wurde er wild! Er sagte: ‚Wenn du nicht diesen Fuß hättest, würde ich dich auspeitschen.'

Einmal konnte ich einen Blick auf das wirkliche samoanische Leben werfen. Die dritte Frau meines Vaters war eine sehr junge und fröhliche *taupou*. Ihr Bruder war ein großer Häuptling in Manono, und unter dem Vorwand, daß dieser Bruder krank sei, bekam sie Vaters Erlaubnis, nach Hause zu gehen. Er schickte mich mit ihr, denn ich stand in ihren besonderen Gunsten. Sie wußte, daß die andern Geschwister frech waren und von den Samoanern *ngutaitu* (Geisternase) genannt wurden. Als wir aber bei ihrer Familie ankamen, steckte sie mich zu den *taupou*, und selbst ging sie zu den Eltern ihres Liebhabers. Für zwei Wochen schlief ich mit den *aualuma* (unverheirateten Mädchen). Die alten Frauen fertigten uns *ula* (Halsbänder) an, und jede Nacht erschienen alle Jungen. Ich trug einen *lavalava* und Blumen im Haar und war sehr glücklich.

Als in alten Zeiten die deutschen Offiziere bei uns landeten, saßen wir mit nackten Füssen und Blumen im Haar am Fluß und sprachen mit ihnen. Mein Vater wußte nichts von alledem."

Als Kind liebte sie Schwimmen und Wettkämpfe. Sie besiegte jedes

Vollblutkind der Nachbarschaft, bis die Kinder, die zu den *malagas* erschienen, genötigt wurden, es dieser Halbblütigen zu zeigen. Sie standen um den Zaun herum, der ihres Vaters Haus umgab, und schrien den samoanischen Kampfruf:

Meine Linke ist der Kopf eines schwarzen Fischs. Komm, kämpf mit mir.

Meine Rechte ist der Kopf eines roten Fischs. Komm, kämpf mit mir.

Bei gelegentlichen Schwierigkeiten unter der gemischtrassigen Bevölkerung war sie stets versucht, Gewalt anzuwenden. So auch damals, als die Frau eines Chinesen einen Streit mit Phebes Halbschwester anzettelte. Die zarte, 13jährige Phebe gürtete sich mit einem schmalen *lavalava* unter ihrem steifen Rock und kämpfte mit der Frau, die ihren Bruder beleidigt und ihre Schwester geohrfeigt hatte. Und das alles im Haus des Chinesen drin, denn sie fürchtete, wenn der Kampf draußen stattfinde, wären die andern der von allen geliebten Phebe zu Hilfe geeilt. Während der Chinese herumhopste und die Menge zurückhielt, schlug sie sein fettes Weib zusammen und warf sie die Stufen vom Eß- zum Schlafraum hinunter, rollte sie zu guter Letzt unters Bett, allzeit besorgt, ob nicht etwa der Vater oder einer seiner geschwätzigen Kumpels vorbeigehe und von der Sache Wind bekomme.

Einmal war sie sogar Zeugin der *fa'amase'au*-Zeremonie, der Besitznahme des Beweises der Jungfräulichkeit einer *taupou*. (Die Zeremonie hat mich stets verunsichert, denn nach den Erzählungen sowohl meiner samoanischen Informanten als auch nach den Texten früherer Missionare wurde ein Mädchen zu Tode geprügelt, falls sich herausstellte, daß sie keine Jungfrau mehr war, wenn der für ihren Mann verhandelnde Häuptling kam, um ihren Jungfräulichkeitsbeweis mit seinen Fingern, die mit weißem Maulbeerrindenbast umwickelt waren, in Besitz zu nehmen. Diese Bestrafung schien mir zu streng für das samoanische Ethos. Mrs. Parkinson wußte die lange gesuchte Antwort auf diese Frage).

„Falls das Mädchen keine Jungfrau mehr ist, wendet es sich an die alten Frauen. Ganz im geheimen bringen sie dann das Blut eines Huhns oder eines Schweins herbei und schmieren es auf die *i'e sina* (feingeflochtene Matte), die auf dem Boden ausgelegt wurde. Dann wird diese *i'e sina* nach draußen zu den Leuten gebracht, und alle alten Frauen der weiblichen Linie der Braut reiben sich von dem Blut ins Gesicht, tanzen und singen. Der Ehemann hält die Matte hoch wie eine Flagge und geht dann hinein hinter einen *siapo* (Baumrindenvorhang) zu seiner Frau."

Sie war ebenso Zeugin der Trauerfeierlichkeit für eine *taupou*. Die Verwandten der Frau brachten viele feingeflochtene Matten, die Verwandten des Ehemannes viele Meter ungebleichter Baumwolle herbei. Die Baumwolle wurde im Haus ausgelegt, die Matten auf dem Leichnam aufgetürmt. Während des Kochens der Speisen für das Trauermahl, wurden alle *polas* (geflochtene Store) heruntergelassen und die jungen Mädchen und Knaben sowie einige ältere Leute splitternackt eingeschlossen. Sie schnitten sich das Haar, bemalten sich mit *sama* (Gelbwurz) und beschmierten sich zum Zeichen der Trauer von oben bis unten mit schwarzer *lama* (Holzkohle).

„Als ich ein kleines Mädchen war, überlegte ich hin und her, wie es wohl sein würde, wenn ich einen der jungen *manaias* (mit Titeln versehene Jugendliche aus dem Haushalt des Häuptlings) heiratete, die meine Freunde waren. Aber dann hatte ich einen Traum, den ich nie vergessen werde. Ich sah ein hohes Kliff mit weißen Streifen, dem der Boden entzogen war. Auf der einen Seite des Kliffs stand ein prächtiges Schloß; ich wohnte dort und schritt durch die Hallen. Wenn ich nun überlegte, wie meine Heirat mit einem Samoaner herauskommen könnte, erinnerte ich mich immer an den Traum und wußte, daß ich mit einem Samoaner nie in dem Schloß wohnen könnte. Außerdem war mir klar, daß die Samoaner ihre Frauen verließen und andere nahmen. Wenn mein Mann mich nicht mehr liebte, würde er mich wegwerfen, und ich wäre nicht besser dran als ein Straßenmädchen. So beschloß ich, am Ball zu bleiben, die europäische Lebensart zu lernen und mich nach den Wünschen meines Vaters zu verheiraten. Jahre danach, in Neuirland, sah ich das Kliff genau wie im Traum. Es ragte hoch aus dem Meer auf, hatte auf der einen Seite weiße Narben, ich zeigte es meiner Schwester und sagte: ‚Da! Ich träumte von diesem Kliff, als ich klein war.‘

Wenn meine Schwester (Emma, damals mit Farrel, einem Neuseeländer irischer Abstammung verheiratet) jeweils nach Hause zurückkehrte, saß ich stets neben ihr und beobachtete jede ihrer Bewegungen. Die Art, wie sie die Nadel hielt oder den Faden durchbiß, schien mir vollkommen. Ich liebte sie sehr und war zugleich unerhört eifersüchtig. Wenn ihr Mann seine Familie in Neuseeland besuchen ging, brachte er sie und die beiden Kinder zu ihrem Vater, und dann erzog sie uns. Recht häufig machte ich mit ihrem Besen Bekanntschaft. Mit mir gab sie sich die größte Mühe, weil ich am ehrgeizigsten war. Die andern waren faul und unfolgsam, sie rannten zur Mutter und klagten. So gab sie alle auf und schlug nur noch mich. Ohne sie fühlte ich mich sehr einsam, und nur, weil ich sie so liebte, konnten mich mein Mann und Farrel überreden, hierher zu kommen. Das war die Wurzel ihres Siegs.

Mein Mann wurde in Augustina, Schleswig-Holstein, geboren. Sein Vater war Engländer, Trainer von Prinz Christian, und seine Mutter, Zofe der Kaiserin, war Deutsche. Zuerst arbeitete mein Mann als Englischlehrer in Helgoland. Aber er war versessen auf Anthropologie und Ethnologie. Ein Mann namens Kubary [Johann Stanislaus Kubary, 1846-1896] kam zurück aus Samoa, er erzählte meinem Vater davon, und der ging sofort dorthin. Er leitete eine Plantage und überwachte gleichzeitig die Geschäfte der Firma Gottfried [Goddefroy]. Ich wollte ihn gar nicht heiraten. Er war zwanzig Jahre älter als ich. Da gab es nämlich auch noch den amerikanischen Konsul D., aber er meinte es nicht gut mit mir. Ich war ein wenig in ihn verliebt, er besuchte uns regelmäßig, und falls ich gerade Kochdienst hatte, ließ mein Vater eine meiner Schwestern kochen, und ich mußte ihn unterhalten, weil er einzig meinetwegen herkam. Da saß er, plauderte mit mir und sagte: ‚Oh, Phebe, ich möchte dich zu meiner kleinen Frau machen. Komm, leb' mit mir, dann können wir immer noch heiraten.' Ich war aber katholisch und erzählte der Superiorin und den Nonnen alles. Sie meinten: ‚Laß' dich nicht mit diesem Mann ein, der taugt nicht für dich.' Da fand einmal eine Tanzerei statt, und dieser Kerl war dort, aber auch mein Mann. Ich mochte ihn nicht besonders, aber ich blieb in seiner Nähe, um dem Schuft aus dem Weg zu gehen. Anderntags schrieb er meinem Vater und bat um meine Hand. Mein Vater sagte: ‚Nun, Phebe, er ist eine gute *parti* für dich. Er ist ein rechter Mensch, trinkt nicht.' Ich antwortete: ‚Oh, Vater, ich will doch noch nicht heiraten!' Ich war gerade erst 15 geworden und aus dem Kloster gekommen. So bat ich: ‚Laß erst Carrie' – das war meine ältere Schwester – ‚heiraten.' Aber er sprach: ‚Nicht Carries Name steht hier im Brief, sondern deiner.' Ich fürchtete mich vor meinem Vater, er war immer so streng mit mir. Ich war die letzte dieser Familie, und er nahm mir das übel. Die andern Mädchen liebten ihn, aber ich liebte ihn nicht, ich hatte Angst vor ihm. Wenn er sich müde fühlte und wir ihn *lomilomi* (massieren) mußten, dann machten die andern *lomilomi* mit liebevollen Händen, aber meine Hände wurden schlaff, es war keine Liebe in ihnen. Als er aber befahl, ich müsse den Mann heiraten, da wußte ich, daß ich nicht anders konnte. Alle Schwestern sagten: ‚Ja, er ist ein guter Mann. Stimmt, er ist kein Katholik, aber es ist vorteilhafter, einen guten Portestanten als einen schlechten Katholiken zu heiraten.' Sechs Monate lang waren wir verlobt, und all die Zeit schaute ich ihm nie ins Gesicht. Ich wußte nicht einmal, ob seine Augen blau oder schwarz sind. Er hatte keine Zähne, sie waren ihm alle herausgeschlagen worden, als er in Afrika einmal über einen Zaun stürzte.

Alle samoanischen *manaias* meinten: ‚Unsere kleine Phebe wird bald das Essen vorkauen müssen für diesen alten Mann ohne Zähne.‘ Meine Mutter und hohe Häuptlinge ihrer Familie kamen an und protestierten bei meinem Vater: ‚Schau, du bekamst deinen Willen mit allen andern Kindern. Laß uns diese kleine *tamafafine*. Sie soll mit uns gehen, in des Häuptlings Haus wohnen und eine Zierde seines hohen Ranges sein. Sie muß keine harte Arbeit verrichten und kann heiraten, wen sie möchte. Laß sie nicht diesen alten Mann nehmen.‘ Aber mein Vater wollte nichts davon wissen. Jedes Mal, wenn mein Mann uns besuchen kam, hörte ich sein Pferd, und dann rannte ich weg und versteckte mich unter dem Bett. Ich zog mein häßlichstes Kleid an und machte mein Haar ganz strubbelig, damit er angewidert sei. Später erzählte er mir, daß mich deshalb alle ausgelacht hätten. Als er mich einmal spazierenfuhr, sagte ich ihm: ‚Richard, ich will dich nicht heiraten, es liegt mir nichts an dir.‘ Er antwortete: ‚Weiß das dein Vater?‘ Ich sagte: ‚Ja.‘ ‚Dann laß uns zu deinem Vater gehen und mit ihm darüber reden‘, meinte er.

Darauf erwiderte ich schnell: ‚Nein, lieber nicht, ich meinte es nicht ernst.‘ Wir wurden vom britischen Konsul getraut, und dann gab es ein großes Fest. Die Schiffe im Hafen – die *Lackawana* und die *Bismarck* – hatten große Tribünen gebaut; ich habe keine Ahnung, woher sie das Holz holten.“

Phebe war 16, als sie heiratete. Nach der Hochzeit sprang sie mit allen Festkleidern ins Bett und drehte ihrem Mann den Rücken zu. Früh am Morgen stand sie auf und ging zur Messe. Als ein Kind sich meldete, änderten sich ihre Gefühle für ihn. War sie vorher fast zufrieden gewesen, wenn er, um ihre Eifersucht zu wecken, mit anderen Mädchen flirtete, so wurde sie jetzt rasend vor Eifersucht. Auch nach der Schwangerschaft begleitete sie ihn auf seinen geheimen Überwachungstouren auf der Suche nach Guano. Auf der Heimkehr von Parties bei Mondschein führte er ihr Pferd und lehrte sie die Konjugation von „ich liebe dich“ [deutsch im Original] und „gib mir einen Kuß“. Anfangs wußte sie nicht, wie man deutsches Essen kocht.

„Mein Vater hatte eine große Familie, und er lebte sehr bescheiden. Nur gekochtes Rindfleisch und Taro, keine Butter, kein Brot. Nach der Heirat verlangte mein Mann: ‚Geh in die Küche und überwache das Kochen.‘ Ich antwortete: ‚Ich habe nicht geheiratet, um Köchin zu werden.‘ Aber er bestand darauf: ‚Nein. Aber du mußt lernen, damit du die andern anweisen kannst.‘ Ich war aber nicht daran interessiert. Bis zu dem Tag, als wir mit einer Gruppe von deutschen Offizieren bis spät zusammen waren und Mrs. Decker – unsere nächste Nachbarin, eine irische Waise, die von der Familie Williams zur hervorragenden Köchin ausgebildet worden war – vorschlug: ‚Kommt zu uns nach Hause.' Sie kochte für alle ein perfektes Abendessen, und mein Mann sagte zu mir: ‚Siehst du, wie sie kochen kann? Ich müßte mich schämen, Offiziere zu uns zu bitten, denn alles, was du ihnen vorsetzen kannst, ist Bier, ein wenig Brot und Radieschen.' Ich wurde eifersüchtig und lernte zu kochen. Jeweils an Sonntagen gingen wir auf die Kriegsschiffe, hatten Champagner-Frühstück auf dem einen und nahmen das Mittagessen auf einem andern ein. Mein Mann kostete von jedem neuen Gericht, sah mich dabei an, und ich begriff, daß ich es zu Hause ausprobieren müsse. Auf diese Weise lernte ich das Kochen.

Nie brachte ich es fertig, aus einem Kochbuch zu kochen. Ich lernte jedoch mancherlei Medizinen und die Pflege von Kranken aus einem alten Kochbuch. Fünf Jahre lang hatten wir hier keinen Arzt. Mein Mann war sehr heikel, was das Essen betraf, vor allem die Suppen. Alles mußte sehr heiß auf den Tisch kommen. Zuerst mußte ich mich um sein Essen kümmern, dann um alle Kinder, und erst danach holte ich mir selbst etwas zum Essen. Mein Mann war nicht kräftig. Etwa zehn Jahre lang fühlte er sich ganz gut, und dann konnte er nicht mehr arbeiten. Ich nahm ihm die Plantage aus den Händen, und er kümmerte sich nurmehr um die Rekrutierung von Leuten für die Schiffe meiner Schwester, trieb sich auf den Kriegsschiffen herum, schrieb seine Bücher und tat, was er wollte. Es war nicht Malaria, die ihn quälte, sondern etwas in seinem Innern. Er tat mir aufrichtig leid. Ich erinnerte mich, wie geduldig und liebenswürdig er am Anfang unserer Ehe mit mir gewesen war, und ich versuchte, ihm alles so leicht als möglich zu machen. Meine Schwester beklagte sich. Ihr Haus stand sehr nahe beim unsrigen, aber manchmal ging ich monatelang nicht hinüber. Sie kam zu mir, schalt mich und sagte: ‚Phebe, Richard hält dich wie eine alte Henne über ihren Eiern. Warum läßt du ihn eine Sklavin aus dir machen?' Ich aber entgegnete ihr: ‚Emma, das tut er nicht, ich mag es so. Ich habe genug zu tun mit meinen Kindern.' Meine Schwester war der Ansicht, ich sei so stark, weil ich viele Kinder geboren habe. Mit jedem Kind würden die schlechten und unreinen Stoffe aus dem Blut herausgespült. Meine Schwester war eine große Leseratte. Sie las politische Sachen, konnte auch mit jedermann über Politik reden, aber sie las auch Medizinisches. Oft sprach sie mit mir. Oh, sie war sehr klug, meine Schwester. Sie gab große Parties und trank eine Menge Champagner, nur so konnte sie ihre Geschäfte vergessen. Auch konnte sie sonst nachts gar nicht schlafen, lag wach und rechnete, rechnete. Leid tat es ihr, daß mir mein Mann keine Buchhaltung beigebracht hatte. Ich führte ein Tagebuch über die Plantage, das war alles. Nach dem Tod meines Mannes fing sie ein Hauptbuch für mich an, aber ich gab es bald auf."

Von 1881 an spielte die große, weitverzweigte Verwandtschaftsgruppe eine wichtige Rolle beim Aufbau der „Kontaktkultur". Queen Emma mit ihren Ehemännern, zuerst Farrel und dann Kolbe, war das geschäftliche Haupt der Gruppe und die Parkinsons deren intellektuelle und ethische Komponente. Brüder kamen von Samoa mit halb- oder ganz-samoanischen Frauen. Viele Samoaner wurden zu Gehilfen ausgebildet für die Aufgabe des Landkaufs, der Überwachung oder der Anlage von Plantagen. Deutsche, Australier und Neuseeländer kamen auf die Inseln und heirateten in die Gruppe. Die Missionare erschienen, Protestanten und Katholiken, und begannen, ihre Domänen und Tätigkeitsbereiche einzurichten. Das Neo-Melanesisch entwickelte sich zu einer Sprache.

Jede Kleinigkeit der neuen Lebensart mußte aus einer fremden Kultur übertragen, angeglichen oder neu erfunden werden: der Stil der Häuser mit den großen Veranden, deren Holzwerk aus Deutschland importiert war, die Art des Kochens und der gesellschafltichen Vergnügungen, der Umgang mit den vorhandenen Eingeborenen, die Methoden der Arbeiterrekrutierung, der Lebensstil vertraglich angestellter Arbeiter – wie sie wohnen, essen, gekleidet sein sollen, wie ihre Beziehungen zu den Arbeitgebern reguliert sind –, das alles mußte genau ausgearbeitet werden. In diesen Strukturen spielten Erinnerungen an samoanisches Brauchtum, die Erfahrung mit der Gewalttätigkeit des Jonas Coe oder der Förmlichkeit deutschen Lebens eine Rolle. In der sich langsam herausbildenden Lebensart verkörperten die Samoaner die Möglichkeit gut funktionierender Mischehen. Sie waren eine gesunde Bevölkerung, die der Härte des Landes gewachsen war, und sie erinnerten auf Schritt und Tritt an die kulturelle Rückständigkeit der Eingeborenen Neubritanniens und anderer Inseln. Die Samoaner waren hochgewachsen und stark, geprägt von einem hochentwickelten politischen System und höfischer Etikette. Die Eingeborenen Neubritanniens hingegen erschienen kleiner, dunkler, dünn, gebeutelt von Krankheiten, aufgesplittert in kleine, wenig effiziente politische Gruppen, gewöhnt an die Kopfjägerei, an Überfälle zwecks Sklavenhandel, an Kannibalismus. Sie zeigten sich verschlagen, mißtrauisch, betrügerisch in ihrer Art, mit Fremden umzugehen.

„In Samoa sind das Gefühl, die Erfindungsgabe, die Romantik vorherrschend. Hier gibt es nur Leidenschaft. Sie sind mehr wie die Tiere." (An dieser Stelle drückte Mrs. Parkinson exakt das Gefühl der Samoaner gegenüber den von ihnen vertraglich zur Arbeit verpflichteten

Melanesiern aus, die der infame Menschenausheber Bully Hayes als *meauli*, „schwarze Dinger", nach Samoa gebracht hatte.) Aber sie verfügte auch über das Missionarsmodell des Mitleids:

„Als wir hier ankamen, steckten Richard, Farrel und ich unsere Köpfe zusammen und nahmen uns vor, mit den Eingeborenen stets ein faires Spiel zu spielen, ihnen zu geben, was sie verdienten, immer unser Wort zu halten, ob in der Bedrohung oder im Versprechen. Sie wußten, daß wir die Wahrheit sagten, und wir hatten nie Mühe, Arbeiter zu finden. Jetzt (1929) müssen sie gemäß einer Regierungsbestimmung auf den Plantagen Langhäuser bauen mit Holz- und Zementböden. Die Boys mögen das nicht. Sonntags stehlen sie sich davon und erstellen ihre eigenen kleinen Hütten, wo zwei oder drei von ihnen herumliegen, ein Feuer anzünden, sich ein Stückchen Fisch oder anderes *kaikai* (Essen) kochen können, das sie aufgelesen haben. Im großen Haus schämen sie sich. Das kann ich verstehen. Wenn man mit den Eingeborenen Erfolg haben will, muß man sich um ihr Wohlergehen kümmern."

Bevor die Gruppe aus Samoa ankam, „war bereits ein Priester in Rabaul gelandet, aber die Eingeborenen warfen ihn ins Feuer". Eine andere Gruppe wollte später in Kokopo eine Missionsstation einrichten. Wieder drohte ihnen der Feuertod, aber ihr Leben wurde geschont, weil sie Zuneigung zu Miti – wie Mrs. Parkinson genannt wurde – gefaßt hatten. Darauf erschien eine dritte Missionarsgruppe. Queen Emma verkaufte ihr bei Vunapope gelegenes Land, auf daß ihre Schwester die Religion in der Nähe habe. Jeden Sonntag fuhr sie im Kanu zur Messe und brachte das gebrauchte Altarlinnen zurück zum Waschen.

Phebe kaufte häufig kleine eingeborene Kinder, die im Krieg gefangen worden und zu lebenslänglicher Sklaverei bestimmt waren. Sie übergab sie den Schwestern zur Erziehung. Mit Eingeborenen von nah und fern hielt sie Märkte ab, wurde vertraut mit ihren Namen und sammelte ihren Klatsch. Auf diesem Weg hörte sie, wer Sklaven feilzubieten habe, kaufte sie für sechzig Fuß *tambu* (Muschelgeld) – den Preis eines großen Schweins – und übergab sie der Mission.

Die erste deutsche Regierungsstation befand sich auf der York-Insel. Zwar war die deutsche Flagge gehißt, aber lange Zeit gab es gar keinen Gouverneur. Richard Parkinson amtierte als Stationsmeister. Später zog die „Regierung" nach Neubritannien um und errichtete in Kokopo eine Station. Die Parkinsons warnten die Stationsboys, sich keinesfalls mit den *maries* (eingeborenen Frauen) einzulassen, wenn diese an den Strand zum Markt kamen. Früher schon hatten sie Schwierigkeiten gehabt mit den Plantagenarbeitern, als die sich mit den *maries* eingelassen hatten.

Die Buschmänner töteten sie, und eine Strafexpedition wurde unumgänglich. Generell schenkten die Deutschen dem Problem zu wenig Beachtung, und bald begannen die Komplikationen erneut. Die Buschmänner beklagten sich bei Mrs. Parkinson, und sie riet ihnen, sich an die Regierung zu wenden, aber die hörte sie nicht an. Die Eingeborenen wurden zunehmend unzufrieden und schürten böse Gefühle „gegen alle Weißen im Land".

„Es gab einen Eingeborenen aus Pararatawa mit dem Namen Talavai, der erfand eine kugelsichere Farbe. Man mußte sich in seiner Umzäunung einfinden und ein Stück weißes Geflügel ohne eine einzige schwarze Feder mitbringen. Dieses Geflügel wurde gekocht, gemeinsam mit Galavai gegessen, und man mußte ihm eine gewisse Summe *tambu* bezahlen. Nur einen Fuß, wenn man arm war, sonst wurde die Summe höher. Talavai machte nun den Farbtest. Er sprach einige Worte über der Farbe, redete zu den Geistern und malte einen Mann – es handelte sich um ganz gewöhnliche rote Farbe aus vulkanischem Ton bei Matupe [Matupi, Blanche Bay], wie sie die Eingeborenen auf ihren Märkten verkaufen. Er nahm ein Gewehr. In jenen Tagen hatten die Eingeborenen nur Blechgewehre und Enfields, die mit einem Ladestock gestopft werden mußten. Die Geschosse stellten sie aus Bleistücken her. Auch ich fertigte Geschosse aus allen möglichen Bleigegenständen an. Man mußte das Blei schmelzen, in eine Form gießen, diese ins Wasser legen, und fertig war die Kugel. Talavai stand nun am einen Ende seiner Umzäunung und ließ den eingeborenen Kunden sich ans andere Ende stellen. Er hielt eine Hand hoch und sagte ‚Hier ist das Geschoß', das der andere natürlich nicht sehen konnte. Dann stopfte er es in den Gewehrlauf, Pulver, Papier und die Mündungskappe obendrauf, schoß, und der Eingeborene fand nur ein blutrotes Fleckchen auf seiner Brust. Talavai hatte keine Kugel in den Lauf gesteckt, sondern bloß eine blutrote Frucht wie eine Kirsche. Wir hatten solche Früchte in Kuradui gepflanzt, ich machte daraus eine Art Blanc-manger [eine Süßspeise], wunderbar, ganz rot. Das war der rote Fleck. Die Eingeborenen kamen aus nah und fern, um bemalt zu werden. Aus ganz entlegenen Gebieten erschienen Männer – ich nenne sie Priester –, die mit solchen Sachen Handel trieben. Sie bezahlten für das Geheimnis bis zu hundert Fuß *tambu* und bemalten ihrerseits weitere Leute. So breitete sich das *mailan*, wie sie es nannten, aus, und die Eingeborenen griffen Kokopo an.

Die Weißen standen bewaffnet Wache und konnten nicht auf den Plantagen arbeiten. Des Nachts kamen die Eingeborenen in den Ort und schossen in die Häuser. Uns ließen sie kundtun, daß sie uns nichts anhaben, wenn wir im Haus blieben, weil wir immer gut zu ihnen waren. Aber sie wollten der bösen Weißen in Kokopo habhaft werden.

Ein oder zwei Mal unternahmen die Deutschen Expeditionen in den Busch, aber sie wußten nicht recht, wo die Eingeborenen zu finden waren. Die versteckten sich, und nur wenige wurden verwundet. Diese Wunden wiesen sie dann Talavai vor, und der sagte: ‚Ach ja, ihr habt wohl ein Tabu gebrochen. Ihr schlieft mit einer Frau oder das Gefieder des Geflügels war nicht absolut weiß', und die Eingeborenen waren es zufrieden. Schließlich waren die Bewohner von Kokopo die Sache leid, und sie verlangten nach einem Kriegsschiff. Der Richter sagte zu Richard: ‚Ihr müßt nun zu uns halten. Wir sind nur eine Handvoll Weiße, und du weißt gut genug, daß, wenn es den Eingeborenen gelingt, uns zu töten und alle Munition an sich zu bringen, ihr als Nächste dran seid.' Das war wahr. Das hätten sie getan, um das Land von allen Weißen zu säubern. Richard antwortete: ‚Ja, ich helfe euch jetzt, und wir beenden das alles.'"

Ein Angriffsplan wurde ausgeheckt. Richard begab sich aufs Kriegsschiff, um die Beschießung zu leiten. Kolbe dirigierte die eine Gruppe, Schmili [Schmeiler, ein deutscher Verwaltungsbeamter] die zweite und Phebe eine dritte. Die ersten beiden Gruppen wollten von oben kommen, während die dritte auf halbem Weg im Zentrum wartete. Phebe plante die Marschroute, schickte Kundschafter und Spione aus. Nachdem sie den Mittelharst geführt hatte, kehrte sie zurück und leitete die Operationen von den Plantagen aus. Nach einigem Kämpfen, Töten und Brandschatzen kamen die Weißen zu Phebe und Richard und baten sie, mit den Eingeborenen Frieden zu schließen und jeden Distrikt eine Friedensgabe in *tambu* zahlen zu lassen. Phebe erörterte den Fall mit den Eingeborenen und bot sich an, ihr *tambu* mit auf den gemeinsamen Haufen zu legen. Zuerst waren sie stur, und die Beschießung ging weiter. Schließlich eines Nachts hörte sie leises Wispern: „Miti?" „Ja, wer ist da?" „Ich mit dem *tambu*." „Gut, aber warte bis morgen." Sie warteten die ganze Nacht, dann ließ Phebe sie das *tambu* in Rollen zusammenbinden und ins Distriktbüro bringen. Der Stationsmeister erklärte, nun sei alles vorbei und sie solle die Eingeborenen beruhigen. Das tat sie. Wenig später schrieb ihr die Regierung auf Betreiben der Raluana Missionare, sie solle weitere Geldstrafen einziehen. Sie antwortete wie folgt: „Ich habe die Ehre, den Empfang Ihrer Bitte vom 15. Oktober zu bestätigen und möchte als Antwort mit allem Respekt aus folgenden Gründen weitere Unternehmungen ablehnen.

Auf Ersuchen des Stationsmeisters versicherte ich die Eingeborenen von Paparatawa vor einiger Zeit, daß die Regierung keine Schritte mehr gegen sie unternehmen werde, und ich fürchte, daß die Forderung nach weiterem *diwarra* (Muschelgeld) nach Ansicht der Eingeborenen zu einem Vertrauensverlust führen und die freundlichen Beziehungen, die zwischen uns herrschen, aus dem Gleichgewicht bringen könnte.

Ich möchte hinzufügen, daß ich Ihnen sowohl zu Dank verpflichtet als auch erleichtert wäre, wenn die Regierung künftig bei Schwierigkeiten dieser Art auf meine Hilfe verzichtete und direkt mit den Eingeborenen verhandelt."

Als die Parkinsons zum ersten Mal nach Neubritannien kamen, verbreiteten sich Berichte im Busch über ihre hellhaarigen Kinder. Einmal nahmen zwei neubritannische Eingeborene Maiskolben – deren Anbau die Parkinsons eingeführt hatten – und machten Puppen daraus mit schwarzen Samen als Augen. Sie umwickelten sie mit leinenen Tüchern, nahmen sie mit in den Busch und verlangten einiges an Muschelgeld für einen Blick auf *pickaninny belong missus* (das Baby, das der Herrin gehört). Eine der Puppen fiel unglückerweise zu Boden, und der Schwindel flog auf.

Einmal machte sich Phebe auf, quer über die Insel und mit nur einem Boy als Begleitung, um der einzigen weißen Frau in jenem Teil Neubritanniens bei der Niederkunft beizustehen. Sie selbst war am Beginn einer neuen Schwangerschaft. Plötzlich fühlte sie einen starken Schmerz, stieg ab, ging hinter einen Busch, legte ihr Taschentuch auf den Boden und erlitt eine Fehlgeburt. Sie wickelte diese Fehlgeburt ein, legte sie in ihre Tasche, kletterte auf ihren Sitz zurück und befahl dem Boy, umzukehren und nach Hause zurückzufahren. Als sie angekommen war, bat sie ihren Mann, in die Tasche zu schauen. Dann wurde sie ohnmächtig. „Später habe ich mich immer gefragt, von welcher Farbe wohl die Augen des Babys gewesen wären", sagte sie.

„Als wir damals in Malapau mit dem Anbau von Tabak anfingen, stahlen ihn die Eingeborenen regelmäßig und verkauften ihn einem Händler weit weg an der Küste. Eines Tages erschien der Händler bei uns und fragte: ‚Haben diese Leute hier Tabakpflanzungen im Busch?' ‚Nicht, daß ich wüßte', antwortete ich. Er sagte: ‚Sie verkauften mir viel Tabak.' Ich fragte: ‚Welche Eingeborenen?' Er sagte: ‚Diese da, dort hinten auf der Plantage.' Da wurde mir klar, daß sie stahlen. Ich nahm Maulbeerrindenbast, einige Konservenbüchsen, Bildchen und sonstigen Plunder, hängte es an der Grenze der Plantage auf und erklärte den Eingeborenen: ‚Das ist ein Tabu aus Samoa.' Gleich daneben lag die Straße, aber alle waren so erschrocken, daß sie nicht einmal mehr auf der Straße zu gehen wagten.

Als wir dann unten in Kolai waren, stahlen die Eingeborenen alle heruntergefallenen Kokosnüsse. Oben hingen die Bäume voll, aber keine lag auf dem Boden. Ich bewahrte zu jener Zeit zwei Schädel in Schachteln auf, die ich mit einer Kollektion wegzuschicken plante. Ich nahm gefärbtes Tuch, stopfte es in die Augenhöhlen, nahm ein wenig Haar von einem alten *tuuiga* (samoanischer Kopfputz), leimte es auf die Schädel, band Stränge von Maulbeerrindenbast daran und ließ die Köpfe von Boys auf Stangen befestigen. Ich sagte den Eingeborenen, daß dies die Schädel meiner beiden Mutterbrüder Talimai und Ma'aona seien, die ich von Samoa hergebracht habe, um meine Kokosnüsse zu bewachen. Sie wüßten, daß die Nüsse aufgelesen und mir gebracht werden müßten. Wenn einer aber stehle, dann würden sie ihn töten. Oh, waren die verängstigt! Vor allem durch den Maulbeerbast, weil er so gar nichts Europäisches an sich hat."

Oft machte sich das komplexe traditionelle samoanische Leben noch direkt bemerkbar im neuen Leben Neubritanniens: „Meine Mutter war die *tamafafine*, und es ergab sich, daß die Jugendlichen der *tamatane*-Linie starben. Also machten sich zwei der Häuptlinge auf den langen Weg hierher, um meine Mutter zu bewegen, herunterzukommen und den Fluch wegzunehmen. Sie mußte sich eine feingeflochtene Matte beschaffen, sie über die Gräber der Verstorbenen ausbreiten, ein Insekt auflesen wie in Zeiten kriegerischer Auseinandersetzungen und in einer langen Rede erklären, daß sie den Fluch aufhebe. – Meine Schwester war diejenige, die zu beleidigen sich alle Frauen und Kinder meiner Brüder hüten mußten. Sie war die *matua* (Älteste). Die Frauen meiner Brüder mußten sie bedienen und ihr alles geben, worum sie bat, aus Furcht, sie könnte die Kinder verfluchen. Und auch ihr Sohn konnte alles von ihnen verlangen."

Als Phebe sich von den jungen samoanischen *manaias* mit ihrer Fröhlichkeit und ihrem Lachen abgekehrt und dann Tag und Nacht zu Gott gebetet hatte, er möge sie diesen großen, seltsamen Mann lieben lassen, den sie heiratete, da hatte sie bereits beschlossen, auf dem merkwürdigen, schönen, harten Pfad zu bleiben, der ein Erbteil ihres weißen Blutes war. Ihre Schwestern guckten hochnäsig auf die Samoaner herunter. Sie waren fern von Samoa erzogen worden und hatten den Kontakt mit ihrem Volk verloren. Sie vergaßen die Toleranz und die edle Höflichkeit der feinfühligen Häuptlinge. Sie kannten die Kunstgriffe nicht mehr, um das Leben in den Tropen einfach und schön zu gestalten. Sie trugen europäische Kleider und hatten europäische Manieren. Sie hielten sich an den Glanz einer Welt, zu der sie unbedingt gehören wollten. Des Stolzes der Rasse ihrer Mütter verlustig gegangen, mußten sie fiebernd nach Geld, Platz und Rang suchen in einer Umgebung, der sie nur halb zugehörten. Phebe aber war stolz auf ihr samoanisches Blut und ihrer kleinen, entrechteten Mutter, die jeweils heimlich gekommen war, um sie im Versteckten zu liebkosen, in tiefer Zuneigung verbunden. Dies hinderte sie jedoch nicht daran, sich auch mit europäischem Flitter zu umgeben. Alle ihre Anstrengungen, den europäischen Haushalt bis ins Kleinste zu beherrschen und einen Garten zu unterhalten, aus dem die überforderten deutschen Hausfrauen in Rabaul Leihgaben holten, um den überfeinerten Gaumen ihrer Ehegatten zu genügen, all das tat sie nicht, um europäisch zu erscheinen, sondern um „Richard glücklich zu machen“, denn „er war ein kranker Mann, und ich wollte ihm keine Sorgen bereiten“. Sie lernte Deutsch, um ihm zu gefallen und um mit den jungen Offizieren, die ins Haus kamen, plaudern zu können bis tief in die Nacht, wenn die Kinder im Bett waren. Queen Emma verschlang alles Gedruckte, so daß ihr nichts entgehen konnte. Sie wollte ihren Gästen auf deren eigenem Boden begegnen. Phebe las weniger. Aber an alles, was sie gelesen hatte, erinnerte sie sich und verknüpfte es mit ihrer Lebenserfahrung. Emma machte ihr Vorwürfe: „Wenn du Richard dazu drängen würdest, Geld zu verdienen, sein Hirn und seine Fähigkeiten einzusetzen, Geld für dich und die Kinder zu scheffeln, dann wäre alles besser. Dann müßtest du nicht arbeiten wie ein Neger, während er bloß herumläuft und sich einen Namen macht. Er ist ganz einfach ein selbstsüchtiger Mann.“ Sie sagte darauf nur: „Ach, Emma, laß ihn. Er ist krank, und wenn er das zu tun findet, was er liebt, dann reicht es. Wir haben genügend zum Leben.“ „Und was ist mit den Kindern?“ „Wir geben ihnen eine gute Erziehung. Sie müssen eben arbeiten, wenn sie groß sind, wie wir das auch tun mußten, wie Richard das tat. Ich will doch nicht sein Leben verderben und ihn von dem abhalten, was er gern tut, bloß damit die Kinder später auf der faulen Haut liegen können.“

Richard Parkinson war von Emma nach Neubritannien gebracht worden. Für acht Pfund im Monat hob er für sie Arbeiter aus, kaufte Land und leitete ihre Plantagen. Als die Neuguinea-Kompagnie gegründet wurde, wechselte er, wurde dort Plantagengründer, und Phebe übernahm die Betriebe ihrer Schwester. Allerdings hatte sie das schon vorher getan, denn Richard wollte nie Pidgin lernen. Es war auch immer Phebe, die mit den Eingeborenen sprach, wenn sie Richards für Deutschland bestimmte Vögel ausstopften. Sie gab ihnen die Imprägnierungsmittel und beschriftete die einzelnen Exemplare. „Richard leistete die Denkarbeit.“

Richard war ein Mann, der einzig vom Gedanken beseelt war, sich Geltung zu verschaffen: er wünschte einen erlesenen Tisch und seine Kragen noch steifer gestärkt als die der Honoratioren des winzigen Außenpostens. Phebe hätte gerne Rosen gehabt für ihren Garten im Tausch gegen die seltenen Pflanzen, die sie fortschickten. Aber Richard war dagegen, weil diese Pflanzen als Geschenke von Richard Parkinson an die Wissenschaft in die Welt hinausgingen. Überall saßen seine Schuldner, Leute, denen er Käfer, Schlangen, Fische, Schmetterlinge, Muscheln, Kuriosa oder Photographien gesandt hatte. Als er 1893 auf Europaurlaub war, schrieb er ihr Briefe, gespickt mit Namen. Namen derjenigen, zu deren Tisch er geladen war, die ihn als großen Wissenschaftler feierten, als Mann, der Bedeutendes geleistet hat. Der Sultan von Jahore empfing ihn in seinem Palast. Sogar in Rom, wo er als Protestant nichts verloren hatte, wurde er aufgenommen. Man wollte den Fortschritt der Mission bestätigt hören. Neben den Männern, die er dort traf, und den Huldigungen, die ihm zuteil wurden, war er am meisten interessiert an den großen Gebäuden und Palästen als Beweisstücken von Reichtum und Macht. Der Geschmack an Rang und Würde, auf den ihn in der Kindheit die prinzlichen Kinder gebracht hatten, wurde nun befriedigt.

Er kehrte 1894 nach Neubritannien zurück, erstarkt, glücklich und stolz. Phebe sah seinen Triumph und war froh, daß sie Emmas Vorhaltungen in den Wind geschlagen hatte. Was er tat, war gut. Er trug bei zu den edlen Dingen der Welt, Dingen, welche reich erfahrene und mit Christus vertraute Regierungen anerkannten. Sie wurde in diesem Glauben noch bestärkt, als Dr. Hahl zum deutschen Gouverneur ernannt wurde. Er anerkannte die Werte, für die Richard einstand, und befand das gastliche Haus des Wissenschaftlers seiner Freundschaft würdig. Nach Richards Tod 1909 tat er alles für die Witwe Parkinson, die ihrerseits alles für die Regierung tat. Unter ihren Briefen, die sie in Ehren hielt, fand sich einer mit Datum vom 25. März 1912: „Dr. Hahl wünscht ungefähr 20 Polizeiboys für Madang und Eitape (20 für jede Station). Wäre es Ihnen möglich, diese für uns unter den *kanakas* zu rekrutieren? Für jeden Boy bezahlt Ihnen die Regierung 30 M. Gesucht sind kräftige und große Boys, alle mit Dreijahreskontrakt mit Ausnahme derjenigen, die schon gedient haben. Für diese mindestens ein Zweijahreskontrakt. Schicken Sie uns wenn möglich einige bereits diese Woche, damit sie Dr. Hahl auf der *Manila* nach Neuguinea senden kann. Hochachtungsvoll, J.A. Streubel."

Alle ihre Kraft, die während 25 Jahren durch Mutterschaft und Ehe gebündelt war, wurde nun frei. Die Stärke des kleinen Mädchens, das in

Apia alle besiegt und Riffe durchschwommen hatte, das feindseligen Eingeborenen unerschrocken entgegengetreten war und die Geheimnisse der Dukduks teilte, für die sie vielfarbige Embleme häkelte und deren Geheimnisse sie nie den Frauen verriet, diese Stärke verselbständigte sich nun. Es waren jedoch die Erinnerungen an die europäische Hälfte ihres Lebens, die zu Symbolen des persönlichen Verlusts und des Schmerzes wurden, wie etwa das Brauchtum an Weihnachten.

„In Samoa hatten wir keinen Weihnachtsbaum, wir feierten Sankt Nikolaus. Mein Vater ließ uns unsere Strümpfe an die Stuhllehnen hängen. Dann ging er weg, und meine Schwester füllte sie. Wir spähten durch die Tür und sahen alles, und später war es nie wieder so schön. Aber im Haus meines Mannes, da gab es einen Weihnachtsbaum. Er pflanzte eine ganze Reihe von Avokadobäumen. Jedem Boy gab er eine Frucht in die Hand. Er war – wie sagt man das? – sentimental. Also jeder Boy hatte seine Frucht. Mein Mann nahm die Schaufel und grub, und dann mußte Otto einen Baum pflanzen, dann Max, und er sprach: ‚Wenn ihr groß seid, könnt ihr sagen, daß ihr diese Bäume als Kind gepflanzt habt.‘ Jede Weihnacht kappten wir die junge Krone eines Baumes, und das war der Weihnachtsbaum. Wir besaßen einen Ständer, und wenn man die Schraube anzog, spielte Musik. War der Baum dann geschmückt, die Kerzen eingesteckt und die Geschenke aufgetürmt, dann blieb ich mit den Kindern draußen, und Richard zündete drinnen die Kerzen an. Er öffnete die Türen, alle gaben sich die Hände, tanzten um den Baum und sagen ‚Stille Nacht‘ und ‚Oh, Tannenbaum‘ [deutsch im Original]. Ach, war das schön! Nur gerade wir als Familie. Die andern baten uns, Weihnachten auszugehen. Aber Richard lehnte ab. Nur die Familie. So war er, er wollte die Kinder im Haus behalten. Auch sonst spielten wir abends mit ihnen, Halma und Uddo. Sie liebten ihr Heim. Dasselbe galt für den Friedhof. Als Richard krank war, ließ er sich in seinem Stuhl dorthin tragen; er hatte genau bestimmt, wo er und ich und alle Kinder liegen sollten. Er sagte: ‚Falls eine deiner Schwestern oder Kinder deiner Schwestern hier begraben sein wollen, leg' sie zu beiden Seiten an den Rand. In der Mitte will ich nur unsere Familie.‘

Als meine Mutter sehr alt war und wußte, daß sie bald sterben würde, wollte sie zurück nach Samoa. Meine Schwester und mein Bruder gaben ihr Einverständnis, aber als sie mich fragten, sagte ich: ‚Oh, Mutter, ich habe mich nun all die Jahre um dich gekümmert, nun möchte ich mich auch um dein Grab kümmern. Falls du zurückgehst, könntest du während der Reise sterben und im Meer begraben werden. Wer kümmert sich um dein Grab wie ich es tun würde?‘ Sie weinte damals, aber sie blieb.

Während der Zeit ihres Sterbens schlief ich sieben Monate lang unten bei ihr im Haus, ging hinauf, um die Mahlzeiten meines Mannes zu überwachen, und wieder hinunter. Zu Neujahr gab meine Schwester eine große Einladung, sie tanzten, und meine Mutter lag im Sterben. Das erinnerte mich an ein Theaterstück, das ich in Sydney gesehen hatte. Eine Mutter wachte am Sterbebett ihres Kindes, und der Vater trieb sich mit Frauen in der Stadt herum. Ich war damals sehr traurig. Einmal ging ich wieder zu unserem Haus hinauf, um nach meinem Mann zu sehen. Als ich zurückkam, sagte meine Schwester: ‚Gott sei Dank, daß du kommst. Zweimal versuchte Mutter zu sterben, sah sich vergeblich nach dir um und blieb.‘ Dann blickte mich meine Mutter an und starb.

Nach dem Tod meines Mannes hatten wir immer noch einen Christbaum, nur für mich und meinen kleinen Jungen. Dr. Hahl wollte mich stets überreden, am Weihnachtsabend ins Gouverneurshaus zu kommen, aber ich blieb fest: ‚Nein, wir bleiben hier, wie das mein Mann immer wollte.‘ Als mein Leben sich änderte, wurde ich fast verrückt. Ich glaube, es war einfach zuviel, der Tod meines Mannes und meines kleinen Sohnes. Des Nachts ging ich hinaus und legte mich auf den Friedhof. Ich wußte kaum, was ich tat. Am Morgen, wenn es hell wurde, fanden sie mich dort. Als sie dann hier in Sumsum einen Weihnachtsbaum aufstellten, war ich tieftraurig und weinte. Dumm, aber ich sagte: ‚Ich will nicht kommen, nur um traurig zu werden und auch euch traurig zu machen.‘ In Kiep (ihrer letzten Plantage) entschied ich: ‚Paul, wir werden keinen Christbaum mehr haben.‘“

Auch nach Richards Tod versuchte sie, einige seiner Sammlertätigkeiten weiterzuführen. „Ich entsinne mich, wie ich das große Banner der Baining aus Maulbeerbast nach Chicago schicken mußte. Mein Mann hatte es versprochen und konnte es vor seinem Tod nicht mehr tun. Ich sandte Kundschafter aus und fand heraus, daß sie eigens dafür ein großes Fest mit einem Tanz veranstalteten. Sie schlitzten einem Mann den Rükken auf, nur um das Ende des Banners einzustecken, und alle Männer hielten es dort in die Höhe, nur für eine Minute. All der Schmerz und die Arbeit einzig für einen kleinen Moment lang. Sie gaben es mir dann, und ich packte es in Farnkraut und Rinde ein; oh, es war ein großes Ding. Ich hätte es nie transportieren können, wäre ich nicht mit den Schiffsoffizieren befreundet gewesen, die es für mich nach Chicago brachten.“

Während all der Jahre, als sie Richards Frau, Mutter seiner Kinder, Assistentin bei seinen Sammlervorhaben und Emmas Hilfsmanagerin gewesen war, hatte sie sich unentwegt für die Eingeborenen interessiert, mit deren Hilfe sie die Lebensart der Insel prägte.

„Als meine Schwester ihr Hab und Gut verkaufte, wollte sie, daß ich das auch tue und mit ihr nach Sydney ziehe. Ich entgegnete: ‚Ich habe doch meine Kinder.‘ Worauf sie sagte: ‚Egal, ich werde sie alle erziehen. Du kommst und lebst mit mir in Sydney.‘ Sie konnte sich kaum von mir trennen. Aber ich fand: ‚Ich bin auch ehrgeizig. Ich werde hierbleiben, meine Plantage leiten und meine Kinder aufziehen. Das ist mein Leben. Ich lebe hier, seit ich 18 war. Wenn ich weggehe, wüßte ich nicht, was tun.‘ Einmal war ich gezwungen, nach Sydney zu gehen. Oh, was war ich unglücklich! Ich mußte Handschuhe tragen und ein Korsett, und es gab nichts zu tun. Wenn ich hier wegginge, würde ich die Eingeborenen sehr vermissen. Sie sind mein Leben. Ich bin interessiert an allem, was ihnen geschieht."

Sie beschrieb ihren ersten Blick auf die Zivilisation in Cooktown, Australien, 1882, als sie als junge Mutter eine Reise nach Süden unternahm: „Ich nahm einen Eingeborenen als Boy mit, der sein Haar gefärbt hatte. Er paßte auf das Baby auf. Es gab eine Frau dort, die war ganz hingerissen von diesem Boy. Sie kramte Spiele hervor, setzte sich auf den Boden und spielte mit ihm. Sie war recht kindisch, die alte Dame. Aber eine Eisenbahn gab es, die etwa 30 Meilen aus Cooktown hinausführte. Meine Schwester nahm mich mit, damit ich eine Idee von einer Eisenbahn bekäme. Am Ende der Strecke war eine Stadt, in der ganze Familien in Zelten wohnten. Im Zug saß ein Chinese mit einer europäischen Frau, die über und über mit Juwelen beladen war. Sie sah unglücklich aus und drehte ihr Gesicht von ihm weg, als ob sie sich schämte, mit ihm gesehen zu werden. Und in Cooktown sah ich dann zwei Halbblut-Chinesinnen, die in der Schule Sprachen unterrichteten. Sie trugen einfache schwarze Kleider mit weißen Kragen und Manschetten und wirkten sehr wohlerzogen. Wir trafen sie, als wir die Schule besichtigten.

In Sydney ging ich zur Schneiderin, und die sagte zu mir: ‚Ach, sie sind hier mit ...?‘ ‚Ja.‘ Vor kurzem seien zwei Insel-Ladies bei ihr gewesen, zwei Prinzessinnen. Ich erwiderte: ‚Die kamen nicht von unseren Inseln. Es gibt dort keine Prinzessinnen.‘ Sie fragte: ‚Von welcher Insel kommen Sie genau?‘ ‚Neubritannien.‘ ‚Eben‘, sagte sie, ‚von dort kamen sie, es waren Nichten von Queen Emma.‘ ‚Oh‘, meinte ich angewidert, ‚dies waren meine Nichte und die Frau meines Neffen – es sind keine Prinzessinnen. Meine Schwester ist keine Königin. Die Leute auf der Insel gaben ihr diesen Titel, weil sie zu allen gut ist.‘ Ich war beschämt.

Wir wurden auch zu einem Gartenfest beim Admiral eingeladen, aber ich weigerte mich hinzugehen. Der Kommandant des kleinen Kriegsschiffes, das uns herunterbrachte, wollte mich umstimmen. ‚Sie sind dumm, da nicht mitzumachen. Lassen Sie wenigstens die Kinder teilnehmen.' Ich sagte: ‚Nein, wir gehören da nicht dazu, und ich habe auch kein Geld für Kleider. Es ist nicht unser Platz, und wenn wir gingen und die Leute zu Hause läsen davon, würden sie alle sagen: Schau dir die an. Die versuchen, sich unten im Süden hineinzudrängen, wo sie nicht hingehören.'

Alle Touristen eines großen Dampfers, der im Hafen lag, waren fasziniert von den Haaren meines Boys. Sie schnipselten ihm kleine Strähnen ab. Der Arme kam ganz verdattert zu mir und sagte: ‚Oh, Missus, ich werde jetzt sterben müssen. Weshalb tun sie mir das an? Ich habe ihnen kein Leid zugefügt, weshalb wollen sie mich töten?' Ich erklärte ihm, daß es nur aus Neugierde geschehe."

Ihre einzige Antwort auf ihr Mischblut bestand daran, daß sie den Boden, auf dem sie stand, sehr sorgfältig betrachtete und aufpaßte, keine Grenzen zu übertreten. Auf ihrem eigenen Boden regierte sie so sicher wie ihre Schwester, aber sie scheute sich, ihn zu überschreiten und weigerte sich, auf Höhen zu klettern, wo sie die Stufen nicht mehr deutlich wahrnehmen konnte. Eine der schlimmsten Verletzungen ihres Stolzes war die klatschsüchtige Kritik der Tatsache, daß der Kommandant eines deutschen Kriegsschiffes sie zu seiner Rechten und Frau Hahl, die Frau des Gouverneurs, zu seiner Linken plaziert hatte. Noch Jahre später, als bereits das australische Regime etabliert war, offerierte ihr ein Distriktoffizier, ihn beim Einsammeln der Steuern zu begleiten, damit sie gleichzeitig Leute rekrutieren könne. Sie lehnte ab. Es war nicht ihre Sache, sich in Regierungsangelegenheiten einzumischen.

Der Kirche stand sie sowohl loyal als auch kritisch gegenüber. „Nach den vielen Jahren, in denen ich die katholische Mission unterstützt und tragen geholfen hatte, gab es einen schrecklichen Streit mit dem Bischof, und sechs Jahre lang betrat ich die Kirche nicht. Das kam so: Vor langer Zeit, als wir mit der Plantage anfingen, hatten wir Boys aus Buka, die sich mit den lokalen *maries* oder auch mit Mädchen von Neuirland verheirateten. Diese Mütter starben oft früh und hinterließen ihre Babys, um die sich die Väter nicht kümmern konnten, und so behielt ich sie und zog sie auf. Es wurden langsam viele, und ich ging zum Bischof und fragte, ob man sie in die Mission bringen könne. Wir vereinbarten, daß, wenn sie zur Schule gehen wollten oder Katecheten werden oder sich mit Katecheten zu verheiraten wünschten oder im Kloster bleiben wollten, um den Schwestern zu helfen, sie das tun dürften. Wenn nicht, sollten sie zu mir zurückkehren. Manchmal liefen sie auch davon, aber in solchen Fällen sandte ich sie immer zu den Priestern zurück, weil ich dachte, das ginge nicht wegen der Schuldisziplin. Zwei Mädchen kamen regelmäßig nach Hause zu Besuch und wollten sich mit zwei von unseren Boys verheiraten. Diese Boys schickte ich für ein Jahr zwecks Schulung zum Priester, bis sie knapp vor der Taufe standen. Die Mädchen erzählten das den Nonnen, und die erkundigten sich bei mir. Ich sagte: ‚Laßt die Mädchen herkommen, dann sehen wir, ob sie die Boys wirklich mögen.‘ Sie saßen alle auf der Veranda, kauten Betelnüsse, sprachen zusammen, und es schien, daß die Sache klappe. So schickte ich die Boys zurück ins Kloster und bat den Priester, sie nun sogleich zu taufen, weil sie heiraten wollten. Der aber wurde stocksauer und fragte, ob der Bischof informiert sei. Ich antwortete: ‚Ihre Hochwürden reiste nach Süden, aber der Stellvertreter weiß um die Sache.‘ Der Priester war immer noch böse und wollte die Taufe nicht vornehmen. Als der Bischof zurückkehrte, nötigte er die Mädchen, mir brieflich mitzuteilen, daß sie nicht heiraten wollten. Ich ging zu ihm und sagte ihm ins Gesicht, daß ich sein Spiel durchschaut habe. Er antwortete mir: ‚Wir wissen, was recht ist. Wir wünschen nicht, daß die Mädchen diese Boys heiraten.‘ Ich sagte: ‚Vater, wie steht es denn mit unserer Abmachung?‘ ‚Oh‘, meinte er, ‚Die hat keine Gültigkeit mehr. Wir haben nun eine Regierung, und die Regierung gab der Kirche das Recht, Wächterin zu sein über alle Waisen. Unsere Abmachung datiert aus der Zeit, als das Land noch jung war und keine Regierung hatte. Damals war es eben schwierig, Kinder zu finden für die Schulen.‘ Ich diskutierte mit ihm, aber er sagte: ‚Mein Kind, du bist nicht mehr die Mrs. Parkinson von früher. Du fällst deinem kirchlichen Vater in den Rücken. Du darfst mir nicht widersprechen.‘ ‚Monsignore, das ist mir klar‘, antwortete ich, ‚aber ich bin jetzt eine Witwe, habe keinen Mann mehr, der für mich eintritt. Ich darf kein Blatt vor den Mund nehmen und muß für meine eigenen Kinder und die Eingeborenen kämpfen.‘ ‚Es tut mir leid‘, sagte er. Und ich fragte, ob das sein letztes Wort sei. ‚Ja.‘ ‚Dann, auf Wiedersehen, Monsignore.‘ Und ich ging hinaus. Er folgte mir und sprach: ‚Mein liebes Kind, du darfst nicht wütend sein.‘ Ich erwiderte nur: ‚Guten Tag‘ und fuhr davon. – Oh, wie kochte ich vor Zorn!

Ich ging nach Rabaul und ließ in sämtlichen Büchern – dem deutschen Gesetz und dem australischen Gesetz – nachsehen, ob es einen solchen Paragraphen gab. Es gab ihn nicht. Ich konnte den Priestern nicht verzeihen. Man riet mir, vor Gericht zu gehen, ich werde den Prozeß sicher gewinnen. Aber das tat ich nicht, weil die Nonnen auf meiner Seite waren und ich sie nicht in die Sache hineinziehen wollte. So betraten weder ich noch meine Kinder sechs Jahre lang die Kirche. Manchmal ging ich in die Kapelle der Nonnen, aber nie wollte ich einen Priester sehen.

Die Nonnen baten mich inständig, aber ich erklärte: ‚Erst, wenn ich ihnen verzeihen kann und in der Kirche einzig an Gott denke, gehe ich wieder hin. Wenn ich jetzt gehe, denke ich einzig an meinen Zorn.'"

Später dann traf sie in Buka einen Priester und ging bei ihm zur Beichte. Er riet ihr, zurückzukehren und in Vunapope Frieden zu schließen. Am Tag der Weihung eines neuen Bischofs betrat sie die Kirche wieder. Alle Nonnen, denen es oblag, bei dieser Gelegenheit die Damen von Rabaul zu unterhalten, weinten. Sie erklärte das: „Sie weinen über das verlorene Schaf, das zurückgekommen ist. Ich glaube nicht, daß es nur eine Religion gibt, aber ich glaube, man hat kein Recht, die Religion zu wechseln. Man muß zu einer Sache stehen. Das ist meine Vorstellung von einer guten Frau."

So wie ihr Mann ihren Vorstellungen von Förmlichkeit und Ordnung entsprochen hatte, entsprach die Religion ihrem Verlangen nach Grundwahrheiten, tiefem Gefühl und teurem Preis. Ihr Leben in Neuguinea kam ihrem Bedürfnis nach Aktivität entgegen – genau wie der Wunsch ihres Mannes nach wissenschaftlicher Anerkennung ihre ruhelose Wißbegierde befriedigt hatte. Es war ein Grundzug ihres Charakters, nie etwas zu vergessen. Was sie sah, betrachtete sie stets in Beziehung zu Umfassenderem. Sie wollte immer genau wissen, auf welche Weise etwas getan wurde. „Wir besuchten einmal die Admiralitätsinseln. Dort sah ich Speerspitzen aus Obsidian. Man sagte mir, daß sie weder geschnitten noch geschnitzt seien. Ich war sehr neugierig, wie sie denn gefertigt werden. Sie zeigten mir, wie die Spitzen mit einem einzigen Steinhieb abgeschlagen und dann auf die Speere aufgesetzt werden. Sehr interessant." Oder: „Mein Mann kaufte jeweils Skelette, und die wurden ihm in perfektem Zustand gebracht. Alles war da bis zum Endglied des kleinen Fingers oder der Zehenknochen. Ich war neugierig, wie das möglich sei, und unternahm eine Expedition in den Busch. Sie binden die Knie des Leichnams zusammen, setzen ihn mitten im Wald auf eine Plattform und lassen ihn dort verfaulen, bis alle Knochen weiß sind. Ach, die Fliegenschwärme waren fürchterlich!" Sie war die erste, die den Bainings eine Axt gab: „Waren die glücklich! Vordem hatten sie zwei Jahre lang gebraucht, um mit ihren Steinäxten einen Baum zu fällen." Sie fand auch heraus, daß der Brauch der Arawes an der Südküste, den Neugeborenen während sechs Wochen den Kopf in Baumrinde einzubinden, zu schlimmen Entzündungen führte. Die Augen der Kinder standen hervor, und ihre Gesichter waren blaß und aufgedunsen. Darauf nahm sie deutsche Ärzte dorthin mit.

Bei den Eingeborenen der Blanche Bay war das Bruder/Schwester-Tabu derart ausgeprägt, daß ein Bruder, der in der Nähe des Arbeitsorts seiner Schwester vorbeiging und dabei von einem Dritten gesehen wurde, mitsamt seiner Schwester den Tod erleiden mußte. Manchmal geschah es, daß ein mächtiger Häuptling die Todesstrafe verhindern konnte, falls es sich um seine Verwandten handelte. Er schickte dann im Geheimen eine Mitteilung an die Parkinsons, und Richard ging hin und rettete sie.

Am 6. Juli 1929 versuchte ich, das Ergebnis meiner Einsichten zusammenzufassen: Die Deutschen sahen in Phebe ein Symbol der friedlichen Eroberung der Südsee, des allmählichen Zusammenwachsens von Inselqualitäten mit deutschen Tugenden. Sie wurde geliebt wegen ihrer Leichtigkeit, ihres Humors, ihrer geschickten Freundlichkeit und Toleranz – alles Eigenschaften, die mit der ansprechenden Art Samoas in Verbindung gebracht wurden. Andererseits achteten und schätzten die Deutschen Phebes Hausfraulichkeit, ihre Bescheidenheit, Untergebenheit und ihren Respekt vor der Autorität, der Ordnung und dem Rang. In diesen Dingen war sie eine echte *Hausfrau* [deutsch im Original]. Ihr hoher Gebrauchswert für die Administration, ganz abgesehen von ihrem Heim und ihrer Gastfreundschaft als persönlichem Beitrag, prägte sich in doppelter Weise ein: Indem sie als Witwe gehegt und tatkräftig unterstützt wurde, huldigten die Deutschen gleichzeitig der Romantik von Phebes Herkunft und der Pietät ihrer eigenen Überzeugungen.

Der Krieg spielte ihr grausam mit, sehr grausam sogar, weil sie keinerlei Parteinahme fühlen konnte. Sie wußte nicht, auf welcher Seite Richard gestanden hätte, wäre er noch am Leben gewesen. Weil er halb englisch und halb deutsch war und zweisprachig mit Freunden in beiden Ländern verkehrte, konnte sie sich nicht vorstellen, wo seine Bindungen lagen. Emma war tot, und ihre Entschiedenheit fehlte ihr. Ohne Emotion, bloß neugierig beobachtete sie, wie der Krieg sich Neuguinea näherte. Ihr erster Kontakt mit dem Krieg war ein Symbol für alles, was kommen würde. Weil eine ihrer Töchter öffentlich einem deutschen Offizier einen Peitschenhieb versetzte, als er ihre jüngere Schwester beleidigte, wurden ihre Beziehungen zur Regierung gespannt: „Alle bei der Marine und alle Deutschen, die nie in der Armee dienten, standen auf unserer Seite. Die Soldaten aber waren entsetzt, daß eine kaiserliche Uniform beleidigt worden war, und das durch eine Frau!" Als der Befehl kam, daß alle deutschen Familien im Falle eines Angriffs nach Toma evakuiert werden müssen, stand ihr Name nicht auf der Liste. Der Gouverneur erklärte, daß sie kaum in Gefahr gerate. Sie sei schließlich die Bedrohung seitens der Eingeborenen gewohnt, zudem sei sie Samoanerin, nicht Deutsche, und die Invasoren täten ihr kein Leid an. Rechtlich war sie deutsche Staatsbürgerin, aber sie teilte weder die deutschen Ängste noch die egozentrischen Sorgen. Geduldig versuchte sie, sich der neuen Situation anzupassen.

Der Krieg stand vor ihrer Tür, und ihre alte Neugierde flackerte wieder auf. Sie machte sich auf den Weg nach Kokopo, um festzustellen, wie ein echter europäischer Krieg aussah. Sie fand einen Ring von Wachtposten vor, die einen Paß verlangten. Das war neu und spannend. Innerhalb der Absperrung erblickte sie einen jungen Offizier, den sie als Beamten gekannt hatte. Er fragte sie nach ihrer ältesten Tochter Louisa, die mit einem Neuseeländer verheiratet war. Ein Gefühl großer Vertrautheit bemächtigte sich ihrer. Hier stand ein neues Kader von Offizieren, eine neue Flotte von Kriegsschiffen. Auch sie brauchten Unterhaltung, Essen, Kaffee oder Whiskey, Ananas, Guavas, Betten und saubere Hemden. Da sah sie eine beliebige Gruppe von unbeschäftigten Soldaten schwatzen, rauchen, im Gras sitzen. Ihr Herz ließ sie wieder Böses ahnen. Das war keine Disziplin. Sie war nicht sicher, ob es sich tatsächlich auch um eine Armee handelte. Als sie im Lauf der Okkupationsjahre dann den jungen Offizieren in ihrem Haus Tee und Whiskey reichte und diese mit ihren Töchtern zu tanzen pflegten, wunderte sie sich mehr und mehr. Der Mangel an Form machte sie unglücklich. Sie versuchte dennoch, sie zu behandeln wie die Deutschen. Sie gab ihnen Gemüse und Früchte, hieß sie an ihrem Tisch willkommen und ließ sie teilhaben an ihrem Wissen über die Eingeborenen.

All die Zeit der militärischen Okkupation gelang es ihr nur teilweise, die Illusion aufzugeben, das alte Leben werde sich in neuer Verkleidung wiederholen und sie erneut zur bewunderten Gastgeberin, weisen Führerin und liebenswürdigen Heldin einer formell regierenden Klasse aufsteigen zu lassen. Als schließlich die Militärregierung wegzog, zerschlugen sich ihre winzigen Hoffnungen. Die seltsame Mischung von Beamten, Ingenieuren und ähnlichem ohne Tradition, ohne Anstrich von Autorität, ohne Form und die Erfahrung, ein Land voller *kanakas*, Halbblut- und Quasi-Deutschen zu regieren, alle diese Leute nahmen sie nicht zur Kenntnis. Das ganze Gewicht der Gleichgültigkeit, manchmal auch Feindseligkeit richtete sich gegen sie. War sie denn nicht eine naturalisierte Deutsche? Oft zeigten sie ihr auch Verachtung. Hatte sie denn nicht auch das Blut Eingeborener in den Adern? Phebe fühlte sich ausgeschlossen von einer Welt, die sie weder begehrte noch bewunderte. Ihr ganzes Leben lang hatte sie sich in frommer Übereinstimmung gefühlt mit dem äußeren Glanz der Ideale, die sie hochachtete. Sie hatte die

Grundsätze der weißen Zivilisation und deren beste Tradition der Loyalität, Ehre und Treue akzeptiert. Sie hatte geglaubt, daß solche Grundsätze unabdingbar mit Förmlichkeit und Würde verbunden seien. Das kam von ihrer samoanischen Erbschaft, von der Betonung der Rangstufen. Sie verband jedoch die Grundsätze der weißen Zivilisation nicht allein mit Deutschland. Schließlich war ihr Vater amerikanischer und ihr Mann englischer Herkunft. Alle Europäer, die sie kennengelernt hatte, waren entweder Wissenschaftler – in ihren Augen eingehüllt ins Gewand der Gelehrsamkeit, obgleich ihre Manieren manchmal zu wünschen übrig ließen – oder Offiziere regulärer Marineeinheiten oder anderer Waffengattungen. Sie war nicht darauf vorbereitet, die von ihr so bewunderte Zivilisation derart unwürdig vertreten zu sehen wie in den ersten Tagen der neuen zivilen Regierung. Expropriationen, die sie zwar nicht direkt am eigenen Leib erfuhr, brachten ihr dennoch Verluste und Unannehmlichkeiten. Dies verletzte sie jedoch weniger, als die zufälligen Unhöflichkeiten, denen sie ausgesetzt war. Sie fühlte sich um ihre Aufopferung betrogen. Richard war tot. Seine Sammlungen waren komplett und lagen in den Museen. Die Gesellschaft, deren einstmals aktives und glückliches Mitglied sie gewesen war, gab es nicht mehr.

Ruhig, ihre Hände gebräunt von Wind und Regen, aber immer noch schlank und schön, wies sie jeden Anspruch auf Teilhabe in dieser neuen Welt zurück. Sie hatte dort keinen Platz. Immer noch mußte sie für ihre Kinder und deren Plantagen sorgen. Es gab immer noch Arbeit für sie: Eingeborene überließen ihr gern ihre Kinder; sie hatte Großkinder mit hellem Haar und deutschen Namen und Großkinder mit hellem Haar und englischen Namen, um die sie sich kümmern mußte. Die fundamentalen Dinge, denen sie ein Leben lang vertraut hatte, waren immer noch da. Der Keller des Hauses war nicht ausgebrannt durch die Flammen, die ihr ihre Ideale geraubt hatten. Sie kehrte zurück zu diesen einfachen Dingen; glücklich, wenn sie schnell in einen Fluß eintauchen konnte, den sie überqueren mußte; zufrieden, wenn sie einen Streit unter den Eingeborenen schlichten konnte; stolz, wenn sie die Erträge der Plantagen ihrer abwesenden Kinder vergrößerte: „Ich denke oft an diese andere Großmutter in Deutschland, die keine weiteren Großkinder hat, und wie sie sich danach sehnen muß. Ich habe sie nun so lange, ich fühle mich beinahe selbstsüchtig.“ Dann fuhr sie fort: „Meine Mutter erzählte mir einmal, daß sie zuhörte, wie ihre Großmutter und ihre Mutter sich unterhielten, wie das Gehör und die Sehkraft bei alten Leuten abnehme. Sie lachte dann und meinte, das sei wie eine zweite Kindheit. Jetzt, wo ich selbst alt bin, überraschen oder ärgern mich solche Sachen nicht. Wenn einem allerdings die eigene Mutter nicht mitgeteilt hat, was zu erwarten ist, dann könnte es einem etwas ausmachen."

Die Jahre waren ihr nicht mehr günstig gesinnt. Die Plantagen, die sie aufbauen half, gingen eine nach der anderen dem Familienbesitz verloren. Sie selbst schlug sich kümmerlich durch, vermittelte noch wenige Plantagenarbeiter und lebte meist mit ihrem Lieblingsenkel. 1934, als Folge der Rezession, löste sich ein versprochener Job in Nichts auf; sie und ihr Enkel blieben als Gestrandete in der Buka-Passage zurück. In einem Brief schilderte sie die Situation: „Um die Finanzen der Mission steht es schlecht. Sie sparen an allen Ecken und Enden, um die Ausgaben zu drosseln. Kein Geld kommt herein, weil die Koprapreise tief sind. Ich packte den ganzen Kram, der mir – außer Pflanzen, Geflügel, lebenden Tieren, Hunden und so weiter – von meinem alten Haus geblieben ist, zusammen. Du solltest uns sehen zwischen unserem Hab und Gut, ohne Heim und ohne einen Pfennig Geld. Die Hütte hier gehört einem meiner Bekannten, er erlaubte uns, sie zu benützen ... Je schneller wir in Rabaul zurück sind, desto besser. Dort habe ich wenigstens ein kleines Heim, und alles paßt mir dort. (Ich sah es 1938, als ich sie auf meinem Weg zum Sepik ein letztes Mal traf.) In der Hütte hier muß ich 51 Jahre zurückdrehen in die Zeit, als ich in Neubritannien ankam. Ein kleines Grasdach als Küche, Kochen auf zwei Eisenringen, Brotbacken zwischen zwei leeren Petroleumfässern." Der Brief endete: „Ich vertraue darauf, daß du und dein guter Mann bei bester Gesundheit seid und in diesem neuen Jahr viel Glück habt. Laß von dir hören, *la'u pele* (meine Liebe). *tele le alofa* (in großer Liebe), Deine Phebe Parkinson, die *ele galo le uo moni tofa soi fua* (einen wahren Freund nie vergißt. Auf Wiedersehen, das Leben sei mit Dir.)"

Als echtes Kind der Südsee verleugnete sie ihr Erbteil nie. Mit Eifer und geschickten Händen nahm sie alles auf, was ihr die Zivilisation zu Füßen legte, und formte daraus ihre eigene Lebensart. Der Weltkrieg, der das Gewebe der europäischen Zivilisation zerstörte, fand sein Echo auch in Kuradui, das sie mit leeren Händen verlassen mußte. Der Überbau ihres Lebens, die Welt ihrer Vorstellung, zerbröckelte und zerfiel. Sie selbst aber bleibt – als beste Entschuldigung für die europäische Invasion der anmutigen polynesischen Welt. Denn sie zeigte, wie eine Polynesierin mit europäischen Werten umgehen kann, wenn diese verwachsen sind mit dem festen Glauben an das polynesische Blut und dem Stolz darauf.

Anmerkungen

1 Als mir klar wurde, daß ich das Buch so bald nicht schreiben konnte, schickte ich ihr die Hälfte des vermuteten Verlegerhonorars, damit sie es vor ihrem Tod zur Verfügung habe.

[Literatur s.S. 36]

Sigrid Westphal-Hellbusch während ihrer Feldforschung 1955-56
bei den Ma'adan in Süd-Irak

Sigrid Westphal-Hellbusch

Transvestiten*.

Institutionalisierte Möglichkeiten des Ablehnens üblicher Frauen- und Männerrollen im Süd-Irak

Während unserer Untersuchung der Ma'dan-Stämme am Unterlauf des Euphrat-Tigris[1] war es möglich, engeren Kontakt zu einer Dichterin lokaler Berühmtheit aufzunehmen. Sie führte ihr Leben als *mustergil,* d.h. in männlicher Kleidung als Mann. Die Erscheinung der Transvestiten ist z. B. auch von süd- und nordamerikanischen Stämmen berichtet, für die arabische Welt hat sie noch wenig Beachtung gefunden.[2] Da unsere Dichterin kein Einzelfall ist - sie behauptete, daß allein in ihrem eigenen Stamm etwa 50 Frauen als Männer lebten - verdient die Frage nach den Gründen dieser Erscheinung Beachtung.

Es sind in diesem Aufsatz nicht jene häufiger auftreten sollenden Fälle behandelt, in denen Frauen gegenwärtig aus wirtschaftlicher Not einen männlichen Beruf ergreifen. So wurde uns z. B. folgendes berichtet: Ein einheimischer Arzt hatte einen jungen Bauarbeiter behandeln müssen, dessen Geschlecht sich bei der Untersuchung als weiblich erwies. Der Bauarbeiter, den man dem Aussehen und Benehmen nach als Burschen einschätzte, gab an, daß er das einzige Kind seiner Eltern sei und diese unterhalten müsse. Sie seien arm und müßten sich durch Arbeit Geld verdienen. Des höheren Verdienstes wegen ginge er als Bauarbeiter, sei aber nicht grundsätzlich gegen eine Ehe. Dieser Art soll es mehr Fälle geben, man kann sie nicht zu den eigentlichen *mustergil* rechnen - wenngleich man sie wohl nicht ganz ohne Beziehung zu der bekannten Tatsache einer männlichen Lebensführung durch Frauen denken darf.

Es gibt auch einzelne Fälle von Männern, die ein „weibliches" Leben führen und zwar als Tänzer und Sänger. Diese Männer sind meist na-

---

* Unter dem Titel „Transvestiten bei Arabischen Stämmen" 1956 erschienen, Sociologus, N. F. 6, 1. Berlin.

mentlich bekannt, man bezeichnet sie als *mustachnet.* Sie führen kein weibliches Leben im eigentlichen Sinne, haben aber eine nicht „männliche“ Betätigung zu ihrem Lebensinhalt gemacht - Singen und Tanzen - und tragen bei Ausübung ihres Berufes weibliche Kleidung. Die *mustachnet* stehen nicht in Opposition zur gegebenen Sozialordnung, wie die *mustergil.* Eine Wurzel dieser Erscheinungen muß wohl in der Homosexualität gesucht werden, die im Orient weit verbreitet ist. Die strengen Sitten verhindern im allgemeinen näheren Kontakt mit dem anderen Geschlecht, bis die Eheschließung vollzogen ist. Der sexuelle Trieb sucht sich Ersatzobjekte beim gleichen Geschlecht, oder, seltener, in der Tierwelt. Die homosexuellen Beziehungen klingen nach der Heirat ab, obwohl auch dann noch viele Verhaltensweisen der Männer an ein homosexuelles Vorleben erinnern: man umarmt die Freunde, geht umfaßt oder sich bei der Hand haltend spazieren, sitzt in enger Nähe beieinander, schläft im Schoß des anderen und ähnliches. Bei den *mustachnet* handelt es sich aber immer um Einzelfälle ohne besondere kulturelle Relevanz, die im Vergleich dazu viel höhere Zahl der *mustergil* kann nicht von der Sexualität her, sondern eher aus der allgemeinen Sozialordnung abgeleitet werden.

Von Männern, die auch im Alltag weibliche Kleidung tragen und ein weibliches Leben führen, ist uns nie erzählt worden. Einen solchen, offenbar sehr seltenen Fall haben wir allerdings selbst beobachtet, wenn auch nicht näher untersuchen können. Es handelt sich hierbei um einen zur Zeit etwa 40jährigen Mann, der als Waise von einer fremden Familie aufgenommen und großgezogen worden war, ohne daß man ihn in der Familie adoptiert hätte. Er lebt noch heute bei dieser Familie, trägt weibliche Kleider und führt Arbeiten auf Befehl des Familienoberhauptes aus. Er macht einen leicht schwachsinnigen Eindruck, tritt nie in Erscheinung, äußert sich nicht und vermeidet es, Menschen anzusehen und mit ihnen ins Gespräch zu kommen. Von der Familie wurde er herablassend freundlich behandelt. Auskünfte über ihn wurden uns weder von der Familie noch von den Nachbarn gegeben, man erhielt den Eindruck, daß er selbst und alle anderen mit ihm, sich wegen seiner Existenz ein wenig genierten.

Zunächst soll eine allgemeine Schilderung der sozialen Verhältnisse bei den seßhaften Stämmen des Süd-Irak dazu verhelfen, unseren besonderen Fall besser zu verstehen.

Unsere Dichterin entstammt einer der reichsten Schechsfamilien des unteren Irak, die sich als Reis-Schechs einen nicht immer rühmlichen Namen erworben haben. Ohne auf die Geschichte und die wirtschaftlichen Verhältnisse in diesem Gebiet einzugehen, soll die hier bestimmende soziale Ordnung dargestellt werden, die den Wunsch vieler Frauen nach einer Änderung dieses Systems verständlich macht. Es muß betont werden, daß die zur Sprache kommende Sozialordnung hauptsächlich für die „arabischen" Stämme und nur in geringerem Umfang für die in dem gleichen Gebiet wohnenden Ma'dan zutrifft.

Die Gesellschaftsordnung der arabischen Stämme im Süd-Irak ist extrem vaterrechtlich. Man hat nämlich die Rechtsordnung des Islam übernommen bzw. diese hier eingeführt. Dem islamischen Gesetz nach hat aber die Frau weder in der Familie noch im öffentlichen Leben etwas zu sagen. Die Familie des Mädchens kann nach der Eheschließung bei voll bezahltem Brautpreis nur wenig Einfluß auf das Schicksal ihrer zur Heirat fortgegebenen Töchter nehmen. Ein kleines Beispiel soll die seelischen Konflikte, in die die Mitglieder der Familie der Frau geraten können, veranschaulichen: Einer unserer Gewährsleute äußerte sich hinsichtlich der geltenden Heiratsregeln folgendermaßen: Es ist nicht gut, wenn zwei Männer wechselseitig ihre Schwestern tauschen. Ein solcher Mann sah einmal, daß seine Schwester weinte, weil sie von ihrem Mann geschlagen worden war. Was sollte er nun tun? Dem Schwager konnte er nichts sagen, also ging er nach Hause und schlug seine eigene Frau, die ja die Schwester seines Schwagers war, um Vergeltung zu üben. So gibt es immer Streit, wenn Familien Schwestern austauschen. Was sich aber immer ereignen mag, die der Frau durch das Gesetz vorgeschriebene Rolle ist völlig passiv.

Der Mann bzw. seine Familie - die im folgenden stets mitzudenken ist, wenn von „dem Mann" die Rede sein wird - hat alle Verfügungsgewalt über ererbten oder erworbenen Besitz. Die das volle Verfügungsrecht einschränkenden Bestimmungen entsprechen der islamischen Rechtssatzung und werden als bekannt vorausgesetzt.

Durch die männliche Linie geht die Vererbung des Besitzes an Grund und Boden und von Vermögenswerten, seien es Geld, Haus oder Vieh. Die Frau ist in der Familie ihres Mannes eine Fremde, die aus ihrer eigenen Familie auf sie kommenden Güter - bei dem Tode des Vaters oder anläßlich der Hochzeit - machen sie wirtschaftlich nicht unabhängig. Ihr Ansehen bemißt sich nach der Zahl der von ihr zur Welt gebrachten und großgezogenen Kinder, je mehr Söhne darunter sind, um so höher ist es. Die Aufgaben der Frau liegen nur im Kreis der Familie: Kinderaufzucht, Essenszubereitung, Beschaffung des Feuerungsmaterials, des Wassers, Verwertung der Milch, Hilfe bei der Feldarbeit oder anderen Arbeiten des Mannes füllen den Tag aus, und nicht selten arbeitet sie bis spät in die

Nacht hinein oder fängt noch vor Sonnenaufgang mit der Tagesarbeit an. Für all ihre Mühe und Arbeit erfährt sie vom Ehemann wenig Anerkennung. „Die beste Frau ist die, die am meisten arbeitet." Die auch von vielen anderen Völkern berichtete Tatsache, daß der Mann das Züchtigungsrecht über seine Frau hat, soll nicht dramatisiert werden; dieses Recht hält sich in Grenzen, die durch die Persönlichkeiten der beiden Ehepartner gezogen werden. Es gibt bei diesen Stämmen gelegentlich also auch „Pantoffelhelden". Dennoch muß die Tatsache des Züchtigungsrechtes im Hinblick auf die Erscheinung der *mustergil* erwähnt werden.

Dem Mann allein steht das Recht zu, ein „öffentliches" Leben zu führen. Er sucht Erholung und Anregung in Zusammenkünften mit anderen Männern. In größeren Orten besucht er die Kaffeehäuser, in den Dörfern die Versammlungshäuser, in denen Kaffee und Tee getrunken werden, die Wasserpfeife und neuerdings die Zigarette geraucht wird und endlose Gespräche geführt werden. Er schließt sich in diesen Zusammenkünften von der Frau ab und scheint ein im Vergleich zu dem ihren bedeutungsvolles Leben zu führen. Je „besser" die Frau, um so mehr Zeit hat der Mann für diese erholsamen Vergnügungen. Wie in allen Kulturen erleben die Männer auch hier das Gefühl, daß sie „mehr" sind als die Ausgeschlossenen, in diesem Falle also die Frauen, und sie bestätigen sich dieses Ergebnis gegenseitig in tönenden Reden. Allerdings bezieht sich diese Schilderung nur auf das alltägliche Leben. Die Versammlungshäuser haben auch eine wirklich wichtige Funktion im Stammesleben bei nicht alltäglichen Vorkommnissen. Der Besitzer des Hauses, der Schech eines Stammes, der Führer einer Sippe oder eines Dorfes, gibt in dieser Versammlung auch seine Entschlüsse zur Kriegführung, zur Blutrache, zu gemeinsamen Unternehmungen jeder Art bekannt, und hier werden diese diskutiert und zu gemeinsamen Beschlüssen erhoben.

Das Gefühl des Ausgeschlossenseins und der damit verbundenen Minderwertigkeit erfährt das Mädchen schon in den Kinderjahren und findet es durch alle späteren Erlebnisse wieder und wieder bestätigt. Der Junge darf etwa bis zum zehnten Lebensjahr ohne Pflichten besonderer Art dahinleben, meist verbringt er seine Zeit spielend. Das Mädchen dagegen muß so bald wie möglich der Mutter helfen: jüngere Geschwister beaufsichtigen, diese mit sich herumschleppen, Wasser und Feuerungsmaterial holen, an der Feldarbeit teilnehmen usw. Kommen Gäste, so sitzt der Junge dabei; das Mädchen kann nur verstohlen sehen und hören, was sich tut. Haben die Männer einen Disput über Geld, Fehden, geplante Unternehmungen, so sitzt der Junge zuhörend und wenn er etwas älter geworden ist, auch teilnehmend dabei; das Mädchen ist nur Zaungast im Familienteil oder ganz ausgeschlossen, falls die Männer einen eigenen Versammlungsort haben.

Von den aufregenden Beratungen über Jagdunternehmungen, Kriegszüge, Vergeltungsmaßnahmen für erfahrenes Unrecht, die Nachrichten über große Ereignisse in der weiten Welt, erfährt das Mädchen, wenn überhaupt, nur aus zweiter und dritter Hand - jedem Mädchen mit einiger Aktivität muß das Leben der Jungen beneidenswert scheinen. Solange das Mädchen nicht verheiratet ist, kann es in Ersatzhandlungen und direkt es „dem Manne gleichtun", es kann ihm unangenehme Arbeiten verweigern oder sich darum drücken, es kann mit zum Weiden der Herden herausziehen und dort „wie ein Junge" sich benehmen, doch gerät es mit der Eheschließung in eine Situation, in der die Unterschiedlichkeit der weiblichen und männlichen Rolle ein Erlebnis ist, dem es nicht ausweichen kann.

Das Heiratsalter ist für Mädchen durchschnittlich das 15. Lebensjahr, für Männer etwa das 18. Es kommen erste Heiraten oft in früheren Lebensjahren vor, in späteren selten. Der Vater-Bruder-Sohn hat das erste Anrecht auf ein mannbar werdendes Mädchen, macht aber von diesem Recht nicht immer Gebrauch, wenngleich er bei den Eheberatungen eine wichtige Stimme besitzt. Man heiratet am liebsten ein Mädchen aus der eigenen Verwandtschaft, bei Scheidungen bleibt dann aller Besitz in der Familie. Heiratet er dagegen ein fremdes Mädchen, so weiß der Mann auch während der Ehe nicht, woran er eigentlich ist; es wird als sicher unterstellt, daß ein fremdes Mädchen bei Ehestreit dem Ehemann Böses zuzufügen sucht und dabei selbstverständlich Unterstützung bei seiner eigenen Familie findet. Einem fremden Mädchen fühlt man sich niemals voll verbunden und erwartet auch von ihr keine ernsthaften Zugehörigkeitsgefühle zur Familie des Mannes.

Die Heirat wird zwischen den Eltern des jungen Paares abgesprochen, die jungen Leute können nur in seltenen Fällen ihre eventuell vorhandenen Wünsche hinsichtlich eines Ehepartners durchsetzen. So kommen Mädchen und Burschen zusammen, ohne sich zutreffende Vorstellungen voneinander machen zu können. Dem Gesetz der Unberührtheit entsprechend ist es im allgemeinen das erste Mal, daß in der Ehe näherer Kontakt zum anderen Geschlecht aufgenommen wird. Diese Voraussetzungen sind einer glücklichen Eheführung nicht günstig, und der Wahrscheinlichkeit entsprechend sind auch mindestens 50 Prozent aller Ehen für beide Teile unbefriedigend. Während aber der Mann sich dieser Situation durch die Ehescheidung entziehen, oder sie durch das Nehmen einer zweiten, dritten und vierten Frau erleichtern kann, bindet das islamische Recht die Frau praktisch unlösbar an den Mann, wenngleich in Einzelfällen auch die Frau eine Scheidung durchsetzen kann.

In der eigenen Ehe erlebt die Frau am deutlichsten die Vorzüge einer männlichen Lebensführung. Sie hat voll und ganz für das leibliche Wohl ihres Eheherrn Sorge zu tragen; aber auf alle Fragen des tägliche Lebens, der Familienangelegenheiten und der Wirtschaftsführung hat sie nur soweit Einfluß, als sie sich ihm gegenüber durchzusetzen versteht. Die rasche Folge der Geburten verbraucht die Frau früh; der sich dem häuslichen Trubel entziehende Ehemann sucht Erholung und Ruhe im Kaffeehaus oder Versammlungshaus, derweil er die Frau ohne Unterstützung mit ihrer Arbeitslast zurückläßt. So kann es nicht wunder nehmen, daß die Frauen zänkisch, verbittert, unliebenswürdig, außen und innen häßlich werden - ruhig-freundliche Frauen sind seltene Ausnahmen.

In dieses Bild paßt die Tatsache, daß viele *mustergil* ihren Entschluß, ein männliches Leben zu führen, nach der ersten Menstruation kundgeben, zu einem Zeitpunkt also, von dem ab die Eheschließung in Kürze zu erwarten steht. Dieser Entschluß wird im allgemeinen von der Gemeinschaft ohne Widerspruch akzeptiert. Das junge Mädchen, falls es nicht schon in früheren Jahren wie ein Junge lebte, kleidet sich von nun an männlich, sitzt mit den Männern zusammen im Versammlungshaus, nimmt in jeder Weise teil an ihrem Leben, darf sich auch Waffen anschaffen und an Jagd- und Kriegszügen teilnehmen. Es sollen Fälle vorgekommen sein, in denen sich erst nach dem Tode eines „Mannes" herausstellte, daß hier ein *mustergil* unerkannt zwischen den Männern lebte, was leicht zu erklären ist, da im allgemeinen über solche Dinge nicht gesprochen wird. Wenn ein Umzug der Familie stattfindet und die Eltern, wie üblich, über ihre als Mann lebende Tochter Stillschweigen bewahren, dann kann eine solche *mustergil* bis zum Tode unerkannt bleiben.

Die Anerkennung einer *mustergil* als Mann bezieht sich ausschließlich auf die Lebensweise, niemals kann sie rechtlich die Stellung eines Mannes erwerben, d. h. es kann kein Landbesitz durch sie vererbt werden und ihr eventuelles Vermögen unterliegt den Erbregeln für Frauen, die sich von denen für Männer unterscheiden.

Es soll durchaus vorkommen, daß eine *mustergil* nach einigen Jahren männlichen Lebens den Entschluß zur Heirat faßt. Bei Mädchen, die schon in Kinderjahren sich als Jungen kleideten und bewegten, kann dieser Entschluß mit dem Einsetzen der Menstruation gefaßt werden, da die Diskrepanz zwischen biologischem Sein und äußerer Haltung dann schockartig wirkt. Bei einer *mustergil* höheren Lebensalters liegt diesem Entschluß wohl meist ein Liebesverhältnis zugrunde. Wie solche Ehen sich dann später gestalten, haben wir leider nicht nachprüfen können. Eine aus eigenem Entschluß heiratende *mustergil* muß vollkommen mit ihrer Vergangenheit brechen, keine ihrer früheren Beziehungen zur Männerwelt bleibt erhalten und bei unglücklichem Verlauf der Ehe kann sie nicht zum früheren Männerleben zurückkehren, da sie nun wie die anderen Frauen an die Ehe gebunden ist.

Dagegen kann eine Frau nach dem Tode ihres Mannes ein männliches Leben aufnehmen. Solche Fälle ergeben sich, wenn eine Frau gewillt ist, sich von nun an mit ihren Kindern allein durchzuschlagen und damit zu ihren weiblichen Pflichten auch die männlichen hinzunimmt. Zur männlichen Arbeit mag sie dann männliche Kleider anlegen, zum Schutze sich Waffen anschaffen und so wird sie dann auch zur Männerwelt zugelassen, vor allem, wenn sie sich selbständig bewährt und sich damit die Achtung ihrer Nachbarn erwirbt.

Unsere Dichterin ist nun insofern ein Sonderfall, als sie aus einer sehr reichen Schechsfamilie stammt, und die Rolle einer reichen Schechin um sehr vieles angenehmer als die einer armen Bäuerin ist. Körperliche Arbeit wird ihr nicht zugemutet, der eigentliche Klagepunkt aller wohlhabenden Irakerinnen ist vielmehr die Inhaltslosigkeit ihres Lebens. Der Entschluß der Dichterin, als Mann zu leben, hat offenbar zwei Wurzeln: 1. ist sie leicht verwachsen und sehr klein, was sicher ein Haupthinderungsgrund zur Heirat war, doch darüber spricht sie nicht; 2. haßt sie wegen bestimmter Erlebnisse ihren Vater, über diesen Punkt spricht und dichtet sie bei jeder Gelegenheit.

Ihr Lebensinhalt ist das Bestreben, nicht nur wie ein Mann zu leben, sondern auch rechtlich als Mann gewertet zu werden. In einem langen Kampf mit den Behörden hat sie erreicht, daß Land aus dem Familienbesitz ihr nicht nur zur Nutznießung überschrieben, sondern zu eigen gegeben wurde. Es ist ihre größte Genugtuung, daß ihr das Land rechtlich gehört, sie ist ein Mann. Der Kampf mit den Behörden, der gleichzeitig Kampf gegen die Ansprüche der eigenen Familie bedeutete, hat sich zum Querulantentum versteift. Den größten Teil ihrer Zeit verbringt sie in den Amtsstuben, um die mit ihrem Landbesitz zusammenhängenden Streitfragen erbittert durchzufechten. Diese Haltung beruht ohne Zweifel auf einer Erlebnisreihe: Vater-Familie-Behörde, in der sie in immer größerem Rahmen die gleichen Erfahrungen machte: daß man zwar, wenn es hart auf hart geht, von allen verlassen wird, aber mit Erfolg für sein „Recht" kämpfen kann.

Ihre Kultur hat ihr aber auch eine feste Vorstellung davon mitgegeben, wie ein Vater sein müßte. Diesen Vater findet sie in Allah. Bei ihm findet sie Gehör für ihre Klagen, er hilft ihr im diesseitigen Leben und wird im Jenseits das hier erlittene Unrecht ausgleichen. Sie ist ein aktiv religiöser Mensch und fest entschlossen, nach ihrem Tode der Familie alles Erbe vorzuenthalten, indem sie ihr Land und ihren Besitz einem geistlichen Würdenträger stiftet, der dafür in ihrem Namen den Armen Gutes tun soll.

Diese Haltungen erklären zum Teil ihr äußeres Erscheinungsbild. Sie trägt männliche Unter- und Oberkleidung, aber weibliche Zöpfe und weibliches Kopftuch. Diese äußeren Abzeichen ihres Geschlechts hat sie beibehalten, da sie täglich zu Allah bete, und das müsse sie als Frau tun, sonst hätten ihre Gebete keine Geltung. Das Tragen von Waffen hat die Regierung in jedem Stadtbezirk verboten, aber in ihrem Dorf trägt sie Gewehr und Revolver und kann gut damit schießen. Einen Menschen will sie noch nicht getötet haben. In bezug auf ihre Altersangabe ist sie verschämt, sie hat sich hier von der allgemeinen Tendenz der Frauen ihrer Umwelt, jung zu sein und damit als begehrenswert zu gelten, nicht freigemacht. Nach mehreren Gesprächen entschließt sie sich zu einer Altersangabe von 40 Jahren, was dem äußeren Eindruck nach stimmt.

Ihre Lebensgeschichte erzählt sie zunächst in Bruchstücken, ergänzt sie aber später anhand ihrer Gedichte und auf Anregungen jeweiliger Zuhörer hin. Ihr Vater war zweimal verheiratet, ihre Mutter auch. Sie ist das einzige Kind ihres Vaters und ihrer Mutter, aber durch ihren Vater hat sie fünf Halbbrüder, durch ihre Mutter einen Halbbruder und eine Halbschwester. Die Mutter des Vaters hat sie großgezogen, in ihren Elternhäusern ist sie kaum gewesen. Nur ihre Mutter und eine Schwester ihrer Mutter haben sich manchmal um sie gekümmert, doch an den Geschenken ihrer Mutter habe sich die Tante bereichert, niemals hätte sie die Geschenke in voller Höhe bekommen. Ihre Brüder seien alle sehr reich, aber keiner von ihnen habe ihr jemals etwas Gutes getan. Zu ihren väterlichen Halbbrüdern habe sie schon als Kind alle Beziehungen abgebrochen, zu ihren mütterlichen Geschwistern habe sie die Beziehungen aufrechterhalten, doch sähe sie sie selten, da sie nicht in der Stadt wohnten.

Schon als Kind wollte sie als Junge leben und die Familie habe nichts dagegen gehabt, im Gegenteil: „Eine Familie ist stolz auf ein Mädchen, das wie ein Junge leben will." Sie habe schon damals Waffen getragen und sei auf die Jagd gegangen, und diese Lebensweise habe sie beibehalten. Sie habe niemals geheiratet und sei niemals mit einem Mann zusammengewesen. Als sie etwa 20 Jahre alt war (1937/38), wurde ihre Mutter von der Familie ihres zweiten Mannes ermordet. Der Sohn, den sie von ihrem zweiten Mann bekommen hatte, stand so hoch in der Gunst seines Vaters, obwohl er der jüngste war, daß seine älteren Halbbrüder um ihr Erbe fürchteten. Den Bruder umzubringen scheuten sie sich, weil sie dann eigenes Blut vergossen hätten, seine Mutter war aber fremd in der Familie, so wurde im Auftrage der Brüder die Mutter erschossen. Das sollte den Vater zur Besinnung bringen und ihn mahnen, daß er ältere Söhne habe und sich ihnen wieder zuwenden möchte. Dieser erwünschte Erfolg blieb zwar aus, aber zur Verzweiflung unserer Dichterin blieb auch der Mord der Mutter ungerächt. Man gebrauchte den Vorwand, daß der Mörder unbekannt sei, was tatsächlich nicht stimmte.

Der Mord hätte von der Familie des erstes Mannes gerächt werden müssen, da aber beide Männer Schechs verschiedener Stämme waren, hätte die Blutrache leicht eine Stammesfehde nach sich ziehen können, und das wiederum hätte ein Eingreifen der Regierung bedeutet. Außerdem war letzten Endes der Mord an einer Frau geschehen, von der sich ihr erster Mann freiwillig getrennt hatte. So hatte dieser keine Lust zu den möglichen Verwicklungen und ließ es dabei bewenden, daß der Mörder ihm nicht bekannt und eine Rache darum nicht möglich sei. Das hat ihm die Tochter nie verziehen: Spott und Hohngedichte auf den ersten Mann und seine Familie machen einen großen Teil ihres dichterischen Werkes aus. Lange Zeit hoffte sie, ihn dadurch zur Tat anreizen zu können, mußte aber diese Hoffnung endgültig aufgeben, als der Mörder seinerseits einem Mord zum Opfer fiel, der aber nicht von der Familie des erstes Mannes angestiftet worden sein soll. Noch immer sind ihre Gefühle, wenn sie auf den Mord der Mutter zu sprechen kommt, stark und unverändert, sie verachtet die Familie des ersten Mannes zutiefst.

Durch den ungerächten Mord schlug ihre Erbitterung gegen die Brüder in Haß um. Dieser Haß erhielt neue Nahrung, als der Vater sie und die Großmutter aus dem Dorf fortholte, in dem sie bis dahin lebten, um beide in einem seiner festen Häuser unter Aufsicht und in Sicherheit zu bringen. Dort fand das Mädchen weniger Freiheit als im Dorfleben, fühlte sich unglücklich und litt außerdem unter der Vorstellung, daß die Einnahmen des ihr nach den Erbregeln zur Nutznießung zustehenden Landes durch ihre Brüder veruntreut würden. Viele Bauernfamilien seien damals von ihrem Land abgewandert und niemand habe sie zurückgehalten.

Sie beschloß daraufhin, sich ihr Recht zu suchen. Jede Frau der Schechsfamilien kann sich Land zur eigenen Bewirtschaftung von der Regierung zuweisen lassen, nach ihrem Tode fällt es dann wieder zum allgemeinen Familienbesitz. Sie aber wollte ihr Land selbst besitzen. Dafür sei sie bis zu den Behörden in Basra gegangen. Bis 1945 hat sie für ihr Land Pacht an die Regierung zahlen müssen, dann sei es ihr rechtlich überschrieben worden. Auf ihrem Land leben 50 bis 60 Reisbauern-Familien, also etwa ein Dorf, sie selbst baut keinen Reis an. Im Dorf hat sie wie ein männlicher Schech ein Versammlungshaus errichtet, doch hält sie sich keine Leibwache. Zu ihrem eigenen Schutz besäße sie Gewehr und Revolver und könne gut damit umgehen. In ihrem Versammlungshaus läßt sie jeden Morgen Kaffee an die Männer des Dorfes austeilen, wie es die reichen Schechs tun - doch ist sie selbst keineswegs reich und läßt sich somit die Erhöhung ihres Prestiges unverhältnismäßig viel kosten.

Nur zur Erntezeit ginge sie ins Dorf, um die Ernte zu leiten und zu überwachen - d. h. darauf zu achten, daß man sie nicht um ihren Anteil betrügt. Das übliche Abgabenverhältnis des Bauern an seinen Landherrn beträgt 50 Prozent oder, falls das Saatgut vom Besitzer des Landgutes ausgeliehen werden mußte, sogar 75 Prozent. Der Landherr hat dann 3 bis 5 Prozent der Ernte als Steuer an die Regierung abzuführen. Diese Steuerabgabe ist eine ständige Quelle des Ärgers für unsere Dichterin, da die Schätzungen der Regierung stets höher liegen als ihre eigenen, außerdem leidet sie an der Vorstellung, daß die Regierung sie betrügen möchte. So habe diese angeblich schon einmal von ihr bezahlte Steuern ein zweites Mal gefordert, und sie habe viel Ärger und Mühe gehabt, die erfolgte Zahlung nachzuweisen. Aber auch dann hätte die Regierung sich nicht zu ihrem Unrecht bekannt, sondern darauf bestanden, daß sie die Hälfte nochmals bezahle, da bei der Regierung keine Quittung über die Zahlung aufzufinden sei. Außerhalb der Erntezeit müsse sie darum in der Stadt leben, um ihr Recht bei den Behörden zu bekommen. Zu diesem Zweck hat sie in der Stadt ein Haus gemietet.

Ihr Haß gegen Vater, Brüder und Männer im allgemeinen, hat sie nicht dabei stehen bleiben lassen, wie ein Mann zu sein, sondern sie wollte mehr als ein Mann sein. Sie lernte lesen und schreiben und begann zu dichten. Unter der nichtstädtischen Weiblichkeit war sie die einzige uns bekannt gewordene Frau, die schreiben konnte; eine nur des Lesens mächtige Frau trafen wir später noch einmal unter den Schechsfrauen. Das Dichten war in ihrer Familie Tradition; ihre beiden Väter waren bekannte Lokaldichter und ihr mütterlicher Halbbruder hat sich über das eigene Gebiet hinaus Ruhm als Dichter erworben. Er dichtet nicht nur selbst, sondern ist ein guter Kenner der arabischen Poesie. Seine Leistung hat sie mit ihrem Gedichten nicht erreicht, was sie mit Stillschweigen übergeht. Ihren Triumph dagegen, mehr zu sein als „die Männer", äußert sie ständig und ungebrochen. So klagte sie mehrmals: „Sie hätte gegeben und gegeben (nämlich Gedichte), mehr als jeder Mann, dennoch sei man nicht damit zufrieden und wolle immer noch mehr von ihr (nämlich Steuern)."

Ihre Gedichte haben zwei Hauptthemen: 1. Klage um das eigene schwere Los, Klage über die Schwierigkeiten des Lebens im allgemeinen, 2. Aufruf zum Kampf gegen den Mörder ihrer Mutter, Schmähreden gegen den Stamm, dem der Mörder angehörte, und Spott auf den eigenen Stamm, der die Blutrache feige ruhen ließ. Wie sie selbst sagte, sei sie eine berühmte Vorsängerin auch bei der Totenklage. Hier bietet sich einem entsprechend gestimmten Menschen Gelegenheit, über die Ereignisse im persönlichen Leben des Verstorbenen hinaus, Zeitereignisse zu kommentieren und die Männer zu bestimmten Handlungen aufzureizen. Leider konnten wir eine solche Totenklage nicht erhalten, da sich ein Todesfall nicht ereignete und ein theoretisches Erinnern oder Ausdenken einer Totenklage nicht denkbar schien.

Die folgenden sehr freien Übertragungen dreier Gedichte sollen nur deren Inhalt vermitteln. Eine Veröffentlichung sämtlicher auf Tonband aufgenommener Gedichte in phonetischer Umschrift und mit Interlinearübersetzung soll an anderer Stelle erfolgen.

1. Abschied, die Liebe meiner Seele ist verloren,
Für welche Zeine versprach Sorge zu tragen.
Ich liebe das Dorf Arraiye, das Haus.
Mit Gewalt zwangen sie mich, in Nahadhiye zu wohnen.

Dieses Gedicht stammt aus der Zeit, als sie mit ihrer Großmutter gezwungen wurde, das Dorf - Arraiye - in dem sie wohnten und in dem sie glücklich war, zu verlassen. Zeine ist ein Verwandter, der ihr versprochen hatte, dafür zu sorgen, daß sie im Dorf wohnen bleiben könnte.

2. Der Name dessen, der verborgen ist zwischen Kaf und Nun
Wann immer ich es küsse, rieche ich Mim-Sin-Kaf.
Meine Freunde, welche Mim-Älif-Kaf.
Sin ist für mich nicht vorhanden.

Kaf, Nun, Mim, Sin, Älif sind Buchstaben des Alphabets. Der Name dessen, der verborgen ist zwischen Kaf und Nun, ist Allah. Wann immer sie seinen Namen auf den Lippen führt, umgibt sie (*misk* = Moschus) ein wunderbarer Duft. Freunde hat sie nicht (Mim-Älif-Kaf = *maku,* es gibt nicht). Nicht einmal Gift (Sin-Mim = *simm,* Gift) kann sie erhalten, um zu ihrem einzigen Freund, Allah, zu kommen.

Hierzu gibt die Dichterin folgende Auskunft: Als sie reich war, hatte sie viele Freunde, als sich aber die Zeiten änderten, verließen sie die Freunde und keiner half ihr. Damals war sie so arm, daß sie nicht einmal das Gift hatte, um ihrem Leben ein Ende zu setzen.

3. Ich bin die Frau, die den Männern Hossen singt und alle Frauen müssen heute sein wie ich,
Mein Vater, ich bin mein Bruder. Sie stürzen sich auf den Feind.
Nackt und ohne Kleidung gehen sie gegen die Gewehre.
Wenn ihr glaubt, daß ich lüge, fragt meine Familie: bin ich ein Lügner?

Dieses Gedicht entstand anläßlich eines Kampfes zwischen ihrem und einem fremden Stamm. Hossen sind die Kampfgesänge der Männer. Ein Vorredner hält eine kurze Ansprache, die mit einer Zeile endet, die nun von den Männern im Chor wiederholt wird. Dazu wird ein Stampftanz ausgeführt, die Gewehre werden in die Luft erhoben, auch abgeschossen, bis immer neue Ansprachen und Tänze die Männer in die zur Durchführung des Kriegszuges notwendige Erregung bringen. Ein guter Hossenredner kann die Leute zu Heldentaten anstacheln, so fordert unsere Dichterin auch von allen anderen Frauen, daß sie ihrem Beispiel folgen und ihre Männer zu kühnen Taten aufreizen mögen. Die Frauen dürfen am Kriegstanz selbst nicht teilnehmen und im allgemeinen auch keine Vorredner sein, unsere Dichterin als *mustergil* genießt diesen Vorzug, das erklärt die Zeile: Mein Vater, ich bin mein Bruder. Die Schilderung, wie ihre Stammesmitglieder nackt gegen die Gewehre der Feinde vorgehen, könnte vielleicht als Übertreibung aufgefaßt werden, so ruft sie ihre eigene Familie zum Zeugen, daß sie noch niemals gelogen hätte.

Die wiedergegebenen Gedichte zeigen, wie stark der Inhalt dem persönlichen Leben verhaftet geblieben ist. Die Form fand aber bei der wechselnden Zuhörerschaft während der Aufnahmen oft spontanen Beifall, so daß hier sprachliche Wendungen gelungen sein mögen, die nur der Fachmann zu würdigen weiß.

Erwähnt zu werden verdient noch die Tatsache, daß die Dichterin uns zum Abschluß unseres Aufenthaltes ein Schriftstück in hocharabischer Sprache brachte, in dem sie ein Loblied auf die Regierung in ihrem Bestreben zur Besserstellung der Frau sang. Dies sollten wir offiziell in Deutschland verlesen. Mehrmals hat sie nach der Stellung der Frau in Deutschland gefragt und zeigte große Lust, ihre Heimat zu verlassen, um sich für die Dauer in einem Lande niederzulassen, in dem die Frauen „dem Manne gleich sind". Sie fragte mich oft, ob ich nicht auch gern ein Mann sein wolle, und als ich vorsichtig äußerte, daß ich das „nicht nötig" hätte, beobachtete sie aufmerksam das Verhältnis zwischen mir und meinem Mann. Sie drohte ihm, ihn zu erschießen, falls er nicht gut zu mir sei, und war einmal sehr erregt, als ich äußerte, er könne besser arabisch sprechen als ich. „Wenn das stimmt, dann zerschmettere ich mich auf der Erde!" rief sie aus. Es war das erste Mal, daß sie ihm nicht drohte, sondern böse war, daß ich nicht mehr könne als er.

Diese Wendung, sich zu der Tatsache des weiblichen Seins zu bekennen und frauenrechtlerisch zu wirken, entwickelte sich während unseres Zusammenseins noch weiter. Die Drohungen, uns beide oder meinen Mann zu erschießen, der ständige Hinweis, daß sie einen Revolver besäße, der ihr weit bedeutungsvoller schien als ein Gewehr, ließen nach und hörten schließlich ganz auf. Bei Abgabe ihres Schriftstückes sagte sie nicht, wie in der ersten Zeit: wer etwas dagegen sage, würde von ihr erschossen werden, sondern: wer etwas dagegen sage, dem würde sie mit Gedichten antworten. Es wäre interessant, diese spontan gewonnene frauenrechtlerische Haltung später einmal zu überprüfen.

Anmerkungen

[1] Vgl. meinen Reisebericht im Heft 1, Jhrg. VI des Sociologus.
[2] Vgl. vor allem H. Baumann, Das doppelte Geschlecht. Vlg. Reimer, Berlin, 1955.

II. Aktuelle Forschungsrichtungen

Judith Schlehe

Judith Schlehe

Versionen einer Wasserwelt: Die Geisterkönigin im javanischen Südmeer

Judith Schlehe, Dr. rer. nat., geb. 1956, Studium der Ethnologie, Soziologie und Psychologie in Freiburg/Brsg. und Zürich. Lehraufträge in Freiburg, seit 1985 wissenschaftliche Mitarbeiterin am Völkerkundlichen Institut der Universität Tübingen. Buchveröffentlichung: „Das Blut der fremden Frauen. Menstruation in der anderen und in der eigenen Kultur". Frankfurt 1987. Arbeitsschwerpunkte: feministische Ethnologie, Religionsethnologie, Indonesien. Feldforschungen: zwischen 1979 und 1988 mehrere Studienaufenthalte in Indonesien, 1989 bis 1991 vierzehnmonatiger Feldforschungsaufenthalt in Zentraljava.

Zuweilen hat die feministische Forschung Wasserfrauen, Meeresgöttinnen, Nymphen und Sirenen aus aller Welt als Manifestation oder Überbleibsel der zentralen Gestalt einer „Großen Göttin" gesehen, einer Urmutter und Repräsentantin von Fruchtbarkeit und matriarchaler Frauenmacht (Stamer 1987). Dies möchte ich relativieren, indem ich exemplarisch einen kleinen Ausschnitt aus den ungemein vielfältigen Verwendungsmöglichkeiten eines bestimmten weiblichen Wasserwesens aufzeige.

In diesem Aufsatz soll es um Geschichten, Riten und Bedeutungen der Geisterkönigin oder Göttin des Südlichen Meeres, Ratu Kidul, gehen. Viele Monate lebte ich in Zentraljava (Indonesien) „vor den Toren ihres Unterwasser-Palastes". Schon früher, wenn ich auf Reisen hier war[1], machte die Stimmung in den Dörfern und heiligen Plätzen an der Südküste großen Eindruck auf mich, und ich wünschte mir das schriftstellerische Können, um ein lebendiges Bild gewisser Nächte entstehen zu lassen: der Nächte, in denen Leute – teils aus weit entfernten Orten – ans Meer kommen, um Verbindung mit der Geisterkönigin zu suchen, um zu meditieren, Opfer zu bringen und um Bitten an sie zu richten.[2] Zur ethnographischen Beschreibung gehören die mächtigen weißen Wellen, das Geräusch, mit dem sie zu dem sich über viele Kilometer erstreckenden vulkanisch-schwarzen Sandstrand rollen; dazu gehört auch der Duft der Opfergaben, der wohlriechenden Blüten und des

Räucherwerks und der Schein kleiner Feuer, welche am Strand, in gebührender Entfernung vom Wasser, die ganze Nacht entfacht bleiben, um das Räucherwerk zu verbrennen und die Blüten zu weihen, bevor sie in die Brandung gegeben werden.

Bitten an die Meereskönigin

Das alles spielt sich in einem nominell weitestgehend islamischen Land ab, und die Menschen, die an den Strand oder auch zu bestimmten Höhlen in den Klippen oder an spezielle Plätze in den Hügeln pilgern, kommen mit Motorrädern oder Minibussen aus den Großstädten Yogyakarta, Surakarta (Solo) sowie aus weiter entfernten Orten Javas. Von darauf spezialisierten Händlerinnen kaufen sie die Opfergaben, geben sie zunächst einem *juru kunci* (Schlüsselwächter), der ihre Bitten an die Göttin und die Welt der Geister übermittelt und das Räucherwerk verbrennt. Nachdem dann die Opfer in die Wellen oder an sonstige bedeutungsvolle Stellen gegeben wurden, verbringen die Leute den Rest der Nacht bis zum Morgengrauen auf Matten sitzend mit Meditieren, leisen Unterhaltungen, vielleicht ein bißchen Schlafen. Mehr als die Hälfte sind Frauen, die alleine oder in kleinen Gruppen angereist kommen, oft in traditioneller Kleidung, *kain* und *kebaya* (gewickeltes Batiktuch und langärmelige Bluse). Es sind Angehörige aller sozialen Schichten, Mitglieder des Sultanspalastes, Mittelschichtshausfrauen, besonders häufig aber Händlerinnen und Marktfrauen.

Von Anfang an war ich fasziniert von der Bedeutung, welche den Frauen hier zukommt: eine Meereskönigin ist Befehlshaberin über die Geister. Sie herrscht über ein Reich, dessen Zentrum im Indischen Ozean südlich von Java gelegen ist, und ihr zur Seite stehen mächtige Ministerinnen. Frauen und Männer haben die Möglichkeit, sich mit dieser transzendenten weiblichen Welt in Verbindung zu setzen, neben oder anstelle der Hinwendung zu Allah (*Tuhan yang Maha Esa* / Gott). Die in Java – abgesehen von orthodoxen beziehungsweise reformistischen Strömungen – weit verbreitete synkretische Form des Islam bietet dafür genügend Raum (siehe Woodward 1985).

Ausgehend von der ruhigen, meditativen Atmosphäre, die sich vom Tagesleben so deutlich abhebt, war ich zunächst versucht, die spirituelle Komponente dieser nächtlichen Riten zu überschätzen. Generell geht es zwar darum, die Geisterwelt zu ehren und mit den Opfergaben beziehungsweise deren Essenz oder Duft zu nähren, tatsächlich kommen aber die meisten mit einem ganz konkreten Wunsch: Marktfrauen bitten um gute Geschäfte, junge Leute um einen Ehepartner, Eltern um eine erfolgreiche Schul- oder Universitätsprüfung ihrer Kinder, Frauen wie Männer um berufliche Positionen oder – und das wird immer beliebter – um gewinnbringende Nummern für die staatliche Lotterie.

Ein Bezug zum Alltagsleben steht deutlich im Vordergrund. Mit der Macht des Meeres wird eine Instanz verbunden, an die man sich mit Wünschen und Problemen wenden kann. Dies geschieht in ganz individueller Art und Weise, denn der Glaube an Geister war niemals institutionalisiert oder einheitlich fixiert.

Dem gegenüber stehen in Java offizielle mystische Bewegungen, die auf eine lange Geschichte ihrer Organisationsformen zurückblicken können, institutionell straff gegliedert, sowie staatlich kontrolliert sind und zunehmend vom islamischen Diskurs beeinflußt werden. In diesen großen Organisationen wird ausdrücklich Wert darauf gelegt, sich von der Hinwendung zu Geistern abzugrenzen. Diese werden einer niedrigeren spirituellen Sphäre zugeordnet, über die es sich, auf dem Weg zur Erfahrung des Absoluten und zu mystischer Einheit mit Gott, zu erheben gilt (Stange 1986: 103).

In den Vorstellungen und individuellen Erfahrungen der allermeisten Javaner und Javanerinnen spielen Geister jedoch eine enorm wichtige Rolle. Dennoch gibt es im Hinblick auf sie weder Dogmen noch Gebäude, weder Priesterinnen oder Priester noch feststehende Kulthandlungen.[3] Bis vor kurzem wurden auch die Vorstellungen von Ratu Kidul weitgehend mündlich tradiert – obgleich sie in den Hofchroniken der Sultane durchaus Erwähnung findet, wie ich weiter unten ausführen werde.

Nach allgemeiner Überzeugung nehmen eine überaus große Anzahl von Geistern Einfluß auf Natur und Menschen: weibliche, männliche, gute, böse und indifferente Geister, teils menschlichen, teils nichtmenschlichen Ursprungs (siehe Daszenies 1987). Diese Überzeugung ist tief im javanischen Denken verwurzelt, und sie wurde von den Religionen, welche von außen nach Java kamen, zunächst Hinduismus und Buddhismus, im 16. Jahrhundert der Islam, nur geringfügig beeinflußt. Sie findet sich sowohl in modernen Großstädten als auch in entlegenen Dörfern, ist dabei allerdings alles andere als statisch, sondern vielmehr von faszinierender Flexibilität und Dynamik. Die Konzepte von Geistern, von deren Zuständigkeiten und Aktivitäten, ändern sich mit den Lebensbedingungen der Menschen. So herrscht, um dies nur mit einem Beispiel zu illustrieren, keineswegs mehr Einigkeit darüber, daß die

Meereskönigin Ratu Kidul für ihre Landausflüge auf einer sechsspännigen goldenen Kutsche mit schnaubenden Rössern aus den Wellen aufsteigt, sondern es gibt durchaus auch die Ansicht, daß sie sich heutzutage moderner Verkehrsmittel wie Autos oder Flugzeuge bedient.

Wenn ich oben sagte, daß es in Java im Hinblick auf Geister keine feststehenden Kulte gibt, so gilt dies im wesentlichen auch für Ratu Kidul, ist jedoch insofern einzuschränken, als an zahlreichen Orten der Südküste einmal im Jahr (nach javanischem Kalender) groß angelegte Opferzeremonien durchgeführt werden. Diese unterscheiden sich aber in ihrer Art deutlich voneinander, je nach den lokalen ökologischen, ökonomischen und politischen Verhältnissen. In Fischerorten wird Ratu Kidul um guten Fang gebeten, an Plätzen, an denen in den felsigen Klippen Schwalbennester (ein hochbezahlter Bestandteil chinesischer Medizin und Küche) gesammelt werden, geht es um Schutz für die gefährliche Arbeit der Sammler, und an wieder einem anderen Küstenabschnitt, in Parangtritis/Parangkusumo, wo Brandung und Strömungen zu gewaltig sind, als daß Bootsbenutzung und Fischfang möglich wären, bitten die Mitglieder des nahegelegenen Sultanshofes von Yogyakarta in der sogenannten *labuhan*-Zeremonie um Segen und Schutz für das gesamte Land. Vermutlich seit dem frühen 17. Jahrhundert (Ras 1987: 350) wird diese Zeremonie von den Angehörigen des jeweils machthabenden Sultans durchgeführt. Die Dorfbevölkerung fungiert dabei nur als Zuschauer – ebenso wie die weiblichen Mitglieder des Sultanspalastes. Diesen kommen allerdings bei der Vorbereitung der Zeremonie wichtige rituelle Aufgaben zu.

Nur ein einziger Bewohner des Dorfes Parangkusumo, in dem die *labuhan*-Zeremonie stattfindet, spielt dabei eine tragende Rolle, nämlich der *juru kunci* (Schlüsselexperte, spiritueller Wächter). Er ist derjenige, der die Worte der Anrufung an Ratu Kidul spricht. Bei dieser Person findet sich eine Überschneidung zwischen den wohlorganisierten Bezügen des Sultanshofes (*kraton*) zur Geisterwelt und den oben beschriebenen individuellen Bittbesuchen von Javanern und Javanerinnen, welche während des ganzen Jahres – am günstigsten aber in den Nächten auf Dienstag und Freitag – zu Geisterplätzen pilgern können.[4] Der *juru kunci* von Parangtritis/Parangkusumo ist vom Sultanspalast eingesetzt und legitimiert. Ihm kommt es – abgesehen von seiner Rolle bei der *labuhan*-Zeremonie – zu, jede Woche weitere *juru kunci* zu bestimmen, welche dann in den günstigen Nächten an den bereits erwähnten kleinen Feuern sitzen und gegen eine geringe Geldsumme die Opfergaben der Besucherinnen und Besucher weihen. Jeder erwachsene Mann des Dorfes kann dieses einigermaßen einträgliche Amt ausführen, sofern er sich durch Fasten und Meditieren darauf vorbereitet. Es gilt keineswegs als Voraussetzung, daß es ihm möglich ist, selbst direkten Kontakt zu Ratu Kidul aufzunehmen. Nicht einmal der vom Sultanspalast eingesetzte *juru kunci* muß der Meereskönigin jemals persönlich begegnet sein. Die Aufgabe eines *juru kunci* besteht in der Übermittlung von Bitten und Opfergaben an die Geisterwelt; er muß jedoch nicht in der Lage sein, irgendwelche Antworten von dort aufzunehmen und zurückzutransportieren.

Ich führe dies aus, um zu zeigen, daß das augenfällige und im Rahmen der Riten um Ratu Kidul einzige formelle Amt eines *juru kunci* zwar Männern vorbehalten ist – aus der Einbindung in die männlich dominierte Kraton-Tradition erklärlich –, daß bei näherer Betrachtung diesem Amt aber keine sehr große spirituelle Bedeutung zukommt. Obwohl es also zunächst so erscheinen mag, als ob der Zugang zur Welt der weiblichen Meereswesen ausschließlich von Männern kontrolliert würde, ist dem nicht so, denn Personen ohne jedes formale Amt, Männer und Frauen, können Begegnungen mit Ratu Kidul haben. Es sind dies Personen, die sich ausschließlich durch ihre individuelle spirituelle Stärke auszeichnen. Meist in der Meditation, manchmal im Traum, in seltenen Fällen auch ganz unvermittelt, können sie Ratu Kidul und ihr Reich oder eine ihrer Abgesandten sehen. Neben Nacherzählungen von solchen Begegnungen, die in alten javanischen Chroniken festgehalten sind, prägen diese individuellen Erlebnisse und die Berichte darüber die in Java verbreiteten Vorstellungen über die Welt und die Königin im Wasser, nicht aber festgelegte Versionen von Führern und offizielle Dogmen.

Vorstellungen von Ratu Kidul

Welche Bilder haben nun die Javaner von der Meeresgöttin oder Geisterkönigin? Und was entsteht, wenn ich diese Bilder betrachte und mit ethnologischen und feministischen Theorien zu vereinbaren suche? Findet sich in Zusammenhang mit Göttinnen und Geisterfrauen die Idee weiblicher Macht als Zeichen von weiblicher Bedeutung und Stärke in der Vergangenheit? Ist ihre Konzeptualisierung eine symbolische Überformung gegenwärtiger gesellschaftlicher Verhältnisse? Kurz: können die weiblichen Meereswesen als Gegenbilder oder Abbilder der javanischen Frauen betrachtet werden?

Zunächst stieß ich auf eine unerschöpfliche Vielzahl von Geschichten und Konzepten, die sich innerhalb der stark geschichteten javanischen Gesellschaft, von Frauen zu Männern, von Städten zu Dörfern, von Person zu Person unterscheiden. Es besteht nicht einmal Einigkeit darüber, ob es die Meeresgöttin als unitäre Zentralfigur gibt[6] oder ob es sich um eine Art Gewaltenteilung handelt zwischen einer obersten Instanz, Kanjeng Ratu Kidul, und ihren Ministerinnen (*patih*), Nyai Loro Kidul und Mbok Roro Kidul. Dennoch sind einige Grundthemen festzustellen, die häufig mit der Herrscherin und dem Reich des Meeres verbunden werden. Ich beziehe mich bei der folgenden kurzen Wiedergabe auf Themen und Ideen, welche sich sowohl in populären indonesischen Legendensammlungen neueren Datums (Cerita Rakyat) finden als auch von meinen Gesprächspartnern und -partnerinnen genannt wurden: die diversen Ursprungslegenden gehen meist auf eine menschliche Frau zurück, die aus den üblichen Rollen ausbrach, beispielsweise indem sie einem meditativen Leben den Vorzug vor einer Heirat gab. Sie wurde ins Wasser getrieben, ertrank jedoch nicht, sondern lebt dort fort, verwandelt in Ratu Kidul oder Nyai Loro Kidul. Diese gilt als Gestalt von ewiger Jugend und Schönheit, darüber besteht allgemeines Einvernehmen[7], nicht jedoch über die Einzelheiten ihrer Erscheinung. Aus früherer Zeit konnte ich weder Schilderungen noch bildliche Darstellungen ihrer Gestalt finden. Und wenn ich nach ihrem Aussehen frage, bekomme ich neben der Bezeichnung als „schön, außerordentlich schön" keine sehr detaillierten Auskünfte. Obgleich generell die Farbe Grün mit Ratu Kidul assoziiert wird – und zwar insofern, als es für alle Menschen an der javanischen Südküste verboten ist, grün zu tragen, was auch allgemein respektiert wird –, heißt es nur vereinzelt, daß ihre eigene Kleidung grün sei. Häufig werden ihr bestimmte Batikmuster zugeordnet und langes offenes Haar oder auch ein angenehmer Duft. Eine Verbindung zwischen ihrem Äußeren und ihrem Dasein im Wasser wird nicht gezogen. Für die These von Jordaan, nach der ihr als ursprünglich austronesischer Fruchtbarkeitsgöttin ein Schlangenkörper oder Fischschwanz zukommen müßte (Jordaan 1984: 108), lassen sich keinerlei Belege finden. Seine Theorie ist, zumindest bezüglich ihrer Erscheinung, unzutreffend.

Ratu Kidul, eine Gestalt von vielleicht etwas vager, jedoch unzweifelhafter Schönheit, gilt als Herrscherin über vielerlei Geister. Nicht nur über diejenigen im Meer, sondern ebenso über Luft-, Wind- und Wettergeister wie zum Beispiel die *lampor*, welche Stürme verursachen und Flüsse über die Ufer treten lassen können. Sie sollen ihre Vorboten oder Begleiter sein, wenn Ratu Kidul mit ihrem Gefolge – vorzugsweise entlang der großen Flüsse – vom Meer zu dem nördlich von Yogyakarta gelegenen Vulkan Merapi unterwegs ist. Zwischen den weiblichen Wasser- und den männlichen Berggeistern werden Liebes- und Heiratsbande geknüpft, von denen die Ausbrüche und Lavaströme des noch immer aktiven Vulkanes zeugen.

Ratu Kiduls Wege gehen über die Grenzen von Geisterreich und Menschenwelt, ihr Wirkungsbereich erstreckt sich über das ganze Landesinnere von Java, und bei Bedarf kann sie wahre Armeen von Geistern überallhin aussenden, – aber ihr Zentrum ist und bleibt der Indische Ozean. Dort liegt ihr Unterwasser-Palast, und zwar, nach zentraljavanischer Version, direkt vor der Küste von Parangkusumo. Sein Aufbau entspricht den Sultanshöfen von Surakarta und Yogyakarta, diese allerdings an Pracht weit übertreffend. Die Bevölkerung von Palast und Reich im Meer wird unterschiedlich wahrgenommen: manche sagen, es gebe dort ausschließlich weibliche Wesen, andere sagen, es gebe durchaus auch männliche Geister, aber in hierarchisch untergeordneten Stellungen, und zuweilen ist zu hören, daß die Männer dort von häßlicher Gestalt seien, zwergenhaft, verkrüppelt oder blind. Ob es nun Männer gibt oder nicht, Einigkeit besteht jedenfalls darüber, daß die Macht im Meer von schönen Frauen ausgeübt wird, mit Ratu Kidul an oberster Stelle, ihr zur Seite ihre Ministerinnen. Insbesondere die Angehörigen der Sultanshöfe sehen das Wasserreich gerne genau wie ein Sultanat strukturiert. Demnach erfüllen Nyai Loro Kidul und Mbok Roro Kidul die Funktionen von Premierministerin (*patih*) und *abdi dalem*.

Sehr vereinzelt kursieren zwar auch Geschichten über Kinder von Ratu Kidul, aber sie ist ganz eindeutig keine Gebärerin, Mutter- oder Fruchtbarkeitsgottheit. Als ihr einziger Gatte gilt der jeweilige Sultan des zentraljavanischen Reiches Mataram (siehe unten). Daher ihre Rolle als Ratgeberin und besondere Beschützerin dieses Reiches, zu dessen Wohlstand und Sicherheit vor inneren wie vor äußeren Feinden sie, mit Hilfe der ihr untergebenen Geister, beiträgt.[8] Somit ist ihr Wirkungs- und Machtbereich weit gefächert: sie kann individuelle Bitten erfüllen, sie beschützt das ganze Reich, sie hat Gewalt über die Kräfte der Natur und kann, in ihrer wandlungsfähigen Doppelnatur von Gut und Strafend, Zerstörungen wie Erdbeben, Überschwemmungen, Stürme oder Krankheitsepidemien und Tod über das Land und über die Menschen bringen, sofern diese ihr nicht den nötigen Respekt entgegenbringen. Angesichts dieses ambivalenten Charakters von Ratu Kidul stellt sich die Frage, wer welche Aspekte betont und wie dies mit dem Leben, den Erfahrungen und Interessen der jeweiligen Personen zusammenhängt.

Meereskönigin und menschliche Herrscher

Zunächst eine offizielle Version, ausgehend von den Fürstenhöfen, welche die traditionellen Zentren von sowohl politischer als auch spiritueller Macht darstellen. Die wechselvolle Geschichte javanischer Staatsbildungen reicht bis ins 1. Jahrtausend zurück. Der alte javanische Staat wurde als Abbild der kosmischen beziehungsweise göttlichen Ordnung betrachtet. Magisch-religiöse Konzepte erklärten die Rollen von Herrschern und Beherrschten. Demnach bildete der Fürstenhof (*kraton*) das magische Zentrum des Reiches, wobei sich die höchste Konzentration kosmischer Macht in der Person des Herrschers fand (siehe Moertono 1968, Magnis-Suseno 1981). Von ihm aus strömten die kosmischen Kräfte, strömten Frieden, Gerechtigkeit und Fruchtbarkeit hinaus ins Land. In vorislamischer Zeit wurde der Herrscher mit Gott (Shiwa, Wisnu) gleichgesetzt. Im Islam ist dies in direkter Weise nicht möglich. Die ungeteilte sakrosankte Macht drohte den Herrschern in der Periode des Übergangs zum Islam zu entgleiten. Insofern suchten sie sie mit anderen Mitteln wiederzuerlangen. Die mystische Form des Islam (Sufismus), welche, von Indien kommend, im 16. Jahrhundert in Java Verbreitung fand, bot durchaus Raum für einen Rekurs auf lokale Gottheiten und Schutzgeister zum Zwecke der Anbindung des Herrschers an die uranfänglichen Mächte Javas. Ein Bezug zum südlichen Ozean in seiner unbegrenzten, wilden Gewaltigkeit, eine Verbindung mit den wunderbaren, mystischen Kräften des Wassers war naheligend.

Vor diesem Hintergrund sehe ich die Begegnung zwischen Ratu Kidul (Nyai Roro Kidul) und dem späteren Gründer des Reiches Mataram, Panembahan Senopati (1575-1601). Durch Gründung und Expansion von Mataram trat anstelle der staatlichen Zersplitterung ein mächtiges Reich, dessen Oberhoheit sich über fast alle Gebiete Zentral- und Ostjavas erstreckte. Als Usurpator bedurfte Panembahan Senopati einer übernatürlichen Legitimation ganz besonders. Die erste schriftliche Quelle, in der die Figur Ratu Kiduls Erwähnung findet, die im frühen 17. Jahrhundert verfaßte oder neugeschriebene Hofchronik Babad Tanah Jawi, berichtet von verschiedenen mystischen Erlebnissen Senopatis, unter anderem von seiner Begegnung mit Ratu Kidul. Da heißt es, daß Senopati sie traf, als er, in asketische Meditation versunken, nach göttlicher Erleuchtung im Hinblick auf seine Eroberungen suchte. Er folgte ihr für drei Tage und Nächte in ihren Unterwasser-Palast, sie liebten einander, Ratu Kidul lehrte ihn, wie ein Reich zu regieren sei, und schließlich versprach sie, alle seine Nachkommen ebenfalls zu „heiraten“ und

Mataram mit ihrer Geisterarmee zu schützen. Ihre einzige Bedingung war: Senopati habe ihr nichts zu befehlen (Babad Tanah Djawi, Übersetzung von Olthofs, Hrsg. Ras 1987: 81).

In dieser Schilderung begegnen sich zwei unterschiedliche, jedoch gleichermaßen machtvolle Gestalten. Spätere Herrscher beziehungsweise Hofchroniken stellten das Verhältnis zur Meereskönigin jedoch als ein hierarchisches dar: nun soll sie dermaßen beeindruckt von der meditativen Stärke des Sultans gewesen sein, daß sie sich ihm unterwarf (Serat Wedatama, zweite Hälfte 19. Jahrhundert, Übersetzung von Atmosaputro/Hatch 1972: 167). In jedem Fall erhielt die politische und soziale Macht des menschlichen männlichen Herrschers eine übernatürliche, spirituelle Glorifizierung und Legitimation durch seine Verbindung mit der Machthaberin des Meeres und der Geister. Dies entspricht einem alten javanischen Muster: der Legitimation einer neuen Dynastie durch eine „revitalisierende" Heirat (Laksono 1986: 44) mit einer durch magische Macht ausgezeichneten Frau.[9]

Mir scheint dabei interessant zu verfolgen, wie sich in den alten Schriften die Art verändert, in der die Beziehung zwischen Sultan und Ratu Kidul dargestellt ist. Sie wird im Laufe der Jahrhunderte zunehmend hierarchisch und asexuell. Dies läßt sich historisch als parallel zum verstärkten islamischen Einfluß und zu der Einschränkung der Freiheit javanischer Oberschichtsfrauen interpretieren. Nach unserem Geschichtsverständnis ist es schwierig, die ältere Geschichte Javas nachzuvollziehen, da, wie am Beispiel des Babad Tanah Jawi zu sehen ist, die Hofchroniken als einzige schriftliche Zeugnisse stark mythologisiert sind. Trotzdem ergaben die Bemühungen vor allem von seiten holländischer Historiker ein einigermaßen klares Bild von Struktur und Abfolge der javanischen Reiche. Was dabei fehlt, ist die Geschichte der Frauen. Sie finden meist nur unter den oben angedeuteten dynastischen Aspekten Erwähnung. Dennoch konnten Carey und Houben (1987) einen Ansatz zur Herausarbeitung der Präsenz und der wichtigen Funktionen von Frauen im kommerziellen, militärischen, politischen und sozialen Bereich der Sultanshöfe liefern. Nach dem Java-Krieg (1825-30) jedoch wurden Macht und Einfluß von Frauen an den Höfen drastisch reduziert.

Wenn wir aus der Art der Darstellung von Ratu Kidul beziehungsweise der Beziehung zwischen Ratu Kidul und Herrscher nicht nur die Machtinteressen und die Muster der Legitimation des letzteren ablesen, sondern sie darüber hinaus auch als Abbild des Verhältnisses zwischen den Geschlechtern sehen wollen, so erscheint es einleuchtend, daß anstelle der Begegnung mit einer als ebenbürtig konzipierten, transzendenten

Frauengestalt allmählich die Schilderung von deren Unterwerfung trat. Durch diese Analyse sehen wir jedoch nur die Situation der javanischen gesellschaftlichen Elite widergespiegelt.

Die Geschichte von Treffen und Vermählung zwischen Panembahan Senopati und Ratu Kidul bildet die Grundlage für eine andauernde Kette von Beziehungen zwischen der Meereskönigin und den Nachfahren Senopatis, den jeweiligen Machthabern von Mataram. Nach der Teilung des Reiches (1755) wurde sie sowohl vom Sultan von Yogyakarta als auch vom Susuhunan von Surakarta beansprucht. Im Bewußtsein der Bevölkerung bleibt sie weniger durch Lektüre der alten Hofchroniken als vielmehr durch darauf basierende, mündlich tradierte Geschichten und Volkstheateraufführungen (*ketoprak*) lebendig.

An den Ort des ersten Treffens von Ratu Kidul und Panembahan Senopati, der durch zwei spezielle Steine im Dorf Parangkusumo an der Südküste gekennzeichnet ist, kommen, wie oben beschrieben, regelmäßig viele Menschen, um kleine Opfer zu bringen. Zudem ist dies der Ort, an dem bis heute jedes Jahr die *labuhan*-Zeremonie stattfindet, als Manifestation der Beziehung des Sultans von Yogyakarta[10] zur Meereskönigin. Seine abgeschnittenen Fingernägel und Haare werden, nebst wertvollen Batikstoffen und anderen Gaben, für Ratu Kidul dargebracht (Bigeon 1982, Sumarsih 1986).

Es war nun spannend zu verfolgen, was nach dem Tod von Sultan Hamenku Buwono IX. im Oktober 1988 geschah. Er war der einzige der traditionellen Herrscher, dem nach der Unabhängigkeit Indonesiens im Jahr 1945 reale politische Macht erhalten blieb. Und daneben hatte er es zu allen Zeiten verstanden, die Bevölkerung der Sonderregion Yogyakarta auch von seinen mystischen Fähigkeiten – unter anderem von seinen Kontakten zu Ratu Kidul – zu überzeugen. Dementsprechend fand es niemand sonderlich überraschend, daß sein Diener nach dem Tod des Sultans in dessen Zimmer einen ganz speziellen, wohlriechenden Duft und einen plötzlich aufkommenden Wind wahrnahm und sich aufgrund dieser Zeichen der Anwesenheit Ratu Kiduls sicher war. In der Zeitung wurde darüber mit aller Selbstverständlichkeit berichtet (Kompas 10.10.1988).

Ebenso fünf Monate später bei der Einsetzung seines Nachfolgers Hamenku Buwono X.: lokale Tageszeitungen wie überregionale Magazine waren voll von Augenzeugenberichten über Ratu Kiduls Teilname an der *kirab*-Zeremonie, während der ein neuer Sultan sich der Bevölkerung zeigt. Sie habe neben ihm im Wagen gesessen, so hieß es. Manche sahen eine wunderschöne Frau, andere ein Schattenbild, wieder andere nahmen einen außergewöhnlichen Duft oder einen mysteriösen Wind wahr (Kedaulatan Rakyat 17.3.1989, Femina 30.3.-5.4.1989).

Dies ist insofern von besonderer Bedeutung, als die Nachfolge von Hamenku Buwono IX. zunächst nicht klar gewesen war und schließlich die politischen Kompetenzen des neuen Sultans von der indonesischen Regierung so drastisch eingeschränkt wurden, daß ihm nur noch im kulturellen Bereich wirkliche Bedeutung zukommt. In einer solchen etwas unsicheren Position mag der Rekurs auf mystische Mächte und übernatürliche Legitimation wiederum sehr ratsam sein, so wurde es jedenfalls in einem der um diese Zeit erschienenen Zeitungsartikel angedeutet (Kedaulatan Rakyat 19.3.1989).

Ein rein pragmatisches Erklärungsmuster im Sinne von Machterhaltungsinteressen wird jedoch durchbrochen durch die Tatsache, daß Sultan Hamenku Buwono X. selbst offenbar keinerlei Wert darauf legt, eine Verbindung zur Meeresgöttin zu demonstrieren. Es waren seine Angehörigen und Bediensteten, vor allem aber die an den Straßenrändern stehenden Zuschauer, Yogyakartas Bevölkerung, welche Ratu Kidul neben ihm sitzen sahen. Das heißt, obgleich es naheliegt, daß die maritale Verbindung zwischen Meereskönigin und Sultanen ursprünglich auf deren Initiativen zurückgeht, wurde sie inzwischen zu einem Bestandteil der Interessen und der kulturellen Identität von mystisch orientierten Teilen der Bevölkerung, deren Erwartungsdruck nun auf dem Sultan liegt. Eine Umdrehung der Verhältnisse.

Die Heiratsbeziehung zu Ratu Kidul, die früher eine exklusive Angelegenheit des Herrschers war, erfährt heute eine gewisse Generalisierung oder „Demokratisierung“: nachdem gegenwärtig weder der Susuhunan von Surakarta noch der Sultan von Yogyakarta diese Beziehung mehr für sich beanspruchen, steht es nun offenbar ihren „Untertanen“ frei, sie für sich selbst zu erfahren. Alle können Kontakt mit Ratu Kidul aufnehmen, sofern sie die erforderliche spirituelle Stärke haben und gewisse Vorbedingungen erfüllen wie Fasten, Meditieren, bestimmte Opfer bringen, spezielle Gebete sprechen – die „Rezepte“, die mir genannt werden, sind recht vielfältig. Und nicht wenige Männer erleben eine sexuelle Verbindung mit Ratu Kidul oder einer der ihr untergebenen schönen Geisterfrauen. Für diese Männer kann das allerdings gefährlich werden, wie im folgenden deutlich werden soll, denn während nach altem javanischem Konzept die Sexualität des Herrschers in unmittelbarem Zusammenhang zu seiner politischen Macht stand (siehe auch Anderson 1972: 18), bedeuten derlei erotische Abenteuer nach neuer Moral eher Verderben als Machtgewinn.

Erfahrungen aus Begegnungen mit Ratu Kidul

Hier möchte ich die Frage nach den Interessen der Sultane endgültig verlassen und mich im folgenden exemplarisch auf zwei Interviews beziehen, die beide Ende 1989 stattfanden: eines mit einem alten Mann in einem kleinen, abgelegenen Dorf im Regierungsbezirk Kulon Progo, nahe der Südküste, das andere mit einer 38jährigen Frau in Indonesiens Hauptstadt Jakarta.[11] Gemeinsam ist diesen Personen, daß sie beide nach langen Meditations- und Fastenzeiten Begegnungen mit Ratu Kidul hatten.

Der alte Reisbauer, Mbah A., ist in seiner Umgebung bekannt als Spezialist für Kontakte mit Geistern. Er erhält häufig Besuche von Leuten, die ihn bitten, ihre Anliegen und Wünsche an die „andere Welt" zu übermitteln, um dort um Hilfe nachzukommen. Speziell wenn es ihnen um eine Bewerbung für ein Amt als Dorfvorsteher oder -sekretär geht, ruft Mbah A. Ratu Kidul an. In unseren Gesprächen betont er immer wieder, daß ihm solche Fähigkeiten zu eigen seien, weil er einen primären Bezug zu Tuhan (Gott) habe. Vor Verbindungen mit Ratu Kidul und ihrem Reich warnt er eindringlich. Zwar könne sie den Menschen helfen, aber sie würde es nicht umsonst tun, sie verlange Opfer, gewissermaßen als Bezahlung: „Dein eigenes Leben oder die Seele deines Kindes wird sie verlangen." Es sei schließlich kein Zufall, daß so viele Menschen, vor allem junge Männer, im Meer ertrinken und verschwinden. Ja, für Männer sei es leichter als für Frauen, den Kontakt zu Ratu Kidul und den ihr untergebenen weiblichen Geisterwesen herzustellen, denn da sei gegenseitige sexuelle Anziehung im Spiel. *„Nek nang lahiriah ki, nek nang alam ndonya ki, nafsune nang kakung, ning nek neng ‚alam kana' putri!"* („In dieser Welt, in unserer Welt, haben Männer die Begierden, aber in der ‚anderen Welt' die Frauen."). Und dort, in der inneren, dunklen Geisterwelt des Meeres, dem Ort der Frauen, könne niemand (Mbah A. meinte damit, kein menschlicher Mann und keine Geisterfrau) dem Sex widerstehen. Frauen, menschliche Frauen, hätten außerdem ja wohl generell kein so großes Interesse an Verbindungen zur Geisterwelt, es fehle ihnen an Mut und Stärke, die notwendigen Vorbedingungen zu erfüllen.

Er nimmt mich als Beispiel dafür: ich sei offenkundig auch nicht bereit, drei Jahre lang zu meditieren, um Ratu Kidul zu begegnen.[12] Insofern ist es Mbah A. auch ganz selbstverständlich, daß seine Frau uns zwar den Tee serviert, aber an unseren Gesprächen nicht teilnimmt. Das Monopol für das Wissen um die Meereskönigin liegt bei ihm.

Die Erfahrungen der Künstlerin Ibu B., seit etlichen Jahren in Jakarta ansässig, stehen dem entgegen. Früher, als sie noch in Yogyakarta lebte und arbeitete, ging sie regelmäßig ein- bis zweimal im Jahr zu einer bestimmten Höhle (Gua Langse) in den Klippen der Südküste, um dort vierzig Tage lang zu fasten und zu meditieren. Nach solchen Perioden der Konzentration und des spirituellen Lernens erschien ihr Ratu Kidul mehrere Male. Sie verlieh ihr Attraktivität und Jugendlichkeit. „I am a woman, I really want to have magic power of her to make men crazy of me!"

Schließlich, nachdem viele Ärzte ihr versichert hatten, sie sei unfruchtbar, bat Ibu B. um ein Kind. Und sie bekam es. Alles, was sie ist und hat im Leben, kommt von dort, aus dem Meer von Ratu Kidul – so Ibu B. Viele Frauen gingen in diese Höhle, um Kräfte zu sammeln, um Schutz zu suchen, um Bitten zu stellen. Einige gäben dafür hohe Preise: Prostituierte manchmal das Leben ihrer Kunden, Sängerinnen des Gamelan-Orchesters für das Durchhaltevermögen ihrer Stimmen zuweilen die Seelen und Körper ihrer Kinder, Reiche opferten möglicherweise ihre Diener. Sie selbst, Ibu B., bezahle mit der Verpflichtung zu absoluter Aufrichtigkeit und Verantwortlichkeit und letzten Endes mit ihrem eigenen Leben, das einst dort eingehen werde.

Ihrer Ansicht nach ist es für Frauen ungemein wichtig und hilfreich, sich an eine weibliche Gestalt wenden zu können: „She is like a queen or mother of all of us, of women."

In diesen beiden Interviews kommen gegensätzliche Einschätzungen hinsichtlich des Bezuges von Frauen und Männern zur Meereskönigin zum Ausdruck, was sich auf die unterschiedlichen geschlechtsspezifischen Erfahrungen und Interessen der jeweiligen Personen zurückführen läßt. Beide beanspruchen für sich beziehungsweise für ihr Geschlecht die jeweils engere Verbindung zu Ratu Kidul und ihrem Reich. Ibu B. aufgrund des gemeinsamen Frauseins, Mbah A. dagegen infolge zwischengeschlechtlicher sexueller Anziehung. Er sieht in der weiblichen Geisterwelt ein Gegenbild zum eigenen Dasein, geprägt durch die sexuellen Begierden und Verführungskräfte der Geisterfrauen. Indem er diese Bereiche weiblicher Sexualität aus seiner eigenen Welt verdrängt und in eine andere Welt, in ein fremdes, bedrohliches Wasserreich projiziert, kann er die realen menschlichen Frauen davon ausgrenzen. Ibu B. geht es genau um das Gegenteil. Sie kann durch die Hinwendung zu den weiblichen Geisterwesen einen gewissen Anteil an deren sexueller Attraktivität und Verführungsmacht erlangen. Und in dem modernen Mittelschichtsmilieu, in dem Ibu B. lebt, spielt das für Frauen eine zunehmend wichtigere Rolle.

Es sind aber auch Gemeinsamkeiten in den beiden Interviews festzustellen, beispielsweise was die Vorstellung der „Bezahlung" angeht. Solche etwas schaurig anmutenden Aspekte werden in den letzten Jahren immer häufiger mit Ratu Kidul verknüpft.

Das Bild der Meereskönigin in modernen Massenmedien und eine Ethnologin im Film

In indonesischen Zeitungen und Magazinen erscheinen des öfteren Artikel über Ertrunkene an der Südküste, deren mysteriöses Verschwinden mit Ratu Kidul in Zusammenhang gebracht wird. Verlangt sie Opfer? Holt sie für sich und ihre Untergebenen junge Männer als Liebhaber oder Diener in ihr Reich? So die Fragen der Journalisten. Sie suggerieren das Image einer düster gefährlichen Gestalt, verführerisch, aber todbringend.

„Mystik und Legenden" ist auch zu einer beliebten Rubrik des neuen indonesischen Filmschaffens geworden. Und da erscheint dann plötzlich eine angebliche Tochter von Ratu Kidul auf der Leinwand, die schöne und schreckliche Nyi Blorong, eine Schlangengestalt, mit der sich Männer sexuell verbünden, um Reichtum und Geld zu erlangen. Die Folge ist, daß ihre Familien und letztlich sie selbst auf furchtbare Weise umkommen.

Die Gestalt Nyi Blorongs findet sich schon in frühen Berichten über Geisterglauben in Java (Hien 1933: 218) sowie in alten javanischen Texten (Babad Prambanan, Sugiarti 1981: 56), aber ohne jeden direkten Zusammenhang zu Ratu Kidul. Doch nun – obwohl der erste dieser Filme kaum zehn Jahre alt ist – glauben schon viele jüngere Leute, daß Nyi Blorong uralter javanischer Überlieferung entsprechend die Tochter Ratu Kiduls sei.[13] Soviel zur Erschaffung und Dynamik von sogenannten Traditionen, von denen sich zuweilen auch Wissenschaftler (wie zum Beispiel Wessing 1988) bluffen lassen.

Der neueste Film dieser Art trägt den Titel „Pembalasan Ratu Laut Selatan" (Die Rache der Königin des Südlichen Meeres). Er wurde zu siebzig Prozent mit ausländischen Geldern finanziert und in einer englischen und einer indonesischen Fassung produziert. Zwei Wochen nachdem er in Jakarta angelaufen war, wurde er von der Zensur verboten: wegen Sadismus und Pornografie. Das verschaffte dem Film viel Popularität und Videoverleihern gute, wenn auch nicht ganz legale Geschäfte.

Titelbild mit Ratu Kidul aus der Reihe „Volkserzählungen"

Als ich eine Kopie der indonesischen Version sah, war ich nicht wenig überrascht, eine Ethnologin als Hauptperson zu finden. Der Gang der Geschichte ist folgendermaßen: Ratu Kidul pflegt Geschlechtsverkehr mit menschlichen Männern zu haben, die sie anschließend brutal umbringt. Eines Tages ist ein heiliger Mann jedoch stärker als sie. Dafür will sie sich rächen und benutzt dazu die schöne junge Ethnologin, welche während des längsten Teils des Filmes umhergeht und alle, die ihr in den Weg kommen, auf jede erdenkliche Weise umbringt, bis sie schließlich selbst mit Hilfe des erwähnten heiligen Mannes getötet wird. Der Mann trägt letzten Endes den Sieg davon.

Während es früher keine Bilder von Ratu Kidul gab und selbst die mündlichen Beschreibungen ihrer Schönheit ziemlich offen blieben, wird sie nun seit Beginn der 80er Jahre sowohl im Filmen als auch auf Gemälden und in Comic-Heften dargestellt. Was dabei entstand – wie könnte es anders sein? – sind ausgesprochen erotische, aber sehr klischeehafte Bilder, javanisch-westlicher Mix-Kitsch und Horror. Nach meinem Geschmack wohlgemerkt, nicht nach dem meiner javanischen Informanten und Informatinnen.

Schluß

Die Gestalt Ratu Kiduls verschwindet also im modernen Bereich keineswegs, sondern wird im Gegenteil in höchst vitaler Weise an neue Lebensbedingungen angepaßt und durch Massenmedien erst wirklich, im wörtlichen Sinne, „sichtbar" gemacht. In diesem Kontext zeigt sich aber eine Reduzierung des früher weit gefächerten mystischen Machtbereiches der Meereskönigin auf Geld, Sex und Gewalt. Es ist ein Leichtes, darin ein Abbild neuer Werte des urbanen Lebens zu sehen. Soziale Beziehungen werden reflektiert und vermittelt durch die Art und Weise, wie Ratu Kidul dargestellt wird. Die Verhältnisse zwischen Frauen und Männern werden strukturiert und vermittelt durch die Bezugnahme auf den Bereich der Geister, vorzugsweise auf das Verhältnis zwischen der Meereskönigin und Menschenmännern. Die Wirklichkeit ist jedoch noch vielschichtiger und – insbesondere im Bereich mündlicher Überlieferungen – flexibler. Wie die dargestellten Beispiele zeigen, kommt den einzelnen Personen ein beträchtlicher Spielraum zu, die Königin so zu sehen, wie es ihren individuellen Erfahrungen, Bedürfnissen und Lebenszusammenhängen entspricht.

Um auf die eingangs gestellten Fragen zurückzukommen: die Figur Ratu Kiduls mag manches gemein haben mit mythischen Wasserfrauen aus anderen Teilen der Welt. Ich halte jedoch eine Vereinheitlichung all dieser Gestalten und eine Rückbeziehung als singuläre Urmutter oder „Große Göttin" auf eine für Frauen vielleicht glorreichere Vergangenheit für wenig sinnvoll, einfach deshalb, weil ich es wichtiger finde, was wir aus ihren immer neuen Konzeptualisierungen über die Geschichte und Gegenwart ersehen können. Diesbezüglich läßt sich Ratu Kidul in ihrer Bedeutung aber weder als durchgängiges Gegen- noch als einfaches Abbild der javanischen Frauen oder der Beziehungen zwischen den Geschlechtern analysieren. Die Vielfalt der Funktionen und Bedeutungen, die Flexibilität und Dynamik dieser Gestalt macht sie interessant für eine differenzierende Betrachtungsweise, für die die feministische Anthropologie den Blick geschärft hat.

In Java wurde die Idee weiblicher Macht in eine andere Welt, in die mystische Welt von Geistern, Göttern und Naturgewalten transportiert, jedoch ohne dort (durch religiöse Dogmen, Institutionen oder Funktionäre) festgeschrieben zu werden. Damit wird sie offen: ein Herrscher kann sie vereinnahmen, ein Mann wie Mbah A. kann sie aus seiner realen Welt ausgrenzen, eine Frau wie Ibu B. kann sich mit ihr verbünden und an ihr teilhaben, und andere Frauen, andere Männer können sie sich in wieder anderer Weise nutzbar machen. Wir sehen ein von Frauen beherrschtes Reich im Meer mit einer zwar sexuellen, aber ganz und garnicht mütterlichen Gestalt an oberster Stelle, verwendbar von jedem und jeder gemäß den eigenen Bedürfnissen. Von Herrschenden, von Frauen, von Männern wird sie in jeweils unterschiedlicher Weise benutzt zur Stärkung der eigenen Position und Person. In dem genannten Film wurde das umgedreht: Ratu Kidul ist diejenige, die sich der Ethnologin zur Erfüllung ihrer eigenen Ziele bedient. Dahinter steckt aber nicht die Geisterkönigin, sondern das kommerzielle Interesse der Filmindustrie.

Dennoch: neben jeder kritischen Analyse bleibt, wenn ich an der Südküste bin, die eindringliche, zeitlose Kraft der Brandung, die Macht des Meeres spürbar.

Anmerkungen

1 Der durch die deutsche Forschungsgemeinschaft geförderten vierzehnmonatigen Feldforschung (von 1989 an) gingen vier zweimonatige Reisen nach Java voraus. Die Daten wurden gewonnen durch Literaturstudien, teilnehmende Beobachtung, informelle Gespräche und themenzentrierte, qualitative Interviews auf verschiedenen gesellschaftlichen Ebenen. Wohnorte und Mittelpunkt der Forschung waren die Dörfer Parangtritis/Parangkusumo und die Stadt Yogyakarta. Durch Ausflüge zu anderen Dörfern und Meditationsplätzen an der Südküste Zentraljavas konnte ich die lokalen Unterschiede erfahren, wobei hier jedoch nur ein kleiner Teil der Fragestellungen und Ergebnisse dargestellt werden kann.

2 Jede Woche gilt die Nacht zum Freitag als besonders geeignet, um heiligen Orten Besuche abzustatten, aber ganz besonders günstig sind die Nächte zum Dienstag und Freitag, wenn diese Tage mit dem javanischen Wochentag „Kliwon“ zusammenfallen – also jeweils alle 35 Tage.

3 Ob es wohl damit zusammenhängt, daß es bisher keine ethnologischen Feldforschungen zu diesem Themenbereich gab? In den gängigen Studien über Religion (Geertz 1960), Ethik (Magnis-Suseno 1981) und Mystizismus (Mulder 1978) wurde der Welt der Geister kaum Beachtung geschenkt.

4 Prinzipiell kann Verbindung zur Welt der Geister an jedem beliebigen Ort gesucht werden, aber es gibt Plätze, die dafür besonders geeignet sind. So gilt beispielsweise Parangkusumo als Eingangsbereich zum Unterwasser-Palast von Ratu Kidul.

5 Der Glaube an Ratu Kidul ist entlang der ganzen Südküste Javas verbreitet, also auch bei Sundanesen in Westjava. Hier beziehe ich mich jedoch nur auf Zentraljava, da dies den Schwerpunkt der Feldforschung darstellte.

6 Von Anhängern dieser Version werden die Namen Ratu Kidul und Nyai Loro (Roro) Kidul synonym verwendet. Kidul bedeutet Süden, Loro (Lara) Pein, Qual, Krankheit, Roro (Rara) unverheiratetes Mädchen.

7 Nach der Version des Kratons von Yogyakarta nimmt Ratu Kiduls Jugend und Schönheit bis in alle Ewigkeit mit den Phasen des Mondes ab und wieder zu (siehe Ricklefs 1974: 200). Jede Frau in Yogyakarta nimmt an der Schönheit der Wasserfrau in mystischer Weise teil, indem sie in der Nacht vor ihrer Hochzeit so ge-

schmückt und geschminkt wird, daß sie mit Nawangwulan, einer früheren Manifestation von Nyai Loro Kidul, identifiziert werden kann (Carpenter 1987).

8 In neuerer Zeit soll Ratu Kidul ihre Hilfsbereitschaft auf den gesamten indonesischen Staat ausgedehnt haben. Bekannt ist beispielsweise ihr Engagement im Zweiten Weltkrieg gegen die japanische Besatzungsmacht (Woodward 1985: 172). Ebenso soll die indonesische Annexion des westlichen Teils von Neuguinea ihre Unterstützung gehabt haben (Mulder 1978: 32). Und etliche meiner Informanten erwarten von ihr – möglicherweise in Zusammenwirken mit Semar und Wisnu – für die Zukunft die Herstellung des Weltfriedens unter einer Oberherrschaft Indonesiens.

9 Da wären Raden Susuruh und Cemara Tunggal, eine frühere Manifestation von Ratu Kidul in Verbindung mit der Gründung des Reiches Majapahit, zu nennen (Babad Tanah Djawi 1987: 16 f.) oder, noch weiter zurück in der Geschichte Javas, der erste Herrscher von Singosari, Ken Angrok und Ken Dedes, die Frau mit dem leuchtenden Schoß (siehe Moertono 1968: 54, Ras 1987: 348). Nach demselben Muster wurde schließlich auch die holländische Herrschaft in Westjava mythtologisiert und damit für die javanische Seite annehmbar. Im Serat Sakondar (verfaßt zweite Hälfte 18.Jahrhundert) wird beschrieben, wie ein Baron Sukmul eine Prinzessin des letzten hindujavanischen Reiches, Pajajaran, heiratete. Diese Prinzessin gebar den späteren Gründer von Batavia (Jakarta) und machte somit die Holländer zu legitimen Nachfolgern von Pajajaran. Auch sie hatte einen flammenden Schoß (Ricklefs 1974: 400).

10 Der gegenwärtige Susuhunan von Surakarta hat sich von der Beziehung zu Ratu Kidul losgesprochen. Sie habe ihn als ihren Sohn bezeichnet und somit eine eheliche Verbindung ausgeschlossen, so lautet seine Begründung.

11 Namen und genauere Orte sollen ungenannt bleiben. Die Gespräche mit Mbah A. wurden teils auf indonesisch, teils auf javanisch geführt. Die javanischen Teile wurden mir von einem Assistenten ins Indonesische übersetzt. Mbah A. ist offiziell Moslem. Die Gespräche mit Ibu B. fanden auf Englisch, ohne Anwesenheit Dritter, statt. Ibu B. ist offiziell Christin.

12 Er hat mir in einer speziellen Nacht ein parfümiertes Öl zubereitet, das ich zum Schutz mit mir tragen soll, wenn ich an die „starken“ Orte der Südküste gehe, an die Orte, welche von Ratu Kidul und ihren Geistern vorzugsweise aufgesucht werden.

13 Dies wird weiter unterstützt durch Zeitungsberichte, welche eingehend beschreiben, wie die jeweiligen Schauspielerinnen vor Beginn der Dreharbeiten meditieren, um Ratu Kidul zu treffen und um Erlaubnis zu fragen, ihre „Tochter“ darstellen zu dürfen. Üblicherweise geschieht dies in einem Luxushotel (Samudra Beach Hotel) in Pelabuhanratu, Westjava, in dem ein Zimmer permanent für Ratu Kidul reserviert ist (Zaman 3.10.1982, Tempo 1.7.1989, Liberty 1712, 16.-31.10.1989).

Literatur

Anderson, B. 1972: The Idea of Power in Javanese Culture. In: Holt, C. (ed.): Culture and Politics in Indonesia. Ithaca, London.

Babad Prambanan: Srima Sugiarti, Aditrijono u.a., Hg.: Proyek Penerbitan Buku Sastra Indonesia dan Daerah, Dep. Pendidikan dan Kebudayaan. Jakarta 1981.

Babad Tanah Djawi: W.L. Olthofs, Hg.: J.J. Ras, KITLV, Dordrecht 1987.

Bigeon, C. 1982: Labuhan. Rite royal du kraton de Yogyakarta célébré sur la plage Parangtritis. In: Archipel 24:117-126.

Carey, P.; Houben, V. 1987: Spirited Srikandhis and Sly Sumbadras. In: E. Locher-

Scholten / A. Niehof (eds.): Indonesian Women in Focus: Past and Present Notions. Dordrecht.
Carpenter, C. 1987: Bride and Bride-Dressers in Contemporary Java. Diss. UMI Dissertation Information Service.
Daszenies, J. 1987: Geistervorstellungen im javanischen Überzeugungssystem. Berlin.
Geertz, C. 1960: The Religion of Java. Glencoe, III.
Van Hien, H.A. 1933: De Javaansche Geestenwereld. 6.Aufl. Batavia.
Jordaan, R. 1984: The Mystery of Nyai Lara Kidul, Goddess of the Southern Ocean. In: Archipel 28:99-116.
Laksono, P.M. 1986: Tradition in Javanese Social Structure, Kingdom and Countryside; Changes in the Javanese Conceptual Model. Yogyakarta.
Magnis-Suseno, F. 1981: Javanische Weisheit und Ethik. Studien zu einer östlichen Moral. München, Wien.
Moertono, S. 1968: State and Statecraft in Old Java: a Study of the Later Mataram Period. Ithaca, New York.
Mulder, N. 1978: Mysticism & Everyday Life in Contemporary Java. Cultural Persistence and Change. Singapore.
Poerbatjaraka, R.M.Ng. 1962: Nyai Lara Kidul. In: Penelitian Sedjarah III,5:20-40 und III,6:17-23.
Ras, J.J. 1987: The Genesis of the Babad Tanah Jawi. In: Bijdragen tot de Taal-, Land- en Volkenkunde 143:343-356.
Ricklefs, M.C. 1974: Jogjakarta under Sultan Mangkubumi, 1749-1792. London.
Serat Wedatama: S. Atmosaputro / M. F. Hatch. In: Indonesia 14, 1972:157-181.
Stamer, B. 1987: Märchen von Nixen und Wasserfrauen. Frankfurt.
Stange, P. 1986: „Legitimate" Mysticism in Indonesia. In: Review of Indonesian and Malaysian Affairs 20,2;76-117.
Sumarsih; Suhatno, Maharkesti, R.A. 1986: Upacara Tradisional Labuhan Kraton Yogyakarta. Dep. Pendidikan dan Kebudayaan. Yogyakarta.
Wessing, R. 1988: Spirits of the Earth and Spirits of the Water. Chtonic Forces in the Mountains of West Java. In: Asian Folklore Studies, 47:43-61.
Woodward, M. 1985: The Shari'ah and the Secret Doctrine: Muslim Law and Mystical Doctrine in Central Java. Diss. UMI Dissertation Abstract Service.

Zeitungsartikel
Zaman 3.10.1982: Suzanna dan Mistik.
Kompas: 10.10.1988: Makam Imogiri Didapati Pengunjung.
Kedaulatan Rakyat 17.3.1989: Tanda Kanjeng Ratu Kidul Datang.
Kedaulatan Rakyat 19.3.1989: Panembahan Senopati dan Sultan Agung Tak Pernah Minta Tolong Jin dan Setan.
Femina 30.3.-5.4.1989: Jumenengan Hamengku Buwono X.
Liberty 1712, 16.-31.10.1989: Tempat-Tempat Kencan Nyai Roro Kidul.

Maya Nadig während ihrer Feldforschung in Mexiko

Maya Nadig

Formen von Frauenkultur aus ethnopsychoanalytischer Sicht

Maya Nadig, Jahrgang 1946, ist diplomierte klinische Psychologin und hat in Ethnologie promoviert. Feldforschungen in Mexiko bei den Otomi in Hidalgo, den Maya in Yukatàn und in der Schweiz. Lehrtätigkeit an verschiedenen Universitäten. Im Moment macht sie eine ethnopsychoanalytische Untersuchung über „Formen gelebter Frauenkultur in drei Generationen am Beispiel des Zürcher Oberlandes" in der Schweiz. Sie arbeitet als Psychoanalytikerin in Zürich. Arbeitsschwerpunkte: Die kulturelle Situation der Frau in verschiedenen Gesellschaften; Bauerngesellschaften; Mexiko; Mutterschaft und Kultur; Theorie und Praxis der Ethnopsychoanalyse und der Geschlechterbeziehungen.

Ethnopsychoanalyse und feministische Sozialwissenschaft

Der Gegenstand der Ethnopsychoanalyse ist das Unbewußte im Subjekt, insofern es Angehöriger einer Gruppe, Institution, Ethnie und Kultur ist. Die Ethnopsychoanalyse will das Verhältnis zwischen Subjekt und Gesellschaft auch in seinen unbewußten Anteilen verstehen. Ihre Methode ist das psychoanalytische Verfahren.

Die Ethnopsychoanalyse ist aus der Verbindung von Ethnologie und Psychoanalyse entstanden, und ich möchte im folgenden zeigen, wieso sie mit dem Feminismus strukturelle Gemeinsamkeiten hat. Kritische Ethnologie, gesellschaftlich interessierte Psychoanalyse und feministische Sozialwissenschaft stehen sich nahe, da sie in ähnlichen Gegenstandsbereichen Erkenntnis gewinnen wollen: am Fremden, am Unbeachteten, am Unterdrückten. Es sind Bereiche, die in der herrschenden Kultur keinen Raum haben; sie wurden verdrängt, unsichtbar gemacht oder ideologisiert; es geht um Zusammenhänge, die uns selber unbekannt, in uns tabuisiert sind und an die wir nicht selbstverständlich und mit adäquatem Vorwissen herangehen können. Vorurteile und Verbote, die geistesgeschichtlich, theoretisch, terminologisch und moralisch tief verankert sind, erschweren den Zugang.

Aus der Beschaffenheit dieser Interessensbereiche und der Schwierigkeit, sie zu erfassen, haben sich in den drei Wissenschaftszweigen sehr ähnliche methodische und theoretische Postulate entwickelt. Eines zielt darauf ab, Diskriminierung, Verzerrung und Ideologie in existierenden Lebenszusammenhängen und in Theorien zu erkennen. Damit zusammen hängt die Frage nach der Beteiligung des Subjektes an Werten und Gefühlen der dominanten Kultur. Die Gefahr von Projektion, Ethnozentrismus, Sexismus und sonstigen Abwehrmechanismen im Forschungs- und Erkenntnisprozeß verweist Ethnologinnen, Psychoanalytikerinnen und feministische Wissenschaftlerinnen immer nachhaltiger auf die Bedeutung der eigenen Subjektivität. Die subjektive Dimension wird um so wichtiger, je weniger es möglich ist, sich auf die althergebrachten oder kritischen Theorien der jeweiligen Wissenschaftszweige zu stützen.

Der Forschungsbereich soll als lebendiges soziales Feld, in welchem sich Beziehungen zwischen Personen entwickeln, wahrgenommen werden.[1] Unter feministischer Wissenschaft verstehe ich den Versuch, in einer männerdominierten Gesellschaft, die sexistische Wissenschaft betreibt, die Lebenszusammenhänge der Frauen in den spezifischen Geschlechter-, Klassen- und Produktionsverhältnissen so zu untersuchen, daß die Belange der Frauen ihren adäquaten Raum erhalten und in unverzerrter Weise gedeutet und dargestellt werden. Feministische Wissenschaftlerinnen haben den emanzipatorischen und aufklärerischen Anspruch, Ideologie, Unterdrückung und Unbewußtmachung im Lebenszusammenhang der Frau in Praxis und Theorie aufzuspüren und aufzuzeigen.

Der Anspruch, als Unterdrückte in und von der herrschenden Gesellschaft zu leben, von ihr geprägt zu sein und gleichzeitig gegen sie zu denken, zu handeln, wahrzunehmen und die Resultate dieses Tuns auch noch so darzustellen, daß sie verstanden werden, erfordert von Frauen eine höchst komplexe Pendelbewegung zwischen Identifikation mit dominanten Institutionen und Abgrenzung davon; ein Sich-Einlassen auf Etabliertes und Distanzierung davon, um zu überprüfen, was dabei erfahren worden ist. Es geht aber nicht nur um ein Oszillieren zwischen Einfühlen und Abgrenzen, sondern gleichzeitig um ein Zuhören, Fühlen und Denken mit einem an der eigenen Subjektivität geschärften sowie mit einem durch Theorie und Wissen geschulten Gehör. Nur so können etablierte Relevanz- und Werthierarchien aufgebrochen und Wissenszusammenhänge neu konstruiert werden. Bleibt man in einer einseitigen Sicht der Anklage und Gegenposition stecken, wird die Pendelbewegung zwischen Einlassen und Abgrenzung umgangen und damit die unangenehme Erkenntnis, daß man selber Teil des angeklagten Systems ist.

Der Gegenstandsbereich der Ethnologie besteht im Verhältnis zwischen Zentrum und Peripherie, hegemonialer und marginaler Kultur, das meist von der Seite der Unterdrückten aus untersucht wird: in fremden Kulturen, marginalen Gruppen und unterdrückten Kasten oder Klassen. Alle ethnologischen ForscherInnen müssen sich mit der Tatsache abgeben, daß das Aufeinanderstoßen zweier Kulturen in der teilnehmenden Beobachtung ein erkenntnistheoretisches und ein methodisches Problem darstellt. „Die Schwierigkeiten beginnen, sobald wir feststellen, daß wir in fremden Kulturen nicht nur die uns bekannten Phänomene in veränderter Zuordnung vorfinden, sondern auch Phänomene, die uns bekannt sind, fehlen. Da wir nun aber in unserer Kultur groß geworden sind, mit unseren Kategorien verstehen gelernt haben, besteht die Gefahr, daß wir die fremden Phänomene, unseren Vor-Urteilen folgend, falsch interpretieren. Und dies gilt nicht nur einmal, sondern in bezug auf jede fremde Kultur aufs neue. Wie aber kann man hunderte und tausende ungleicher Phänomen vergleichen, wenn man immer damit rechnen muß, daß selbst gleich Scheinendes nicht als solches bewiesen werden kann, sondern das Ergebnis einer Täuschung durch Vorurteile ist“ (Löffler 1976: 31). Der Versuch, diese Problematik mit einer „objektiven“ oder metrischen Technik lösen zu wollen, wäre absurd, ebenso aber die kulturrelativistische Position, die jede einzelne Kultur zu einer einzigartigen und unvergleichlichen Einheit hochstilisiert.

Die interpretative Ethnologie hat wegen dieses Dilemmas auf harte Daten, endgültige Urteile und feste Wahrheiten verzichtet und konzentriert sich auf die differenzierte Darstellung des Kulturschocks, die präzise Beschreibung der erlebten Anteile der fremden Kultur, die nachvollziehbare Darlegung des Erkenntnis- und Theoriebildungsprozesses, die es Lesern und Leserinnen erlaubt, den unvermeidlichen Einfluß der Subjektivität und der Kulturzentriertheit der ForscherIn nachzuvollziehen. „Die Gültigkeit unserer Interpretationen kann nicht... auf der Stringenz beruhen, mit der sie zusammengefügt sind, oder auf der Sicherheit, mit der sie vorgetragen werden. Nichts hat meiner Meinung nach mehr zur Diskreditierung von Kulturanalysen beigetragen als die Erstellung einwandfreier Abbildungen von formalen Ordnungen, an deren Existenz niemand so recht glauben kann... Eine gute Interpretation von was auch immer... versetzt uns mitten hinein in das, was interpretiert wird“ (Geertz 1973: 26). Clifford Geertz fordert „dichte Beschreibungen“, die einen Zugang zur Gedankenwelt der untersuchten

Objekte erschließen. „Unsere Aufgabe ist eine doppelte: Sie besteht darin, Vorstellungsstrukturen, die die Handlungen unserer Subjekte bestimmen... aufzudecken, und zum anderen ein analytisches Begriffssystem zu entwickeln, das geeignet ist, die typischen Eigenschaften dieser Strukturen gegenüber anderen Determinanten menschlichen Verhaltens herzustellen" (ebd., S. 29).

Die Erarbeitung subjektiver Sinnstrukturen erfordert die Arbeit mit Individuen, einzelnen Personen aus einer Kultur, die Erarbeitung von Lebensgeschichten und Alltagsabläufen. Georges Devereux hat als erster Ethnologe darauf hingewiesen, daß die Art und Weise, in der die EthnologInnen sich mit ihrem GesprächspartnerInnen in eine Beziehung einlassen, die Beschaffenheit der Information beeinflußt.

Es war innerhalb ethnologischer Forschung schwer möglich, die Abspaltung von strukturalistischer oder soziologistischer Makroanalyse gegen individualisierende und psychologisierende Mikroanalyse durchzuhalten. Die eigene Fremdheit in der fremden Kultur erschwerte statistisches Vorgehen und rein strukturalistische Sichtweisen, denn die teilnehmende Beobachtung förderte direkten zwischenmenschlichen Kontakt, in welchem sich Überlegenheit und Abhängigkeit auf beiden Seiten die Waage hielten. Eine feministisch orientierte Ethnologie geht davon aus, daß es keineswegs klar ist, was genau „ein Mann" und „eine Frau" sind, daß es keine eindeutige Bestimmung gibt, die das festlegen könnte, denn selbst biologische Definitionen sind ideologische Konstrukte, abhängig von der jeweiligen Epoche und Kultur, in der sie gebraucht werden. Aus dieser Einsicht wird nicht mehr einfach „die Situation der Frau" untersucht, sondern die Qualität der Beziehung zwischen den Geschlechtern, in der sich die jeweiligen Rollenzuschreibungen und Geschlechterdifferenzierungen entwickeln. Diese Geschlechterbilder sind zu verstehen als Ausdruck von sozialen Beziehungen und von Prestigehierarchien; sie sind sozialpolitische und kulturhistorische Produkte (vgl. Rosaldo 1980; MacCormack und Strathern 1980; Ortner und Whitehead 1981).

Während die Ethnologie ihr kritisches Potential von der Kultur zum Subjekt hin entwickelte, entfaltete die Psychoanalyse ihre Kritik, indem sie sich vom Subjekt zur Kultur hin bewegte. Bei der Arbeit mit dem Subjekt und seinem Unbewußten sind die PsychoanalytikerInnen auf Probleme gestoßen, die es notwendig gemacht haben, dem Studium der sozialen Verhältnisse, in denen Psychoanalyse betrieben und erzeugt wird und in denen die Analysanden leben, mehr Raum zu geben.

Die Psychoanalyse arbeitete von Anfang an mit dem expliziten und deklarierten Einsatz der eigenen Subjektivität im Analyseprozeß, der gleichzeitig ein Erkenntnisprozeß ist. Primäres Ziel ist es, die subjektive Sinnstruktur und Semiotik der AnalysandInnen und die Art und Weise, in der sie mit innerer und äusserer Realität umgehen, herauszuarbeiten. Da man bei dieser Suche nach dem Unbewussten ständig auf Tabus und Grenzen der eigenen Kultur stösst, die durch Identifikation verinnerlicht und verdrängt sind, müssen sich die AnalytikerInnen selber einer Analyse unterzogen haben, in welcher das eigene Unbewußte erforscht und seine Funktionsweisen bewußt gemacht werden. Die eigene Analyse schützt zwar nicht vor weiteren Verinnerlichungen und Abwehrmechanismen, aber sie ermöglicht ein flexibleres Verhältnis zum eigenen Unbewußten, zu dem auch in Selbstanalyse ein Zugang gefunden werden kann.

Im Laufe der Zeit wurde es immer wichtiger, sich mit den gesellschaftlichen Implikationen der Psychoanalyse , mit ihrer Praxis, Theorie und Identität auseinanderzusetzen. Wichtige Anstöße gingen dabei von sozialwissenschaftlichen Theorieansätzen aus (vergleiche Lorenzer et al. 1971; Parin 1978; Dahmer 1982; Erdheim 1982; Parin und Parin-Matthèy 1983). Mit dem Thema „Frau“ erging es den PsychoanalytikerInnen ähnlich wie den EthnologInnen. Zwar trug schon Freud mehr und differenzierter als seine Zeitgenossen der Unterscheidung zwischen den Geschlechtern Rechnung und stellte die gröbsten Vorurteile über die Frau in Frage, die zu seiner Zeit von Otto Weininger verbreitet wurden. Interessant ist es aber, daß ihm dieser differenzierte Umgang mit der Frau vor allem in der direkten Kommunikation gelang. Noch in der Darstellung seiner Hysterieanfälle ist ein sorgfältiges Hinhören und Wahrnehmen seiner Patientinnen spürbar. Im Verhältnis zu den biologistischen und verächtlichen Frauendarstellungen der zeitgenössischen Psychiater war die Psychoanalyse von ihrer Methode und den Fragestellungen zur Weiblichkeit her diesen weit voraus. In der theoretischen Verarbeitung dieser Erfahrungen mit Frauen gelang es zwar, die gröbsten Vorurteile zu vermeiden, die tieferen aber teilte die Psychoanalyse mit ihrer Zeit. „So blieb die Psychologie der Frau eine von der psychoanalytischen Theorie unbewältigte Angelegenheit. Doch kam die therapeutische Praxis offenbar ganz gut ohne Theorie aus“ (Hagemann-White 1979: 20).

Erst die Frauenbewegung der sechziger Jahre begann die Konstruktion der Weiblichkeit in der psychoanalytischen Theorie grundsätzlich in Frage zu stellen,[2] und diejenige der siebziger Jahre verwendete das psychoanalytische methodische und theoretische Potential, um eine Psychologie der Frau neu und unter Einbezug feministischer Erkenntnisse zu formulieren (vergleiche Mitscherlich 1975, 1985; Mitchell 1976; Chodorow 1978; Hagemann-White 1979; Gambaroff 1984). Die mangelnde Einsicht in die gesellschaftlich bedingten Ausgrenzungen der Frau aus den herrschenden Bereichen der Kultur hatte diese Aufarbeitung zu einem früheren Zeitpunkt verhindert.

Die in Ethnologie und Psychoanalyse ungelösten Probleme wurden zwar erkannt und benannt, konnten aber innerhalb des eigenen Fachs nicht weitergeführt werden. Weder die in den fünfziger Jahren von Balandier und Lévi-Strauss erkannte Bedeutung der Subjektivität im ethnologischen Forschungsprozeß konnte in einer ethnologischen Methode eingelöst werden, noch konnte die Psychoanalyse ihrem kulturanalytischen Anspruch gerecht werden. Erst durch die Verbindung von Ethnologie und Psychoanalyse zur Disziplin der Ethnopsychoanalyse gelang es, sich den genannten Problemen zu nähern. Der Ethnologe und Analytiker Georges Devereux schrieb 1957 über „ Die Psychoanalyse als Instrument der ethnologischen Forschung: Bestandesaufnahme und theoretische Implikation" und formulierte in dieser Arbeit die Forderung, die latenten kulturellen Wirkungsweisen einer Gesellschaft zu erforschen: „Der Psychoanalytiker, der zugleich versierter Ethnologe ist, entdeckt häufig, daß die Ambivalenzen seines Patienten eng mit der fundamentalen Ambivalenz verwandt sind, welche seine Kultur charakterisiert" (1957: 342). Weiter heißt es: „Die Bloßlegung der latenten Matrix eines gegebenen Merkmals ist also ein ebenso legitimer Forschungsgegenstand der Ethnologie wie die Entdeckung ihrer offiziellen manifesten Matrix" (ebd S. 346). „Aufgrund dieser Feststellungen können wir die Kultur zugleich als eine innere Erfahrung und eine Art und Weise, das Erfahrene zu erleben, definieren" (ebd S. 349). Zur gleichen Zeit arbeitete Devereux an seiner Studie über Angst und Methode in den Verhaltenswissenschaften, in welcher er das Phänomen der Gegenübertragung in der Ethnologie anzuwenden versucht, indem er zeigt, wie unreflektierte Gegenübertragung und Angstgefühle dem Fremden gegenüber die Wahrnehmung und Theoriebildung verzerrend beeinflussen. „Auch das logischste und wissenschaftlichste Gedankensystem hat seine subjektive Bedeutung für das Unbewußte der Person, die es entwickelt oder annimmt" (Devereux 1967: 41). Es ist Devereux' Verdienst, die kulturelle Bedingtheit von Krankheiten beschrieben und die subjektiven Aspekte sozialer Forschungsprozesse erkannt zu haben. Bezüglich der Frauen aber teilte er die Ansichten seiner Zeit, und hinsichtlich der konkreten Umsetzung seiner methodischen Postulate hat er sich nicht geäußert.

Die Praxis der Ethnopsychoanalyse haben die an der Ethnologie interessierten AnalytikerInnen Paul Parin, Fritz Morgenthaler und Goldy Parin-Matthèy erprobt und dargestellt: Die Gegenübertragung als Erkenntnisinstrument führten sie aus der Psychoanalyse in die Ethnologie ein, indem sie in einer fremden Kultur systematisch die eigene Subjektivität einsetzten, um die Subjektivität der GesprächspartnerInnen zu verstehen. In ihren Arbeiten ist es wohl zum ersten Mal gelungen, eine fremde Kultur so darzustellen, daß die einzelnen Rituale, Institutionen und Glaubensinhalte „von innen heraus" in ihrer Bedeutung für die in dieser Kultur lebenden Subjekte deutbar und verständlich wurden, und zwar nicht einfach auf einer rationalen Ebene, sondern auch auf der des Unbewußten. In methodisch nachvollziehbarer Weise haben die drei EthnopsychoanalytikerInnen das Verhältnis Individuum - Gesellschaft aufgeschlüsselt.

Der ethnopsychoanalytische Ansatz bezieht sich aber nicht nur auf die Forschungsbedingungen im „Feld", sondern auch auf die Verwertung der Daten, die Denk- und Arbeitszusammenhänge in der eigenen Kultur. Das bedeutet, daß die Selbstreflexion so lange dauert, wie versucht wird, Erkenntnis zu gewinnen, auszuwerten, zu vermitteln, zu verkaufen.

Parallel zu diesen Überlegungen ist es sinnvoll, sich immer wieder in Erinnerung zu rufen, daß es bei der ethnopsychoanalytischen Methode nicht primär um die Erforschung der eigenen Subjektivität geht; diese ist nicht das gesuchte Ziel, sondern nur der Weg, um Realität in ihrer Ganzheit besser zu verstehen. Eine Sozialwissenschaft, die gesellschaftliche Ereignisse psychologisiert und individualisiert, hat ebensowenig mit Ethnopsychoanalyse zu tun wie Arbeiten, die der Selbstdarstellung so breiten Raum geben, daß der Gegenstand darin verschwindet. Das Überstülpen psychoanalytischer Kategorien über soziale Prozesse und Handlungen von Subjekten ist ebenso fruchtlos wie die Auflösung gesellschaftlicher Haltungen in Gefühle.

Die ethnopsychoanalytische Methode erläutert an einem Beispiel

Ethnopsychoanalyse will den unbewußten Anteilen im Verhältnis von Subjekt und Gesellschaft selbstreflektiv und ideologiekritisch nachspüren, indem die Subjektivität und das Unbewußte der ForscherIn als Erkenntnisinstrument eingesetzt und mitberücksichtigt werden. Dies geschieht meist innerhalb der fremden Kultur, in welcher auch mit teilnehmender Beobachtung gearbeitet wird.

Die relativen Anteile von Ethnologie/Sozialwissenschaft und Psychoanalyse können in sehr unterschiedlichem Maße vorhanden sein; die Übergänge sind fließend. Ich unterscheide zwischen Ethnohermeneutik, ethnopsychoanalytischer Begleitung im Forschungsprozeß und der ethnopsychoanalytischen Beziehung.

Die Arbeit mit dem psychoanalytischen Instrumentarium in der Sozialwissenschaft kann auf drei verschiedenen Ebenen geführt werden. Die *ethnopsychoanalytische Begleitung* bezieht sich auf den Rahmen der Arbeit, das heißt auf den sozialen Zusammenhang des sozialwissenschaftlichen Forschungsprozesses und die Bedeutung der Subjektivität der ForscherInnen darin. Die *ethnopsychoanalytische Beziehung* betrifft die Art und Weise und und die bewußten und unbewußten Ebenen, auf denen eine Begegnung eingegangen und verarbeitet wird. Der *ethnohermeneutische Zugang* versucht, soziale Situationen, vertextete Gespräche, Mythen, kurz: verschriftlichtes kulturelles Material unter Einbezug der eigenen Subjektivität zu interpretieren und zu deuten.

Die Ethnopsychoanalyse gewährt keine Garantie gegen Fehlinterpretationen, gegen mögliche blinde Flecken und Projektionen, im Gegenteil. Aber sie erhöht gleichzeitig die Bereitschaft und die Chance, persönliche oder kulturelle Einflüsse wahrzunehmen und ihr Vorkommen als ein Datum zur Sache zu interpretieren. Die einzige Garantie gegen Fehlschlüsse und ideologischen Umgang gibt die Offenheit respektive Ungeschütztheit der Darstellung, in welcher der Prozeß der Datenerhebung und der Interpretation nachvollziehbar und kritisierbar wird.

Ethnopsychoanalytische Begleitung

Die selbstbeobachtende Begleitung im Forschungsprozeß soll Hindernisse, die aus idiosynkratischen, persönlichen Reaktionen (Ängsten, Konflikten, Sexualität, Anziehung, institutioneller Identifikation) und deren Abwehr (Projektion, Idealisierung, Verleugnung, Entwertung etc.) entstehen, bewußtseinsfähig und damit handhabbar machen. Selbstbeobachtung soll den Weg zur Realität offenhalten, (vergleiche Nadig und Erdheim 1980). Begleitende Selbstreflexion kann nicht im Kopf und allein gemacht werden - sie wäre manipulierbar und verflüchtigte sich. Deswegen ist es wichtig, die eigenen spontanen Assoziationen und Irritationen in einem *Arbeitstagebuch* zu verschriftlichen. Die Niederschrift läßt subjektive Reaktionen auf die fremde Kultur zu einem Text werden, der feststeht, an dem nicht mehr zu rütteln ist und von dem wir annehmen können, daß er in seiner Struktur die Manifestation des eigenen Unbewußten enthält. An diesem Text kann dann gearbeitet werden. Es ist sehr schwierig, die im Tagebuch notierten Gedanken allein und sofort zu analysieren - ein gewisser Abstand zum Text ist notwendig. Er wird erreicht durch zeitliche Distanz, durch die Zusammenarbeit mit Kollegen und Kolleginnen zur gemeinsamen Deutung der Notizen oder durch die Supervision bei einer erfahrenen Person (Beispiele bei Nadig 1985).

Ethnopsychoanalytische Beziehung

Die ethnopsychoanalytischen Gespräche bestehen darin, daß nicht einfach eine Befragung oder ein einmaliges Interview stattfindet, sondern mehrere Gespräche mit derselben Person, in deren Verlauf sich eine spezifische Art von Beziehung zwischen den Gesprächspartnerinnen entwickelt. Die ethnopsychoanalytische Beziehung ist die regelmäßige und bewußt von der eigenen Gegenübertragung begleitete Beziehung zwischen den EthnologInnen und ihren GesprächspartnerInnen.[3] In der Psychoanalyse wird entlang der Beziehungsdynamik, die sich in Form von Widerstand, Übertragung und Gegenübertragung entwickelt, die Art und Weise faßbar, in der die AnalysandInnen als Subjekte auf gesellschaftliche Gegebenheiten reagieren und in der die Institutionen auf das individuelle Bewußtsein und Unbewußtsein einwirken. Die psychischen Bewegungen zwischen der EthnologIn und ihrer InformantIn bilden das wichtigste Material. Die Inhalte, anhand derer diese Bewegungen ausgedrückt werden, verweisen auf die kulturspezifische Seite der InformantInnen und die sozialen Strukturen ihrer Umgebung. Die ethnopsychoanalytische Beziehung entwickelt sich sehr ähnlich wie die psychoanalytische, aber mit anderen Schwerpunkten. Die ethnopsychoanalytischen Gespräche stellen eine Form von gesellschaftlicher Interaktion auf einer libidinösen Ebene dar: Menschen, die verschiedenen Kulturen angehören, agieren und reagieren kulturspezifisch aufeinander. Bei den EthnologInnen sind es das Engagement und die soziale Bewußtheit in der eigenen Kultur, die die Erkenntnisbereiche in der fremden Kultur determinieren; und es sind ihre sozialen Verdrängungen und ihre Unbewußtheit, die dieses Engagement und ihre Wahrnehmungen strukturieren. Das Aufeinandertreffen zweier kultureller Kommunikationsmuster löst bei den EthnologInnen subjektive Irritationen aus, die sie unweigerlich in den oszillierenden Prozeß der empathisch-identifikatorischen Annäherung und des reflexiv abgrenzenden Rückzugs hineinführen. Ohne diesen Oszillationsprozeß könnten sie die kulturspezifische Umgangsweise des Gegenübers gar nicht wahrnehmen, sie müßten sie - aus Selbstschutz - als neurotische und individuelle Abwehrform deuten. Die Pathologisierung der Anderen würde im Dienste der eigenen Abwehr eingesetzt werden müssen.

Die durch gegenseitige Libidobesetzung entstandene Beziehung wird teilweise rationalisiert und verdrängt. Aus der Art des Umgangs mit der Libidobesetzung lassen sich kulturspezifische Unterschiede erkennen, psychische Muster des Erlebens in einem spezifischen Milieu ableiten. Das Aufeinanderstoßen von Triebregungen, auf die unerwartet, weil kulturspezifisch reagiert wird, löst bei den EthnologInnen subjektive Irritationen aus, die sie affektiv oder kognitiv verarbeiten; mit Emotionen, Identifikationen oder Assoziationen, Theorien, Rationalisierungen. Diese Gegenübertragungsreaktion, die im oszillierenden Prozeß der Identifizierung und Abgrenzung entstehen, können Zugang zu den unbewußten Konflikten und Gefühlslagen des Gegenübers geben (vergleiche Morgenthaler 1977, 1978).

Der ethnopsychoanalytische Prozeß setzt sich vorwiegend mit dem Zusammenstoß zweier Kulturen und zweier Subjekte auseinander. So wie die Übertragungen meiner GesprächspartnerInnen auf mich nicht primär aus Vater-, Mutter- oder Geschwisterrollen bestanden, sondern aus den historisch erfahrenen Kommunisten-, Missionaren- und Funktionärsbildern, so bestanden die Übertragungen der Frauen nicht primär aus kindheitsspezifischen Rollen, sondern aus der Wiederholung kulturspezifischer Umgangsformen mit Weißen, aber auch mit Personen aus der eignen Ethnie. In den subjektiven Funktionsweisen können auch kulturtypische psychische Probleme der Angehörigen einer seit vierhundert Jahren kolonisierten Ethnie verstanden werden.

Ethnopsychoanalytische Gespräche mit einer Otomi-Frau: ein Beispiel

Ich möchte an einem Beispiel aus meiner Arbeit mit mexikanischen Bäuerinnen zeigen, wie diese Verschränkung von Ethnologie, Psychoanalyse und feministischer Fragestellung aussieht und zu welchen Schlüssen sie führen kann.

Aus Neugierde, Abenteuerlust und Erkenntnisinteresse habe ich zwischen 1975 und 1980 einige mehrmonatige Besuche in einem Otomi-

Bauerndorf in Daxho gemacht und dort vor allem im ersten Jahr regelmäßige Gespräche mit fünf Frauen geführt (Nadig 1986). Mein Interesse galt von Anfang an den Frauen in einer anderen Kultur, den sozialen und psychischen Strategien, die sie entwickeln, um so gut wie möglich - ökonomisch und emotional - zu überleben. Soziale Überlebensstrategien zielen auf ökonomische Sicherheit sowie Respekt und Achtung im sozialen Feld; psychische Überlebensstrategien zielen auf ein inneres Gleichgewicht mit hoher Selbstachtung, mit möglichst großer Annäherung an ein Selbstideal. Ich suchte nach den Lösungs- und Machtstrategien, die Frauen innerhalb gegebener Verhältnisse und bestimmter Geschlechterbeziehungen entwickeln. Es ging mir um die Vermittlung zwischen objektiven und subjektiven Verhältnissen und die widerständige Haltung, die Frauen dabei einnehmen können. Unter Widerstand verstehe ich die aktive Gestaltung und Veränderung der Verhältnisse im Sinne eigener Interessen, Utopien und Bedürfnisse. Zur Abklärung dieser Fragen schien mir die Ethnopsychoanalyse die geeignete Methode.

Ich habe zwar versucht, regelmäßig Gespräche mit einigen Frauen von Daxho zu führen und anhand der Tagebuchnotizen und meiner subjektiven Irritationen so weit wie möglich zu verstehen, entlang welcher Beziehungsdynamik sich die Gespräche entwickelt haben, habe aber gleichzeitig auf zu viele Deutungen der unbewußten Psychodynamik verzichtet. Wenn mir - auch im Zusammenhang mit der Supervision - offensichtliche Zusammenhänge oder Widersprüche im Verhalten der Gesprächspartnerinnen klar wurden, habe ich diese angesprochen und konnte so meine Gedanken und Hypothesen meinem Gegenüber unterbreiten und deren Richtigkeit an ihrer Reaktion prüfen.

Es ist ein sehr wichtiges Moment dieser Gespräche, daß die eigenen Hypothesen und Gedanken in Form von konfrontativen Fragen, spiegelnden Feststellungen oder Deutungen der Gesprächspartnerin unterbreitet werden. Ich verwende den Begriff der „Deutung" im sozialwissenschaftlichen Zusammenhang absichtlich wenig, weil er zu oft die Assoziation zur therapeutischen Situation auslöst, was in dieser Beziehungsform unangemessen ist. Die „konfrontativen Fragen" folgen der inneren Dynamik des Gesprächs und ermöglichen es, ohne die Assoziationsfolge der Erzählenden wesentlich zu stören, eigene Wahrnehmungen und Hypothesen direkt zu unterbreiten und miteinander zu besprechen. Die konfrontative oder spiegelnde Feststellung entspannt die Situation; durch sie kommt ein bisher latenter Konflikt zur Sprache, so daß die folgenden Erzählungen auf einer direkteren, weniger plakativen Ebene weitergehen. Dieser Gesprächsstil ermöglicht es, die Subjektivität der Anderen durch die bewußte Beachtung der eigenen Subjektivität anzusprechen, ebenso verhindert er, daß Ängste und Projektionen anwachsen, ohne angesprochen zu werden, und zum Abbruch der Beziehung führen. Die über längere Zeit dauernden Gespräche werden also von einem gleichzeitigen Reflexionsprozeß begleitet, der allein oder gemeinsam geführt wird; deswegen nenne ich diese Art der Gespräche auch „selbstreflektive Gespräche". Im Laufe dieser Gespräche stellt die Gesprächspartnerin ihre Lebensgeschichte dar - sie entfaltet sie in assoziativer Weise, entsprechend ihrer inneren Logik und entsprechend der Dynamik in der Beziehung der beiden Gesprächspartnerinnen.

Martina: „Ich wäre gern weggegangen"

Ich lebte in einem leeren Haus, das amerikanische Missionare, die hier Otomi lernten und den Evangelismus verbreiteten, vor 10 Jahren zurückließen. Das Otomi-Bauerndorf hatte 500 Einwohner, die von Handwerksarbeit und Landwirtschaft zu überleben suchten. Die Ressourcen waren knapp; die meisten Männer sahen sich daher gezwungen, sporadisch in die USA zu migrieren oder sich Lohn-Arbeit in der Gegend zu suchen. In der Abwesenheit der Männer übernahmen die Frauen die häusliche Produktion. Die starke Schichtung im Dorf wurde von einer tendentiellen Verarmung begleitet. Die Daxhoaner sprechen im Alltag Otomi. Die Jüngeren haben in der Schule Spanisch gelernt.

Martina hat mich selber aufgesucht. Als ich mehr als einen Monat im Dorf lebte, stand sie eines Abends mit ihrer Schwiegermutter und deren Kindern vor meiner Tür; sie schauten mich lächelnd an und sagten nichts. Ich bat sie herein. Sie fragten, wie es mir gehe; ich fragte zurück. Sie saßen da, kicherten verlegen und verabschiedeten sich bald. Nach einem Höflichkeitsbesuch meinerseits kam Martina öfters zu meinem Haus. Sie begrüßte mich jeweils, setzte sich und schaute mich an, ein Gespräch kam nie zustande. Sie irritierte mich, ich wußte nicht, was ich mit ihr anfangen sollte. Beim dritten Besuch fragte ich sie, ob sie mit mir arbeiten, das heißt mir regelmäßig von sich erzählen wolle; sie war sofort einverstanden und kam gleich am nächsten Tag wieder zu meinem Haus mit ihrem kleinen Sohn und wie immer in Begleitung ihrer kleinen Schwägerinnen.

Sie ist 18 Jahre alt, verheiratet und hat einen einjährigen Sohn. Sie lebt in einem eigenen neuen Backsteinhaus neben dem der Schwiegereltern. Die Umgebung des Hauses ist wüstenartig trocken, ohne Pflanzen, der Boden übersät mit rostigem Eisen, Plastik und Glasabfällen. Ein Gasherd ersetzt in beiden Häusern das traditionelle Holzfeuer; die modernen Konsumgegenstände und die Umgebung des Hauses machen einen trostlosen, verwahrlosten Eindruck. Martinas Erscheinung ist die typische der jungen Frauen: Sie wirkt schüchtern, unbestimmt, adoleszent. Meist sitzt sie den ganzen Tag im Haus und webt kunstvolle Schals und Taschen und hütet ihren Sohn. Die Mahlzeiten werden zusammen mit der Schwiegermutter und ihren Kindern in deren Haus eingenommen.

Martina ist die mittlere der neun Kinder eines wohlhabenden Bauern aus dem Dorf, dessen Landbesitz zum Teil als illegal angezweifelt wird. Ihre Mutter, eine taubstumme Frau aus dem Nachbardorf, ist häuslich und traditionsorientiert. Ihre Brüder haben die Sekundarschule besucht und waren in den USA. Beide Eltern weben viel und bearbeiten Land. Die Familie ihres Mannes gehört zu einem großen, vor ein paar Jahren machtvollen Verwandtschaftsclan. Der Schwiegervater und ihr Mann arbeiten an guten Fabrikarbeiterstellen in den USA. Die paar Dollars, die sie regelmäßig schicken, sind hier viel wert; sie ermöglichen den Bau der neuen Häuser sowie der modernen Einrichtung.

Sozial steht Martina zwischen zwei bedeutenden Familien im Dorf, die miteinander verwandt sind (sie haben denselben Namen), zwischen denen aber Zwistigkeiten bestehen. Beide Familien sind in bezug auf ihren Besitz von Gerüchten umwittert.

Martina sieht ihren Mann nur während ein bis zwei Monaten im Jahr, wenn er zu Besuch kommt. Er ist ein hübscher, großer, hellhäutiger 22jähriger Mann und war einer der begehrtesten Jünglinge im Dorf. Als bekannt wurde, daß er Martina heiraten werde, begannen die jungen Mädchen und Frauen sie aus Neid und Eifersucht mit anonymen Briefen, Gerüchten und Attacken zu verfolgen oder sie zu meiden. Martina war geschockt, und heute lebt sie extrem isoliert und abgeschieden in ihrem Haus. Ab und zu besucht sie die Mutter; mit der häufig betrunkenen Schwiegermutter versteht sie sich nicht gut.

Sie wirkt schüchtern, unauffällig - meist freundlich lächelnd; dahinter scheint aber eine bedrückte Grundstimmung hervor. Zu ihrem Söhnchen hat sie eine herzliche Beziehung und kann gut auf seine Bedürfnisse eingehen. Ihren Mann liebt sie zärtlich; er ist für sie der einzige Mensch, mit dem sie vertraulich und offen reden kann, von dem sie sich ganz verstanden fühlt. Er fehlt ihr sehr.

Die Gespräche zwischen uns entwickelten sich sehr langsam und schwierig; obwohl Martina fast alle zwei Tage pünktlich vor meinem Haus stand, redete sie kaum etwas, schaute mich erwartungsvoll an und wartete, daß ich etwas sagte. Einmal brachte sie ihre Mutter, die fast taubstumm ist, mit, sonst kam sie immer mit den Schwägerinnen. Ihre lächelnde Stummheit, diese pünktliche Anhänglichkeit, gemischt mit ohnmächtiger Sprachlosigkeit, bedrückten mich. Ich sprach sie direkt darauf an, sie erzählte ein wenig von ihrer Schüchternheit und ihrer Unsicherheit: daß sie nie viel redet und daß alle finden, sie solle ihre Schüchternheit endlich fallenlassen. Aber auch dies kam stockend und mit vielen Pausen. Mich irritierte ihre Konstanz im Kommen und die gleichzeitig zarte, mädchenhafte Ohnmacht und lächelnde Verlegenheit. Ich spürte, daß zwar eine Beziehung zwischen uns bestand, daß sie aber nicht in direkte sprachliche Kommunikation umgesetzt werden konnte.

Die 8. Begegnung

Martina besucht mich mit ihrem Sohn und der achtjährigen Schwägerin Irene, die mit dem Knaben draußen spielt. Ich mache einen Kaffee, wir sitzen uns gegenüber, lächeln uns an: - Wie gehts? frage ich. - Nun, wie immer. Sie schweigt. - Was hast du gemacht heute? - Nun, weben, ich war allein. Sie schweigt. - Du bist viel allein, sage ich. - Ich gehe eben nicht aus. - Du gehst nicht aus? - Nein, ich muß arbeiten. - Du mußt? - Ja, auch weil eine verheiratete Frau nicht hinaus darf. - Sie darf nicht hinaus? - Nein, sie darf nicht hinaus, sie muß arbeiten, sonst könnte man schlecht über sie reden. Sie sitzt still da und schweigt. - Wirst du von Freundinnen besucht? - Nein. Sie schweigt. - Nie? - Früher schon, jetzt nicht mehr. - Hattest du viele Freundinnen? - Ja viele, alle die Mädchen, Aurea, Celestina, Valentina, nun die Mädchen *(muchachas)*. Martina sitzt still da und lächelt mich an, betrachtet die Gegenstände des Zimmers. Ich spüre ihre Verlegenheit. - Es ist schwierig, mit jemandem zu sprechen, der so verschieden ist, sage ich. - Ja, du bist von der anderen Seite, von weit her, wir kennen dich nicht. Eine Frau aus dem Nachbardorf, die ich nicht kenne, ist gleich wie ich, ich weiß, wie sie lebt und denkt. Von dir wissen wir nichts, das macht mich verlegen, ich schäme mich. Sie schweigt... - Als du in unser Haus gekommen bist, war alles schmutzig, wir hatten nicht aufgeräumt; bei dir ist alles sauber. - Und welche Bedeutung hat das? frage ich. - Es ist so, daß wir glauben, daß du gekommen bist, um zu prüfen, ob wir sauber sind oder nicht. Viele sagen, du würdest schauen, wie es mit unserer Hygiene steht. - Ah so, man glaubt, daß ich von der Regierung komme, um euch auszuspionieren, um Urteile über euch abzugeben? Martina lacht. - Ich weiß nicht, wir sind eben selber so, wenn eine Nachbarin zu Besuch kommt, sagt sie nachher zu den anderen, man sei schmutzig. Alle machen das. Ich aber meine, daß wir alle gleich sind, alle haben Kinder und sind arm. - Dann schämst du dich, weil du denkst, du solltest so sein wie ich, und sonst würde ich dich verurteilen? - Ja, so ist es, du bist gut angezogen und dein Haus ist sauber. Bei uns ist es immer schmutzig, wir können wischen und fegen, so viel wir wollen, und doch sieht es aus, als ob wir nichts tun würden. - Nein, ich bin da, weil ich verstehen möchte, wie es den Frauen hier geht, sage ich. - Aber wie kannst du uns helfen? fragt Martina. -Ich kann nicht helfen, ich kann nur den Leuten in meinem Land erzählen, mit welchen Problemen die Frauen hier kämpfen. - Ah, wir haben große Probleme hier, wir arbeiten und arbeiten und bekommen nichts dafür, bezahlte Arbeit wollen sie uns nicht geben. Die Funktionäre in den Büros tun nichts, sie lesen die Zeitung und am Abend schließen sie und gehen. - Ihr könnt nicht schließen, sage ich. - Nein, jene werden dafür bezahlt, daß sie nichts tun, wir hier müssen arbeiten und werden nicht bezahlt. Der Tag vergeht, am Abend ist man erschöpft und nichts... Wir machen alles selber, Wasser holen, kochen, putzen, waschen, die Kinder, weben, alles. Manche werden dafür noch geschlagen von ihren Männern, andere können nicht mal ihre Kinder ernähren.

Irritationen und Gedanken

Am meisten fällt mir das Wort „schämen“ auf. Es bedeutet für mich Kränkung, Erniedrigung, aber auch Passivität und Unterwürfigkeit. Sie entsprechen in meiner inneren Vorstellung den Erfahrungen einer ausgebeuteten und diskriminierten Klasse. Martina kommt mir extrem unterdrückt und passiv vor. Gleichzeitig irritiert mich diese Unterwürfigkeit, sie macht mich ohnmächtig; ihre Scham beschämt und ärgert mich: bin ich denn so unfähig, mit dieser Frau zu reden? Ich frage mich, ob ich zu aktiv und sicher auf Martina zugehe, zu stark für sie sei und sie erdrücke. Ich empfinde ein Gefühl der Gereiztheit, weil meine eigen Kulturbedingtheit so scharf als Schranke spürbar wurde. Sie erinnert mich an meine eigene Ohnmacht im Dorf, der ich durch aktives Arbeiten zu begegnen suchte. Die Erfahrung meiner eigenen Ohnmacht im Dorf ermöglichte es mir, Martinas Ohnmacht gegenüber mir, der Fremden, anzusprechen.

Schamgefühle tauchen auf, wenn offen aktives Verhalten frustriert oder verhindert wird durch Zurechtweisung oder angesichts der Realität; Scham taucht aber auch als Gegenbewegung (Reaktionsbildung) auf eigene expansive und exhibitorische Strebungen auf. Hinter Martinas passiver Scham zeigten sich aktive und expansive Wünsche: so zu sein wie ich, um dem Mann in den USA zu gefallen und aus dem Dorf herauszukommen. Zu aktiv, schön und erfolgreich zu sein, bedeutet im Dorf aber Ausschluß, Mißtrauen, Verfolgung; das hat sie erlebt, als sie den begehrten Mann heiratete. Ich nehme an, daß Martina die fast vollständige Taubstummheit der Mutter auch als eine Folge der eigenen Lebendigkeit und Expansionsbewegungen in der Kindheit deutet. Indem sie die Überforderung der Mutter mit den ziemlich schnell aufeinanderfolgenden Kindern wahrgenommen hat, hat sie sie auch mit sich in Verbindung gebracht. Durch ihre kulturkonforme Ergebenheit in die Verhältnisse schützt sie sich und ihre Umgebung vor ihren aktiven Wünschen und deren phantasierten oder möglichen Folgen.

Mein Anderssein löst in Martina ebenfalls Scham und Schweigen aus. Mich irritiert die starke Reaktion darauf, denn mein Anderssein war ein ständiger, unausweichlicher Problemfaktor im Dorf: ich bin weiß, Gringa, reich, 30 bis 40 cm größer als die Dorfbewohner, „die größte Frau des Dorfes“, durch meinen Körper, meine Haut- und Haarfarbe ständig verwiesen auf meine Herkunft aus einem imperialistischen Land. Ab und zu phantasiere ich, meine Haare schwarz zu färben, wünsche, kleiner zu sein. Mein Anderssein hindert mich bei der Arbeit und jetzt ganz konkret bei der Arbeit mit Martina. Sie muß mir gegenüber eine ähnliche unüberwindliche Diskrepanz erleben. Für sie, deren Wünsche nach einem anderen, „weißen" Leben besonders stark sind, wird ihre indianische Abstammung, ihre Ethnizität zu einem kränkenden Problem. Angesichts meiner offensichtlichen Andersheit beginnt sie ihren rassischen Typus selber zu diskriminieren, sie schämt sich.

Als drittes irritiert mich die Bedeutung des Schmutzes. Im Tagebuch hatte ich die Häuser von Martina und der Schwiegermutter wirklich als schmutzig beschrieben, mich daran gestoßen. Nun wird gerade für sie der Schmutz zum Problem, der sonst im alltäglichen Familienleben kaum beachtet wird. Ich komme mir ertappt vor, so wie sie sich ertappt vorkommen muß, denn in den modernen Backsteinhäusern und Kücheneinrichtungen fällt der Schmutz viel mehr auf als in den traditionellen luftigen Küchen mit Feuerstelle und Lehmboden. Der sichtbare Schmutz in ihren modernen Küchen verweist auf den Widerspruch ihres Lebens im Dorf: sie bewegt sich zwischen zwei Welten. Die Angst, daß ich aus ihrer relativ luxuriösen Einrichtung falsche Schlüsse ziehen könnte, muß in ihrer Besorgnis um den Schmutz enthalten sein. Sie und die Schwiegermutter wollen nicht als „die Reichen" im Dorf dastehen.

Hinzu kommt, daß staatliche Hygieneberaterinnen in die Dörfer geschickt werden, um den Frauen Sauberkeit im Kampf gegen Krankheiten beizubringen. Als besondere Ironie erscheint mir dies, weil der Bewässerungskanal die Abwässer der 15 Millionen-Stadt Mexiko ins Dorf bringt und gastrointestinale Krankheiten und Todesfälle sprunghaft ansteigen ließ. Der Schmutz wird auf der falschen Ebene bekämpft: der sichtbare, aber harmlose Schmutz wird zum Problem gemacht, während der unsichtbare eine existentielle Gefahr darstellt.

Dazu fällt mit gleich folgender Satz auf: „Ich aber meine, daß wir alle gleich sind, alle haben wir Kinder und sind arm." Du bist doch gar nicht so arm, denke ich; der Satz klingt für mich wie ein Klischee, eine Beschwörungsformel. Sinngemäß will Martina mit dem Satz sagen, daß im Verhältnis zu den Weißen alle relativ gleich arm sind, was richtig ist. Auf der latenten Ebene wird aber auch in anderen Stunden deutlich, daß ihre relative Privilegiertheit ihr Schuldgefühle macht und daß sie zusammen mit ihren Verwandten die dorfinterne Schichtung und die ökonomischen Spannungen nicht wahrhaben will. Diese Tendenz teilt sie mit der Mehrheit des Dorfes, es wird nur ungern und flüsternd von den Machenschaften und Übervorteilungen im Dorf gesprochen.

Die 10. Begegnung

Drei Tage später sehe ich Martina in ihrem stillen, schüchternen Gang, bei dem sich der Körper kaum bewegt, auf mein Haus zukommen, wie immer in Begleitung ihrer Schwägerin. Ich frage nach dem Verbleib der Webereien. Die Nachbarn sind nicht gefahren, vielleicht morgen, ihre Mutter will auch noch Arbeiten mitgeben.– Wie geht es deiner Mutter?– Sie sagt nichts, sie schämt sich, ich glaube, weil sie nicht hört. Ich schäme mich auch. Jetzt weiß ich auch nichts zu erzählen, ich weiß nicht, was sagen. (Pause). – Schon als kleines Mädchen habe ich mich so gefühlt, immer, und habe mich geärgert. Jetzt werde ich von den Leuten gefragt, was ich bei dir mache und weiß nicht, was antworten.– Eigentlich haben wir schon viel miteinander gesprochen, und du hast mir von dir erzählt, sage ich. – Ja, schon... aber... – Aber was? – Es ist doch so, daß das bald zu Ende ist und wir haben noch gar nicht angefangen, miteinander zu sprechen.– Findest du, daß das, was wir machen, nicht miteinander sprechen ist? – Doch schon, aber bald gehst du wieder. – Wir haben noch vier Wochen Zeit zusammen.– Ja eben, ich kann nicht mehr zu dir kommen, ich muß zu Hause arbeiten, damit ich mir etwas kaufen kann, was mir gefällt. – Zum Beispiel den Nagellack? – Ja, es gefällt mir, etwas für mich zu haben; was mir mein Mann schickt aus den USA, reicht gerade zum Essen; wenn ich meine Webereien verkaufen kann, kaufe ich etwas für mich, etwas Schönes. – Dann willst du nicht mehr kommen? – So ist es nicht, es gefällt mir zu kommen, aber ich habe dir nichts zu erzählen; auf dem Weg hierher weiß ich vieles, und wenn ich da bin, ist es weg. – Wenn du gleich wärest wie ich, dann gäbe es viel zu erzählen. ... Ich finde unsere Gespräche wichtig, gerade weil wir verschieden sind. – Findest du, wirklich? - Wenn du mir erzählst, wie du lebst und denkst, kann ich mir vieles besser vorstellen. – Ist das wahr? Wenn du weißt... wissen... ja wir helfen dir zu wissen, das ist wahr. Ich möchte gerne über viele Dinge reden, aber ich kann nicht, ich schäme mich, das geht mir immer so, mit irgend jemandem. Schon als Kind, ich wäre gerne hinausgegangen, weggegangen, aber sie ließen mich nicht gehen... nur meine Schwester und die Brüder. Ich mußte bei der Mutter bleiben, mußte ihr helfen; ich war die Kleine. Sie sagten immer, du weißt nichts. – Jetzt hast du eine eigene Familie. – Ja, aber jetzt ist mein Mann nicht da; wenn er da ist, fühle ich mich wie... viel besser. Manchmal komme ich mir vor, wie wenn ich nicht verheiratet wäre, vor zwei Jahren haben wir geheiratet und waren nur wenige Monate zusammen. Ist er da, reden wir zusammen, ich erzähle ihm, er erzählt mir; leide ich an etwas, kann ich es ihm sagen; jetzt habe ich niemanden.– Wenn du dich mitteilen kannst, fühlst du dich besser. – Er mußte weggehen, weil er hier keine Arbeit fand, er hat lange gesucht, ging alle paar Tage ins Patrimonio Indígena, aber sie gaben ihm nichts, deswegen mußte er gehen. Martina schweigt.– Jetzt kann ich plötzlich besser reden, ich schäme mich fast nicht mehr, es gefällt mir, mit dir zu plaudern, stellt sie dann überrascht fest und schaut mich zufrieden an. – Und du, fühlst du dich nicht allein hier? fragt sie. – Doch, immer wieder, dann setze ich mich hin und arbeite. – Aber gerade, wenn man so sitzt und arbeitet, fühlt man die Einsamkeit. Das ist wie bei mir, wenn ich sitze und webe. So sind wir... gleich. – Ja, damit ergeht es uns gleich, oft fühle ich mich auch hilflos, weil ich nicht genau weiß, wie das hier alles läuft. - Dann bist du auch schüchtern? fragt sie ungläubig. - Manchmal schon.

Wir sind völlig entspannt und lachen uns an. Martina schlägt vor, ich solle für die nächste Stunde in ihr Haus kommen, dann wären wir allein und sie könnte dabei weben. Ich sage zu, gehe aber vorher für einige Tage in die Hauptstadt.

Irritationen und Gedanken

Obwohl die letzte Stunde entspannt beendet werden konnte, taucht wieder das Schämen auf, jetzt im Zusammenhang mit der Mutter, die nicht reden kann. Martina kann auch nicht reden, sie weiß nichts zu sagen: Immer noch das Schämen, obwohl die Sache wegen der Sauberkeit aufgelöst ist? Martina verknüpft ihre Sprachlosigkeit mit ihrer Kindheit, schon damals fühlte sie sich so neben den großen Geschwistern, den Eltern. Auch den Dorfbewohnern weiß sie nichts zu sagen. Unsere Gespräche scheinen frühere Konflikte und Gefühle zu aktualisieren. Die bewunderten und beneideten großen Geschwister haben sie als klein verachtet und verlassen, und das ist schmerzlich. Sie mußte bei der Mutter bleiben und ihr helfen. Sie wurde in ihrer Adoleszenz an die Mutter gebunden und hatte keine Möglichkeit, Alternativformen des Frauseins zu erproben, sie mußte werden wie sie: stumm, schüchtern und schamhaft; was ihr bleibt, ist das Weben.

Jetzt, wo wir reden können, will Martina nicht mehr kommen. Beim Lesen erschrecke ich, erinnere mich aber, daß ich damals nicht erschrak, denn mein Gefühl war: die Beziehung läuft, wir können damit umgehen. Martina fürchtete meine Abreise, unsere Trennung. So wie die Geschwister und der Mann sie verlassen haben, werde ich sie auch verlassen. Da ist es besser, sich gar nicht auf tiefere Gefühlsbindungen einzulassen, sondern sich zurückzuziehen. Der passive Rückzug scheint für Martina ein Schutz vor zu heftigen und schmerzlichen Konflikten, auch im Dorf, zu sein.

Martina kauft sich Nagellack und schöne Sachen. Das ist besonders auffallend, denn keine Frau sonst im Dorf tut das. Ich bin auch ein wenig enttäuscht, weil sie nicht dem Bild der bewußten Indianerin entspricht, sie erscheint der mexikanischen Mittelstandsfrau sehr ähnlich. Der Nagellack taucht im Zusammenhang mit dem Nichtmehr-Kommen auf: ich brauche dich nicht, ich kann mir auch alleine etwas holen, so sein wie du (ich hatte selber am Anfang rote Zehennägel). Die schönen Dinge, die sie sich kauft, sind ein Ersatz für die verlorenen Beziehungen; in ihnen kommt sie den verlorenen Liebesbeziehungen nahe, ohne sich auf sie einlassen zu müssen. Sie erkauft sich eine phantasmagorische Autonomie. Für mich ist der Nagellack wieder ein Ausdruck des Widerspruches zwischen der Ethnie und der nationalen Gesellschaft.

Martinas plötzliche Offenheit und Direktheit überrascht am Schluß des Gespräches. Sie bezieht Stellung - „ich rede gern mit dir" - und übernimmt aktiv das Gespräch. Nachdem sie unsere Verschiedenheit akzeptieren konnte, sie nicht mehr als zerstörerisch erlebte, stellt sie mir Fragen und sucht trotz der Verschiedenheit nach Gemeinsamem und findet es. Über die Identifikation mit mir werden die bedrohliche Rivalität und der Neid umgangen. Als Problem bleibt die Trennung, die sie nun aktiv angehen kann, indem sie die Beziehung übernimmt und mich zu ersten Mal in ihr Haus einlädt.

Zur Beziehungsdynamik

Martina lebt sehr eingesperrt und hofft, ich könne sie aus ihrer familiären Abhängigkeit herausholen, sei es durch Freundschaft oder materielle Hilfe. Die Form ihrer Kontaktnahme gleicht der eines vor-adoleszenten Mädchens, das seine soziale Identität noch nicht gefunden hat. Schüchtern und abwartend drückt sie das dringende Bedürfnis aus, etwas zu finden, was sich der Kontrolle der Mutter und der Schwiegermutter entzieht. Nachdem die Rollenprojektion auf mich besprochen werden konnte, wurde die starke identifikatorische Beziehung sichtbar, die darunter lag. Aber gerade diese Intensivierung unserer Beziehung löste Angst aus: ich werde sie verlassen, so wie ihr Mann sie immer wieder verläßt. Sie kommt und bietet mir noch einmal ihre Schüchternheit an, als Versuch, sich vor einer schmerzlichen Erfahrung zu schützen: ich habe nichts zu sagen und du gehst wieder, also lassen wir es besser sein, sagt sie. Ihre Form des Selbstschutzes beinhaltet eine Selbstentwertung - „ich kann nicht reden" -, die dann umschlägt in eine selbstbestimmte Abgrenzung: „ich will arbeiten, um mir etwas zu kaufen", und in eine lebensgeschichtliche Erklärung ihrer Schüchternheit: „Sie wollten mich nicht ins Leben hinauslassen, sie haben mich klein gemacht, ich bin gar nicht so klein." Der Umschlag wird erst möglich, nachdem ich sie der Wichtigkeit unserer Gespräche versichert habe. Sie akzeptiert unsere Verschiedenheit und identifiziert sich voll mit mir: wir sind gleich - gleich allein und gleich schüchtern, aber auch gleich stark, wir holen uns, was wir brauchen.

Die dörflichen Regeln schränken ein junge Frau stark ein. Ein möglicher Umgang damit besteht in der Orientierung nach außen, in der Übernahme von modernen und nationalen Werten und Lebensformen. Diese Außenorientierung wird bei Martina durch die fernen Geschwister, den migrierten Mann und meine Person gestützt. Nagellack, duftige Blusen, Hosen und geschlossene Damenschuhe verschlingen das in Einsamkeit erwebte Geld.

In den folgenden Begegnungen spricht Martina regelmäßig meine Abreise an, mal aggressiv, mal traurig, dann wieder mit dem Vorschlag verbunden, mich nicht mehr zu sehen. Sonst werden die Gespräche, die wir jetzt bei ihr im Haus führen, lockerer, inhaltsreicher, emotionaler. Sie erzählt von ihrer Wut auf die Schwiegermutter, von der zweiten Geburt mit Kaiserschnitt, bei der das Kind starb, ihrer Angst, keine Kinder mehr haben zu können. Sie erzählt von den alltäglichen Problemen und ihren Phantasien. Der Abschied fällt ihr schwer, aber sie hat vor, sich mehr von der Schwiegermutter abzusetzen.

Ethnopsychoanalytische Interpretation

Bei der Auswertung der selbstreflexiven Gespräche werden alle gesammelten Informationen verwendet. Theoretisches Wissen, Informationen aus der teilnehmenden Beobachtung und die Erinnerung an die eigenen subjektiven Gefühle, Hypothesen und Erfahrungen fließen im Verarbeitungsprozeß zusammen.

Ich gehe davon aus, daß unbewußte Bedeutungen und Sinnzusammenhänge von kulturellen Mustern nur dann erkannt werden können, wenn die jeweilige emotionale Atmosphäre und psychische Bewegung, in der kulturelle Inhalte beschrieben oder inszeniert werden, ernstgenommen werden. Der Prozeß der Beziehung und die Psychodynamik, die sich darin entwickelt, sind die Ausgangspunkte, um die kulturellen Inhalte zu deuten. So gesehen konnte im Verlauf der Gespräche der kulturelle Prozeß in seiner latenten Dynamik ausschnittweise miterlebt, miterkannt werden. Der emotionale Zusammenhang, in dem zum Beispiel Normverstöße oder Arbeitsprozesse beschrieben werden, erlaubt eine Interpretation, die den Zusammenhang zwischen Kultur und Subjekt erhellt. Bedürfnisse, Wünsche und Funktionen, die mit dem Gebrauch dieser Inhalte und Muster verknüpft werden, lassen sich fassen.

Die verschriftlichten Gespräche können zu Hause noch einmal mit der tiefenhermeneutischen Textinterpretationsmethode analysiert werden (vergleiche Lorenzer 1982). Die beim Lesen auftauchenden Irritationen und Assoziationen werden als Hinweise auf Bruchstellen oder Widersprüche im manifesten Text ernstgenommen. Wird diesen Bruchstellen nachgegangen und nach weiteren Entsprechungen im Text gesucht, kann der Zugang zur latenten Ebene, zu den unbewußten, aber bestimmenden Momenten der Lebensgeschichte gefunden werden, die gleichzeitig auf unbewußte Sozialmechanismen der betreffenden Kultur verweisen. Diese Interpretationsmethode impliziert die systematische Beteiligung des eigenen Unbewußten.

Um nun diese, auf ihre Bruchstellen hin analysierte Lebensgeschichte in ihrem sozialen Zusammenhang zu verstehen und um Rückschlüsse auf die Wechselwirkung zwischen der Subjektivität des Individuums und den dieses bestimmenden Sozialmechanismen und unbewußten Funktionsweisen seiner Kultur ziehen zu können, schlage ich vor, die Lebensgeschichte zusätzlich auf drei sich überschneidende Themenkreise hin zu untersuchen: den ökonomischen, den kulturellen (oder ethnischen) und den subjektiven. Werden die ökonomischen Gesetzmäßigkeiten, die kulturellen Institutionen, Traditionen und Normen sowie die Sozialisationsbedingungen der Lebenswelt der Erzählenden mit ihrer lebensgeschichtlichen Darstellung und ihrer Persönlichkeit in Zusammenhang gebracht, so wird deutlich, bis zu welchem Ausmaß die Autoren der Lebensgeschichte in Anpassung und Widerspruch zu den sozio-ökonomischen Strukturen ihrer Umgebung stehen. Es geht darum nachzuvollziehen, inwieweit und bis zu welchem Punkt es dem Subjekt gelingt, sich die im Wandel befindlichen Institutionen und kulturellen Muster seiner Umgebung kreativ anzueignen, sie zu umgehen oder zu bekämpfen, beziehungsweise inwieweit es ihnen ausgeliefert ist.

Die Betrachtungsweise nach dem ökonomischen, dem ethnischen und dem subjektiven Prinzip

Die bäuerliche Ökonomie basiert auf einer nicht-kapitalistischen Produktionsform. Nach dem Prinzip der ursprünglichen Akkumulation und des ungleichen Tausches werden diese Bauern ausgebeutet. Es findet ein Wertabfluß statt, sei es, indem sie ihre Produkte für wenig Geld verkaufen und billige Fabrikware dafür teuer erstehen, sei es über die Steuern, Funktionäre oder Lokalhändler. Eine dorfinterne Akkumulation ist nicht möglich, außer für wenige Familien mit viel Land, guten Beziehungen und günstigen Bedingungen. Es findet eine relative Verarmung statt. Die periodische oder regelmäßige Lohnarbeit der Männer ist ein weiterer Ausbeutungsfaktor. Ihre Arbeit wird in Mexiko wie in den USA mit Minimallöhnen bezahlt, die die indirekte Reproduktion des Arbeiters und seiner Familie nicht gewährleisten: der Lohn beinhaltet weder Kranken-, Alters- und Arbeitslosenversicherung noch die Reproduktionskosten der Frau und der Kinder. Diese indirekten Lohnanteile übernimmt die Frau, indem sie im Dorf die häusliche Produktion weiterführt, wohin der Mann im Notfall zurückkehren kann. So gesehen bekommt die häusliche Produktion eine hervorragende Bedeutung. Diese Situation löst im Dorf eine zerstörerische Dynamik aus. Es entsteht eine zunehmende Schichtung; die Migration bringt neue Werte und Artikel ins Dorf, die die Gemeinde verunsichern und spalten, gemeinsame Aktivitäten erschweren und Neid, Mißgunst und Geschlechterkampf zu allgegenwärtigen Beziehungsdeterminanten werden lassen.

Martinas Leben ist stark durch diesen ökonomischen Widerspruch geprägt: sie erfährt die typische Position einer Wanderarbeiterfrau, deren Bezugspersonen „draußen“ leben; die ihr wichtigen Beziehungen und damit die alltägliche Lebendigkeit werden ihr entzogen und nach außen verlagert; so richtet sie ihre Sehnsüchte ebenfalls nach außen.

In diesem Zusammenhang wird die Tragweite der strengen Sozialregeln für die jungverheiratete Frau deutlich, sie binden die Frau ans Haus und an die Kontinuität der häuslichen Produktion, das heißt die Ausbeutung der Wanderarbeiter. Martina bewegt sich passiv in diesem Spannungsfeld. Ihre Isolation wird damit erklärt, daß sie den anderen den begehrten Mann weggeschnappt hat. Dahinter steht aber der Neid auf den Reichtum ihrer beiden Familien, die die Schichtung im Dorf vorantreiben; dem Privilegierten wird mit Mißtrauen und Ablehnung begegnet. Der Wohlstand isoliert sie auch ganz konkret, denn er ermöglicht ihr ein eigenes Haus, in welchem sie einsam sitzt und webt - eine ärmere Frau müßte in der Großfamilie leben. Martinas Umgang mit den sozialen Spannungen funktioniert über Verleugnung und Verschiebung, sie spiegeln die dörflichen Sozialmechanismen wider: ökonomische Konflikte werden auf den Geschlechterkampf verschoben, indem der begehrte Mann als Erklärung für ihre Isolation herangezogen wird. Die Schuldgefühle über ihre Privilegiertheit werden auf den Schmutz verschoben, auf einen Faktor, von dem sie annehmen kann, daß eine Weiße darauf eingeht und im Verschiebungsprozeß hängenbleibt.

Eine wichtige gemeinsame Norm der indianischen Ethnizität ist die der Gegenseitigkeit: sie verbietet einseitige Akkumulation von Reichtum und Übervorteilung der anderen Dorfbewohner. Diese geforderte Solidarität und Egalität sind vorwiegend wertorientierte Ideale, die nicht notwendigerweise der sozialen Realität entsprechen. Das Ethnische bestimmt sich durch eine gemeinsame, abgrenzende Identität gegenüber der dominanten Kultur, zu der das Gegenseitigkeitsprinzip als eine allgegenwärtige Ideologie dazugehört. An ihm werden die sozialen Prozesse und Haltungen der Nachbarn gemessen.

Die eigene Sprache, Kleidung und Haartracht (Zöpfe), die alljährlichen Feste, der ritualisierte Umgang mit alltäglichen Verrichtungen sowie Geschichten und Mythen sind materialisierte Zeichen der Zugehörigkeit zur Ethnie. Martina spricht Otomi, benutzt aber wenige dieser, die ethnische Zugehörigkeit bekräftigenden Zeichen. Sie trägt keine Zöpfe mehr, ist modern gekleidet, lebt nicht mehr in der traditionellen Wohneinrichtung und kann in ihrer Küche jene symbolischen Rituale, die im Zusammenhang mit Weiblichkeit stehen, nicht vollziehen (die Tortillas sollen in einem festgelegten Rhythmus gebacken werden, die Mahlsteine müssen der Länge nach hingelegt werden, damit die Kinder der Frauen unversehrt zur Welt kommen, etc.). Martina ist jung und hat nun den Status der verheirateten Frau, und das bedeutet Isolation und Kontrolle, die bei ihr wegen des begehrten Mannes und wegen ihres Wohlstandes noch verschärft werden.

Angesichts dieser bedrückenden Situation im ethnischen Rahmen werden die industriellen Konsumangebote und die nationalen Werte zu einer Verführung und Verheißung einer möglichen Befreiung. Zwar stützt sie sich, um ihre Verhältnisse zu fliehen, auf eine traditionelle Tätigkeit, das Weben, dessen wichtigster Sinn es ist, die Wege nach „draußen“ zu öffnen. Martina besetzt nicht den Arbeitsprozeß selber, sondern sie setzt die Arbeit ein, um indirekt ihre Bedürfnisse zu befriedigen; sie verschafft sich einen Freiraum, der außerhalb der

Reichweite der Schwiegermutter und der neidischen Dorfgemeinschaft liegt.

Dieser Versuch, sich gegen die bestehenden Verhältnisse aufzulehnen, ist wenig geeignet, Martina einen spielerischen Umgang mit den ethnischen Regeln, denen sie sich ausgeliefert fühlt, zu ermöglichen. Wo sie ihr unausweichlich erscheinen, muß sie sich ihnen widerspruchslos beugen. Hinter den Verhaltensweisen, den verschiedenen Formen von Widerstand und Anpassung von Martina liegt ihr Triebschicksal, ihr „innerer Entwurf", der sich abhängig von der familiären und kulturellen Sozialisation formte. Sie bestimmt die Art der Auseinandersetzung zwischen Lust- und Realitätsprinzip, respektive die Art der heimlichen Machtstrategien und die Auswahl der kulturellen Muster, die zu deren Ausübung verwendet werden.

Martina war das fünfte Kind von neun. Die älteren Geschwister haben das Dorf verlassen, um in der Hauptstadt oder den USA ihr Glück zu versuchen. Sie war eine gute Schülerin, mußte aber zugunsten der Brüder auf die Sekundarschule verzichten und nach dem vierten Schuljahr die Schule verlassen. Sie fühlte sich benachteiligt und eingesperrt. Die fast taubstumme Mutter, die früher an merkwürdigen Anfällen (wahrscheinlich Epilepsie) litt, welche den Vater zur Verzweiflung brachten, bot keine positive Identifikationsfigur. Der Vater, ein stark gehemmter, wenn auch schlauer und tüchtiger Mann, ist freundlich, aber auch er sagt wenig.

Martina war unzufrieden und wütend, sie wäre gern weggegangen, wie die großen Geschwister. Mag sein, daß die Anfälle der Mutter mit jener Zeit in Martinas Leben zusammenfielen, wo sie ihre eben beginnenden expansiven und exhibitorischen Strebungen auszuprobieren begann, so daß die Krankheit der Mutter ihr wie eine Folge ihrer aktiven Strebungen erschien. Mit der psychischen Gegenbewegung aus Scham und Passivität wurde die Krankheit der Mutter in der Phantasie besänftigt. Trotzdem blieb ihr Ziel das Ausbrechen, die Flucht; vielleicht bräuchte sie sich draußen nicht so sehr einzuschränken. Dies hat die Negation ihres sozialen Milieus, ihrer Ethnizität zur Folge. Sie steht ihrer direkten Umgebung mißtrauisch und passiv-resigniert gegenüber.

Martina hat die Pubertät und Adoleszenz in nächster Nähe zur Mutter und Familie erlebt, von der vierten Klasse an war selbst der tägliche Ausgang in die Schule nicht mehr möglich. Mit sechzehn heiratete sie, was nur einen Wechsel des Haushaltes zur Folge hatte und sie aus der Obhut der Mutter unter die Kontrolle der Schwiegermutter brachte. Martina konnte keine adoleszente Distanzierung von Familie und früh einsozialisierten kulturellen Werten durchmachen, das heißt sie hatte nicht den Raum, der ihr ein spielerisches Suchen nach eigenen Positionen in dieser sich wandelnden Gesellschaft erlaubt hätte. Um so mehr erscheinen ihr die ethnischen und familiären Regeln als Terror.

Ihre ausformulierten Vorstellungen über das Leben der weißen Frauen lassen vermuten, daß sie durch die Heirat mit dem hellhäutigen Mann, der im Ausland arbeitet, auszubrechen hoffte. Aber die Erfahrung mit den Geschwistern wiederholte sich nur: sie blieb wieder allein. Heute versucht sie über die Webereien ihre Wünsche zu befriedigen, wodurch sich das soziale Vakuum, in dem sie lebt, noch verstärkt. Sie hat eine traditionelle Möglichkeit ihrer Kultur aufgegriffen, um ihren inneren Entwürfen zu folgen; sie gilt als kunstfertige und fähige Weberin im Dorf, aber das hat für sie vorläufig noch keine psychische und soziale Bedeutung.[4]

Gesellschaftlich gesehen ist Martina sehr angepaßt, in der Gemeinde zieht sie sich zurück und unterwirft sich den gültigen Normen in depressiver Form, während sie sich nach außen orientiert und dem kapitalistischen Markt ausgeliefert ist, der ihr ihre Webereiprodukte zu einem lächerlichen Preis abnimmt und ihr nach dem Prinzip des ungleichen Tausches billige Fabrikware relativ teuer verkauft. Politisch gesehen wäre sie eine Vorläuferin der widerstandslosen Preisgabe der ethnischen Interessen an das nationale System der Entfremdung. Subjektiv aber hat ihr Verhalten den Charakter eines Widerstandsverhaltens gegen ihre Unterdrückung als Tochter, Schwiegertochter und junge Frau im Dorf. Subjektive Bedürfnisse suchen nach einer Befriedigung und finden den Weg, den die Gesellschaft anbietet.

Frauenkultur und der ethnopsychoanalytische Kulturbegriff

Es hat sich gezeigt, daß die Erforschung der Situation der Frau mit der ethnopsychoanalytischen Methode einen spezifischen Begriff der Kultur voraussetzt und auch zu einer spezifischen Sicht der „Kultur der Frau“ führt. Dazu möchte ich im folgenden einige Ausführungen machen.

Der traditionelle und der kritische Kulturbegriff

Folgt man den klassischen Definitionen von Kultur, dann müßten die Lebenszusammenhänge der Frau als Subkultur definiert werden. Der

Ethnologe A. L. Kroeber zum Beispiel meint richtigerweise, die geschlechtsspezifischen kulturellen Differenzen könnten nur verstanden werden, wenn sie als Teil einer gesamten gesellschaftlichen Organisation betrachtet würden und definiert den Begriff Subkultur am Beispiel der Frau. Wenn wir aber genauer untersuchen, wie in seiner Definition mit der Frau umgegangen wird, dann fällt auf, daß sie, so wie es einer patriarchalen Gesellschaft entspricht, entwertet wird. Es heißt da: „Männer üben keine spezifisch weiblichen Praktiken aus,... sie wissen zwar, daß weibliche Aktivitäten existieren,... aber sie könnten sie nie ausführen oder weitergeben." Dann finden wir folgende Formulierung, die natürlich als umkehrbar gemeint ist, aber nicht umgekehrt wird: „Die feminine Komponente ist immer eine Ergänzung der maskulinen." In patriarchalen Gesellschaften, wo die männliche Komponente die herrschende Kultur bestimmt, ist diese Definition eine affirmative Ideologie, die den *status quo* legitimiert. Werden in einer Kulturdefinition die Machtverhältnisse, die dazugehörige Ideologie sowie die Hierarchie, die zwischen den verschiedenen „Komponenten" einer Gesellschaft besteht, ausgeklammert, kann der Lebenszusammenhang der Frau nicht verstanden werden. In der kapitalistischen wie auch in der bäuerlichen Gesellschaft verschleiert der neutrale Begriff der Sub- oder Teilkultur die Machtverhältnisse. Frauen nehmen weiterhin nur in geringem Maße an der herrschenden Kultur teil und haben nur in sehr beschränktem Ausmaß darauf Einfluß. Was der Ethnologe Eric Wolf als „underdog"-Position für die Bauerngesellschaft beschreibt, könnte für die Frauen in beiden Gesellschaftsformen gelten. Nämlich, daß sie ökonomisch, rechtlich und sozial unterdrückt und ausgebeutet werden, obwohl ihre Arbeit und ihre Produkte von großer gesellschaftlicher Relevanz sind. Verstehen wir Kultur als ein Netz von Beziehungen zwischen öffentlichen und privaten Bereichen der Gesellschaft, zwischen ökonomischen, rechtlichen, psychologischen, moralischen, machtpolitischen, etc. Ebenen, so müssen wir annehmen, daß gerade das Verhältnis dieser Bereiche zueinander ein Kulturmuster entstehen läßt, das die Frau aus jenen Bereichen der Kultur ausgrenzt, in denen der Zugang zu gesellschaftlicher Macht möglich ist. Es ist ja nicht so, daß Frauen nicht an der Produktion und Reproduktion kultureller Muster beteiligt wären, sondern daß jene kulturellen Bereiche, in denen sie tätig ist, aus der politischen Kultur, in der Entscheidungen gefällt und „Geschichte gemacht" wird, ausgeklammert sind. Eine Vielfalt von Normen, Sozialmechanismen und sozioökonomischen Funktionsweisen erhalten und perpetuieren diese Aussperrung immer neu. Das bedeutet, daß die Frau nicht über jene entscheidenden Muster verfügen soll, die es ermöglichen, daß sie ihre Lage besser begreift, um sie auch verändern und beeinflussen zu können.

Kritische Sozialwissenschaftler haben oft einen subjektbezogenen Kulturbegriff, der den Widerspruch zwischen Subjekt und Gesellschaft formuliert. Es wird davon ausgegangen, daß die Subjekte im Rahmen der gegebenen Verhältnisse ständig versuchen, diese entsprechend ihren Bedürfnissen umzuwandeln und daß sie in diesem Auseinandersetzungsprozeß mit den „Zwängen ihrer Existenz sich ihre eigenen Werte herleiten und ihre eigene Kultur schaffen" (Thompson 1978: 315f). Um aber die Welt gestalten und verändern zu können, muß das Individuum über ein entsprechendes Selbstvertrauen verfügen. „Um verwegen und mutig zu sein, um bereit zu sein, gegen repressive soziale Zwänge anzugehen, muß der Einzelne ein starkes Gefühl der Sicherheit und des Vertrauens in irgendeinen Bereich seiner sozialen Umgebung besitzen", schreibt der Soziologe Barrington Moore (Moore 1982: 158). Die Soziologin Cheryl Benard (1981) weist nach, wie wichtig es für eine unterdrückte Gruppe ist, eine abgegrenzte und für das Subjekt positive Weltinterpretation zu teilen. Es geht immer auch darum, zu zeigen, daß eine in der herrschenden Kultur entwertete Gruppe Widerstand gegen die Herrschaft leisten kann, wenn die Betroffenen, die eine gemeinsame Lebensweise, Sprache, Tradition und Weltinterpretation teilen, sich selbstbewußt auf ihre gemeinsamen Werte beziehen.[5]

Es wird hier also ein Zusammenhang zwischen Selbstgefühl und sozialem Raum und Selbstgefühl und Widerstand hergestellt. Um ein gutes Selbstwertgefühl entwickeln zu können, braucht ein Mensch eine Umgebung, Tätigkeit und Beziehungen, in denen er sich positiv spiegeln und erkennen kann, er braucht einen kulturellen Raum, dessen Wertungen ihn nicht nur negativ definieren, sondern eine bestätigende Wertung dessen, was der Betreffende macht und ist, beinhaltet.

Der ethnopsychoanalytische Kulturbegriff

Freud stellt das Verhältnis zwischen Subjekt und Kultur als eines dar, das ständig im Fluß ist, dessen Grenzen nicht fest sind, denn sie verschieben sich in der Weise, wie sich das Kräfteverhältnis zwischen den Individuen und den Machtgruppen in der Gesellschaft verändert. Das wichtige an Freuds Kulturbegriff scheint mir, daß er neben der Macht den *Trieb* und die *Befriedigung* als Motiv und strukturierendes Moment von Veränderungen und als Motiv für das Handeln der Individuen betrachtet. Beides sind nicht-quantifizierbare, subjektive Größen.[6] Gerade in der Frauenforschung kann ein grundlegender Perspektivenwechsel zustande kommen, wenn bei der Deutung kultureller Phänomene die geschlechtsspezifischen Unterschiede bedacht werden und man sich konkret fragt, welche sexuellen, befriedigenden, das heißt auch selbstwerterhöhenden Aspekte speziell die Frau darin finden kann. In der „Zukunft einer Illusion" drückt Freud diese Zusammenhänge folgendermaßen aus: Kultur „umfaßt einerseits all das Wissen und Können, das die Menschen erworben haben, um die Kräfte der Natur zu beherrschen und ihr Güter zur Befriedigung der menschlichen Bedürfnisse abzugewinnen, andererseits all die Einrichtungen, die notwendig sind, um die Beziehungen der Menschen zueinander, und besonders die Verteilung der erreichbaren Güter zu regeln. Die beiden Richtungen der Kultur sind nicht unabhängig voneinander, erstens, weil die gegenseitigen Beziehungen der Menschen durch das Maß der Triebbefriedigung, das die vorhandenen Güter ermöglichen, tiefgreifend beeinflußt werden; zweitens, weil der einzelne Mensch selbst zu einem anderen in die Beziehung eines Gutes treten kann, insofern dieser seine Arbeitskraft benützt oder ihn zum Sexualobjekt nimmt, drittens aber, weil jeder Einzelne virtuell ein Feind der Kultur ist, die doch ein allgemeinmenschliches Interesse sein soll. Es ist merkwürdig, daß die Menschen, so wenig sie auch in der Vereinzelung existieren können, doch die Opfer, welche ihnen von der Kultur zugemutet werden, um ein Zusammenleben zu ermöglichen, als schwer drückend empfinden. Die Kultur muß also gegen den Einzelnen verteidigt werden und ihre Einrichtungen, Institutionen und Gebote stellen sich in den Dienst dieser Aufgabe, sie bezwecken nicht nur, eine gewisse Güterverteilung herzustellen, sondern auch diese aufrechtzuerhalten, ja sie müssen gegen die feindseligen Regungen der Menschen all das beschützen, was der Bezwingung der Natur und der Erzeugung von Gütern dient. Menschliche Schöpfungen sind leicht zu zerstören und Wissenschaft und Technik, die sie aufgebaut haben, können auch zu ihrer Vernichtung verwendet werden. So bekommt man den Eindruck, daß Kultur etwas ist, was einer widerstrebenden Mehrheit von einer Minderzahl auferlegt wurde, die es verstanden hat, sich in den Besitz von Macht- und Zwangsmitteln zu setzen" (Freud 1927: 326f).

Freuds Beschreibungen treffen in besonderem Maße auf die Frau zu: ihre „unsichtbare" Arbeitskraft wird ubiquitär benützt; die Frau wird - häufiger als der Mann - zum Sexualobjekt gemacht. Deshalb müssen Frauen „die Opfer, welche ihnen von der Kultur zugemutet werden, um ein Zusammenleben zu ermöglichen", als besonders drückend empfinden. Freud weist hier auf den Widerspruch zwischen Individuum und Kultur hin, und ich denke, daß dieser Gedanke für das Verständnis von ethnischen und geschlechtsspezifischen Gruppen besonders wichtig ist; denn je nach der ethnischen und geschlechtsspezifischen Zugehörigkeit stellt sich dieser Widerspruch verschieden dar. Um also die geschlechtsspezifischen Aspekte kultureller Phänomen herausarbeiten zu können, ist es notwendig, sich auf verschiedene Arten damit zu beschäftigen: auf der Ebene der Machtverhältnisse geht es um die Verteilung von Besitz, Arbeit und Geschlechterrollen-Zuweisung, und auf der Ebene der Subjekte geht es um die Frage nach den Möglichkeiten, in der betreffenden Kultur ihre Triebe umzusetzen und zu gestalten und darin auch eine Befriedigung zu finden - und dies ist je nach Geschlecht sehr verschieden.

Aus den obigen Überlegungen folgt, daß wir Kultur *als Prozeß, als Konflikt* und *als Spannungsverhältnis* verstehen. Kultur entsteht und wird verändert im Spannungsfeld zwischen Individuum und Gesellschaft (auch zwischen Gesellschaft und Natur), sie durchdringt beides. Die Dynamik des kulturellen Prozesses wird ausgelöst durch den Widerspruch zwischen Gesellschaft und Subjekt, zwischen ökonomischen Erfordernissen und subjektiven Triebbedürfnissen. Das Subjekt hat die Tendenz, sich kulturelle Muster anzueignen, um sie im eigenen Interesse einzusetzen. Damit wird der Antagonismus im Subjekt entschärft. Die gesellschaftlichen Institutionen haben das entgegengesetzte Interesse, sie versuchen die Triebenergien und -bedürfnisse der Individuen in den Dienst ihres Funktionierens zu stellen. Ich zähle die wesentlichen Punkte dieses Kulturverständnisses auf:

- Kultur ist ein Prozeß, der sich im Spannungsfeld zwischen Gesellschaft und Individuum entfaltet und neu gestaltet.
- Ein Teil dieser Kulturprozesse verläuft auf der Ebene der Subjekte und der Institutionen unbewußt.
- Kultur verbindet sich grundlegend mit der Qualität von Arbeit, die in ihrem Zusammenhang verrichtet wird.
- Kultur erlaubt einer Gruppe von Individuen, sich eine Weltsicht und Selbstsymbolisierung zu schaffen, die ihre Bedürfnisse und Anliegen in direkter oder indirekter Weise beinhalten und sie zur Veränderung der Verhältnisse befähigen.
- Es gibt innerhalb einer Gesellschaft verschiedene Kulturen, die je nach den Machtverhältnissen in einem hierarchischen Verhältnis zueinander stehen.
- Jedes Subjekt versucht in der Auseinandersetzung mit den gesellschaftlichen Gegebenheiten kulturelle Muster in den Dienst der eigenen In-

teressen zu stellen, bestehende kulturelle Muster zu übertreten, zu verändern und in Frage zu stellen.
- Im kulturellen Prozeß spielen auf der Seite der Individuen die Triebhaftigkeit und die Möglichkeit deren Befriedigung eine zentrale Rolle.

Eine „Kultur der Frau"

Der ethnopsychoanalytische Ansatz ist für das Verständnis der Lebenszusammenhänge der Frau sehr geeignet, weil er dem Subjektiven, dem Privaten, dem Unsichtbaren oder Latenten Raum verschafft und sich dafür interessiert, und weil er eine Methode zur Verfügung hat, die Zugang dazu ermöglicht. Die Frau bewegt sich immer in Zwischenbereichen: zwischen dem öffentlichen Bereich ihrer Gesellschaft und der Familie, die dem Privaten zugewiesen wird, zwischen Erwerbstätigkeit und Hausarbeit, die unsichtbar ist, zwischen der herrschenden Kultur und einer weiblichen, die nicht benannt werden kann. Mit ihrer individuellen Lebensgeschichte ist sie ein Produkt von gesellschaftlichen Verhältnissen, die sie gleichzeitig zu verändern sucht.

Ausgehend von Freuds Kulturdefinition, müssen wir also annehmen, daß die Frauen besonders „feindselige Regungen" gegen die herrschende Kultur entwickeln, es sei denn, sie identifizieren sich mit ihr. Was sich aus der Sicht der herrschenden Kultur als „feindselige Regungen" darstellt, kann aus der Perspektive der Frau als Versuch der Selbstbehauptung und der Entfaltung eines eigenen, anders strukturierten kulturellen Raumes verstanden werden. Ich verstehe eine „Kultur der Frau" einerseits als ein Produkt aus bestimmten gesellschaftlichen Verhältnissen; in ihr überschneiden sich alle gesellschaftlichen Kräfte und die Art, in der sie sich überschneiden, läßt einen sozialen Raum entstehen, der den Frauen zugewiesen wird und den sie besetzen. Er enthält ein eng gewobenes Netz von Realitäten, Zeichen und Bedeutungen, die im alltäglichen Handeln gelebt, konstruiert und verändert werden. Er enthält spezifische Arbeitsformen und Arbeitsqualitäten und auch eine spezifische Form der Beziehungen, der Sexualität und Befriedigungen.

Andererseits wird eine Frauenkultur von den Frauen, die sich in diesem sozialen Raum bewegen, ständig neu geformt und verändert. Wie sie aufgenommen und verändert wird, hängt aber nicht nur von den äußeren Gegebenheiten ab, sondern auch von den inneren, der psychischen Struktur der Subjekte und von ihrer Lebensgeschichte und ihren subjektiven Entwürfen, von ihren Triebwünschen und den Möglichkeiten, diese zu befriedigen.

Die Untersuchung von Frauenkultur muß also immer beides sein: eine Abklärung ihrer Erfahrungen als Subjekt und eine Untersuchung der Beziehungen und Machtverhältnisse, die zum anderen Geschlecht, zu anderen Kulturen und Institutionen ihrer Gesellschaft bestehen. Wenn über Frauen gearbeitet wird, sollten nicht nur Formen von Männerkultur mitberücksichtigt werden, sondern weitere wichtige Bereiche und Lebensabschnitte, die für die Formung von Frauenkultur bestimmend sind, zum Beispiel die Adoleszenz, die Mutterschaft, die Ökonomie, das Recht, die Arbeit etc.

Bei meinen Feldforschungen in Mexiko, wo ich zuerst in einem Otomi-Indianer-Dorf und - später - in einem Maya-Dorf gelebt habe, hat sich eine umrissene Welt der Frauen erkennen lassen. *Die Frauenkultur im indianischen Bauerndorf* beinhaltet vielfältige Wert- und Regelsysteme, die den Alltag der Beziehungen und die Interpretation der gesellschaftlichen Gegebenheiten betreffen. Diese sind grundsätzlich mit der Arbeit verknüpft (vergleiche dazu Nadig 1986).

Ich möchte einige der strukturierenden Momente der Frauenkultur aufzählen:

- Regelung und Ritualisierung der Arbeitsprozesse sowohl für individuelle als auch für kollektive Tätigkeiten.
- Übernahme von möglichst vielen ökonomischen Funktionen, die auch Geld einbringen, um ein potentielle Unabhängigkeit vom Manne herzustellen (Handel, Weben, Garten, Dienstleistungen etc.).
- Kollektive Arbeit der Frauen bei Festen, Todesfällen, Geburten, Hochzeiten etc.
- Entwicklung von Strategien, wie die herrschenden und teilweise repressiven Kulturmuster im Dienst der eigenen Interessen eingesetzt werden können.
- politische Machtausübung durch Gerüchte, Streitigkeiten und Aggression.
- Regelung der Beziehung zwischen Ethnie und anderen Bereichen der nationalen Gesellschaft: wie soll man sich zu den fremden Männern verhalten, den weißen Funktionären und Entwicklungshelfern? Was macht man mit der Religion, den Katholiken und den Protestanten, der Ethnologin, der medizinischen Hilfe?
- Herausbildung moralischer und ethischer Standards beim Erzählen und Interpretation der alltäglichen Ereignisse.
- Regelung der geschlechtsspezifischen Kommunikation und Verhal-

tensmuster: Frauen bekämpfen die Männer nicht prinzipiell, sondern suchen einen Weg, einander in Solidarität beizustehen, wenn sie bedroht sind.

- Ausführung von Sanktionen gegen Frauen und Männer, wenn gegen die konsensuellen Regeln verstoßen wird (Isolierung, Angriffe, Beschimpfung, Schlagen).
- Regelung und Ritualisierung von Krisen und Konflikten durch Festlegung bestimmter Symptome, Krankheitsinterpretationen und Heilrituale, Inszenierung dieser Rituale.
- Aktive Beihilfe und Solidarisierung unter den Frauen im Falle einer Bedrohung durch den Mann, den Tod, einen Verlust oder die Fremden.
- Gestaltung von Freizeit und Vergnügen unter Frauen (Feste, Einladungen).

Ich habe die Art und Weise, in der die Frauen dort mit ihrer Welt, ihrer Arbeit, ihren Beziehungen und Bedürfnissen umgehen, also ihre miteinander geteilte und erzeugte Struktur des Handelns und Denkens als „Kultur der Frau“ bezeichnet. Ich will damit ausdrücken, daß diese Frauen nicht nur auf die gesellschaftlichen Gegebenheiten reagieren, sondern eine Kultur und Güter bildende Gruppe darstellen, die das gesellschaftliche Ganze wesentlich beeinflußt, trägt und verändert (Arbeit, Gerüchtepolitik, Cliquen- und Wertebildung). Diese Sichtweise scheint mir um so wichtiger zu sein, als ideologische und viele wissenschaftliche Kulturdefinitionen diesen Sachverhalt nicht aufnehmen, sondern unsichtbar machen. Im Begriff „Kultur der Frau“ kommt eine Art Provokation, Utopie und auch verborgene Realität zum Ausdruck.

Wenn in unserer Gesellschaft nach Formen von Frauenkultur gefragt wird, stellt sich das Problem anders. Im Moment gehen wir diesen Fragen in einer Untersuchung über „Formen gelebter Frauenkultur am Beispiel des Zürcher Oberlandes“[7] nach und haben festgestellt, daß sich sowohl die Methode als auch die Theorie den veränderten Verhältnissen anpassen müssen. Methodisch ist es weniger die Irritation am Fremden, die den Weg zu den latenten Zusammenhängen weist, als eher die Kongruenz mit oder die Distanzierung vom scheinbar „Allzubekannten“. Theoretisch bedeutet die Arbeit in der eigenen Gesellschaft, daß die Subjekte als in viel unübersichtlicheren und komplexeren sozialen Bezügen und Institutionen verwickelte verstanden werden müssen als in der indianischen Gesellschaft. In der bäuerlich-indianischen Gesellschaft werden Arbeiten, Symbole und soziale Räume weitgehend geschlechtsspezifisch zugeteilt. Hier haben sich diese Zuordnungen teilweise aufgelöst oder sie bleiben weniger sichtbar hinter einer vordergründigen Gleichheit der

Geschlechter erhalten. Um die Frage nach einer Frauenkultur in der eigenen Gesellschaft abzuklären, muß zuerst herausgearbeitet werden, welche Art von Arbeiten Frauen verrichten, in welchen sozialen Räumen sie sich bewegen und was diese für sie bedeuten: wird sie als Frau darin positiv symbolisiert und repräsentiert, oder bewegt und identifiziert sich die Frau darin mit frauenfeindlichen oder ihr fremden Werten und Deutungen? Welche Befriedigungen, Veränderungsmöglichkeiten oder utopischen Vorstellungen kann sie durch die Teilnahme an einem bestimmten sozialen Raum finden und gemeinsam mit anderen Frauen entwickeln, oder wird sie dazu gebracht, sich anzupassen und sich mit unbefriedigenden Verhältnissen abzufinden? Diese Fragestellung setzt die Annahme voraus, daß jeder Mensch eine Umgebung braucht, in der er sich positiv spiegeln und erkennen kann. Nur so kann er ein positives Selbstwertgefühl entwickeln. Die Vielfalt und das fast beliebige Angebot von öffentlichen und halböffentlichen sozialen Räumen, in denen sich Frauen untereinander oder mit Männern bewegen, macht es schwer, eine eindeutige Antwort auf die Frage zu finden. Es wird notwendig sein, dieser Vielfalt nachzugehen und zusammen mit den betroffenen Frauen selber abzuklären, welche Bedeutung die jeweiligen sozialen Institutionen für sie haben.

Anmerkungen

1 Über die Arbeit mit quantitativen Methoden in der Sozialwissenschaft, zum Beispiel zur Erforschung demographischer Verhältnisse, werde ich hier nicht sprechen. Solche Daten sind eine Basis, auf der die hermeneutischen und kulturanalytischen Ansätze aufbauen.

2 Es gab zwar schon in den dreißiger Jahren eine Diskussion zum Weiblichkeitsbegriff in der Psychoanalyse, in der aber Frauenspezifisches schnell als Krankheit gedeutet wurde. Die in den sechziger Jahren auftauchenden Kritiken am Weiblichkeitsbegriff der Psychoanalyse kamen von außen, von Sozialwissenschaftlerinnen: de Beauvoir, Friedan, Firestone, Millett.

3 Parin, Morgenthaler und Parin-Matthèy (1963, 1971) haben die ethnopsychoanalytische Beziehung in Afrika beschrieben und Morgenthaler, Weiss und Morgenthaler (1984) haben sie in Neu-Guinea geführt. Bosse und Knauss (1984) haben die gruppenanalytische Methode eingesetzt, um mit Jugendlichen in Papua-Neuguinea etwas über deren Kultur zu erfahren.

4 Als ich zwei Jahre später wieder ins Dorf kam, war Martinas Mann zurück und lebte bei ihr. Er hatte vor, sich ein Taxi zu kaufen, um im Dorf zu überleben. Es kann sein, daß seine Rückkehr ihr so viel Rückendeckung, Sicherheit und Identitätssicherung ermöglichen, daß sie entschiedener und selbstbewußter um ihren Platz im Dorf kämpfen wird. Solange er nicht da war, gehörte sie nicht ins Dorf, sehnte sich nach außen; mit seiner Rückkehr kann sie anfangen, eine Frau von Daxho zu werden.

Als ich 1986, also 10 Jahre später, wieder ins Dorf kam, lebte Martina mit ihrem Sohn und einem Töchterchen wieder bei ihren Eltern. Sie freute sich sehr über meinen Besuch und erzählte, daß sie den Hof der Schwiegermutter und des Mannes schon lange verlassen habe. Die Schwiegermutter wurde immer bösartiger, der Mann hatte andere Frauen. Jetzt arbeitet sie vier Tage in der Woche in einem staatlichen Kinderheim bei Zimpan. Das sind etwa 40 Minuten Busfahrt in die Berge hinein. Sie schläft 3 Nächte dort und kann das kleine Töchterchen bei sich haben. Sie genießt die Arbeit und die Möglichkeit, eigenes, sicheres Geld zu haben. Das Mädchen hat sie von einem anderen Mann, mit dem sie jetzt zusammen ist und der für den Moment mit ihr bei ihren Eltern lebt.

5 Ethnische Muster werden oft als Widerstand gegen totale Unterwerfung eingesetzt; in gegebenen Umständen können sie sich aber auch in ihr Gegenteil verwandeln und zu Motoren der Anpassung werden. Frantz Fanon (1969) und Alberto Memmi (1966) haben diesen Mechanismus der Doppeldeutigkeit des Ethnischen aufgezeigt: wie schnell kann der Bezug auf die Eigenart der eigenen Kultur zu einer folkloristischen Selbstentwertung und Anpassung an die exotischen Vorstellungen der Kolonialherren werden. Die Verwendung von ethnischen und kulturellen Mustern im eigenen Interesse ist davon abhängig, ob das Individuum die Chance hat, sich die entscheidenden Fähigkeiten anzueignen, indem es Zugang zu jenen kulturellen Bereichen und Codes hat, wo sie gelernt werden.

6 In der gleichen Weise nicht quantifizierbar sind folgende Sachverhalte: Emotionen, Trauma, Gewalt.

7 Es handelt sich um ein ethnopsychoanalytisches Projekt, das vom Schweizerischen Nationalfonds während zwei Jahren finanziert wurde und an dem Maria Gubelmann, Anne Gilbert und Verena Mühlberger mitarbeiten.

Literatur

Benard, C. 1981: Die geschlossene Gesellschaft und ihre Rebellen. Die internationale Frauenbewegung und die schwarze Bewegung in den USA. Frankfurt

Bosse, H.; Knauss, W. 1984: Erfahrungen mit Jugendlichen in Papua-Neuguinea - Die Gruppenanalyse als Methode, gesellschaftliche Veränderungen zu verstehen. In: Psychosozial 23, 1984, S. 68 - 90

Chodorow, N. 1978: The reproduction of mothering. Berkley

Dahmer, H. 1982: Plädoyer für eine neue psychoanalytische Sozialpsychologie. In: Ders.: Libido und Gesellschaft. Studien über Freud und die Freudsche Linke. Frankfurt

Devereux, G. 1957: Die Psychoanalyse als Instrument der ethnologischen Forschung. In: Ders.: Normal und anormal. Frankfurt 1974

Devereux, G. 1967: Angst und Methode in den Verhaltenswissenschaften. München 1973.

Erdheim, M. 1982: Die gesellschaftliche Produktion und Unbewußtheit. Frankfurt

Fanon, F. 1961: Die Verdammten dieser Erde. Frankfurt

Freud, S. 1927: Die Zukunft einer Illusion. GW XIV, London 1948, S. 323 - 380

Gambaroff, M. 1984: Utopie der Treue. Frankfurt

Geertz, C. 1973: Dichte Beschreibung. Frankfurt

Hagemann-White, C. 1979: Frauenbewegung und Psychoanalyse. Basel, Frankfurt

Kroeber, A. L. 1923: Culture Patterns and Processes. New York

Löffler, L. 1976: Die Entwicklungsproblematik aus ethnologischer Sicht. In: H. P. Peter

und J. A. Hauser (Hg.): Entwicklungsprobleme - interdisziplinär. Bern, Stuttgart
Lohmann, H.-M. (Hg.) 1983: Das Unbehagen in der Psychoanalyse. Eine Streitschrift. Frankfurt
Lohmann, H.-M. 1984 (Hg.): Die Psychoanalyse auf der Couch. Frankfurt
Lorenzer, A.; et al. 1971: Psychoanalyse als Sozialwissenschaft. Frankfurt
Lorenzer, A. 1982: Verführung zur Selbstpreisgabe – Psychoanalytisch-tiefenhermeneutische Analyse eines Gedichtes von R. A. Schröder. Frankfurt (unveröff. Manuskript)
Memmi, A. 1966: Der Kolonisator und der Kolonisierte. Zwei Portraits. Frankfurt
Mitchell, J. 1976: Psychoanalyse und Feminismus. Frankfurt
Mitscherlich, M. 1975: Psychoanalyse der Weiblichkeit. Psyche 29
Mitscherlich, M. 1985: Die friedfertige Frau. Frankfurt
Moore, B. 1982: Die sozialen Ursachen von Unterordnung und Widerstand. Frankfurt
Morgenthaler, F. 1977: Verkehrsformen der Perversion und Perversion der Verkehrsformen. Kursbuch, 49
Morgenthaler, F. 1978: Technik. Frankfurt
Morgenthaler, Fritz; Weiss, Florence; Morgenthaler, Marco 1984: Gespräche am sterbenden Fluß. Frankfurt
Nadig, M. 1985: Ethnopsychoanalyse und feministische Wissenschaft - Grenzen und Möglichkeiten. Feministische Studien, 2
Nadig, M. 1986: Die verborgene Kultur der Frau. Ethnopsychoanalytische Gespräche mit mexikanischen Bäuerinnen. Frankfurt
Nadig, M.; Erdheim, M. 1980: Die Zerstörung der wissenschaftlichen Erfahrung durch das akademische Milieu. Psychosozial, 23
Parin, P. 1978: Der Widerspruch im Subjekt. Ethnopsychoanalytische Studien. Frankfurt
Parin, P.; Matthèy, G. 1983: Medicozentrismus in der Psychoanalyse. In: Hoffmann, S. O. (Hg.): Deutung und Beziehung. Frankfurt
Parin, Paul; Morgenthaler, Fritz; Parin-Matthèy, Goldy 1963: Die Weißen denken zu viel. Psychoanalytische Untersuchungen bei den Dogon in Westafrika. Zürich
Parin, Paul; Morgenthaler, Fritz; Parin-Matthèy, Goldy 1971: Fürchte Deinen Nächsten wie dich selbst. Frankfurt
Thompson, E. P. 1978: Das Elend der Theorie. Zur Produktion geschichtlicher Erfahrung. Frankfurt/New York 1980
Weininger, Otto 1903: Geschlecht und Charakter. Wien, Leipzig

Florence Weiss

Florence Weiss

Frauen in der urbanethnologischen Forschung

Florence Weiss (geboren 1945). Promoviert in Ethnologie, Ausbildung als Psychoanalytikerin. Seit 1972 Feldforschungen bei den Iatmul in Papua-Neuguinea. Ökonomie, Alltag und gesellschaftliche Stellung der Kinder (1972 - 1974). Ethnopsychoanalytische Gespräche mit Frauen (1979). Pilotstudie in den Städten Papua-Neuguineas (1980). Fortsetzung der ethnopsychoanalytischen Studien mit Frauen (1986). Forschungen mit Migrantinnen in den Städten Papua-Neuguineas (1988). Reisen nach Westafrika: Mali, Ghana und Burkina Faso (1983). Urbanethnologische Forschung mit Studentinnen und Studenten in Ouagadougou, Burkina Faso (1984). Lehrtätigkeit an verschiedenen Universitäten. Wissenschaftliche Assistentin am Ethnologischen Seminar der Universität Basel. Arbeitsschwerpunkt: Frauenforschungen, Urbanethnologie und Ethnopsychoanalyse.

Einleitung

Unaufhaltsam setzt sich auf der ganzen Welt die kapitalistische Geld- und Warenökonomie durch. Damit geht die Verschlechterung der gesellschaftlichen Stellung der Frauen einher. Aus Produzentinnen in Subsistenzökonomien der Dritten Welt werden schlechtbezahlte Arbeitskräfte und unbezahlte Hausfrauen. Was die strukturellen Gegebenheiten anbelangt, gibt es zwischen uns Frauen in Westeuropa und den Frauen dort keinen Unterschied: überall nehmen wir die hinteren Plätze ein. Die Ausgrenzung und Domestizierung der Frauen hat bei uns eine jahrhundertelange Geschichte, in der Dritten Welt ist sie an manchen Orten erst im Anfangsstadium. Papua-Neuguinea ist ein solches Beispiel, es erfuhr spät die Einführung der Geld- und Warenökonomie. Bis heute lebt der weitaus größte Teil der Bevölkerung in Dörfern, und die Basis der Existenz sind Subsistenzökonomien. Obwohl der Anteil der Stadtbewohner klein ist, die Hauptstadt weniger als 200'000 Einwohner hat, zeichnen sich bereits Tendenzen ab, die für die Frauen Ausgrenzung und Verweisung in die Rolle der Hausfrau bedeuten. Am deutlichsten zeigt sich dies für jene, die in Städten leben. Die Teilung in Stadt und Land ist ein Produkt der kolonialen Geschichte Neuguineas; zuvor gab es nur

Dörfer oder Weiler. Die Einführung einer modernen Waren- und Geldökonomie hat das Leben auch auf dem Lande verändert, traditionelle, autonome Dorfgemeinschaften gibt es nicht mehr.[1] Doch nirgendwo sind die Folgen des ökonomischen Zugriffs besser faßbar als in den Städten.

Die ersten Forschungen in Neuguinea machte ich in einem Dorf der Iatmul (1972 bis 74 und 1979/80). Das war für mich eine neue Erfahrung. Ich hatte die Gelegenheit zu begreifen, was es heißt, Subsistenzökonomie zu betreiben, was eine Clangesellschaft ist, welche Bedeutung Rituale und Mythologie haben und daß es auch andere Einstellungen gegenüber Frauen gibt, als sie zu entwerten. Als ich 1980 mit Iatmul, die in die Städte abgewandert waren, zusammenlebte, wurde ich mit ihrer neuen Lage konfrontiert. Statt selbstbestimmter Arbeit für sich und die Gemeinschaft Lohnarbeit für einen Arbeitgeber, statt prachtvoller Rituale Biergelage. Die kolonialen Einflüsse waren im Dorf immer noch nur am Rande sichtbar. In der Stadt bestimmten sie das Leben der Iatmul in einer viel tiefgreifenderen Weise.[2]

Im Mittelpunkt des vorliegenden Beitrages steht die Frage, wie die Frauen, die noch in den Dörfern aufgewachsen sind, mit den Verhältnissen in der Stadt umgehen. Ich werde diese Frage von drei verschiedenen Gesichtspunkten her angehen, dem ökonomischen, dem historischen und dem ethnopsychoanalytischen.

(1) Der ökonomische Aspekt ist von zentraler Bedeutung. Die allgemeine Situation der Frauen wird wesentlich dadurch bestimmt, welche Möglichkeiten sie in der Stadt haben, ihren Lebensunterhalt zu beschaffen.

(2) Der historische Gesichtspunkt: die heutige Situation der Frauen ist von der kolonialen Geschichte Papua-Neuguineas bestimmt. Ein Abriß dieser Geschichte, vor allem der ökonomischen Maßnahmen, soll diesen Zusammenhang klarmachen.

(3a) Die Ethnopsychoanalyse hilft uns zu verstehen, wie die gesellschaftlichen Verhältnisse von den Einzelnen erlebt werden. Dabei steht für mich das psychoanalytische Konzept der Anpassung im Vordergrund. Die ökonomische Situation erfordert von den Frauen Anpassungsleistungen, die im Widerspruch zu ihrer Persönlichkeitsstruktur stehen und deshalb Konflikte erzeugen. Wie sich zeigen wird, entwickeln die Frauen Strategien, welche die Anpassungen für sie erträglicher machen.

(3b) Die Psychoanalyse geht davon aus, daß sich einmal erworbene Einstellungen nur schwerlich ändern. Die Iatmul-Frauen und -Männer halten trotz der veränderten ökonomischen Gegebenheiten daran fest, daß die Frauen unabhängig und selbständig sind.

(3c) Konfrontiert mit den Lebensbedingungen der Iatmul in der Stadt, geriet ich in Schwierigkeiten mit meinen Partnerinnen und reagierte darauf mit Abwehrstrategien. Überall nahm ich nur noch Elend wahr, und die Anpassung der Iatmul-Frauen an die Kultur der Weißen stieß mich ab.

In einem eigenen Kapitel werde ich auf die Frage der Methoden urbanethnologischer Forschung eingehen. Zunächst aber möchte ich die wissenschaftlichen Leistungen von zwei Ethnologinnen, Monica Hunter und Ellen Hellmann, in Erinnerung rufen, welche als erste urbanethnologische Untersuchungen durchgeführt haben. Dann werde ich auf das Gesellschaftsmodell eingehen, welches Georges Balandier Anfang der 50er Jahre entwickelt hat und in dem das Abhängigkeitsverhältnis zwischen den Kolonisatoren und den Kolonisierten im Mittelpunkt steht.

Das kurze Gedächtnis der Ethnologen. Auf der Suche nach den Urbanethnologinnen und den Anfängen der modernen Ethnologie

Meine Beschäftigung mit der Urbanethnologie führte mir wieder vor Augen, wie verfälscht die ethnologische Geschichtsschreibung ist. Leistungen von Frauen, aber auch unbequeme Konzepte von Männern geraten leicht in Vergessenheit.

Die Geschichte der Urbanethnologie im Hinblick auf die Rolle der Frauen als Forscherinnen und als Forschungsgegenstand ist noch nicht geschrieben worden.[3] Auch die Frauenethnologie hat diesem Thema bisher wenig Aufmerksamkeit geschenkt. Es mehren sich zwar seit den 80er Jahren Arbeiten von Frauen über Frauen im urbanen Milieu, vor allem zum Thema ihrer Beteiligung im informellen Sektor, doch fehlt bis heute eine theoretische und methodische Gesamtdarstellung.

Würden wir dem Glauben schenken, was uns als offizielle Geschichte vorgesetzt wird, so wäre die Entwicklung der Urbanethnologie alleiniges Verdienst von Männern. Zudem wäre sie ein Zweig der ethnologischen Wissenschaft, der sich relativ spät, seit 1970, entwickelt hat. Beides trifft nicht zu. Es waren Frauen, welche sich als erste für die städtischen Verhältnisse in der Dritten Welt zu interessieren begannen. Und dies bereits in den 20er und 30er Jahren dieses Jahrhunderts.

Malinowski hatte eben seine Forschung auf Trobriand (1915 bis 1918) in Neuguinea abgeschlossen und brachte seine neuen methodischen und theoretischen Ansätze unter die Studentinnen. Es ging ihm darum, eine Gesellschaft als funktionierendes Ganzes zu verstehen und nicht als historische Vorstufe der Menschheitsgeschichte. Als das wichtigste Instrument zur Erfassung einer fremden Gesellschaft betrachtete er die Feldforschung: die Ethnologin lebt mit den Leuten zusammen, lernt ihre Sprache sprechen und nimmt an ihrem Alltag teil. Malinowskis Lehre fand großes Interesse, und viele zogen aus, die neuen Konzepte in Afrika anzuwenden. Bald jedoch stellten sie fest, daß es so einfach nicht ist. Angesichts der gewaltigen Umwälzungen, welche die Kolonisierung in Afrika bewirkte, stellten sie die berechtigte Frage, wie eine Gesellschaft als funktionierendes, quasi intaktes Gebilde verstanden werden kann, wenn Minenstädte wie Johannesburg wie Pilze aus dem Boden schossen, Tausende von Bauern und Bäuerinnen ihre Dörfer verließen, um in den Städten Arbeit zu suchen, und in den Dörfern zeitweise bis zu 40 Prozent der männlichen Bevölkerung abwesend war. Von intakten und funktionierenden Gesellschaften konnte nicht mehr die Rede sein. In dem Moment, in dem sich die moderne Ethnologie als Wissenschaft von den primitiven außereuropäischen Gesellschaften zu etablieren begann, waren diese Gesellschaften bereits ein integrierter Bestandteil europäischer Ökonomie, Politik und Ideologie. Unberührte außereuropäische Gesellschaften gab es für die Ethnologie nie.[4]

Die ersten, welche Forschungen im urbanen Milieu durchführten und sich für das Schicksal der Frauen in den Städten interessierten, waren die Ethnologinnen Monica Hunter und Ellen Hellmann. Monica Hunter (1936) widmete den Folgen der Kolonialisierung eine umfassende Studie mit dem bezeichnenden Titel „Reaction to Conquest". Sie untersuchte darin unter anderem die Lebensbedingungen der Frauen in East London (Südafrika). Ellen Hellmann (1935b) untersuchte die Situation der Frauen in einem Slum in Johannesburg. Sie verfaßte auch den ersten Artikel über Probleme urbanethnologischer Forschungen (Hellmann 1935a). Ausgangspunkt beider ist ihre Besorgnis über die Entwicklung in Afrika und das Schicksal der schwarzen Frauen.

Das Wissen um die Pionierleistungen dieser Frauen ist verlorengegangen.[5] In der Folge brach die Reihe der Forschungen im urbanen Milieu nicht mehr ab, und auch Männer nahmen sich des Themas an. Als ihr Forschungsbereich wird heute die Geschichte der Urbanethnologie präsentiert.[6]

Das unbequeme Gesellschaftsmodell des Georges Balandier

Bis in die 50er Jahre war die British School of Anthropology vor allem mit der Frage beschäftigt, wie sich die traditionellen Gesellschaften unter dem Einfluß der Kolonisierung veränderten, „cultural change" und „Akkulturation" waren die Begriffe, mit denen dieser Wandel bezeichnet wurde. Zwar war man sich darüber nicht einig, wie dieser Wandel erforscht werden sollte, doch grundsätzlich in Frage gestellt wurde das Konzept nicht. Die erste umfassende Kritik dieses Konzeptes leistete der französische Soziologe und Ethnologe Georges Balandier. 1946 bis 1951 bereiste er verschiedene Länder Afrikas und führte unter anderem in Brazzaville die erste urbane Untersuchung in einer französischen Kolonie durch (Balandier 1955a). Aufgrund seiner Erfahrungen und Forschungen entwickelte er in Abgrenzung zur Theorie des „cultural change" das Konzept der „situation coloniale" (Balandier 1955b, 1986). Er stellte fest, daß die Mehrheit der EthnologInnen den Einfluß der Kolonisierung als einen Prozeß der Veränderungen der traditionellen Gesellschaften verstanden haben, ohne zu berücksichtigen, daß die Kolonisierung gänzlich neue Bedingungen geschaffen hat. Die Kolonisierung führte ein System der Domination und Unterwerfung ein. Sie beraubte die afrikanischen Völker ihrer Autonomie und zwang sie in Abhängigkeit. Deshalb muß das koloniale System und die kolonisierten Völker als eine Einheit betrachtet werden. Domination ist das Merkmal der einen Seite, Abhängigkeit dasjenige der anderen. Dieses Verhältnis zeigt sich in allen Bereichen des gesellschaftlichen Lebens: der Ökonomie, der Politik, der Ideologie, der sozialen Organisation und auch der Psychologie.[7] Diese durch die Kolonisierung eingeführten Bedingungen nennt Balandier „die koloniale Situation".

Im Konzept des „cultural change" verbirgt sich die Schwierigkeit, mit der Macht umzugehen. Indem die Rahmenbedingungen nicht miteinbezogen werden, wird das Verhältnis von Kolonialmacht und Kolonisierten implizit als eines zwischen zwei gleichen Partnern definiert. Damit wird die Gewalt und Macht der kolonialen Interventionen geleugnet. Das Konzept erlaubte den damaligen Ethnologinnen und Ethnologen ihre eigene Abhängigkeit von den Institutionen des British Empire, das hieß zugleich der Kolonialmacht, zu verdrängen.[8]

Es fiel den Ethnologinnen schwer, Balandiers kritischen Standpunkt aufzugreifen. Weniger schwer fiel dies direkt Betroffenen wie Frantz Fanon und Albert Memmi, welche selbst in Kolonien aufgewachsen sind und das Phänomen der Gewalt im Abhängigkeitsverhältnis der Kolonisatoren und Kolonisierten messerscharf analysiert und beschrieben haben (Fanon 1952, Memmi 1966). Balandiers Anspruch, das Ganze im Auge zu behalten, die Gewalt und Abhängigkeit einzubeziehen, wurde von den neomarxistischen Ethnologen wieder aufgenommen. Doch es sind die Bielefelder Soziologinnen, welche mit ihrer Kritik an den marxistischen Modellen, in denen die unbezahlte Hausarbeit der Frauen ausgeklammert wurde, neue theoretische Konzepte für heutige Frauenforschungen geschaffen haben.[9]

Methoden urbaner Forschung

Als die Ethnologen sich in den 70er Jahren mit der Tatsache konfrontiert sahen, daß immer mehr Leute vom Land in die Städte abwanderten, begannen sie sich vermehrt für die Städte zu interessieren. Die Urbanethnologie wollte sich als spezielle Fachrichtung an den Universitäten etablieren. Als erstes verwickelte sie sich in einen Streit über die Frage, was ethnologische Stadtforschungsmethoden seien. Dabei ging es weniger um Methoden als um Rivalität. Das Problem der Ethnologen bestand darin, daß die Städte längst ein Forschungsgegenstand von Geographen, Architekten, Stadtplanern, Soziologen und Sozialarbeitern geworden waren und die Ethnologen auf der Suche nach einem Platz in Bedrängnis kamen. Der Streit um Forschungsmethoden war der Versuch, sich von den anderen Wissenschaften, vor allem von der Soziologie, abzugrenzen. Es wurde betont, daß wir teilnehmende Beobachtung machen, lange mit den Leuten zusammenleben, ihre Sprache sprechen und Einblicke vermitteln können, die andere Wissenschaftler mit ihren Methoden, zum Beispiel mit Fragebogen, nicht gewinnen können. Man berief sich auf die Methoden, die Malinowski in Trobriand entwickelt hatte. Ohne Zweifel sind diese Methoden für uns bis heute zentral geblieben, doch eine Stadt ist kein Dorf auf einer kleinen Insel im Pazifik.

Bis heute zeichnen sich viele ethnologische Stadtforschungen dadurch aus, daß sie sich auf die Untersuchung einer kleinen Gruppe beschränken, ohne die Stellung dieser Gruppe im gesamtstädtischen Zusammenhang darzustellen.[10] In einer von Gluckman (1964) herausgegebenen Arbeit nahmen Ethnologen eben zu diesem Problem Stellung. Sie hielten fest, daß wir immer nur einen beschränkten Ausschnitt aus der Gesamtheit einer städtischen Realität untersuchen können und doch nicht darum herumkommen, Aussagen zu machen über Bereiche, die wir nicht selbst untersuchen können und die zudem außerhalb unserer Kompetenz liegen. Um so wichtiger sei es, die Rahmenbedingungen wie internationale ökonomische Interessen, die Klassenstruktur eines Landes, die ethnische Zusammensetzung und die Raumaufteilung der ganzen Stadt in bezug auf die zu untersuchende Gruppe darzulegen. Sie betonen wie Balandier, daß das Ganze für das Verständnis eines Teilbereiches von Bedeutung ist. Wir sollten also die Berührungsängste, mit anderen Wissenschaftlerinnen zusammenzuarbeiten, aufgeben und uns auf ihre Forschungen abstützen.[11]

Seit der Arbeit von Devereux (1967) und den Forschungen von Parin/Parin-Matthèy/Morgenthaler (1963, 1971) stehen uns in der Ethnologie weitere Methoden zur Verfügung, die auch für eine urbane Forschung von Bedeutung sind. Die psychoanalytischen Konzepte und das Verständnis für das Unbewußte ermöglichen uns zu erfassen, wie das Individuum die gesellschaftlichen Bedingungen, in denen es lebt, erfährt. Das Verhältnis von Makrosozietät und Individuum ist ein wechselseitiges. Veränderungen in der Gesellschaft wirken sich auf das Individuum aus und umgekehrt. Für meine Arbeit mit Frauen, die im Dorf großgeworden und in die Stadt abgewandert waren, erwies sich dieses Konzept als besonders sinnvoll. In einer Subsistenzökonomie aufgewachsen, sahen sie sich in der Stadt mit einer Waren- und Geldökonomie konfrontiert, für die sie weder von ihren Arbeitsgewohnheiten noch von ihrer Persönlichkeitsstruktur her vorbereitet waren. Ethnopsychoanalytische Konzepte ermöglichten mir zu verstehen, wie die Frauen mit diesen inneren und äußeren Widersprüchen umgehen.[12]

Da ich nur auf ausgewählte Aspekte meiner Arbeit eingehen werde, möchte ich hier einen Überblick über die verschiedenen Forschungsansätze geben.

(1) Die teilnehmende Beobachtung. Nach meinen Forschungen mit den Frauen im Dorf bedeutete für mich mein Aufenthalt in der Stadt einen Neubeginn.[13] Ich mußte wieder wie einst im Dorf die einfachsten Realitäten kennenlernen. Die Menschen, ihre Namen, ihre Geschichte, die Orte, wo sie sich aufhielten, ihren Alltag. Vier Monate besuchte ich täglich verschiedene Frauen und verbrachte den Tag mit ihnen. Ich ging auf ihre Angebote ein, begleitete sie zum Markt, ging mit ihnen zur Arbeit, und ich nahm an den Diskussionen und Gesprächen teil, die sie in ihren Familien und Frauengruppen führten.

(2) Die Tagesschilderungen. Bei meiner ersten Forschung im Dorf erlebte ich die Beschränktheit der teilnehmenden Beobachtung. Ich versuchte Einblicke in den Alltag der Iatmul-Kinder zu gewinnen und erfuhr, daß ich jeweils nur an den Aktivitäten eines oder einer kleinen Gruppe der Kinder teilnehmen konnte. Niemals konnte es mir so gelingen, den Alltag verschiedener Kinder oder gar jener mehrerer Familien mitzuerleben. Da kam ich auf die Idee, mir jeweils am Abend von den Kindern erzählen zu lassen, was sie tagsüber getan hätten. Die Kinder waren begeistert, und ich erfuhr viel mehr, als ich erwartet hatte. Ihre Schilderungen beschränkten sich nicht nur auf das Aufzählen von Aktivitäten, sie beinhalteten auch die Sicht der Kinder selbst. Solche auf Tonband aufgenommene Tagesschilderungen stehen im Mittelpunkt meiner Arbeit über den Alltag der Iatmul-Kinder (Weiss 1981). Sehr bald zeigte sich, daß die Methode der Tagesschilderung auch in der Stadt brauchbar war. Waren doch hier Wohn- und Arbeitswelt getrennt und in Anbetracht der Arbeitsverhältnisse und Größe der Stadt für mich nur punktuell mit teilnehmender Beobachtung zugänglich. So nahm ich von einzelnen Frauen und Ehepaaren über längere Zeit Tagesschilderungen auf.

(3) Systematische Befragungen. Ich erhob sozioökonomische Angaben über die rund 200 BewohnerInnen des Settlement. Drei Fragen standen im Vordergrund: die Zusammensetzung der Haushalte, die ökonomische Situation und die Migrationsgeschichte seiner Mitglieder.

(4) Ethnopsychoanalytische Gespräche. Damit wir uns auf das emotionale Geschehen unserer Partnerinnen einlassen können, müssen wir bereits über fundierte Kenntnisse ihrer gesellschaftlichen und kulturellen Lebensbedingungen verfügen, sonst laufen wir Gefahr, dauernd in Mißverständnisse zu geraten.[14] Dieser Gesichtspunkt wird oft vernachlässigt, und viele Frauen glauben, sie könnten eine Forschung mit ethnopsychoanalytischen Gesprächen beginnen. Dabei übersehen sie, wie sehr selbst ein oberflächliches Gespräch bei uns eine Kenntnis der gesellschaftlichen und kulturellen Gegebenheiten voraussetzt. Wenn mir eine Frau in der Schweiz sagt, sie finde unser staatliches Schulsystem schlecht, wird es mir schnell klar, ob sie zu der Gruppe der kritischen Linke oder zu jener der rechtsorientierten Elite gehört. Sagt mir aber eine Iatmul-Frau, sie findet die Schule schlecht, kann ich mir zunächst kein klares Bild darüber machen, was sie damit meint. Ihre Aussage war für mich nur verständlich, wenn ich mir durch meine systematischen Befragungen bereits ein Bild über die soziale Stratifikation im Settlement

gemacht hatte. Sie gehörte zum Beispiel zu der Gruppe von Leuten, denen die Anpassungen an die neuen städtischen Gegebenheiten schwerfallen, die ihre Kinder unregelmäßig zur Schule schicken und welche über ein niedriges Einkommen verfügen.

(5) Zum Verhältnis von Makro- und Mikrosozietät. Zur Eingliederung der Iatmul in die städtischen und gesamtneuguinensischen Verhältnisse standen mir gute Untersuchungen zur Verfügung. Eine wichtige Grundlage lieferte das Zahlenmaterial des National Population Census (1980).

(6) Das Tagebuch. Jeden Abend setzte ich mich auf die große Sitzfläche neben dem Haus, stellte zwei Petroleumlampen neben mich und hielt im Tagebuch fest, was ich unternommen, wen ich getroffen hatte und was für Gedanken und Gefühle mich beschäftigt hatten. Ich hielt auch Dinge fest, die meine momentane Stimmung betrafen und die mir unangenehm waren. Ärgerte ich mich über das Verhalten einer Frau, stieß mich der Anblick der aus Abfallmaterialien zusammengebauten Häuser ab und wünschte ich mich in die Schweiz zurück, hielt ich dies fest.

Das Tagebuchschreiben ermöglicht uns, einen Blick auf uns selbst zu werfen, unsere Forschungen als einen Prozeß zu begreifen, in dem wir die eine Hälfte der Realität, unsere Partnerinnen die andere sind, das eine ohne das andere unverständlich bleiben müßte.

Die Kolonialgeschichte Papua-Neuguineas und die Folgen für die Frauen

Die Kolonisierung Papua-Neuguineas verlief in Grundzügen nicht anders als in anderen Teilen der Welt, wenn sie auch rechts spät in Gang gekommen ist. Die Kolonialherren, im Nordosten des Landes waren es zunächst die Deutschen, später die Australier, brauchten Land und Arbeitskräfte. Mit der Einführung einer allgemeinen Kopfsteuer, im Gebiet der Iatmul geschah dies in den 30er Jahren dieses Jahrhunderts, konnte durchgesetzt werden, daß die Leute ihre Arbeitskraft auf Plantagen und in Städten verkauften, um das nötige Geld für ihre Familien und Verwandten zu beschaffen. Damit war der erste Schritt zur Einführung der Waren- und Geldökonomie vollzogen. Von nun an genügte es nicht mehr, von dem zu leben, was aus der Umwelt gewonnen und mit Nachbarn eingetauscht werden konnte, jetzt brauchten alle Geld, und das bekam man nur, wenn für die Weißen gearbeitet wurde. Damit begann die Abwanderung aus den Dörfern. Aus den ökonomischen und administrativen Zentren der Weißen entwickelten sich später die Städte. In der frühen Kolonialphase war die Lage der Plantagenarbeiter jener der Zwangsarbeiter ähnlich. Sie wurden geholt, eingesetzt und nach einer Frist von drei bis fünf Jahren in ihre Dörfer zurückgebracht. Dies änderte sich Anfang der 60er Jahre, als Papua-Neuguinea auf seine formelle Unabhängigkeit im Jahre 1975 vorbereitet wurde. Die bisher geltenden Bestimmungen wurden aufgehoben: Nun waren alle auch ohne festen Arbeitsvertrag in den Städten zugelassen. In der neuen Situation konnten auch Ehefrauen mit Kindern ihren arbeitenden Männern in die Städte folgen. Im Zuge der ökonomischen Nutzbarmachung Neuguineas entwickelte sich eine fortschreitende soziale Differenzierung, es entstanden soziale Klassen, Arme und Reiche, Land und Stadt.

Heute ist Neuguinea ein integrierter Teil des internationalen Wirtschaftssystems. Es ist zwar als Produktionsstätte wenig interessant, da die Infrastruktur unentwickelt und die Löhne im Vergleich mit anderen (zum Beispiel asiatischen) Ländern hoch sind. Doch verfügt es neben den agrikulturalen Produkten über wertvolle Rohstoffe: Kupfer, Gold, Erdöl. Große Firmen bauen mit modernster Technologie Bergwerke auf. Sinken in New York die Preise für Kaffee und Kakao, bekommen es die neuguinensischen Smallholders zu spüren. Und muß die Gold- und Kupfermine in Bougainville wegen der Aktivitäten einer Rebellengruppe geschlossen werden, fehlt Geld nicht nur in der Kasse des internationalen Konzerns, sondern auch in der Staatskasse von Papua-Neuguinea, und die Beamten müssen um ihre Löhne bangen.

Wie überall in der Welt sind die Frauen in Neuguinea auf besondere Weise von dieser Entwicklung betroffen. Mit der Einführung einer modernen Waren- und Geldökonomie, in Verbindung mit der patriarchalischen Ideologie, sind sie doppelt benachteiligt. An einem 1982 von der Universität in Port Moresby organisierten Seminar ging es darum, über die Entwicklung des Landes Bilanz zu ziehen.[15] Zehn Jahre zuvor, als der Entwurf für die Konstitution des neuen Staates bearbeitet wurde, hat man den sogenannten 8-Punkte-Plan darin eingeschlossen, der für die erste Regierung Papua-Neuguineas hätte richtungsweisend werden sollen. Als eine der letzten in die Unabhängigkeit entlassenen Kolonien konnten die Gesetzgeber auf so manche Erfahrungen anderer Länder der Dritten Welt zurückgreifen. In dem 8-Punkte-Plan ging es darum, die von den Kolonialmächten eingeführten und etablierten Strukturen aufzubrechen. Punkt 7 betraf die Frauen. „Was erreicht werden muß, ist eine vermehrte Teilnahme der Frauen in allen Bereichen des ökonomischen und gesellschaftlichen Lebens.“ (King/Lee/Warakai 1985: 1) In ihren Analysen wiesen die Frauen nach, daß das Gegenteil eingetreten ist. Die Versprechungen der Regierung seien nichts anderes als *mauswara,* leeres Gerede, geblieben.[16] Die Frauen haben schlechtere Ausbildungschancen, schlechteren Zugang zur Geldökonomie und zu den politischen Institutionen. Frauen leisten unbezahlte Arbeit, und sie werden immer mehr in die niedrig bewerteten Arbeitsbereiche abgedrängt. Eine Folge davon ist ihre vermehrte Abhängigkeit von den Männern. Im Vergleich zu ihrem Status in den traditionellen Gesellschaften bedeute dies eine Verschlechterung ihrer Position, ein Verlust ihrer Autonomie.[17]

Aus Diskussionen mit den Frauen wurde mir klar, daß keine von ihnen erwartete, daß die zuständigen Institutionen und Männer aus reiner Menschlichkeit und Einsicht einen Teil ihrer neugewonnenen Macht an die Frauen abtreten würden. Alle gingen davon aus, daß sie für ihre Interessen kämpfen müßten.

Bis heute gibt es in Papua-Neuguinea keine Verelendung der ländlichen Bevölkerung, ein demokratisch gewähltes Parlament vertritt die politische Macht, 82 Prozent der Bevölkerung lebt in ursprünglichen Dörfern, und ihre Existenz beruht zum großen Teil auf der Selbstversorgungswirtschaft.[18] Die Hauptstadt Port Moresby hat nur gegen 200'000 Einwohner. In anderen Ländern der Dritten Welt ist die Entwicklung der Städte viel weiter fortgeschritten.[19]

Probleme mit uns selbst I

Nach zwei Aufenthalten im Dorf wollte ich eine Vorstellung über die Lebensbedingungen der Iatmul in den Städten gewinnen.[20] Wir hatten unsere ethnopsychoanalytische Forschung im Dorf beendet und reisten nach Rabaul, auf Neu-Britannien, wo eine besonders große Gruppe der Iatmul-Migranten lebte.[21]

Rabaul mit seinen 13'000 Einwohnern ist eine kleine Stadt. Im Zentrum befindet sich die Einkaufsstraße mit den Banken und Hotels, die öffentlichen Gebäude der Regierung, ein großer Sportplatz und der Markt. Daran schließen sich die Wohnquartiere der Bessergestellten an, Häuser in australischem Bungalowstil mit fließendem Wasser, Elektrizität und einem Garten rundherum. Wie ein Gürtel umschließen die Stadt wilde Siedlungen, Slums, *shanty towns* oder *settlements* genannt. Hier beginnt eine Welt für sich. Für die Weißen, die Politiker, all jene, die hier nicht wohnen, sind diese Settlements der Ursprung aller städtischen Probleme: der Arbeitslosigkeit, des Alkoholismus, des Verbrechens und der Banden, welche die Stadt in Unsicherheit versetzen. Vielen Politikern wäre es am liebsten, wenn sie die Settlement-BewohnerInnen in ihre Dörfer zurückschicken könnten.

Auch die Iatmul haben hier vor 20 Jahren in einem ehemaligen Steinbruch ihre ersten Häuser gebaut. Im Laufe der Zeit entstand eine Siedlung von über 40 Häusern, eine Abteilung innerhalb des riesigen Settlement-Gürtels, in der sie unter sich leben.[22]

Wir hatten uns in einer Pension einquartiert. Am Nachmittag machten wir uns auf den Weg. Je mehr wir uns vom Zentrum entfernten, um so neugieriger wurden wir angeschaut. Weiße verirren sich sonst nicht hierher. Wenn uns die Leute im Dorf nicht genau erklärt hätten, wo wir vom geteerten Weg abzweigen müssen, hätten wir die Siedlung übersehen; hinter tropischen Pflanzen lag sie verborgen im Hang. Das erste, was ich wahrnahm, war Dreck. Auf dem Weg lag Scheiße, im Abflußgraben häuften sich leere Konservenbüchsen, Glasscherben und Papier. Dann sah ich die Häuser: sie waren aus Holz- und Wellblechabfällen zusammengebaut. Sie sahen genauso aus wie auf Fotos oder Fernsehbildern von irgendeinem Slum auf der Welt, und ich reagierte, wie wir es alle tun, ich war schockiert: das also ist das Schicksal der Iatmul in den Städten! Schlimmer hätte ich es mir nicht vorstellen können. Und in meinen Gedanken assoziierte ich, was alles dazu gehört: Arbeitslosigkeit, Elend, Unterernährung, Krankheit, Verwahrlosung, Kriminalität. Und plötzlich erschien mir mein Plan, mit den Iatmul in der Stadt zusammenzuleben, als ganz unrealistisch. In diesem Dreck und Elend läßt sich nicht leben.

Wie ein Lauffeuer verbreitete sich die Nachricht von unserer Ankunft. Und bald sahen wir uns einer Gruppe von Leuten gegenüber, die uns alle die Hand hinhielten und uns begrüßten. Wir kannten nur wenige, die meisten lebten bereits hier, als wir 1972 zum ersten Mal im Dorf waren. Doch sie hatten alle von uns gehört: das waren sie nun, die zwei Weißen, die zwei Jahre in ihrem Dorf gewohnt hatten. Man führte uns zu einem Tisch und stellte uns Stühle hin. Mein Blick fiel auf eine Kiste voller leerer Bierflaschen, auf eine Matratze, die in einem Haus am Boden lag, auf einen Haufen ungewaschener Wäsche. Und aus dem, was die Leute erzählten, hörte ich nur eines heraus: unser Leben hier ist schlecht. Vor meinen Augen sah ich die großen schönen Häuser im Dorf, den gewischten Platz darum herum. Ich sah gut genährte Kinder und Erwachsene. Und mit einem Schlag waren meine schlimmsten Befürchtungen bestätigt. Das sind die Folgen des sogenannten Fortschrittes, so sieht die Einführung des Kapitalismus aus.

Als es Abend wurde, drängte ich darauf, zu gehen, ich sehnte mich danach, hier wegzukommen. Als ich aufstand, faßte mich eine Frau am Arm und meinte, weshalb wir nicht hier bleiben würden. Es stehe ein Haus leer, in dem wir wohnen könnten. Ich wurde aus meinen Gedanken aufgeweckt, mit etwas konfrontiert, das nicht zu meiner Wahrnehmung paßte. Wie kam die Frau dazu, mir dieses Angebot zu machen? So aktiv großzügig zu sein und mich so zu behandeln, als ob es keine Frage wäre, daß auch ich in diesen Verhältnissen leben könnte? Ihr Verhalten entsprach nicht meinen Vorstellungen. Weit besser hätte da gepaßt, wenn sie gesagt hätte: „Recht habt ihr, in einer Pension zu wohnen, hier leben wir in miesen Verhältnissen."

Am Abend nach dem Essen setzten Milan und ich uns auf die Veranda der Pension. Ich holte meine Zigaretten hervor und sah, daß das Paket ungeöffnet war. Erst jetzt merkte ich, daß ich während des ganzen Nachmittags Zigaretten der Iatmul geraucht hatte. Wie kamen sie dazu, mir welche anzubieten? Im Dorf war es immer umgekehrt gewesen. Hatten die Leute im Settlement Geld, um sich den Luxus australischer Zigaretten zu leisten? Ich lehnte mich im Sessel zurück und versuchte mich zu erinnern. War mein Eindruck richtig gewesen, den Iatmul ginge es im Settlement so schlecht? Mir fiel der Vorschlag der Frau ein, ihre offene und expansive Art. Ich begann an meiner Einschätzung zu zweifeln. Fragen stellten sich mir, und langsam gewann ich meine Neugier zurück. Ich beschloß, in das leerstehende Haus einzuziehen, sollte das Leben unerträglich werden, konnten wir ja wieder in die Pension zurückkehren.

Am folgenden Tag zogen wir zu den Iatmul im Settlement. Bald wurde klar, daß hier niemand Hunger litt, alle genügend Geld hatten und sich Zigaretten, ein Bier oder einen Kinobesuch leisten konnten, daß die Häuser stabil gebaut und selbst heftigen tropischen Gewittern standhielten. Doch niemand war bereit, Geld für die städtische Müllabfuhr zu bezahlen, und die Wäsche wurde gewaschen, wenn alle Kleider schmutzig waren. Die zusammengeflickten Häuser, den Dreck, die ich an jenem ersten Nachmittag wahrgenommen hatte, waren nicht meiner Phantasie entsprungen, doch waren es Erscheinungsbilder einer Lebensweise, die mir unbekannt war. Auch nachdem ich begriffen hatte, daß mir gerade das Fremde dieser Lebensweise unheimlich war, geschah es immer wieder, daß diese Einschätzung überhandnahm. Besonders an Tagen, an denen ich viel erlebt hatte und müde war, sah ich wieder nur Dreck und Unordnung. Ich klammerte mich an Äußerlichkeiten, und die Iatmul traten in den Hintergrund.

M eine Tendenz, mich immer wieder an den Äußerlichkeiten zu orientieren, ist eine Abwehrstrategie. Devereux (1967) zeigt in seiner für die Ethnologie so wichtigen Arbeit, daß die Wahrnehmung der Wissenschaftler durch ihre eigenen unbewußten Vorstellungen geprägt wird.[23] Eine besondere Bedeutung mißt er Abwehrstrategien zu, die in Zusammenhang mit angsterregenden Daten stehen. Die Lebensbedingungen der Iatmul machten mir angst. Das hing mit meinen Erfahrungen aus der Schweiz zusammen. Die Iatmul in der Stadt gehören zu den Armen. Nur wer arm ist, wohnt in einem Settlement am Rande der Stadt, in einem Haus, aus Abfallbrettern erbaut. Armut in der reichen Schweiz ist eines der größten Tabus. Jedes Anzeichen von Armut wird versteckt und bekämpft. Dahinter steckt die Angst, all das zu verlieren, was uns ausmacht: die reichste Nation der Welt zu sein. Auch in der Schweiz gibt es arme Menschen. Doch tun sie und die anderen alles, um das zu verbergen. Die Iatmul im Settlement aber versuchten nicht zu verheimlichen, daß sie hier in dieser Stadt zur untersten sozialen Schicht gehören, waren sie doch weit davon entfernt, sich dafür zu schämen. Arm zu sein war für sie eine Realität und kein moralisches Problem. Da ich mit ihnen zusammenlebte, also ganz direkt mit ihren Lebensbedingungen konfrontiert wurde, konnte ich die Realität des Armseins nicht übersehen. Ängste meinerseits waren die Antwort darauf.[24] Das führte dazu, daß ich geneigt war, ungenau wahrzunehmen. Statt Armut sah ich Dreck und Unordnung.[25]

Keine unwesentliche Rolle bei meiner Einschätzung spielten meine Erfahrungen aus dem Dorf. Da die Iatmul im Dorf unter sich lebten, mußte ich keine Vergleiche ziehen. Und so erschienen mir die Verhältnisse im Dorf besser, nur weil sie mir ersparten zu sehen, was jede Iatmul-Frau wußte: alle, die im Dorf leben, sind arm. Sie haben wohl zu Essen und ein großes Haus, doch haben sie darauf verzichtet, aktiv an der neuen Entwicklung teilzunehmen. Die in die Städte abgewanderten Iatmul hatten, selbst wenn sie in einem Settlement wohnten, einen sozialen Aufstieg gemacht.

Als ich nach Europa zurückkam und von meinen Forschungen erzählte, erkannte ich, daß ich mit meinem Problem keineswegs allein war. Und als ich an einer Tagung vor Ethnologinnen und Ethnologen einen Vortrag hielt und erwähnte, daß es den Iatmul in der Stadt gefiel, zog man über mich her (Weiss 1990). Sehr bald geriet die Diskussion in bekannte Fahrwasser, statt sich weiter für die Lebensbedingungen der Iatmul in der Stadt zu interessieren, das heißt für die Armut als eine Eigenschaft der sozialen Struktur, wurde darüber gesprochen, wie der Landflucht Einhalt geboten werden könnte. Man sprach über kein geringeres Problem, als den Kapitalismus rückgängig zu machen.

Immer mehr Menschen in der Dritten Welt leben in Städten, und dies geschieht nicht ohne Grund. Zu recht lehnen wir die schamlose Ausbeutung der Bevölkerung in den Ländern der Dritten Welt ab. Doch können wir den Opfern dieser Entwicklung nicht vorwerfen, was sie geworden sind. Wir kommen nicht darum herum, ihren Entscheid, in der Stadt zu leben, ernst zu nehmen. Es geht um ihre ökonomischen Probleme und nicht um unsere moralischen Probleme.

Immer wieder werden wir mit unseren Gefühlen konfrontiert. Und immer wenn wir glauben, den letzten Knoten aufgelöst zu haben, stolpern wir schon über den nächsten. So erging es mir bei meinem zweiten Aufenthalt bei den Iatmul in Rabaul im Jahre 1988. Bald mußte ich feststellen, daß mein Problem noch keineswegs gelöst war, es vielmehr auf einer neuen Ebene in einer komplizierteren Form zurückkehrte. Die Anpassungsleistungen der Iatmul, die ich heute durchaus bewundern kann, stießen mich zu Beginn ab. Bevor ich darauf näher eingehe, müssen wir eine Vorstellung darüber gewinnen, an welche Verhältnisse sich die Iatmul-Frauen anpassen mußten, worin ihre Anpassungsleistungen überhaupt bestanden.

Die Städte, die Frauen und die Ökonomie

In der frühen Kolonialzeit waren vor allem die Männer als Arbeitskräfte gebraucht. Frauen wurden in kleinerer Anzahl als Köchinnen, Putzfrauen, Gehilfinnen gebraucht. Plantagen und Städte waren Männerorte. Als in den 60er Jahren der Arbeitsmarkt geöffnet wurde, änderte sich dies. Von nun an verließen auch Frauen die Dörfer. Wie in Rabaul entstanden in den folgenden Jahren in allen fünf Städten Neuguineas Siedlungen, in denen die Iatmul unter sich wohnten.[26] Es fiel den Männern leichter, Arbeit zu finden, als den Frauen. Jene hatten während ihrer Aufenthalte auf den Plantagen das Melanesische Pidgin gelernt, die Lingua Franca Neuguineas, und sie hatten sich Kenntnisse erworben, als Schreiner, Mechaniker, Polizisten. Die Frauen aber sprachen nur Iatmul und waren auf die Anforderungen der neuen Arbeitswelt schlecht vorbereitet. Zudem waren sie gegenüber den Frauen der ansässigen Bevölkerung im Nachteil. Diese waren seit den Anfängen der Kolonisierung vermehrt in Schulen gegangen. *Mi olsem bushkanaka stret,*[27] bezeichnete sich eine der ersten Iatmul-Frauen in Rabaul. Dazu kam, daß sich die Frauen mit Problemen konfrontiert sahen, wie sie für die neue Arbeitswelt typisch waren. Was sollten sie mit ihren kleinen

Kindern tun, während sie zur Arbeit gingen? Das Problem war ihnen vom Dorf nicht unbekannt, nahmen sie doch ihre Kleinkinder nie mit zum Fischfang oder zum Markt, doch im Dorf war es Aufgabe der älteren Kinder, während der Abwesenheit der Frauen für die Kleinen zu sorgen. In der Stadt aber gingen die Kinder zur Schule. Ihnen eine gute Schulausbildung zu ermöglichen, war im übrigen einer der Gründe für die Abwanderung. Dazu kam, daß sich in Neuguinea kaum ein informeller Sektor entwickeln konnte, weil er von den Australiern verhindert wurde. Die Einrichtung eines entsprechenden Verkaufsstandes setzte ein hohes Anfangskapital voraus, und die Vorschriften für den Handel mit Essen und Getränken waren streng. So konnten sie nur Weiße und Chinesen erfüllen. Für die Iatmul-Frauen wäre es aber gerade in diesem Bereich der Ökonomie möglich gewesen, ihre Kleinkinder dabeizuhaben.

Die schlechte Ausbildung, das auf die Männer ausgerichtete Stellenangebot, die Mühe, sich in den neuen Umständen zurechtzufinden, das unter den Frauen zu Beginn wenig ausgebildete Netz der gegenseitigen Hilfe, das Fehlen eines informellen Sektors, das alles hatte zur Folge, daß die Frauen vorwiegend auf die Hausarbeit verwiesen wurden: kochen, waschen, putzen, für die Kinder sorgen. So entstand das, was Bennholdt-Thomsen (1983) die Hausfrauisierung nennt. Das stand in krassem Gegensatz zum Dorf, wo die Frauen neben ihren häuslichen Aufgaben zu mehr als 80 Prozent die eigentliche Nahrungsbeschaffung erledigen. Die Rollen hatten sich verkehrt: die Männer, im Dorf Handwerker und vom Essen der Frauen abhängig, wurden zu den Ernährern; die Frauen verloren in der Stadt ihre im Verhältnis zum Mann autonome Position. Die Männer wurden von ihren Arbeitgebern abhängig, die Frauen von ihren Männern. Es zeichneten sich Verhältnisse ab, wie wir sie nur allzu gut kennen.

Die Iatmul-Frauen waren es gewohnt, außer Hause einer eigenen Arbeit nachzugehen. Und so ist es nicht erstaunlich, daß sie trotz der erschwerten Bedingungen in der Stadt eigene Einkommensquellen suchten. Sie lernten Pidgin, besuchten Kurse auf den Missionsstationen, in denen sie Kleider nähen lernten, und sie versuchten, Arbeit als Hausangestellte bei Weißen zu finden. Aktiv setzten sie sich mit den neuen Verhältnissen auseinander. Bald fanden sie auch einen Arbeitsbereich als Selbständige. Die Iatmul sind in ganz Neuguinea für ihre Schnitzkunst und ihre Netztaschen bekannt. Und so begannen die Männer auch in der Stadt Schnitzereien herzustellen und die Frauen Netztaschen und Schmuck, welche sie an Touristen verkaufen.

Im Verlauf der 70er Jahre veränderte sich die Situation: Frauen wurden vermehrt als Arbeitnehmerinnen gebraucht, und ein Teil der Mädchen hatte sich Ausbildungen angeeignet. In den 80er Jahren war die erste Generation der in Rabaul aufgewachsenen Frauen um die 20 Jahre alt. Es ist in erster Linie das Verdienst ihrer Mütter, die sich dafür eingesetzt hatten, daß sie und nicht nur die Knaben eine Ausbildung erhalten haben. All diese jungen Frauen haben ihr eigenes Einkommen. Jene, die nach der Schule noch eine Spezialausbildung gemacht haben, arbeiten als Krankenschwestern, Sekretärinnen, als Verkäuferinnen, als Schneiderinnen. Mutterschaft ist für sie heute kein Hindernis mehr, ihrer Lohnarbeit nachzugehen. Es ist den Frauen gelungen, in der Siedlung Beziehungsnetze unter sich aufzubauen, die ihnen ermöglichen, ihre Kinder während der Arbeit in die Obhut anderer Frauen zu geben. Das war zu Beginn der 60er Jahre nur schwer möglich, da die Gruppe der Migrantinnen zu klein war. All jene jungen Frauen, die keine zusätzliche Ausbildung erhalten haben, arbeiten als ungelernte Arbeitskräfte, oder sie verkaufen selbsthergestellte Netztaschen und Schmuck an Touristen

Trotz der Anstrengungen der Frauen, einen Platz in der außerhäuslichen Arbeitswelt zu gewinnen, stehen sie hinter den Männern zurück, und nur die jüngeren mit einer Berufsausbildung haben gute Anstellungen.

Die Einführung des Kapitalismus: Anpassungsleistungen

Nachdem ich die Grundzüge der ökonomischen Bedingungen in der Stadt skizziert habe, können wir uns der Frage zuwenden, wie die Iatmul-Frauen davon betroffen waren und wie sie darauf reagiert haben: Es geht um die Wechselwirkung zwischen gesellschaftlichen Prozessen und psychischen Vorgängen, zwischen Makrosozietät und Individuum. Die Ethnopsychoanalytiker Fritz Morgenthaler, Paul Parin und Goldy Parin-Matthèy (1971) haben in Westafrika theoretische und methodische Konzepte entwickelt, welche uns ermöglichen, das dialektische Verhältnis von Gesellschaft und Individuum besser zu verstehen. Zwei psychoanalytische Konzepte sind für uns hier von besonderer Wichtigkeit. 1. Jede Ethnie (bei uns jede soziale Schicht) entwickelt in Wechselwirkung mit ihrem sozialen Umfeld das, was wir eine spezifische Persönlichkeitsstruktur nennen. 2. Verändern sich die Lebensbedingungen, in unserem Fall die ökonomische Grundlage, können Konflikte und Spannungen entstehen, da die neuen Verhältnisse andere Verhaltensweisen und Einstellungen verlangen als die ursprünglich erworbenen. Da es in der Stadt keine andere Möglichkeit gibt, als durch Lohnarbeit oder den Verkauf von selbsthergestellten Produkten zu überleben, besteht ein massiver Druck, sich den veränderten ökonomischen Gegebenheiten anzupassen.[28]

Die Iatmul wurden in der Stadt mit Verhältnissen konfrontiert, die sich von jenen im Dorf grundsätzlich unterschieden. Im Dorf lebten sie in einer Kommunität, in der sich alle kannten. Alle hatten Anrecht, Boden und Gewässer zu nutzen, und ihre Ökonomie verlangte Einsicht in die Bedürfnisse und selbständiges Handeln. Die Umwelt, in der sie lebten, war mit ihrer Geschichte verbunden, mit ihrer Mythologie und ihren Ritualen. Autonomie und Aktivität waren hoch besetzt.

In der Stadt waren die Iatmul Fremde. Sie hatten hier keinen Besitz- oder Nutzungsanspruch auf Land oder Wasser. Ihnen gehörte nicht einmal das Stück Land, auf dem ihre Häuser standen, das hatten sie sich illegal angeeignet. Die einzige Möglichkeit, hier zu leben, bestand darin, ihre Arbeitskraft zu verkaufen oder Produkte für den Verkauf herzustellen. In der Stadt sahen sie sich mit den verschiedensten ethnischen Gruppen konfrontiert, die ihre eigene Kultur und Sprache hatten und die auch einen Platz für sich beanspruchten. Und in der Stadt war die weiße Kultur die mächtige. Diese Erfahrung haben sie bereits im Verlauf der kolonialen Unterwerfung gemacht, doch in der Stadt war alles durch diese Kultur bestimmt. Hier kamen sie in ihnen fremde Verhältnisse. Oder anders ausgedrückt: die kulturspezifische Sozialisation und die daraus resultierende Persönlichkeitsstruktur der Iatmul, die in Bezug zu den Verhältnissen einer Dorfgesellschaft und Fischerökonomie stand, wurde mit Verhältnissen einer Geld- und Warenökonomie konfrontiert.[29] Um in der Stadt überleben zu können, mußten sie sich anpassen. Diese Anpassungen brachten sie in innere und äußere Widersprüche und erzeugten Konflikte. Ich werde am Beispiel der Lohnarbeit und am Schulbesuch der Kinder aufzeigen, wie sich die neuen Bedingungen ausgewirkt haben. Wie wir sehen werden, verlangen sowohl Lohnarbeit als auch die Schule ein hohes Maß an Disziplinierung.

Lohnarbeit, der vor allem die Männer nachgingen, da sie leichter Arbeit fanden als die Frauen, bedeutete: Einhalten eines festgelegten Zeitplans, Gehorsam gegenüber einem Vorgesetzten, Zusammenarbeit mit fremden Leuten, Ausführung einer Arbeit, die nichts mit den eigenen Bedürfnissen zu tun hatte. Diese Arbeitsbedingungen entsprachen in etwa dem Gegenteil dessen, was die Iatmul vom Dorf her gewohnt waren. Nun war es nicht so, daß sich die Männer diesen neuen Anforderungen gar nicht hätten anpassen können. Das Problem bestand vielmehr darin, daß sie es nur kurze Zeit aushielten. Nach einigen Wochen oder Monaten wurde es ihnen unerträglich, und sie inszenierten einen gewaltigen Streit mit ihrem Arbeitgeber, sagten ihm alle Schande, ja prügelten sich mit ihm und liefen weg, um einige Zeit später eine neue Arbeit aufzunehmen.

Das heißt, die Widersprüche zwischen Subsistenzökonomie und kapitalistischer Waren- und Geldökonomie lösten unerträgliche Frustrationen aus. Die Schwierigkeit der meisten Iatmul, ihre Lohnarbeit fortsetzen zu können, hing damit zusammen, daß die Gratifikation, die sie für ihr Durchhalten bekamen, nämlich Geld, ungenügend war. Geld an sich war für sie keine lustvolle Sache, für die es ich lohnte, sich abzumühen. Im Dorf ein Haus zu bauen oder ein Kanu zu schnitzen war auch mit großem Aufwand verbunden, doch hatten sie etwas davon: Sie wohnten darin, oder das Kanu war für ihre Frau bestimmt, die damit zum Fischfang fuhr. Arbeit hatte einen direkten Sinn, und die Reaktionen der Gruppe, die zum Beispiel nach einem Hausbau ein Fest veranstaltete, stellte die Arbeit in einen gesellschaftlichen Bezug. Geld war dafür kein Ersatz.[30] Die gesamte Struktur der Arbeitswelt entsprach in keiner Weise den gesellschaftlichen Werten der Iatmul.

Der Druck zur Anpassung, welcher durch die neuen Arbeitsanforderungen entstand, versuchten die Männer auszugleichen. Sie veranstalteten nach jedem Zahltag Saufgelage. Das individuell und ohne Lust erworbene Geld wurde umgesetzt und in der Gruppe konsumiert. Bei diesen Saufgelagen spielten Erfahrungen aus dem Dorf eine wichtige Rolle. Die Männer setzten sich in derselben Anordnung hin, wie sie einst im Zeremonialhaus im Dorf gesessen hatten. Sie sprachen sich mit den Namen ihrer Altersklassen an, erinnerten sich ihrer mythischen Vorfahren und rezitierten deren Namen. Die fehlende Gemeinschaft in der Arbeitswelt, das fehlende Selbstwertgefühl wurden im gemeinsamen Trinken wieder hergestellt.[31] Besonders in den 60er und 70er Jahren waren solche Gelage für die Männer das Mittel, der entfremdeten Arbeitswelt etwas entgegenzustellen.

Die negativen Konsequenzen lagen auf der Hand: das restliche Geld reichte nicht aus, um die Familie zu ernähren. Es waren vor allem die Frauen, die sich vehement gegen den Alkoholkonsum der Männer wandten. Sie waren für das Essen zuständig, und ihnen fehlte das nötige Geld für die Einkäufe. Heute finden an Zahltagen noch immer Saufgelage statt, doch sind sie seltener geworden. Die Männer haben Wege gefunden, mit den Anforderungen der Arbeitswelt besser umzugehen. Dabei spielen die zahlreichen christlichen Sekten mit ihrem Verbot, Alkohol zu konsumieren, und ihrem Angebot einer neuen Gruppenidentität eine wichtige Rolle.

Es war nicht leicht, die Auswirkungen der ökonomischen Bedingungen und die Disziplinierung, die damit verbunden ist, in bezug auf die Frauen zu erkennen. Zwar wußte ich bald aus den Gesprächen mit ihnen, wie schwierig es für sie war, eine feste Arbeit zu finden, und wie sehr sie vom Lohn des Mannes abhängig waren. Doch da die meisten Männer heute ihren Lohn den Frauen zur Verwaltung abgeben und wenig über Geld gesprochen wurde, sah ich nicht gleich, in welchem Ausmaß die Frauen durch die Lohnarbeit ihrer Männer und die Schule ihrer Kinder betroffen wurden. Die Männer verließen am Morgen die Siedlung und kehrten am Abend meist erschöpft zurück. Die Frauen aber schienen sich ihren Tag frei zu gestalten. Beim genaueren Hinsehen erkannte ich, wie sehr ihr Tagesablauf durch die Arbeitszeit ihres Mannes und durch die Schule ihrer Kinder bestimmt war.

Besonders die Schule bedeutete für die Frauen eine völlige Umorientierung. Nicht nur, daß sie den Kindern zu bestimmten Zeiten Essen kochen und diese für die Schule richtig anziehen mußten, diese sollten dann auch noch hingehen. Kein Iatmul-Kind aber war bereit, regelmäßig zur Schule zu gehen. Die Anforderungen der Schule standen in direktem Gegensatz zur Autonomie und Eigeninitiative, die bei den Iatmul so wichtig sind. Kinder werden wohl zurechtgewiesen, doch kaum je zu etwas gezwungen, da sie sonst unterwürfig und passiv würden. So wird abgewartet, bis sie aus eigener Initiative etwas unternehmen. Nun mußten Frauen, die Autonomie und Selbständigkeit hoch besetzt hatten, von ihren Kindern Unterordnung und Gehorsam verlangen. Ohne Ausnahme berichten alle, welche Mühe es für sie gewesen sei, die Kinder dazu zu bringen, regelmäßig die Schule zu besuchen. Die Mütter gerieten nicht nur mit der Widerspenstigkeit der Kinder in Schwierigkeiten, sondern wohl noch mehr mit der Widersprüchlichkeit ihrer eigenen Einstellung:

Abb. 1 Mutter und Tochter

sie wußten, wie wichtig Schulbildung war, doch es war ihnen zuwider, dauernd hinter den Kindern her zu sein.

Die neuen Aufgaben der Frauen standen im Gegensatz zu ihren Arbeiten im Dorf. Dort sorgten sie für die Ernährung der Familie und für die kleinen Kinder. Doch eine Frau entschied selbst, wann sie fischen ging und kochte. Sie teilte das Essen in Portionen auf, und alle aßen, wann sie Lust hatten. Der vermehrte Zugriff der Mütter auf die Kinder entsprach dem Zugriff auf die Frauen selbst, durch die Strukturierung des Tages, durch die Arbeitszeit der Männer und die Schulzeit der Kinder. In bezug auf die Kinder entstand unter den neuen ökonomischen Verhältnissen das, was wir die Erfindung der Kindheit nennen, ein Prozeß, der in Europa im 18. Jahrhundert einsetzte. Kinder wurden zu Wesen, die erzogen werden mußten, und den Müttern kam dabei eine wichtige Funktion zu. Was im Dorf von der Gruppe und den sozialen Strukturen getragen wurde, wie die Institution der autonomen Kindergruppen, wurde in der Stadt der Familie und vor allem der Mutter übertragen.[32]

Es zeigte sich, daß die Frauen, auch wenn sie selbst keine Lohnarbeit ausführten, von der Struktur kapitalistischer Produktionsverhältnisse massiv betroffen waren. Einerseits wurden sie über die Arbeit der Männer und die Schule der Kinder einer Disziplinierung unterworfen, andererseits wurden sie in die Rolle der Hausfrau verwiesen. Sie wurden zur unbezahlten Arbeitskraft: Hausfrau.

Die Frauen gerieten durch diese Bedingungen in Widersprüche zur eigenen Persönlichkeitsstruktur, ihre Anpassung an die neuen Verhältnisse lösten Frustrationen aus. Eine der größten Schwierigkeiten bestand darin, daß die Disziplinierung, die sie von sich und ihren Kindern verlangten, keine lustvolle und unmittelbar sinnvolle Sache sein konnte. Besonders die Schulausbildung der Kinder konnte höchstens langfristig etwas erbringen. Im Unterschied zu den Männern, die für ihre Anpassungen an die Arbeitswelt Geld bekamen und die diese Gratifikation in ihren Saufgelagen in eine lustvolle und gemeinsame Sache umsetzen konnten, ging es bei den Frauen um etwas anderes.[33] Sie fanden sich Bereiche, in denen sie autonom und selbstbestimmend waren: der Marktgang, das Kartenspiel und der Fischfang wurden Möglichkeiten, dem Zwang etwas entgegenzusetzen.

Kaum hatten die Männer am frühen Morgen die Siedlung verlassen, um zu ihrer Arbeit in die Stadt zu gehen, machten sich die Frauen auf den Weg zum Markt. Dieser wurde von den ansässigen Tolai-Frauen beherrscht, die ihre selbstangepflanzten Gemüse und Früchte anboten. In der Abteilung für den Verkauf der Schnitzereien und des Schmucks hatten die Iatmul ihren festen Platz gefunden. Da trafen sie sich jeden Tag. Einige Frauen boten Netztaschen und Schmuck, einige Männer Schnitzereien zum Verkauf an. Die meisten Frauen, die täglich zum Markt kamen, kauften Gemüse ein. Als ich sie zum ersten Mal begleitete, rechnete ich mir aus, daß ich nach einer guten Stunde wieder zu Hause sein würde. Doch ich täuschte mich. Nachdem die Einkäufe erledigt waren, und das war ein Sache von einer halben Stunde, setzten sie sich zusammen, kauten Betel und redeten stundenlang. Um die Mittagszeit brachen wir auf und kehrten in die Siedlung zurück. Es ging bei dem täglichen Marktgang nicht nur um das Einkaufen von Gemüse, das könnte schnell getan oder einer anderen Frau übertragen werden. Der Gang zum Markt war eine Möglichkeit, als Gruppe der Frauen etwas zu unternehmen, eine Abwechslung vom Leben in der Siedlung, und vor allem ohne auf etwas anderes ausgerichtet zu sein als auf die eigenen Bedürfnisse.

Im Dorf verließen die Frauen Tag für Tag in aller Früh ihre Häuser, um auf den Seen und Bächen Fische zu fangen. Gegen Mittag kehrten sie zurück und kochten das Essen für ihre Familien. In der Stadt entspricht der Marktgang dem Fischfang vom Dorf. Die Freiheit, fortzugehen, den Wohnort zu verlassen und als Gruppe der Frauen etwas zu unternehmen, ist ein Mittel geworden, der Disziplin und der Vereinzelung im Haushalt etwas entgegenzuhalten. Dieselbe Funktion hatten die stundenlangen

Abb. 2 Kartenspielerin

nachmittäglichen Kartenspiele und die nächtlichen Ausflüge zum Fischfang aufs Meer, bei denen selten viele Fische gefangen wurden, von denen die Frauen aber voller Erlebnisse zurückkehrten. Es ging um Autonomie und um Triebhaftigkeit, welche die Frauen in ihren Aktivitäten wieder erleben konnten. Wie die Männer griffen sie auf Formen der Dorfkultur zurück, die in den neuen Verhältnissen eine kompensatorische Bedeutung gewonnen hatten.

Obwohl viele Frauen und Männer dem Druck der Verhältnisse geschickt etwas entgegenzuhalten wußten, ist es nicht allen von ihnen gelungen, regelmäßiger Lohnarbeit und Hausfrauenarbeit nachzukommen. Ein Teil von ihnen hat sich dem Druck entzogen. Wir können auch sagen, sie verweigerten die Anpassung. In der Generation der älteren Männer sind viele selbständig erwerbende Schnitzer geworden. Sie mußten zwar Produkte herstellen und sie an Touristen verkaufen, doch konnten sie selbst bestimmen, wann sie schnitzten, wann sie zum Markt und vor die Hotels gingen. Und obwohl sie hart arbeiteten und ihr Einkommen unsicher war, zogen sie diese Arbeit einem Angestelltenverhältnis vor. Bei den Frauen zeigte sich die Schwierigkeit zur Anpassung vor allem in bezug auf ihre Aufgaben als Hausfrau. Wenn der Mann am Abend nach Hause kam, war das Essen nicht gekocht, und die Kinder gingen unregelmäßig und nur wenige Jahre zur Schule. Diese Frauen hielten an der Vorstellung fest, Kinder würden auch ohne Schulausbildung Erwachsene, so wie sie es selbst im Dorf erfahren hatten.[34]

Wenn wir uns die Frage stellen, weshalb es einigen Iatmul besser gelang als den anderen, die Anpassungsleistungen an die neuen Verhältnisse zu erbringen, dann müssen wir die Bedeutung der Gruppen hervorheben, die erst die Aufrechterhaltung einer aktiven Einstellung ermöglichen.[35] All jenen Leuten, die zu einer Familie gehören, in der sich alle oder zumindest der größte Teil mit den neuen Anforderungen identifiziert haben, scheint die Anpassung besser zu gelingen.[36] Die Familie wird zum Ort, der Sicherheit bietet, deren Mitglieder zusammenhalten und wo der Einzelne sich im anderen spiegeln und orientieren kann.

Zum Verhältnis von psychischer Struktur und Ökonomie

Die Psychoanalyse geht davon aus, daß sich einmal erworbene Einstellungen nur schwerlich ändern. Die Iatmul-Frauen und -Männer hielten trotz der veränderten ökonomischen Gegebenheiten in der Stadt daran fest, daß die Frauen unabhängig und selbständig sind. Im Kapitel über die

Einführung des Kapitalismus habe ich darauf hingewiesen, daß es mir zuerst schwerfiel zu erkennen, wie sehr die Frauen durch die Arbeit der Männer und die Schule der Kinder betroffen waren. Das hing damit zusammen, daß sich die Frauen in ihren Beziehungen zu den Männern nicht unterordneten. Keiner von ihnen kam es in den Sinn, sich als Dienerinnen des Mannes zu verstehen, nur weil dieser Geld verdiente. Die Frauen benahmen sich unabhängig und selbständig, wie ich es vom Dorf her kannte. Obwohl sie sich in der Stadt in einer den Männern gegenüber schlechteren ökonomischen Position befanden und, besonders wenn sie kleine Kinder hatten, abhängig vom Lohn ihres Mannes waren, hatte dies doch nicht zu einer Abwertung ihrer gesellschaftlichen Position geführt. Kinder großziehen, Essen kochen, Einkäufe machen, Wäsche waschen wurden von Frauen und Männern als unentbehrliche und wertvolle Arbeitsleistungen angesehen.

Die Wertschätzung der Frauen zeigte sich unter anderem daran, daß die meisten Männer ihnen ihren Lohn abgaben. Kein Mann wagte es, von seiner Frau Hausarbeiten als selbstverständliche Pflicht zu erwarten. Unvergeßlich bleibt mir der Mann, der mit einer zerrissenen Hose in der Hand vor seiner Frau stand und sagte, er habe nichts mehr zum Anziehen, denn alle anderen seien schmutzig, und ob sie nicht bereit wäre, ihm die Hose zu nähen. Die Frau war zuerst nicht bereit. Es dauerte eine Weile, bis er sie dazu bewegen konnte. Kein Wort aber sagte er über das Geld, das er verdiente und von dem auch sie in erster Linie lebte. Das Selbstwertgefühl der Frauen zeigte sich gut, wenn ihr Mann seinen Pflichten nicht nachkam. Versuchte er den größeren Teil seines Lohnes zu versaufen, kämpfte seine Frau ohne Scham um ihre Rechte. Sie folgte ihm in die Bar und beschimpfte ihn öffentlich, sie stand am Zahltag beim Lohnbüro und verlangte ihren Anteil. Und trotz der größeren ökonomischen Abhängigkeit vom Lohn des Mannes trennten sich die Frauen von ihren Partnern, wenn sie sich nicht mehr mit ihnen verstanden. Sie waren nicht bereit, sich unterzuordnen. Am einfachsten waren Trennungen für jene Frauen, die einen Beruf und ein festes Einkommen hatten. Aber auch jene, welche in einer ökonomisch weniger guten Position waren, verliessen ihre Männer. Sie wußten, daß sie von Verwandten unterstützt werden und bei ihnen leben konnten.

Trotz der veränderten Verhältnisse hielten die Frauen und Männer daran fest, daß Frauen selbständig und unabhängig sind, so wie sie es vom Dorf her gewohnt waren. Daran zeigt sich, daß Umstrukturierungen und Anpassungen auf verschiedenen Ebenen in verschiedenem Grade zustande kommen. Fiel es den meisten Iatmul leicht, die im Dorf gültigen ökonomischen Rollen von Frau und Mann in der Stadt auszutauschen, hielten sie doch an der Vorstellung der selbständigen und autonomen Frau fest. Dem Kapitalismus mußten sie sich anpassen, doch die patriarchalische Ideologie hatten sie noch nicht übernommen.

Probleme mit uns selbst II

Meine Nachbarin im Settlement war Maso, eine Frau von 30 Jahren. Sie hatte vier Kinder, das jüngste ein Säugling, das älteste ein Knabe von sieben Jahren. Maso lebte mit ihrem Mann seit über zwanzig Jahren in Rabaul. Sie war eine lebhafte und herzliche Frau, und ich mochte sie gern. Seit dem ersten Tag unserer Begegnung erzählte sie mir, daß sie im Sinn habe, sich einer christlichen Sekte anzuschließen. Früher sei sie regelmässig zu deren Versammlungen gegangen, und es habe ihr dort gut gefallen. Man habe zusammen gesungen und gebetet, und alle Leute seien nett zu ihr gewesen. Jetzt bereue sie es, daß sie aufgehört habe, hinzugehen, doch nach der Geburt des letzten Kindes habe sie keine Zeit mehr dafür gehabt. Immer wieder erzählte mir Maso von ihren Plänen.

Jeden Nachmittag traf sich unter ihrem Haus eine Gruppe der Frauen zum Kartenspiel. Die Geldeinsätze waren klein, fünf Pfennig, zu gewinnen gab es wenig. Doch die Frauen genossen es, Neuigkeiten auszutauschen und die Nachmittage gemeinsam zu verbringen. Abends gegen fünf Uhr gingen sie auseinander, kehrten nach Hause zurück, um das Essen für die heimkehrenden Männer und Kinder zu kochen

Eines Nachmittags spielten unter dem Haus von Maso keine Frauen Karten. Dafür sah ich, wie sie ihren siebenjährigen Sohn schlug und laut beschimpfte, sich dauernd mit anderen Kindern herumzutreiben und nie zu Hause zu sein. Wenn das so weiterginge, könne sie ihn nie zur Schule schicken, denn da würde er gehorchen müssen. Als ich Maso am Abend besuchte, saß sie auf der Veranda ihres Hauses. In ihrem Schoß lagen zwei Stränge Garn. Sie war dabei, einen Wandschmuck zu knüpfen. Sie schaute auf und begrüßte mich mit einem großen Lachen. Ohne Umschweife erzählte sie, daß sie gestern und heute vormittag zum ersten Mal wieder bei der Sekte gewesen sei. Es sei wunderschön gewesen. Alle hätten sich gefreut, daß sie gekommen sei, und alle hätten dafür gebetet, daß sie von nun an wieder ein Mitglied der Gemeinschaft werde. Um ihr Haus zu verschönern, knüpfe sie nun einen Wandschmuck. Maso schaute mich zufrieden an.

Ich aber ärgerte mich. Bereits früher, wenn sie über die Sekte sprach, konnte ich ihre Begeisterung nicht teilen. Und jetzt erst recht nicht. Daß sie ausgerechnet heute nicht Karten gespielt und ihren Sohn verprügelt hatte, hing direkt mit ihrem Besuch bei der Sekte zusammen. Kartenspiel, Alkohol und Betel[37] sind verboten. Maso aber war eine leidenschaftliche Kartenspielerin, und Betel kaute sie täglich. Seit gestern abend übte sie sich in Enthaltsamkeit. Kein Wunder, daß sie gespannt war und diese Spannung an einem ihrer Kinder auslebte.

Mein Ärger richtete sich zuerst auf die christliche Sekte. Wie kamen diese Weißen dazu, hier ihr Unwesen zu treiben? Sollten sie sich doch ihre Opfer in Europa und Amerika suchen und die Leute in Neuguinea in Ruhe lassen. Sie sind nichts anderes als Kolonialisten der Seelen, welche Triebfeindlichkeit und Verlogenheit verbreiten. Dann begann ich mich über Maso zu ärgern. Warum ging sie diesen Leuten auf den Leim? Sah sie nicht, wie verlogen das Ganze war? Glaubte sie in der Tat, ohne Betel und Kartenspiel und mit einem lächerlichen Wandschmuck, wie er in jeder Stube der weißen Missionare hing, würde es ihr gelingen, sich den neuen Verhältnissen anzupassen?[38]

In den nächsten Tagen hatte ich keine Lust, Maso zu besuchen. Ich sah, wie sie am Nachmittag, statt Karten zu spielen, auf der Veranda saß und am Wandschmuck knüpfte. Von Zeit zu Zeit hielt sie ihn in die Höhe, um mir zu zeigen, wie weit sie damit schon gekommen war. Ich brauchte Zeit, um meine Reaktion zu verstehen. Und ich merkte, wie gern ich gehabt hätte, daß Maso erspart geblieben wäre, wogegen sie kämpfte. Kartenspielen, Frauengruppen, Betelkauen und die Bereitschaft, den Kindern die Freiheit zu lassen, sich in autonomen Gruppen zu organisieren, paßten nicht zu den Anforderungen der sozialen Verhältnisse der Stadt. Statt dessen war Disziplinierung gefragt. Nie werden ihre Kinder in die Schule gehen und etwas lernen, wenn es ihr nicht gelingt, sich selbst unter Kontrolle zu haben. Die christliche Sekte sollte ihr dabei helfen. Was mir Maso vor Augen führte, war mir nicht unbekannt. Doch bei den anderen erscheint uns lächerlich, was wir selbst auch tun. Auch wir zappeln im Netz der sozialen Verhältnisse. Wir müssen uns einen Platz auf dem Arbeitsmarkt erobern, der Vereinzelung und dem ungeheuren Leistungsdruck irgendwie begegnen. Alle, die in der Dritten Welt gearbeitet haben, kennen entsprechende Situationen: sei es, man erzähle uns, wie großartig Europa und Amerika sei, man schildere uns die Vorzüge unserer industriellen Warenproduktion, sei es, daß unsere Partnerinnen Werte und Verhaltensweisen übernommen haben, die zu unserer Kultur gehören. Das Problem besteht darin, daß es ohne Anpassungen gar nicht geht. Ihr wie unser Überleben hängt davon ab, wie wir uns in der Waren- und Geldökonomie zurechtfinden. Die Schwierigkeit, in die wir geraten, besteht darin, daß sie uns einen Spiegel vorhalten, in dem wir uns nur ungern erkennen. Erinnern sie uns doch an unsere eigenen Lächerlichkeiten. Oder ist Masos Schmuck an der Wand in der Tat lächerlicher als all die Dinge in meiner Wohnung? Und ist ihre Hoffnung, die sie an die Sekte knüpft, so unterschiedlich von unseren Hoffnungen, wenn wir Kurse afrikanischen Tanzes oder der Selbsterfahrung besuchen? Maso muß sich anpassen und wir auch. Sind doch die Verhältnisse in Papua-Neuguinea und bei uns bitter ernst. Es kann nicht darum gehen, diesen Verhältnissen nichts entgegenzustellen, sie als für immer gegeben hinzunehmen. Auch Maso tut das nicht. Doch wäre es unsinnig, ihre Situation zu verleugnen und meine Beziehung zu ihr zu stören, nur weil es mir nicht paßt, die Ähnlichkeit zwischen ihr und mir zu sehen.

Anmerkungen

1 Keesing (1989: 55) kritisiert zutreffend die immer noch weitverbreitete Vorstellung, vor Papua-Neuguinea habe die Modernisierung haltgemacht.

2 Weitere Erfahrungen mit Frauen in den Städten machte ich in Westafrika (Burkina Faso, Mali und Ghana). Als ich mit zwölf Studentinnen in Ouagadougou eine Forschung durchführte, konnte ich meine Konzepte einer Frauenforschung im urbanen Milieu weiterentwickeln. Mein Vergleichsmaterial zu Neuguinea bezieht sich in erster Linie auf Afrika.

3 Ein Beispiel für eine vollständige Ausklammerung der Frauen ist die Arbeit von Hannerz 1980. Dagegen finden wir in reinen Literaturlisten eine große Anzahl von Arbeiten, die von Frauen über Frauen verfaßt wurden, zum Beispiel Zanzig/Weiss 1984.

4 Angeregt durch die Kritik seiner Studentinnen, v. a. jener von Audrey Richards, setzt sich Malinowski mit den Auswirkungen der Kolonisierung auseinander. Er gibt zu, diesen Gesichtspunkt bei seinen Trobriandforschungen vernachlässigt zu haben, vgl. Malinowski 1935: 479–81.

5 Noch 1948 betonte Max Gluckman im Vorwort zu Ellen Hellmanns Studie über einen Slum in Johannesburg, ihre und Monica Hunters wissenschaftliche Verdienste, s. Hellmann 1948: Einführung. Monica Hunter publizierte später unter dem Namen ihres Mannes als Monica Wilson.

6 Vgl. Anmerkung 3.

7 Balandier sieht bereits 1955 ganz klar, daß der sog. informelle Sektor gänzlich von der Ökonomie der Europäer abhängig ist, s. Balandier 1955a.

8 Monica Hunter (1961) weist im Vorwort zur zweiten Auflage ihres Buches darauf hin, daß ihre Konzepte politisch naiv gewesen seien. Vgl. dazu auch Hellmann (1948: 11).
Die Verstrickung der Ethnologie mit der Macht, ihr Wunsch, als neue Wissenschaft anerkannt zu werden, und ihre Bereitschaft, sich auf einen Handel mit der Kolonialmacht einzulassen, ist ihr von verschiedensten Seiten vorgeworfen worden, vgl. die Auseinandersetzungen bei Kuper (1973) und Diamond (1980).
Zu direkten Konfrontationen zwischen der Kolonialverwaltung und den Ethnologen kam es am Rhodes Livingstone Institute im damaligen Nord-Rhodesien,

heute Sambia, s. Hannerz 1980: 119ff.
9 S. z. B. Werlhof/Mies/Bennholdt-Thomsen 1988.
10 Ich möchte als Beispiel für eine Arbeit dieser Art jene von Unni Wikan (1980) über arme Familien in Kairo erwähnen.
11 Auch in dieser Hinsicht war Balandiers Brazzaville-Studie (1955a) bahnbrechend: sie wurde von einem Team von Soziologen, Ethnologen, Geographen und Psychologen durchgeführt.
Ein Schritt in diese Richtung ist auch das Interesse, das Ethnologinnen für die Arbeiten der Bielefelder Soziologinnen zeigen.
12 Auf allgemeine Probleme einer Forschung mit Frauen bin ich an anderer Stelle eingegangen (Weiss 1987).
13 Es handelt sich um zwei Aufenthalte 1980 und 1988 von insgesamt 14 Monaten.
14 Dasselbe gilt auch für die Methode der Tagesschilderungen. Wenn ich nicht bereits über eine allgemeine Kenntnis verfüge, muß ich bei jeder Kleinigkeit nachfragen und störe den Fluß der Erzählung, vgl. dazu Weiss 1981: 28.
15 Die Beiträge sind in einer Publikation zusammengefaßt (Papers from the 15th Waigani Seminar). Darin finden sich mehrere interessante Beiträge zur Situation der Frauen in Papua-Neuguinea (King/Lee/Warakai 1985).
16 Melanesisches Pidgin: *maus* = Mund, *wara* = Wasser.
17 Vgl. Boserup 1982.
18 12 Prozent der Bevölkerung lebt in Ortschaften, die mehr als 2000 Einwohner zählen, die übrigen 6 Prozent leben in Siedlungen, die in kolonialer und postkolonialer Zeit gegründet wurden, jedoch weniger als 2000 Einwohner zählen.
19 Es ist wenig befriedigend festzustellen, daß die marxistischen Prognosen über die Entwicklung von Papua-Neuguinea aus dem Jahre 1979 sich durchaus als zutreffend gezeigt haben, vgl. Amarshi/Good/Mortimer 1979.
20 Der Aufenthalt wurde vom Schweizerischen Nationalfonds in großzügiger Weise mitfinanziert.
21 Die Forschung führte ich zusammen mit Milan Stanek durch.
22 In Rabaul lebten im Jahre 1988 314 Leute aus dem Dorf im Sepikgebiet, das die Grundlage meiner Untersuchung ausmacht (dazu kamen 28 angeheiratete Personen aus anderen ethnischen Gruppen). Die meisten von ihnen (207) lebten in einem Sektor des nördlichen Slums. 98 davon waren weiblich, 109 männlich. Von den Erwachsenen (ab 20 Jahren) sind über 90 Prozent im Dorf geboren, von den Personen unter 20 Jahren waren es nur 10 Prozent.
23 Obwohl nun über 30 Jahre seit Devereux' Publikation verstrichen sind, scheinen noch immer viele Ethnologen davor zurückzuschrecken, ihre Wahrnehmungen und Gefühle als Erkenntnisinstrument ihrer Forschung zu verstehen. Unni Wikan (1980) zum Beispiel hat interessante Beobachtungen über ihre emotionellen Reaktionen gemacht, doch sie sieht die Chance nicht, die Reaktionen als Anlaß zu nehmen, über die Beziehungsdynamik und über die kulturspezifischen Verhaltensweisen ihrer Partnerinnen Aufschluß zu bekommen.
24 Unni Wikan (1980) beschreibt eindrücklich, wie die Armut der Frauen in Kairo ihr unerträglich wurde, sie nicht zusammen mit ihnen leben konnte und wie sie eine Kleidersammlung für die Frauen organisierte, um ihr schlechtes Gewissen zu beruhigen.
25 Devereux (1967) analysierte als erster den Mechanismus der Abwehrstrategien, welchen wir anwenden, wenn wir in unseren Forschungen mit für uns unerträglichen Realitäten konfrontiert werden.
26 1972 waren über 50 Prozent der Iatmul in die Städte abgewandert. 1988 machte die Zahl der Abgewanderten und ihrer Nachkommen bereits an die 80 Prozent aus. Bei

anderen ethnischen Gruppen ist die Abwanderungsquote wesentlich kleiner. Für die Gründe dafür vgl. Weiss 1990.

27 Melanesisches Pidgin: *mi* = ich, *bushkanaka* = hinterwäldlerisch, *stret* = vollständig.

28 Paul Parin und Goldy Parin-Matthèy haben mehrere Artikel zum Problem der Anpassung verfaßt, s. Parin 1978: 78 –111; Parin/Parin-Matthèy: 140–152, 153–164.

29 Ich beschränke mich hier auf die 90 Prozent der Erwachsenen , die noch im Dorf geboren und erst als Kinder oder Erwachsene in die Stadt abgewandert sind, vgl. Anm. 22.

30 Vgl. dazu das Beispiel der Agni in der Elfenbeinküste, die das erworbene Geld in Goldschmuck umsetzen, da es erst dadurch auch psychisch befriedigend wird (Parin 1978: 74).

31 Lohn- und Einkommensunterschiede werden auf ursprünglich iatmulische Weise ausgeglichen.

32 Die neuen ökonomischen Verhältnisse verstärkten die Tendenz zur Kleinfamilie. Die Rolle, welche die Mütter für ihre Kinder bekamen, förderte diese Tendenz.Da aber in dem Settlement, mit dem wir uns hier beschäftigen, über 200 Menschen zusammenlebten, konnten sich die Kinder weiterhin unter sich, in horizontalen Verbindungen, organisieren.

33 Von wenigen Ausnahmen abgesehen, tranken Frauen keinen Alkohol.

34 Was sich hier zeigt, ist die Entstehung von Einkommens- und Besitzunterschieden. Die Schulausbildung wird zum wichtigsten Faktor, der bestimmt, welcher sozialen Gruppe jemand angehören wird: ob ein Mann Bankdirektor oder Schnitzer, eine Frau Botschaftsangestellte oder Hausangestellte sein wird. Die meisten, welchen die Anpassung in der Stadt nicht gelang, sind ins Dorf zurückgekehrt.

35 Von welch zentraler Wichtigkeit die Gruppe für die Iatmul ist, zeigt sich auch daran, daß sie in der Stadt weiterhin zusammen wohnen und bis heute Heiraten kaum mit Partnern aus anderen ethnischen Gruppen stattfinden.

36 Parin (1978: 61) betont, wie wichtig es ist, ob die Eltern eine aktive Einstellung gegenüber den gesellschaftlichen Verhältnissen haben oder nicht.

37 Betel ist in Papua-Neuguinea ein verbreitetes Genußmittel, das wie ein Expresso anregend wirkt.

38 In Weiss (1990) beschreibe ich, wie erfolgreiche Anpassungen bei mir aggressive und rassistische Reaktionen ausgelöst haben.

Literatur

Amarshi, Azeem; Good, Kenneth; Mortimer, Rex 1979: Development and Dependency. The political economy of Papua New Guinea. Melbourne

Balandier, Georges 1955a: Sociologie des Brazzavilles noires. Paris

Balandier, Georges 1955b: Sociologie actuelle de l'Afrique noire: Dynamique des changements sociaux en Afrique centrale. Paris

Balandier, Georges 1986 (1971): Sens et puissance. Les dynamiques sociales. Paris

Bennholdt-Thomsen, Veronika 1983: Auch in der Dritten Welt wird die Hausfrau geschaffen - warum?

Boserup, Ester 1982: Die ökonomische Rolle der Frau in Afrika, Asien, Lateinamerika. Stuttgart

Devereux, Georges 1967: Angst und Methoden in den Verhaltenswissenschaften. München

Diamond, Stanley 1980: Anthropology: Ancestors and Heirs. New York
Fanon, Frantz 1980 (1952): Schwarze Haut, weiße Masken. Frankfurt a. M.
Gluckman, Max (ed.) 1964: Closed Systems and Open Minds: The Limits of Naivety in Social Anthropology. London
Hannerz, Ulf 1980: Exploring the City. Inquiries toward an urban Anthropology. New York
Hellmann, Ellen 1935a: Methods in Urban Field Work. In: Bantu Studies, September, pp. 185–202
Hellmann, Ellen 1935b: Native Life in a Johannesburg Slum Yard. In: Africa, Januar, pp. 34–62
Hellmann, Ellen 1948: Rooiyard - A Sociological Survey of an Urban Native Slum Yard. London
Hunter, Monica 1961 (1936): Reaction to Conquest: Effects of Contact with Europeans on the Pondo of South Africa. London
Jacobi, Carola; Niess, Thomas 1980: Hausfrauen, Bauern, Marginalisierte: Überlebensproduktion in „Dritter" und „Erster" Welt. Saarbrücken
Keesing, Roger 1989: Anthropology in Oceania: Problems and Prospects. In: Oceania 60: 55–59
King, Peter; Lee, Wendy; Warakai, Vincent 1985: From Rhetoric to Reality? Papua New Guinea
Kuper, Adam 1973: Anthropologists and Anthropology. The British School 1922–1972. London
Malinowski, Bronislaw 1935: Coral Gardens and their Magic. London
Memmi, Albert 1980 (1966): Der Kolonisator und der Kolonisierte. Zwei Portraits. Frankfurt a. M.
Mies, Maria 1988: Patriarchat und Kapital. Frauen in der internationalen Arbeitsteilung. Zürich
Morgenthaler, Fritz; Weiss, Florence; Morgenthaler, Marco 1984: Gespräche am sterbenden Fluß. Ethnopsychoanalyse bei den Iatmul in Papua-Neuguinea. Frankfurt a. M. Franz. Ausgabe: 1987: Conversations au bord du fleuve mourant. Ethnopsychoanalyse chez les Iatmuls de Papouasie/Nouvelle-Guinée. Genf
National Population Census 1980. 1986: Final Figures Provincial Summary East New Britain. Port Moresby
National Population Census 1980. 1988: Final Figures National Summary. Port Moresby
Parin, Paul 1978: Der Widerspruch im Subjekt. Ethnopsychoanalytische Studien. Frankfurt a. M.
Parin, Paul; Morgenthaler, Fritz; Parin-Matthèy, Goldy 1963: Die Weißen denken zuviel. Psychoanalytische Untersuchungen bei den Dogon in Westafrika. Frankfurt a. M.
Parin, Paul; Morgenthaler, Fritz; Parin-Matthèy, Goldy 1971: Fürchte deinen Nächsten wie dich selbst. Psychoanalyse und Gesellschaft der Agni in Westafrika. Frankfurt a. Main.
Parin, Paul; Parin-Matthèy, Goldy 1986: Subjekt im Widerspruch. Frankfurt a. M.
Weiss, Florence 1981: Kinder schildern ihren Alltag. Die Stellung des Kindes im ökonomischen System einer Dorfgemeinschaft in Papua New Guinea (Palimbei, Iatmul, Mittelsepik). Basler Beiträge zur Ethnologie, Vol. 21. Basel
Weiss, Florence 1987: Sprache und Geschlecht bei den Iatmul in Papua-Neuguinea. Untersuchungen zum Verhältnis von ethnologischer Forschung und Sprachgebrauch. In: Ethnologica Helvetica 11, pp. 151–188. Bern

Weiss, Florence 1990: Mutterschaft und frühe Kindheit bei den Iatmul in Papua-Neuguinea, in: Der Weg in Leben. Mutter und Kind im Kulturvergleich. Kroeber-Wolf, Gerda (ed.) Frankfurt a. M.

Weiss, Florence 1990 (1982): Abwanderung in die Städte Der widersprüchliche Umgang mit kolonialen Ausbeutungsstrategien: Die Iatmul in Papua Neuguinea. (Reprint) In: Menschen in Bewegung. Reise–Migration–Flucht. Baer, Gerhard; Hammacher, Susanne (eds.). Basel

Weiss, Florence 1991: Die dreisten Frauen. Ethnopsychoanalytische Gespräche in Papua-Neuguinea. Franfurt a. M.

Werlhof, Claudia v.; Mies, Maria; Bennholdt-Thomsen, Veronika 1988 (1983): Frauen, die letzte Kolonie

Wikan, Unni 1980: Life among the Poor in Cairo. London (orig. norw. 1976)

Zanzig, Heike; Weiss, Marianne 1984: Die Rolle der Frau in Afrika. Auswahlbibliographie. Hamburg

Veronika Bennholdt-Thomson

Veronika Bennholdt-Thomsen

Gegenseitigkeit statt sozialer Gerechtigkeit

Zur Kritik der kulturellen Ahnungslosigkeit im modernen Patriarchat

Veronika Bennholdt-Thomsen, Jahrgang 1944. Dissertation in Ethnologie, Habilitation in Soziologie; langjährige Forschungsaufenthalte in Mexiko: Bis 1988 Professorin auf Zeit an der Fakultät für Soziologie der Universität Bielefeld, gegenwärtig mit einem DFG-Projekt in Juchitán. Schwerpunkte: Feministische Forschung, Peasant Economy, Verhältnis Dritte Welt/Erste Welt.

Die Entwicklungs- und Fortschrittsideologie ist patriarchalisch

Unsere Epoche, das moderne Patriarchat, zeichnet sich mehr als alles andere durch den Glauben an die Entwicklung und den Fortschritt aus. Diese Ideologie hat seit dem Zweiten Weltkrieg mit der internationalen Entwicklungspolitik und deren Institutionen einen Rahmen gefunden, der ihr weltweit eine unglaublich beschleunigte Verbreitung und Durchschlagskraft gegeben hat. Grundlage dieser Ideologie und ihrer Politik ist der alchemistische Glaube an das Geld, daß es wachsen und sich vermehren könne; wie Pflanzen sprießen und Früchte und Samen tragen, ist der nicht weniger magische Glaube an die technologische Machbarkeit, nämlich an die industrielle Überwindung der Natur und schließlich der Traum von grenzenlosem Konsum, vom Wohlstand für alle.

In Wirklichkeit aber sind immer mehr Menschen im Zuge dieses Entwicklungsprozesses ins Elend geraten, konkret: der Hunger nimmt zu (800 Millionen Menschen hungern, eine Milliarde leben in absoluter Armut – UNDP, Bericht zu den „menschlichen Indikatoren" des Entwicklungsprozesses, FR 28.5.90). Die Geldpolitik via Kreditvergabe hat die Verschuldung in den Länder der Dritten Welt wachsen lassen, und die Rückzahlung eines Vielfachen dessen, was empfangen wurde, führt zu einem klaren Nettoabfluß von Geld, d. h. Gütern, Nahrungsmitteln, Rohstoffen. Schließlich ist der Ökozid unübersehbar. Und hinsichtlich des Wohlstands für alle, der durch die Entwicklungspolitik erreicht werden soll, machen schon einfache Zahlenspiele klar, daß das nicht geht. Sie zeigen, wie schnell die Erde erschöpft wäre, wenn überall das gleiche Konsumniveau herrschte, wie in den überindustrialisierten Ländern und machen die Absurdität oder auch Verlogenheit des wachstumsökonomischen Modells deutlich. So wäre etwa bei gleichem Energieverbrauch das Erdöl in 19 Tagen erschöpft und das Ozonloch und die Erwärmung der Erdatmosphäre könnten nicht mehr beobachtet werden, sondern der Klimakollaps wäre schon da.

Dennoch gibt es in der Politik, der Wissenschaft und unserem Alltagshandeln nur geringe Reaktionen auf diese Tatsachen. Die zentrale Frage, die sich angesichts dieser Verhaltensweisen ergibt, lautet: Wie können wir das Unglück erkennen, wenn wir es sehen. Wir haben es offensichtlich mit einem Wahrnehmungsproblem zu tun, das in der modernen Zivilisation begründet liegt. Besonders tief verwurzelt ist es in den überindustrialisierten Ländern - das liegt an der Interessenslage -, dennoch ist diese Blindheit auch weltweit zum herrschenden Muster geworden. Sie ist Bestandteil der Weltanschauung unserer Epoche.

Ich will im Folgenden die Elemente dieses Wahrnehmungsdilemmas aufzeigen. Meine zentrale These lautet, daß es im Transzendenzstreben begründet liegt, das ich als Kernstück der patriarchalischen Weltanschauung betrachte. Sie ist auf die Überwindung, das Transzendieren der vorgefundenen natürlichen Bedingungen des Lebens gerichtet. Vor allem anderen wird damit verdrängt, daß der Mensch aus der Frau geboren wird, und daß er von der Erde abhängig ist, die seine Nahrung, wie alle seine Lebensmittel hervorbringt. Dieses Motiv hat historisch tiefreichende Wurzeln, – denken wir nur an das Christentum und die jungfräuliche Geburt Jesu.

Mir geht es hier aber um die Analyse der Gegenwart und zwar unter dem Gesichtspunkt, welche aktuellen, scheinbar sogar alternativen Anschauungen das moderne Transzendenzstreben der Entwicklungsideologie verfestigen, und welche anderen zu seiner Überwindung beitragen können. Dabei muß ich mich zwangsläufig mit der sozialistischen Idee bzw. der modernen Sozialutopie beschäftigen, denn sie gilt als *die* Perspektive gesellschaftlicher Veränderung in der Moderne schlechthin. Wenn ich mich ferner trotz der großen historischen Reichweite der Fragestellung und trotz meiner Überzeugung, daß wir die herrschenden sozialen Verhältnisse nur mit Hilfe einer historisch-genetischen Analyse verstehen können, dennoch vor allem mit den aktuellen Mechanismen der Reproduktion des Fortschrittsglaubens beschäftige, dann geschieht dies in bewußter Absage an evolutionstheoretische Ansätze, die gesellschaftliche Veränderungen nur als (diffamiertes) „zurück zur Steinzeit“ oder als weiteren, möglichst beschleunigten Vollzug der eingeschienten Verhältnisse konzipieren können.[1] Geschichte und gesellschaftliche Strukturen werden aufgrund dieses, unsere Zivilisation kennzeichnenden, teleologischen Evolutionismus als Zwangssystem begriffen. Der Glaubenssatz, „die Entwicklung kann man nicht zurückdrehen“ aber ist Bestandteil der mechanistischen Fortschrittsideologie selbst: Erst wird eine einlinige, zwangsläufige Gesetzmäßigkeit der Geschichte konstruiert, um dann alle Veränderungen als entweder „vor“ oder „zurück“ entlang dieser Schiene einzuordnen. Darin kommt zudem ein typisch moderner Eskapismus zum Ausdruck, der dem Einzelnen erlaubt, sich aus der Verantwortung davonzustehlen, indem gesellschaftlich verändernde Handlungsfähigkeit nur zentralisierten Organisationen zugesprochen wird. Auch dieses Phänomen ist im Folgenden Thema.

Im Gegensatz dazu will ich anhand der Beschreibung reziproker Verhaltensmuster in einer matrifokalen Gesellschaft, wie ich sie in unseren Tagen in einer Kleinstadt im Süden Mexikos beobachtet habe, jene Elemente herausarbeiten, die aktuell eine andere als die entwicklungstypische, wachstumsökonomische Orientierung möglich machen. Diese Erfahrungen sind als Beispiel für eine, am Ende des 20. Jahrhunderts unvermutete, andere Lebensweise gedacht, die der populären These von den sachlichen Zwängen des herrschenden ökonomischen Systems widerspricht. Sie sollen nicht als Vorbild verstanden werden, – vielmehr würde eine derartige Sicht völlig meiner Vision von einer dezentralen soziokulturellen Vielfalt und Egalität in dieser Welt widersprechen – sondern als Erweiterung des Horizonts im Gegensatz zur kulturellen Ahnungslosigkeit, die uns das Syndrom von Entwicklungs-, Euro- und Androzentrismus beschert.[2]

In Juchitán, meinem Feldforschungsort am Isthmus von Tehnantepec, folgt man in mancherlei Hinsicht dem entwicklungskonformen Prozeß nicht. Auffallend ist die Dominanz einer Prestigeökonomie, die anhand der zahlreichen „Verdienstfeste“ zu beobachten ist, bei denen hohe finanzielle und materielle Ausgaben gemacht werden, um sich um die Gemeinschaft verdient zu machen und dafür einen ideellen Wert, nämlich Prestige zu gewinnen. Damit brechen die Leute von Juchitán in geradezu klassisch traditionaler Weise mit der Modernisierung. Statt Geld und andere Mittel zu sparen und gewinnversprechend anzulegen, wird der Überschuß kollektiv konsumiert. Diese Praxis funktioniert sonst, bei der Mehrheit der wenigen Fälle, in denen heute noch von Prestigeökonomie gesprochen werden kann, in ländlich-bäuerlichen Gegenden mit einem immer noch hohen Anteil an landwirtschaftlicher Selbstversorgung. Juchitán aber ist eine Stadt von 60.000 Einwohnern, die weder geographisch noch wirtschaftlich isoliert ist. Im Gegenteil, der Isthmus ist Durchgangsgebiet und Verbindung zwischen Nord- und Zentralamerika.

Zwar sind viele Männer in Juchitán Bauern (etwa 40 % der Erwerbsbevölkerung sind in der Landwirtschaft tätig), geprägt aber wird die Stadt vom Handel. Der liegt in Händen der Frauen, – eine Besonderheit im Verhältnis zum übrigen Mexiko. Sie sind hier auch die Subjekte der Prestigeökonomie und nicht, wie aus den gut untersuchten Fällen des Mittelmeerraumes bekannt, Objekte der männlichen Ehre. Bäuerlicher Selbstversorgung vergleichbar, allerdings in einem erweiterten Sinne, ist die Versorgung der Kleinstadt mit Nahrungsmitteln weitgehend auf der Grundlage regionaler landwirtschaftlicher Erzeugnisse. Die Handelsinteressen der Frauen konsolidieren diesen Zusammenhang. Aber sie handeln auch mit dauerhaften Konsumgütern und anderen typischen Weltmarktprodukten.

Matrifokal ist diese Gesellschaft insofern, als Essen, Wohnen und die Ausbildung der Kinder von den Frauen in erster Linie als ihre Angelegenheit betrachtet werden. Jede Frau hat ihr eigenes Einkommen, die Mutter vererbt auf die Töchter und die Residenz ist weitgehend *matri-* oder *uxorilokal*. Frauen mit Kindern können alleinstehend sein oder Kinder von verschiedenen Vätern haben, ohne daß dies ihrem Status Abbruch täte. Er ist vielmehr unabhängig von einem Ehemann, Vater oder Bruder (Newbold 1973).

Trotz der Bedeutung des Handels und obwohl sich der Tausch in einem modernen, weltmarktwirtschaftlich geprägten Kontext abspielt, überwiegt in Juchitán dennoch ein anderer, nicht ökonomisch-rationaler Umgang mit dem Geld.

Mc Clelland, einer der führenden Modernisierungstheoretiker, hat die skizzierte Praxis der Prestigeökonomie mit mangelnder Leistungsmotivation („lack of the need of achievement") identifiziert, die die Unterentwicklung erklären würde. Tatsächlich aber leidet Juchitán unter den Folgen der Verschuldungs- und Wirtschaftskrise Mexikos deutlich weniger, als Städte vergleichbarer Größe. Warum? Meine These lautet, daß dies an dem hier vorherrschenden Prinzip der Gegenseitigkeit liegt und zwar als einem gesellschaftlich umfassenden Phänomen, also an der Kultur und der Ökonomie der Gegenseitigkeit.

Die Sozialismusdebatte: Soziale Gerechtigkeit als transzendierendes Streben

Bevor ich auf die Details der Kultur der Gegenseitigkeit in Juchitán eingehe, möchte ich aufzeigen, welchen Sinn diese Untersuchung im Rahmen der entwicklungskritischen Diskussion hat, auf die es mir ankommt, und welche Relevanz diese Erfahrungen für unser Wahrnehmungsdilemma haben könnte.

Dieses Nachdenken verquickt sich mir nicht zuletzt zur Zeit, angesichts der Vorgänge in Osteuropa, mit der Sozialismusdebatte.

Stärker noch als die deutlichen entwicklungspolitischen Parallelen beschäftigt mich dabei die Chance für ein neues Überdenken der Entwicklungs- und Fortschrittsideologie, das die sogenannte „Krise der Ideologie" hervorbringen kann - oder eben auch nicht. Durch den Zusammenbruch des Sozialismus kommt Bewegung in die Weltanschauungsfragen, die bislang in die Mauern der Systemgegenüberstellung eingesperrt waren. Der Diskurs in Termini der Vorzüge und Nachteile des Sozialismus, stets im Vergleich zum Kapitalismus und umgekehrt, das Rechts-Links-Schema behinderten die unvoreingenommene Beschäftigung mit den epochalen Problemen, die von beiden Systemen hervorgebracht und nicht gelöst worden sind. Die Ereignisse in Osteuropa aber lassen die Fehler des Sozialismus so offenbar werden, daß zumindest ein Part in seinen festgefahrenen Denk- und Argumentationsschemata erschüttert wird. Wer von der anderen Seite durch den Verlust des Gegenpols nicht lernt, sich mit den wirklichen Problemen zu beschäftigen, sondern ob des vorgeblichen Sieges des Kapitalismus triumphiert, vergißt zumindest zweierlei: 1. Daß die Verblendung hinsichtlich der Vorzüge des Kapitalismus und des sogenannte freien Marktes nur möglich ist, wenn allein Westeuropa, USA und Japan gesehen werden. Zusammen mit dem Rest der Welt, mit den alten und neuen Kolonien stellt sich das anders dar. 2. Daß die ökologische Zerstörung in Osteuropa zwar katastrophal ist, aber sie ist es nicht minder im Westen.

Daß sich mit dem Niedergang des osteuropäischen Sozialismus epochale und nicht nur Probleme des dortigen Systems offenbaren, darin sind sich die europäischen Linken, ehemals orthodoxe, wie unorthodoxe einig. Übereinstimmung herrscht auch, freilich mit unterschiedlichen Akzenten, hinsichtlich der Diagnose. Besonders deutlich formuliert das André Gorz. Er kritisiert die ausschließlich ökonomische Vernunft, die die marxistischen wie bürgerlichen Entwürfe gleichermaßen präge. „Die Fortschritts- oder Geschichtsreligion ist tot, die mathematisierende

Naturbeherrschung und Verökonomisierung ist eine lebendsfeindliche Disposition." Und er fügt perspektivisch hinzu „Die eigentliche Moderne - nämlich das Bewußtsein, daß das Schicksal der Menschheit in der Schwebe ganz von uns abhängt - beginnt erst jetzt" (Gorz, taz 31.1.1990; vgl. auch Haug 1990, Touraine 1990, John Berger 1990).

Einig ist man sich auch darüber, daß ein weiteres allgemeines Problem unserer Zeit in der Dominanz des politischen Zentralismus liegt, sei er parlamentarischer Art oder dem ZK geschuldet. Dagegen werden mehr demokratische Freiheiten der zivilen Gesellschaft gefordert, die durch die sozialen Bewegungen repräsentiert sei (ausführlich bei Frank 1990, Touraine 1990).

Zugleich aber gibt es eine spürbare Tendenz in der Diskussion, die endlich aufgeworfenen Fragen doch wieder in die alten Antwortkanäle münden zu lassen. „Der Sozialismus ist tot - es lebe der Sozialismus?" so lautete der Titel der Berliner Volksuni, die zu Pfingsten 1990 von einzelnen GewerkschafterInnen, linken WissenschaftlerInnen und Berliner Asten durchgeführt wurde. Mit Fragezeichen, freilich, aber viele Autoren der gegenwärtigen Debatte liebäugeln mit der Bejahung des Ausspruchs mit einem Ausrufezeichen (Haug 1990, Frank 1990, John Berger 1990, Gorz 1989). Obwohl von der Notwendigkeit eines Dritten Weges (Haug 1990, Editorial Prokla 1990) die Rede ist, beginnen dieselben Autoren wieder, in der einen oder anderen Form die Idee des Sozialismus in Abgrenzung gegen die sogenannte stalinistische Perversion des Realen Sozialismus retten zu wollen. Übersehen wird dabei, daß der als epochales Problem identifizierte Ökonomismus auch seine Kultur und Ideologie hat und nicht etwa getrennt davon ihr Gegenstück bildet: Konkret, daß in der sozialistischen Idee und ihrem Konzept von sozialer Gerechtigkeit bereits die Dominanz des Ökonomischen und der Zentralismus enthalten sind.

Anstatt Ökonomie und Kultur, Realität und Idee voneinander zu trennen geht es vielmehr darum, zu begreifen, welche Prämissen der Theorie diese pervertierte Praxis möglich machten: Die Sozialutopie selbst steht zur Disposition.

Die soziale Gerechtigkeit sei der „transzendente und dennoch säkulare Glaube" des Sozialismus gewesen, sagt Berger, und da gebe ich ihm recht, für den aber in den „soziopolitischen Analysen" kein Platz gewesen wäre. Deshalb habe sie auch „keinen Namen" gehabt und sei dadurch „leicht zu vereinnahmen" gewesen. Darin gebe ich ihm nicht recht.

Denn, stimmt das wirklich? Hatte die soziale Gerechtigkeit nicht vielmehr doch einen Namen, der da lautete: Wir wollen alle „Mehr", wir wollen leben wie die da Oben, - und zwar in den Revolutionen des frühen 20. Jahrhunderts im Osten, wie in den Befreiungsbewegungen in den Kolonien und in den sozialen Bewegungen heute. Der Name lautet: Umverteilung und Gleichheit und nicht: Zufriedenheit in einer Vielfalt von Lebensformen, lautet: Aufsteigen in der Hierarchie und nicht: Autonomie in der Egalität.

Berger glaubt, daß die Transzendenz der sozialen Gerechtigkeit etwas ganz anderes sei, als die Transzendenz der Zukunftsversprechen des platten Materialismus kapitalistischer wie realsozialistischer Prägung. Damit konstruiert er einen Gegensatz, der die Erkenntnis des weiterreichenden epochalen Widerspruchs, um den es ihm geht, verhindert. Denn der seines Erachtens von Kapitalismus wie Parteibonzen pervertierte Materialismus der Aufrechten ist und bleibt transzendent - und das ist das Problem! Die Perversion liegt in der Transzendenz, zu Deutsch, die Verkehrung liegt im Jenseitsstreben, anstelle den Geist, den Sinn diesseitig am Stofflich-Materiellen und Menschlich-Kreatürlichen festzumachen und es damit lebendig zu halten, anstelle des abtötenden, nämlich zerstörerischen Zukunftsglaubens. Es ist dieses Transzendenzstreben, von dem Fanon in „Schwarze Haut, weiße Masken" (1952) meint, daß es den schwarzen Menschen daran hindere, sich im antikolonialen Kampf wirklich von der bekämpften Beherrschung zu befreien.

Und Al Imfeld, der den zunehmenden Weizenkonsum in den Ländern der Dritten Welt kritisiert, der allzu oft als Errungenschaft der Unabhängigkeit gefeiert wird, vergleicht dieses Bestreben mit dem der Kommunion (Imfeld 1985). In der deutschen Diskussion über soziale Bewegungen meint Thürmer-Rohr, daß das Transzendenzstreben die Entfaltung der Absichten der Frauenbewegung mehr behindere als fördere. Sie wendet sich gegen „Entwürfe unserer selbst aus der Gegenwart hinaus zu dem hin, was wir *noch* nicht sind oder was diese Gesellschaft *noch* nicht ist". Ihr Fazit: „Wir sollten versuchen, in dieser Zeit *hoffnungs-los gegenwärtig* zu leben" (Thürmer-Rohr, 1987: 20, 29, 25).

Das Transzendenzstreben wird von diesen Autoren als Streben nach dem dadurch anerkannten Oben der Herrschenden verstanden, als Tendenz zur Nachahmung und zur Selbstverleugnung, als ein Hindernis für konkret veränderndes Handeln, an dessen Stelle ein Organisieren „um zu" trete. Es ist dieses Streben nach oben, in dem bereits Hierarchie, Autoritarismus und Zentralismus enthalten sind, jene Elemente, die die verkehrte Wirklichkeit des Sozialismus getragen haben. So kritisiert auch Bloch an der neuzeitlichen Konzeption der Sozialutopie, daß sie von vornherein eine übergeordnete Autorität annimmt, die Gerechtigkeit zuteilen würde. Schon in ihrem Ansatz ginge sie von einer „ausgleichenden Repression von Handlungssünden“ aus. Dagegen setzt er die ältere Tradition des „eigentlichen Naturrechts“ in dem den Menschen allein aufgrund ihrer menschlichen Geburt, also von Natur aus, der Anspruch auf Selbstbehauptung zukam. „Die Sozialutopie (deren Grundgedanke die soziale Gerechtigkeit ist, V. BTh.) malte Verhältnisse voraus, in denen die Mühseligen und Beladenen aufhören, das Naturrecht (dessen Grundgedanke die menschliche Würde ist, V. BTh.) konstruierte Verhältnisse, in denen die Erniedrigten und Beleidigten aufhören“ (Bloch 1961: 52 und 13).

Bloch also sieht das, was viele als das Problem der Epoche und des Realen Sozialismus betrachten, das unbedingte Primat der Ökonomie über andere geistige und kulturelle Bedürfnisse der Menschen bereits in der Sozialutopie angelegt. Er hält aber dennoch an der Idee von der Entwicklung als Fortschritt fest, der sozialistischen Version der technologischen Machbarkeit. Genau darin aber haben der Ökonomismus und der Blick nach oben, der mit dem Begriff von sozialer Gerechtigkeit einhergeht, ihre gemeinsame Wurzel. Denn die Transzendenz der sozialen Gerechtigkeit fällt seit Beginn der Neuzeit zunehmend mit jener des Machbarkeitsglaubens zusammen (Saage 1990).

Der Kontext dazu ist die Verdrängung des organischen Weltbildes durch das mechanistisch-naturwissenschaftliche, indem die Vorstellung vom organischen Zusammenhang und Austausch zwischen Mensch und Natur von der wachsenden Überzeugung abgelöst wird, der Mensch könne sich die Erde tatsächlich untertan machen. Die amerikanische Wissenschaftshistorikerin Merchant faßt diesen Umschwung hin zum naturwissenschaftlichen Weltbild in einer drastischen Metapher. Sie sagt: „Das Bild von der Erde als einem lebendigen Organismus und einer nahrungsspendenden Mutter hatte als kulturelle Handlungshemmung gewirkt, die den Tätigkeitsdrang des Menschen in Schranken hielt. Man schlachtet nicht mir nichts dir nichts seine Mutter, wühlt in ihren Eingeweiden nach Gold oder verstümmelt ihren Leib; genau das war es aber, was der kommerzielle Bergbau schon bald fordern sollte“ (Merchant 1987(1980): 20).

Der schweizerische Nationalökonom Binswanger zeichnet dann die nächste Stufe des Umschwungs, die die skrupellose Vernutzung von Natur erheblich beschleunigen sollte. Die Erzmünze in der Hand, also der konkrete faßbare Wert, wird im 18. und 19. Jahrhundert allgemein vom Papiergeld abgelöst. Die Geldmenge kann nun fast beliebig erhöht werden, weil die Deckung eine Frage des Glaubens wird. Dazu wird das noch gar nicht geförderte, in den Bergwerken vermutete Metall genommen, dann die gesamten kolonialen Ländereien, einschließlich der noch zu erobernden, die in Verbindung mit der zentralisierten Macht als Haftung akzeptiert wurden. So verwandelt sich das Papier allein durch eine gesellschaftlich getragene „Imagination“ in „Gold“.

Zu diesem Zeitpunkt werden an den Höfen die Alchemisten verabschiedet, die versucht hatten, Blei in Gold zu verwandeln, denn der Stein des Weisen ist gefunden worden. Die moderne Wirtschaft, so Binswanger, gründet auf diesem alchemistischen Akt, auf Magie also. Auf diese Weise wird „die ganze Welt ein Goldbergwerk“, indem „alles, was sich in der Welt vorfindet“ in Geld herausgeholt werden kann, vergoldet werden kann. So kann auch aus Wertlosem, ja sogar aus Nichts vorgeblich etwas geschaffen werden. Die Begrenztheit der Natur scheint endlich überwunden. „Durch die Reduktion der Welt auf die Quintessenz des Geldes wird die Welt vermehrbar“ (Binswanger 1985: 49, 50, 60).

Diese historischen Erfahrungen, Alltagserfahrungen sozusagen, führen zu kulturellen Prägungen, die eine bestimmte Wahrnehmungsstruktur modellieren. Das Credo des naturwissenschaftlichen Weltbildes: die technologische Machbarkeit und speziell im 20. Jahrhundert die finanzielle Machbarkeit, ist ja längst aus dem Elfenbeinturm der Wissenschaft ausgebrochen und hat die Köpfe und Herzen der Menschen erobert. Die für die Naturwissenschaften maßgebende Methode, das Experiment, hat sich als Erkenntnisprinzip auch aller anderen Disziplinen und Erfahrungsbereiche verallgemeinert.

Zum Experiment gehört das Maß. Nur was meßbar ist, taugt auch für Experimente, und nur was gemessen worden ist, gilt als bewiesen, wirklich, existent, gilt als wahr. Zusammenhänge werden zertrennt, um überhaupt meßbar zu sein. Dem entspricht, daß ein Ganzes nicht mehr mit dem Gefühl in seiner Ganzheit, oder wie Bateson sagt: „Schönheit“ erfaßt werden kann (1987/1979/). Zum Experiment gehört die Wiederholbarkeit, zugleich Voraussetzung des technischen Fortschritts und der industriellen Produktion. Seiner Regelhaftigkeit entsprechen Verregelung und Verrechtlichung der sozialen Zusammenhänge. Quantität – also das, was zerteilt, künstlich neu zusammengesetzt und repetierbar ist – steht für Wohlstand und Sicherheit. Glück, Schönheit und Würde stellen sich diesem Reichtumsbegriff zufolge von alleine ein.

Maß, Norm und Regelhaftigkeit bringen Abstraktheit in unser Denken und in der Folge in unser Fühlen. Wir verschließen uns vor dem konkreten, nach den Verhältnissen unterschiedlichen, in Veränderung befindlichen Einzelfall, vor dem Hier und Jetzt. Unser Begriff vom Konkreten ist vom „abstrakten Empirizismus" geprägt, wie C. Wright Mills einmal gesagt hat. Darin ist seine Kritik an den Sozialwissenschaften enthalten, von denen bis heute geglaubt wird, daß ihre Erkenntnisstruktur schon wegen ihres anderen „Gegenstandes" anders als in den Naturwissenschaften sei. Was nicht stimmt, aber auch darin sind sie nur Reflex gesellschaftlicher Verhältnisse. Das Geld, ursprünglich Ergebnis, wird immer mehr zum Verursacher der abstrakten Wahrnehmungsstruktur. Die Dinge, Pflanzen, Tiere, Menschen und Landschaften stehen nicht mehr für sich, sondern repräsentieren eine bestimmte Menge Geld.

Schließlich, als letztes, wichtigstes und einschneidendstes Element moderner Erkenntnisstruktur ist der Begriff von Leben, von Lebendigem und Totem, Animiertem und Entlebendigtem zu nennen. Historisch konnte sich vor dem Hintergrund, daß nicht das konkrete, materiale, körperliche, gegenwärtige Leben, sondern das jenseitige, transzendente das eigentliche Leben sei, die speziell moderne Geringschätzung gegenüber dem natürlich Lebendigen entwickeln. Der moderne Hang zur Quantität, zum Viel, als dem eigentlichen Wert, macht, daß die toten Gegenstände zunehmend an Gewicht gewinnen gegenüber dem lebendigen Zusammenhang. Das Bemühen um Eigentum – an Autos, Häusern usw. – rangiert vor dem Bemühen um gemeinschaftliche, lebendige soziale Zusammenhänge. Wie beim Experiment werden die lebendigen Zusammenhänge zerteilt und dadurch ihres Lebens beraubt, – getötet, was in diesem Kontext ein anderes Wort für Entwertung ist (Améry 1988). Die „Qualität" von Lebendigkeit, weil Wichtigkeit, erhalten vielmehr die Produkte der Zerstückelung, die neuen, künstlich zusammengesetzten Gebilde, die Maschinen und das, was sie „hervorbringen". Sie werden für das menschliche (Über-) Leben als existenziell notwendig betrachtet.

Auf diese Weise gerät die künstliche Produktion zum eigentlichen Schöpfungsakt. Der Ursprung, die Schöpfung des Lebens ist damit nicht mehr transzendent, ist nicht mehr der entrückte, jenseitige Gott. Die vertikale Tendenz hat sich seit Beginn des langen 16. Jahrhunderts in eine horizontale verwandelt. Der Idealismus ist aber nur scheinbar vom Materialismus abgelöst worden, denn das Moment der Projektion und der Transzendenz bleibt bestehen.

Die Transzendenz verändert ihren Charakter, aber sie verschwindet nicht. Ursprung und Ziel des Lebens sind zwar diesseitig geworden, aber der Geist des Lebens, die Wertschätzung, die Würde kehrt nicht in die Landschaften, Pflanzen und Tiere zurück. Sie bleiben tot und erhalten Leben erst dann, wenn es ihnen von dem neuen Schöpfer gegeben wird, vom Techniker, vom Landwirt, Landschaftsplaner, Naturschützer usw. Die vermeintliche Emanzipation des Menschen von einem austeilenden mystischen Jenseits ist einer neuen Abhängigkeit gewichen. Jeder Mensch muß mit eigenen Kräften danach streben, den machbaren, diesseitigen höheren Zustand, nämlich materiellen Reichtum und Sicherheit herzustellen, zu erreichen, zu haben.

Die moderne Transzendenz ist ähnlich wie der abstrakte Empirizismus. Sie scheint konkret und ist doch abstrakt. Das Ziel wird niemals Gegenwart, es bleibt stets ein zukünftiges. Es fehlt gleichsam das Herzstück, die Konzentration auf den Augenblick und seine einmalige Beschaffenheit. Aus der modernen Erkenntnis ausgespart bleibt die *Immanenz:* das jetzige, gleichbleibende, erfahrene und dennoch rational unergründliche Leben, das immer an Materie gebunden ist, also lebendige Materialität oder materielle Lebendigkeit ist.

Ich habe die Elemente der modernen Erkenntnisstruktur skizziert, die mir eine Erklärung für das herrschende Wahrnehmungsdilemma zu geben scheinen, also warum wir Schwierigkeiten haben, das Unglück zu erkennen, wenn wir es sehen. Besonders undurchlässig aber sind die Grenzen der zivilisierten Wahrnehmung, weil die Konsistenz ihrer Mauern auf Ethik und Moral beruht. Denn die Kriterien, die die Wahrnehmung strukturieren, sind freilich positiv besetzt. So ist das Wahre auch das Gute. Die das Leben mißachtende Ethik der Industriegesellschaft ist allerdings nicht ganz so eindeutig. Sonst könnte das instrumentelle Verhältnis auch gar nicht als falsch kritisiert werden mit keinem anderen Argument als der Evidenz, wie ich es hier getan habe. Verstellt aber wird dem modernen Menschen ein spontan nicht instrumentelles Verhältnis zum Leben durch das Primat der Quantität.

Damit komme ich zur aktuellen Sozialismusdebatte zurück und der Chance, die sich mit ihr für ein Überdenken der Entwicklungs- und Fortschrittsideologie bietet - oder eben auch nicht. Das eigentlich Verwunderliche an dieser Debatte ist, daß sie erst jetzt geführt bzw. erst jetzt in der Breite, wie es der Bedeutung des Themas zukommt, zur Kenntnis genommen wird. Schließlich waren die heute so genannten „sozialistischen Perversionen" längst bekannt, und zwar nicht nur aus dem Osten, sondern z. B. auch aus den sozialistischen Regimes in der Dritten Welt. Die erkenntnismäßige Verarbeitung dessen, was sie sahen, aber war vielen Sozialisten durch die erwähnte Konsistenz ihrer Wahrnehmung verstellt.

Derzufolge konnte das Prinzip das Reichtums und dessen gerechter Verteilung nicht verkehrt sein. Entsprechend wurde nur die Weise, wie es umgesetzt wurde, als falsch empfunden. Und um die vermeintlich richtige Idee nicht zu desavouieren, schwieg man sich über die falsche Praxis häufig lieber aus.

Auf diese Weise wurde die Idee der sozialen Gerechtigkeit immer wieder der Pfad, auf dem womöglich der radikalere Weg der Erkenntnis und Konsequenz verlassen wurde, daß die Machbarkeitsvorstellung aufgegeben werden muß, wenn es um einen anderen Umgang mit der umgebenden äußeren, wie der inneren menschlichen Natur geht. Fazit: Die sozialistische Moral als blinder Fleck.

Die Kultur der Gegenseitigkeit in Juchitán

Zunächst will ich den Ablauf eines der großen Feste schildern. Es beginnt damit, daß ein Teil der Straße mit einem Dach gedeckt wird, früher aus Palmblättern, heute mit großen Zeltplanen. Wirklich spektakulär ist dies im Falle der großen Verdienstfeste, *velas* genannt, an denen bis zu 5000 Menschen teilnehmen, wohlgemerkt an einem Abend bzw. in einer Nacht, denn an dem ganzen Geschehen, das drei Tage dauert, sind es noch weit mehr.

Nach diesem Muster verläuft jedes Fest in Juchitán: Heiraten und Taufen, Geburtstags- und Examensfeiern. Weniger als 200 Leute habe ich bei solchen Gelegenheiten nie gesehen. Immer wird die Straße für mehrere Tage unpassierbar, und Fahrzeuge, einschließlich der Passagierbusse, müssen sich dann einen anderen Weg suchen.

Es werden Klappstühle im Carrée auf die Straße gestellt und zahlreiche große Kühlboxen mit Eis für die Getränke. Papiergirlanden, Blumen und Palmzweige werden angebracht, und unglaubliche Mengen von Essen stehen bereit. Dann kommt die Musik, und unter zwei Orchestern scheint es niemand zu wagen anzutreten. Bei den „*velas*" ist immer eine Verwandtschaftsgruppe in der skizzierten Weise für einen Straßenabschnitt und die von ihnen Eingeladenen zuständig.

Dann kommen die Gäste. Aufsehenerregend die Frauen mit einem reich bestickten, langen Samtrock mit Oberteil, bestimmt zwei bis sechs Monatsverdienste wert, Blumen im Haar, mit Goldketten in Form aneinandergereihter Münzen behangen, eine wandelnde Sparkasse. Die Männer in schwarzer Hose und weißem Hemd halten sich im Hintergrund. Man bringt Geschenke mit, einen Pappkarton mit Bier und Geld,

Abb. 1 Im Tonofen wird die Ziege für das Festmahl gebacken. Tagelang wird das Festessen vorbereitet. Die Arbeit wird an sogenannte „Paten" verteilt. Dadurch ist die Vorbereitung auch bei Familienfeiern mit 200 – 300 Personen arbeitsteilig organisiert und mit dem Prinzip der Gegenseitigkeit verbunden.

Abb. 2 Tanzende Frauen in Juchitán.

„Almosen" oder „milde Gabe" genannt. Die Gastgeber notieren jede Einzelheit, denn das ist die Crux an dem Ganzen, sie dürfen bei der Gegeneinladung keineswegs Geringeres schenken. So haben manche sich schon ihr eigenes Fest im voraus erarbeitet. Auch die größeren Ausgaben werden verteilt, indem es mehr sogenannte Patinnen, *madrinas,* als *padrinos* für die Musik, für das Essen, das Brautkleid, den Festschmuck, ja auch für Geschenke gibt. Denn die Gäste werden ihrerseits beschenkt.

Dann beginnt eine Orgie bei der man aber nicht den Überblick verlieren darf. Man wird mit Essen und Trinken überhäuft; das Essen darf und soll sogar eingepackt werden; getrunken aber wird miteinander und auf der Stelle. Es geht um den Beweis der Zuneigung und Aufmerksamkeit für das Gegenüber und der Trinkfestigkeit - auch und gerade bei den Frauen. Dazwischen wird getanzt, in der ersten Hälfte des Abends fast ausschließlich paarweise von den Frauen. Wer, mit wem, wie oft ergibt eine wichtige Botschaft.

Abb. 3. Die Feste werden unter einem auf der Straße errichteten Zeltdach gefeiert. Die Frauen sitzen unter dem Zelt - die Männer außerhalb. Es gibt viele alte Menschen in Juchitán. Frauen, die über 90 Jahre alt werden, sind keine Seltenheit.

Die Gegenseitigkeit ist in Juchitán nicht nur eine Angelegenheit des kollektiven Konsums im Rahmen der Prestige-Feste, sondern sie bestimmt das ganze Leben und den Ablauf eines jeden Tages. Täglich werden Besuche gemacht: Dauer und Häufigkeit sind dabei Zeichen im Muster des Beziehungsgeflechts. Aufmerksamkeit und Zeit sind so fühlbare Bestandteile der Gegenseitigkeit. Häufig werden kleine Aufmerksamkeiten mitgebracht, meist irgendein Leckerbissen z. B. vom Festbesuch am Tag zuvor, oder Früchte aus dem eigenen Garten. Vor allem schwangere und stillende Frauen: Nachbarinnen, Freundinnen, Verwandte werden mit dem Besten beschenkt, aus verehrender Anerkennung für ihren Zustand und damit sie und das Kind wohlgenährt seien. Kein Wunder, daß in Juchitán die Kindersterblichkeit, zumal der Kinder unter einem Jahr, signifikant niedriger als in vergleichbaren Städten ist.

Das Essen, vor allem das gute Essen, spielt insgesamt eine wichtige Rolle im System der Gegenseitigkeit, insbesondere zwischen den Frauen. Gutes Essen erwerben, zuzubereiten und sich selbst, die Seinen und Besucher damit beköstigen zu können, verleiht hohes Ansehen. Entsprechend dick sind die Frauen von Juchitán und Dicksein gilt als weibliches Schönheitsideal.

Manchmal, ganz unverhofft, werden außer den üblichen kleinen Aufmerksamkeiten auch Geschenke überreicht. Sie sind Zeichen der Freundschaft und Mittel, sich einander zu verpflichten. Dies kann durchaus ein Vorbote für ein baldiges Engagement zugunsten der Schenkenden sein, etwa bei einem notwendigen Arztbesuch und der Begleichung der Rechnung zu helfen. Aber es kann genausogut im Moment nichts Konkretes bedeuten.

Sich zu begleiten ist eine wichtige, alltägliche Geste in Juchitán. Deshalb ist es anstrengend, ein Auto zu besitzen. Jede Person des engeren Beziehungsnetzes kann erwarten, daß sie bei weiter entfernt liegenden Erledigungen gefahren, sprich begleitet wird. Diese Praxis vermittelt das Gefühl „Du bist nicht allein und wirst auch nie allein gelassen werden". Nicht zuletzt wird so eine mögliche Bedrohung von Frauen durch männliche Gewalt abgewendet, können sie sich angstfrei bewegen, was ihre zahlreichen Aktivitäten außer Haus unterstützt und fördert.

Überhaupt, die Frauen von Juchitán sind keine Hausfrauen. Sowohl in dem Sinne, daß sie wenig im Hause sind, sondern jede irgendeinem Handel nachgeht, viele als Marktfrauen, als auch in dem Sinne, daß sich hier der Ein-Frau-Betrieb „Haushalt" nicht hergestellt hat. Denn die Arbeiten für das alltägliche Überleben, die wir Subsistenzproduktion genannt haben, sind von der übrigen, öffentlichen Arbeit nicht als private abgetrennt, sondern bilden Bestandteil des gesamten gesellschaftlich arbeitsteiligen Prozesses. Das heißt nicht, daß es keine geschlechtliche Arbeitsteilung gäbe, aber sie verläuft nicht entlang der Linie bezahlt/unbezahlt, öffentlich/privat. Auch zwischen den Frauen gibt es eine hohe Arbeitsteilung, und der Tausch von Diensten und Produkten geschieht über die Bezahlung. Eine Frau wäscht Hängematten, eine andere das Festkostüm, eine dritte wieder Blusen und Hemden. Eine bereitet und verkauft Tortillas, das tägliche Fladenbrot aus Mais, eine andere die Saucen für diverse Gerichte, eine Dritte die Fruchtgetränke. Der Einkauf auf dem Markt ist schon die halbe Zubereitung. Meist wird sowieso auf dem Markt gegessen, oder an der Straße an einem der zahlreichen Stände.

Diese und andere Ein- und Verkäufe strukturieren nicht nur die Arbeitsteilung, sondern auch die sozialen Beziehungen. Wer, bei wem, wieviel ist das wichtigste an den Transaktionen. Insgesamt geschieht die Gegenseitigkeit freilich nicht beliebig, sondern es entstehen feste Muster des Sich–Aufeinander–Verlassen–Könnens von unterschiedlicher Intensität, verursacht und unterstützt durch Verwandtschaft, Nachbarschaft und die rituelle Verwandtschaft des *copadrazgo* oder *comadrismo.*

In diesem Zusammenhang gibt es, wie auf dem Markt, gestaffelte Preise, die sich nach dem Grad der Nähe oder der Intention im Prozeß der Gegenseitigkeit bemessen. Die Bezahlung kann strikt abgelehnt werden, sie kann für nur einen Teil der Waren und Dienste akzeptiert werden oder es kann ein Preis entlang der gemeinsamen Geschichte ausgehandelt werden. Das Muster des Aushandelns zwischen Personen, die sich gegenseitig verpflichtet sind, besteht meist darin, daß die Käufer den Verkäufern Geld aufnötigen müssen.

Die eigentliche Arbeit oder Anstrengung im Prozeß der Gegenseitigkeit verläuft untergründig: Man muß sich alles merken und dafür sorgen, daß sich die ganz unterschiedlichen gegenseitigen Leistungen in der Balance halten, was aber auch bedeutet, daß wer mehr hat, auch mehr geben muß. Es werden, um ein Bild zu gebrauchen, stets Äpfel mit Birnen verglichen. Das gemeinsame Maß ist abstrakt, wie das Geld auch ein abstraktes, allgemeines Äquivalent ist. Aber es ist nicht in der starren, dem sozialen Prozeß entfremdeten, verdinglichten Form exakt, sondern es ist, wie bei organischen Prozessen üblich, vielfältig, entlang der sich verändernden Bedingungen.

Entsprechend ist ganz Juchitán beständig mit der Formulierung des Codes dieser Geheimwissenschaft beschäftigt. Klatsch ist dabei ein wichtiges Instrument. Eines aber ist offen und gewiß: das Prinzip der Gegenseitigkeit ist überall akzeptiert und unumstößlich. Es zu verraten, d. h. der Rationalität der Maximierungswirtschaft zu folgen, zieht als Strafe soziale Isolierung, Vereinsamung und vor allem Lebensunsicherheit nach sich.

Für Männer ist das Prinzip der Gegenseitigkeit ebenso verbindlich wie für Frauen. Die Verdienstfeste allerdings sind eher Angelegenheit der Frauen. Sie organisieren sie, sie beherrschen das Bild des Festes, indem sie zu Speisen und Getränken, die *ihre* Produkte sind, einladen, indem sie den Tanz eröffnen und miteinander tanzen. Auch Männer sind hier beteiligt, jedoch sie gehören in den Hintergrund, auch bildlich, ihr Platz ist in den hinteren Reihen. Die Verantwortung für eines der großen Feste zu übernehmen, rangiert auch in der männlichen Prestigeskala, dort aber auf einer unteren Stufe der Hierarchie einer Lebenskarriere. Für Frauen hingegen ist das Ausüben eines derartigen Amtes Ziel für spätere Lebensjahre. Dennoch können auch die politischen Posten, die in der Männerskala höher rangieren, nur auf der Grundlage und mit Hilfe des Sozialprestiges erreicht werden, das im Dienste der Gemeinschaft erworben wurde.

Schwerpunkt des männlichen Interesses aber ist die formale, an die staatliche Macht geknüpfte Politik. Daß es auch hier nicht ohne die

Frauen geht, haben die Ereignisse der jüngeren Geschichte gezeigt, aber auch, daß es sich dabei um eine Macht handelt, die die Stärke der Frauen bedroht.

Juchitán war die erste Stadt in Mexiko, in der es einer lokalen, linken politischen Gruppierung gelungen ist, die Vertreter der Staatspartei PRI zu verdrängen. Seit 1980 sind, mit einigen Unterbrechungen, der Gemeinderat und das Bürgermeisteramt in Händen der COCEI, der „Koalition von Arbeitern, Bauern und Studenten des Isthmus". Die Gründung der COCEI war ein Ergebnis der Studentenbewegung von 1968, die in Mexiko ähnliche Dimensionen hatte, wie in Frankreich. Die Eroberung des Gemeinderates gelang im Zuge einer wahrhaften Volksbewegung, in der vor allem die Frauen von Juchitán dafür sorgten, daß ihre Männer, Brüder und Söhne aus dem Gefängnis entlassen wurden und schließlich in den Regierungspalast einzogen. Von den Frauen selbst aber wollte keine kandidieren.

Inzwischen ist aus der COCEI eine wohlorganisierte sozialistische parlamentarische Partei geworden, in der man gelernt hat, die Forderungen in politische Schritte der Realisierung umzusetzen. In dem Maße aber, in dem sie sich formal-organisatorisch konsolidiert hat, ist die breite Unterstützung zurückgegangen. Die letzte Wahlbeteiligung lag nur bei 37 Prozent, und der Vorsprung gegenüber der PRI war denkbar knapp. Man fühlt sich in Juchitán von der COCEI nicht mehr richtig vertreten, ist oft zu hören, sie sei auch nicht anders. Tatsächlich ist sie eine typische sozialistische Modernisierungspartei, die mit dem besten Willen das Verkehrteste macht.

Sie steht für Gerechtigkeit und das Wohlergehen des Volkes im Gegensatz zur Korruption und Vetternwirtschaft des PRI. Entsprechend will sie dafür sorgen, daß die Steuergelder allen zugute kommen, daß möglichst viel Förderung vom Bund erreicht wird und daß eine gerechte Ordnung in das Chaos der Marktstände kommt, das auf der Basis von undurchschaubaren Vergünstigungen, Verwandtschaften und Duldung durch die Anwohner unaufhaltsam durch die Straßen des Zentrums wuchert.

Ziel des gegenwärtigen Bürgermeisters ist es, daß am Ende seiner Amtszeit alle Straßen geteert sein sollen - damit die Hühner und Schweine von der Straße verschwinden und die Autos ungehindert und schneller fahren können. In Zukunft soll im Gemeindeamt die Erlaubnis für das Absperren der Straße für Feste eingeholt werden. Vor zwei Monaten sind alle Marktstände, die ohne Gemeindeerlaubnis errichtet worden sind, abgebrochen worden oder in ein neues Marktgebäude am Stadtrand verlegt worden. All diese Maßnahmen hat die PRI-Regierung über Jahrzehnte vergeblich versucht, durchzusetzen. Der COCEI, der immer noch Loyalität als Volkspartei entgegengebracht wird, scheint dies zu gelingen.

In Juchitán bedroht (somit durch die COCEI) das Prinzip der organisierten sozialen Gerechtigkeit von oben ganz konkret das scheinbar chaotische, dem vielfältigen menschlichen „Maß" angepaßte Prinzip der Gegenseitigkeit.

Zur Kritik der kulturellen Ahnungslosigkeit im modernen Patriarchat

Das wirklich Interessante an Juchitán ist, daß all seine Andersartigkeit schwerlich als Überbleibsel betrachtet werden kann. Mitten in unserer Zeit erleben wir vielmehr eine Marktökonomie, in der die Kultur der Gegenseitigkeit die gleiche, überall herrschende kapitalistische, freie Marktwirtschaft anders modelliert. Dies ist, wenn wir bereit sind, die vorurteilsvolle evolutionistische Sehweise beiseite zu lassen, für unsere mitteleuropäischen Fragen aufschlußreich, besonders auch dann, wenn wir Alain Touraines Diagnose und Schlußfolgerung zur gegenwärtigen politisch-ideologischen Krise folgen.

Touraine schreibt: „Was unter unseren Augen einstürzt, ist die Identifizierung der gesellschaftlichen Auseinandersetzungen mit dem historischen Fortschritt, die Verschmelzung der Forderungen, vor allem der Arbeiter mit einer Politik der Modernisierung, kurz: die Gleichsetzung der sozialen Bewegungen mit der Übernahme der Staatsmacht. Aus diesem Grund muß die Verbindung der sozialen Bewegungen mit der Revolution durch eine Vereinigung mit der Demokratie ersetzt werden. Die Marktwirtschaft drängt sich nicht als ein einzig mögliches Wirtschaftsmodell auf, sondern als die einzige unabweisbare Verteidigung der zivilen Gesellschaft gegen den Staat..." (Touraine, Le Monde vom 23.1.1990, gekürzt in Taz 25.1.1990).

Was aber soll „zivile Gesellschaft" heißen? Wodurch bildet sich in ihr eine „zivile" Orientierung, die nicht ein Streben „nach Oben" bedeuten würde? Wie entsteht ein Markt ohne Profit-, Maximierungs- und Fortschrittsstreben? Empirisch gewendet ist das die Frage, warum sich in Juchitán Verhältnisse reproduzieren und verfestigen können, die sonst dem „Systemzwang" erliegen. Warum tragen die Menschen in Juchitán die Systemwerte nicht mit?

Ein Mechanismus der Beharrung liegt in der Flexibilität oder auch Weichheit der Kultur. Alle sogenannten Errungenschaften der Moderne werden nicht abgewehrt, sondern aufgenommen, eingepaßt und dadurch mit dem eigenen Sinn versehen. Diese Haltung setzt sehr viel Selbstbewußtsein, Selbstgewißheit und Selbstbehauptung voraus. Dies ist in Juchitán in zweierlei Hinsicht gegeben. Zum einen durch einen ausgeprägten ethnischen Stolz und die entsprechende starke ethnische Identifikation: die zapotekische Sprache, Musik, Malerei und Poesie werden ebenso gepflegt, wie lokale Gebräuche und Geschichte. Kein juchitekischer Zapoteca käme auf die Idee, sich als „Indio“ zu bezeichnen. Zum anderen ist die starke soziale Stellung der Frauen ein Garant dafür, daß man „Jemand“ ist: einmal für die Frauen selbst; sie müssen ihre gesellschaftliche Präsenz nicht ständig erkämpfen, sondern die Achtung wird ihnen selbstverständlich entgegengebracht, zum anderen für die Söhne. Sie brauchen sich dank der starken Mutter nicht vom Vater zu emanzipieren und seine Position einzunehmen suchen, indem sie sich über die Frauen setzen. Auf diese Weise würde sonst allenthalben das klassische Patriarchat durch die Herrschaft der Brüder oder schlicht der Männer abgelöst. In Juchitán hingegen gibt es noch ein verallgemeinertes Gefühl der Ebenbürtigkeit, d. h. von gleicher Herkunft, durch die Geburt von der Mutter her gleich zu sein, wie im eigentlichen Naturrecht, wie Bloch es gezeichnet hat.

Verfestigen kann sich diese ethnische und persönliche Sicherheit aufgrund der besonderen Kombination, daß 1. Frauen 2. vor allem mit Subsistenzmitteln 3. Handel treiben. Die Abtrennung und Mißachtung der Subsistenzproduktion als unbezahlte und daher wertlose Produktion hat hier nicht stattgefunden. Entsprechend ist es auch nicht nötig, sich ständig darüber erheben zu müssen.

Ich sehe in Juchitán viele Elemente dessen, was ich als *Immanenz* bezeichnen würde: Wir bleiben, was wir sind, und wenn gutes Essen, gutes Trinken und ein schattiger Platz gewährleistet sind, dann ist das Leben zufriedenstellend. Die typische Angst der industriellen Gesellschaft vor der Knappheit, der sie durch das Anhäufen von mehr und immer mehr und durch Geiz, Sparsamkeit genannt, zu begegnen sucht, ist hier nicht zu finden. Überlebenssicherheit bedeutet in Juchitán, sich durch Gaben und Leistungen konkrete Personen zu verpflichten und durch Freigebigkeit Prestige zu gewinnen. Dies ist die klare ökonomische Seite der Kultur der Gegenseitigkeit und sicher ein entscheidender Motor für ihre Reproduktion, zumal der mexikanische Staat nur wenige sozialpolitische Einrichtungen bereit hält, die im Zuge der

Verschuldungskrise und der Sparauflagen des IWF hier noch weiter reduziert werden.

Bourdieu, der mit der kabylischen Gesellschaft eine Prestigeökonomie des Mittelmeerraumes untersucht hat, die viele Parallelen zu Juchitán aufweist, nimmt das Moment der Überlebenssicherheit zum Ausgangspunkt seiner Erklärungen über das Funktionieren der reziproken Gesellschaft. Er bezeichnet das Prestige als „symbolisches Kapital" und verwendet auch sonst Kategorien des modernen ökonomischen Denkens in der Interpretation der von ihm so genannten „archaischen Ökonomie". Viele Elemente, die aufgrund der für die moderne Gesellschaft typischen Trennung von Ökonomie und Kultur in der archaischen Gesellschaft auch als kulturelle Elemente identifiziert worden sind, kann Bourdieu aufgrund ihrer Bedeutung für die Überlebenssicherheit schlüssig als ökonomische Elemente charakterisieren. Es geht ihm darum, sozusagen die „moderne" ökonomische Rationalität der kabylischen Gesellschaft aufzuzeigen und die Projektion getrennter Sphären von Ökonomie und Kultur auf die archaische Gesellschaft als ethnozentrische Verständnislosigkeit zu decouvrieren (Bourdieu 1979).

Aus meiner Sicht der Dinge würde die umgekehrte Methode wesentlich weiterreichende Erkenntnisse ermöglichen, nämlich jene Einsichten, die an der juchitekischen oder kabylischen Gesellschaft gewonnen worden sind, auf unsere Verhältnisse anzuwenden, kurz, den symbolischen Gehalt der ökonomischen Vernunft und des Geldkapitals zu entziffern. Dadurch kann die Selbst-Erkenntnis, das Verständnis der eigenen Kultur gefördert werden. Denn die kulturelle Ahnungslosigkeit betrifft vor allem das Eigene, das erst im Lichte des Anderen erkennbar wird.

Bourdieu kritisiert den Ethnozentrismus, der in der Projektion der Trennung von Ökonomie und Kultur auf andere Produktions- und Lebensweisen liegt. Dennoch behält er denselben modernen Blick bei, indem er die eurozentrische Geringschätzung der Reziprozität scheinbar dadurch überwindet, daß er zeigt, wie auch sie ökonomisch rational sei. Damit bestätigt er nur das Werte- und Klassifikationssystem der Industriegesellschaft. Deren Ethnozentrismus aber besteht gerade in der Ahnungslosigkeit über die Bedeutung, die die Trennung in Ökonomie und Kultur für die eigene Gesellschaft hat. Es spricht einiges dafür, daß sie eine wort- und emotionsreich aufgerichtete „Imagination" ist. Anhand der reziproken Gesellschaften vermag sich uns dies zu entmystifizieren. Es wird deutlich, daß jede Ökonomie ihren symbolischen Gehalt hat, gerade auch wenn er im Schein des rein Ökonomischen besteht. Das nur Sachlich-Instrumentelle der modernen Ökonomie ist auch die Kultur der modernen Gesellschaft.

Die (ideelle) Trennung von Ökonomie und Kultur ist eine Verdrängungsleistung, die mit dem Herausbilden und dem Festhalten an dem mechanistisch-naturwissenschaftlichen Weltbild zu tun hat. Verdrängt wird, daß der Mensch aus der Mutter geboren wird und daß die Erde ihn nährt. Dieses klassisch-patriarchale Motiv hat sich in der modernen, naturwissenschaftlichen Männerherrschaft unumschränkt durchgesetzt. Der Mechanismus über den sich diese Verdrängung ungebrochen reproduzieren kann, ist moralisch-ethischer Natur. Die Ökonomie wird durch die Trennung als jener Bereich legitimiert, in dem man ohne Skrupel kein guter Mensch zu sein braucht. Die harten Fakten der Wirtschaft scheinen einen nachgerade dazu zu zwingen, sich herzlos verhalten zu müssen und aus Mensch und Natur alles herauszuholen, ohne Entsprechendes zurückzugeben. Diese Verhaltensweise ist nur möglich, weil scheinbar davon abgetrennt ein warmer, weicher, den Gefühlen und dem Geistigen zugewandter Bereich existiert, in dem die positiven Werte aufrechterhalten und ausgelebt werden können.

Von demselben Geist beseelt – oder richtiger gesagt: verlassen – ist die Trennung von sogenannter gesellschaftlich notwendiger Arbeit und der unbezahlten Subsistenz- oder Überlebensarbeit, die nicht als Arbeit gilt, im Dienste der Trennung also entökonomisiert und glorifiziert, sogar als Liebe bezeichnet worden ist. Ich habe dagegen seit Jahren aufzuzeigen versucht, daß und wie Subsistenz- und Warenproduktion und die Moral des einen und des anderen Bereiches zusammengehören. So wird die Produktionsweise der industriellen kapitalistischen wie sozialistischen Ökonomie und Kultur als Perversion erkennbar, daß nämlich die gesellschaftlich - im wörtlichen Sinne– *vital* notwendige Arbeit gering geschätzt und honoriert wird, wohingegen Geld-Arbeit und Maschinen-Arbeit, also tendenziell Natur ausplündernde Arbeit, „vergoldet“ wird.

Erst mit diesem Blick, so meine ich, wird die Wiederkehr des Verdrängten in materiell zerstörter Form – wie wir sie heute mit der Umweltzerstörung massiv erleben, als Müll nämlich – gesellschaftsanalytisch verständlich. Deshalb sollten wir der Entwicklungs- und Fortschrittsideologie eine Immanenzperspektive entgegensetzen, auf daß der schöne Geist und die guten menschlichen Gefühle in die *Oikonomia* zurückkehren mögen.

Anmerkungen

1 Ein Beispiel dieser letztlich methodologischen Differenz in der Diskussion über Frauen und Dritte Welt, ist die völlig verständnislose Besprechung des Buches von Maria Mies: „Patriarchat und Kapital“ durch Christa Wichterich in der taz.
2 Der Begriff „kulturelle“ oder „kulturtheoretische Ahnungslosigkeit“ ist von Klaus Eder in Anlehnung an Matthiesen (1987) in „Die Vergesellschaftung der Natur. Studien zur sozialen Evolution der praktischen Vernunft“ (Eder, Frankfurt 1988) wieder aufgegriffen worden.

Literatur

Améry, Jean 1988: Über den Zwang und die Unmöglichkeit, Jude zu sein. In: Frankfurter Rundschau, 17.12.1988, Dokumentation
Bateson, Gregory 1987 (1979): Geist und Natur. Eine notwendige Einheit. Frankfurt a. M.
Bennholdt-Thomsen, Veronika 1982: Bauern in Mexiko. Zwischen Subsistenz und Warenproduktion. Frankfurt a. M.
Bennholdt-Thomsen, Veronika 1988: Überleben in der Wirtschaftskrise und die Würde der Menschen - zwei Beispiele aus Mexiko, in: Peripherie, Nr. 30/31: 132 - 155
Berger, John 1990: Ein Stelldichein - mit wem? Der europäische Augenblick: Rückkehr des Ausgegrenzten. In: Frankfurter Rundschau, Literaturrundschau, 7.4.1990
Binswanger, Hans Christoph 1985: Geld und Magie: Deutung und Kritik der modernen Wirtschaft. Stuttgart, Wien
Bloch, Ernst 1961: Naturrecht und menschliche Würde (Gesamtausgabe Band 6). Frankfurt a. M.
Bourdieu, Pierre 1979 (1972): Entwurf einer Theorie der Praxis auf der ethnologischen Grundlage der kabylischen Gesellschaft. Frankfurt a. M.
Fanon, Frantz 1985 (1952): Schwarze Haut, weiße Masken. Frankfurt a. M.
Frank, André Gunder 1990: Die osteuropäische Revolution von 1989. Zwölf Thesen für demokratische soziale Bewegungen. In: Argument 180, 1990: 191 - 203
Gorz, André 1989: Kritik der ökonomischen Vernunft, Sinnfragen am Ende der Arbeitsgesellschaft. Berlin
Gorz, André 1990: Den Kapitalismus doch überwinden. Interview.: taz, 31.1.1990
Haug, Wolfgang Fritz 1990: Aus dem Tagebuch des Umbruchs. In: Argument, Nr. 180
Imfeld, Al 1985: Hunger und Hilfe. Provokationen. Zürich
Mies, Maria 1988: Patriarchat und Kapital. Frauen in der internationalen Arbeitsteilung. Zürich
Merchant, Carolyn 1987 (1980): Der Tod der Natur. Ökologie, Frauen und neuzeitliche Naturwissenschaft. München
Saage, Richard 1989: Politische Utopien der Neuzeit. Darmstadt
Saage, Richard 1990: Bis zur Unkenntlichkeit verstümmelt - die politische Utopie. In: Frankfurter Rundschau, Dokumentation, 29.5.1990
Thürmer-Rohr, Christina 1987: Vagabundinnen. Berlin
Touraine, Alain 1990: Kann man noch links sein? Le Monde 23, 1990, gekürzt in taz, Dokumentation, 25.1.1990

Brigitta Hauser-Schäublin mit Frauen in Nusa Penida (Bali)

Brigitta Hauser-Schäublin

„Verwandtschaft" und ihre „Reproduktion"

Vaterschaft, die Entleiblichung der Frau und die Entseelung des Menschen

Brigitta Hauser-Schäublin, Jahrgang 1944, ist Professorin am Ethnologischen Seminar der Universität Basel. Promotion 1975 mit einer Dissertation über Frauen bei den Iatmul, Papua-Neuguinea (1977 erschienen). Habilitation 1985 mit einer Schrift über Kulthäuser in Nordneuguinea (1989 erschienen). Feldforschungen bei den Iatmul (1972/73) und bei den Abelam (verschiedene Aufenthalte zwischen 1978 und 1983) in Papua-Neuguinea und in Indonesien (vor allem Bali, seit 1988). Arbeitsschwerpunkte: Ethnologische Frauen- und Geschlechterforschung. Ethnologie des Raumes und der Raumgestaltung (vor allem im sakralen Kontext) sowie deren Bedeutung.

Einleitung

Der Mensch, Männer und Frauen, entsteht nicht aus dem Nichts; er lebt auch nicht in einem Vakuum. Sein soziales, politisches und ökonomisches Handeln, seine handwerklichen Tätigkeiten und Künste sowie Routine und Hektik des Alltags lassen ihn jedoch vergessen, daß er gezeugt und geboren wurde, daß er während seines ganzen Lebens in vielfältigen Beziehungen zu anderen Menschen steht - und daß er eines Tages sterben wird.

Meines Wissens gibt es keine Kultur, die sich nicht Gedanken über das Entstehen, Werden, Miteinander-sein und Sterben gemacht hätte.[1] Es sind die Bedingungen von Schöpfung, Leben und Tod, die überall eine gedankliche, sinngebende Ausgestaltung erfahren haben. Diese betreffen nicht nur den Menschen als Materie, als Lebewesen, das aus Genen und Zellen - kurz: aus Fleisch und Blut - besteht, sondern seine metaphysischen Aspekte gehören ebenso dazu. Die Industriegesellschaften bilden dabei eine Ausnahme; in sogenannten traditionalen Kulturen gilt der Mensch nicht als selbsterzeugtes Maß aller Dinge.

Vielfach drücken deren Philosophien das Erkennen aus, daß die für den Menschen mit seinen Sinnen und seinem Intellekt erfaßbare Welt nur ein Teil eines Größeren ist, dessen Dimensionen ahnbar sind, sich jedoch dem Zugriff des Verstehens und vor allem seiner Instrumentalisierung entziehen.

Im nachfolgenden Beitrag werde ich mich mit Verwandtschaft und Fortpflanzung als Theorien über das Sein und das Werden des Menschen befassen, und dies vor allem unter drei Aspekten.

(1) Methodisch-theoretischer Ansatz der Verwandtschaftsethnologie. Im wesentlichen handelt es sich dabei um eine feministische Kritik an der Verwandtschaftsethnologie[2]; aufgrund ihres eigenen unreflektierten männlich geprägten kulturellen Selbstverständnisses haben Wissenschaftler der Betrachtung der genealogischen und sozialen Beziehungen von Frauen und Männern den Stempel aufgedrückt.
(2) Diskussion des Begriffes „Reproduktion". Das begriffliche Instrumentarium, das heute oft für Zeugung, Schwangerschaft und Geburt verwendet wird, beinhaltet ein ausschließlich materielles Menschenbild. Es ist weitgehend das der Wissenschaftler, das sie ihrer eigenen Gesellschaft entnommen haben und das die dort vorherrschenden Sichtweisen und Ideologien wiedergibt.
(3) In einem letzten Teil soll, auf dem Hintergrund außereuropäischer Philosophien über das Werden und Sein menschlichen Lebens, das Menschenbild (und vor allem das damit verbundene Frauenbild) industrialisierter Gesellschaften am Beispiel der Reproduktionsmedizin und der Gentechnologie im Hinblick auf die Frage, wie dieses beschaffen ist, untersucht werden.

Das ethnologische Konstrukt der Verwandtschaft

In kaum einem anderen Standardgebiet der Ethnologie wie gerade in der Verwandtschaftsethnologie wurden so viele kulturelle, europäische vorgefaßte Meinungen und Annahmen in die Erforschung anderer Kulturen hineingetragen, um Phänomene individueller und sozialer Beziehungen zu erfassen und zu erklären. Im wesentlichen handelt es sich dabei um drei Axiome (Schneider, 1984, spricht dabei von *conventional wisdom*):

- die biologische Verwandtschaft
- der Eckpfeiler der Vaterschaft als A und O jeder genealogisch organisierten Gruppe
- „Männer" und „Frauen" als Grundeinheiten in den Verwandtschaftssystemen und damit als Wesen, die durch ihr biologisches Geschlecht determiniert sind.

H. L. Morgan hat bekanntlich (1871) die Grundlagen der Verwandtschaftsethnologie geschaffen. Er unterschied primär zwischen konsanguinen und affinen Beziehungen. Er teilte die konsanguinen Verwandtschaftssysteme mit ihren Termini in deskriptive und klassifikatorische ein. Erstere basierten auf der Elementarzelle und den Organisationsprinzipien der Familie mit ihren Mitgliedern. In den Verwandtschaftsbezeichungen drücke sich dabei eine Unterscheidung zwischen linearen und kollateralen Verwandten (die terminologische Unterscheidung beispielsweise zwischen Mutterbruder und Vaterbruder) aus, das heißt: die Zusammengehörigkeit der linear zusammengehörenden Menschen wird betont. Das klassifikatorische System basiert nach Morgan auf dem Organisationsprinzip des „Stammes“ und auf der Notwendigkeit eines größeren Verbandes, seine Mitglieder in Gruppen zusammenzufassen und diese zu bezeichnen. Kategorien von Verwandten sind dabei wichtiger als das Individuum.

Deskriptiv bedeutet beschreibend, und Morgan ging davon aus, daß solche Systeme, respektive die Termini, die echte, biologische Verwandtschaft der Familienmitglieder beschrieben. Vater, Mutter, Schwester, Bruder, Onkel standen dabei im Zentrum der Überlegungen. Als Modell, aber zugleich auch als Maß, an dem die „Richtigkeit“ deskriptiver Systeme gemessen wurde, dienten europäische Vorstellungen von Verwandtschaft und Familie. Und diese gingen einerseits von der natürlichen Zusammengehörigkeit aus, andererseits von der Überzeugung (die später durch die Genetik bestätigt wurde), daß ein Kind zwar nur von einer Frau geboren wird, aber ein Mann, der „Vater“, ebensosehr an dessen Zeugung beteiligt ist. Die mögliche Differenzierung von biologischer und sozialer Vaterschaft, *genitor* und *pater,* spielte bei diesem Modell keine Rolle, weil beides zusammen als natürliche Einheit betrachtet wurde. Spätere Ethnologen haben dann nachgewiesen, daß die Unterteilung in deskriptive und klassifikatorische Systeme nicht aufrechterhalten werden kann, da letztlich alle klassifikatorisch sind. Denn tatsächlich ist „Geschwister“ oder auch „Schwester“ und „Bruder“ nicht deskriptiv, weil diese Begriffe die Geburtsfolge der Geschwister (eine Unterscheidung, die in vielen Kulturen wichtiger ist als die nach Geschlecht und entsprechende soziale Konsequenzen mit Pflichten und Rechten beinhaltet) unberücksichtigt läßt. Noch extremer ist es beim Terminus Onkel. Was bei der vergleichenden Betrachtung von auf den ersten Blick gleichen oder ähnlichen Verwandtschaftssystemen - der Verteilung von Termini nach ähnlichen oder gleichem Mustern - unbeachtet bleibt, ist deren Anwendung (der Kontext, in dem sie überhaupt für wen, wann und warum verwendet werden) sowie deren kulturelle Bedeutung. Die Fragen zum letzteren Komplex (und damit also zur Semantik) würden etwa lauten: welche Vorstellungen und Werte, welches Verhalten, welche Rechte und Pflichten werden etwa mit Begriffen wie „Mutter" und „Vater" in einer Kultur assoziiert; inwieweit lassen deren kulturspezifische Inhalte und Bedeutungen überhaupt einen interkulturellen Vergleich zu, der einzig auf einem gemeinsamen Verteilungsmuster von Termini beruht?

Auf der Suche nach Vaterschaft

Bis sich feministisch arbeitende Anthropologinnen kritisch mit der Verwandtschaftsethnologie auseinandersetzten, hatten jene Gesellschaften die Gemüter der Ethnologen beunruhigt und erhitzt, bei denen, wie Malinowski (1930) es nannte, *ignorantia paternitatis* bestand. Solche Kulturen, in denen kein Zusammenhang zwischen Geschlechtsverkehr und Zeugung formuliert wird, vor allem aber der Mann der Mutter nicht als Erzeuger und biologischer Vater seines Kindes gilt, werden als primitiv bezeichnet, weil sie den erwähnten Zusammenhang nicht begriffen hätten. Auch diese Diskussion beruhte auf der Idee, daß Verwandtschaftssysteme sich mit Biologie befassen, also ein Vater vonnöten sei. Der Disput entspann sich im wesentlichen darüber, ob diese Kulturen den Zusammenhang von Sex und Zeugung tatsächlich nicht kannten oder ihn nur nicht verbalisierten. Leach hat bekanntlich (1967) auf einen Widerspruch in unserer eigenen Kultur betreffend Zeugungsvorstellungen aufmerksam gemacht: wer an die Jungfräulichkeit Marias glaube, gelte als fromm, obwohl jedermann wisse, daß ein Mann aus Fleisch und Blut zur Zeugung eines Kindes benötigt werde. Wenn jedoch andere Kulturen diesbezüglich ähnliche Widersprüche besäßen, so gelten die Menschen dort als Idioten. Er hat damit das Problem als eines von zwei verschiedenen Erklärungsebenen, einer mythischen und einer alltäglichen, dargestellt. Die ganze Diskussion über die sogenannte Unkenntnis der Vaterschaft aber enthüllt, wie wichtig, selbstverständlich und offensichtlich nahezu unerschütterlich Vaterschaft als Faktum für Ethnologen war.

Die Eindeutigkeit der Mutterschaft und damit die Weitergabe menschlichen Lebens hat wohl zu allen Zeiten in allen Gesellschaften jene Hälfte der Gruppe beschäftigt, die aufgrund ihres Geschlechtes davon ausgeschlossen war: Männer. „Verwandtschaft", vor allem aber die Formulierung von Ansprüchen, Rechten und Pflichten gegenüber einem werdenden Kind sind keineswegs auf die Kategorie Ehemann, respektive den Mann der Mutter, beschränkt. Vielmehr können Ansprüche auf das Kind, je nach Strukturierung des sozio-politischen Mächtespiels zwischen Verwandtschaftsgruppen, etwa (wie beispielsweise im Fall der matrilinear organisierten Trobriander) auch von den männlichen Angehörigen der Gruppe der Frau geltend gemacht und verwandtschaftsstrategisch so umgesetzt werden, daß kein leiblicher *genitor* in den Zeugungsvorstellungen auftritt.

Der Eckpfeiler der Vaterschaft in der Verwandtschaftsethnologie hatte zweifellos auch mit dem Selbstverständnis der Wissenschaftler als Männer im Sinne von *genitor* und *pater* zu tun; dieses führte zu einer ganz besonderen Sichtweise von Verwandtschaft und von Zeugungsvorstellungen in anderen Gesellschaften. Ohne das ethnologische Gebäude der Vaterschaft fällt die in der herkömmlichen Art und Weise betriebene genealogisch orientierte Verwandtschaftsethnologie zusammen.

„Mann“ und „Frau“ als Grundeinheiten

Eine weitere Kritik, die Ethnologinnen an der Verwandtschaftsethnologie angebracht haben (Fishburne Collier/Juko Yanagisako 1987), sind die Kategorien von „Mann“ und „Frau“, die in den Strukturbäumen der Systeme so vermeintlich eindeutig ablesbar und erkennbar sind (siehe das Beispiel in Abb. 1).

Diese Kategorien basieren wiederum auf dem Axiom des für europäische Kulturen typischen biologischen Modells, nämlich daß Männer und Frauen Menschen seien, die sich primär aufgrund ihres Geschlechtes voneinander unterscheiden und dadurch „feste“, invariable Einheiten seien. Damit hing auch zusammen, daß der „natürliche“ Wirkungskreis „der Frau“ (bei der angeblich viel mehr als beim Mann die Biologie ihr Schicksal bestimmte) als der der „Familie“ (Kernfamilie wohlverstanden!) und des „Haushaltens“ (Kinder und Küche) betrachtet wurde. Die wissenschaftliche Umsetzung dieses Vorverständnisses fand im Konstrukt des Gegensatzpaares (binäre Opposition) von Natur und Kultur (wobei „Kultur“ vor allem als männlicher Wirkungsbereich galt) ihren Ausdruck; dieses bildet bekanntlich ein Axiom im französischen Strukturalismus Lévi-Straussscher Prägung. Dabei wurde die Kategorie „Frau“ derjenigen von „Natur“ (= dem Wilden, Biologischen verhaftet, sich nicht auf der „Stufe“ von Kultur befindend) zugeordnet. Ein weiteres in dieses System eingeordnete Gegensatzpaar bildete - eigentlich als eine in sich logische Folge - das von öffentlich und häuslich.

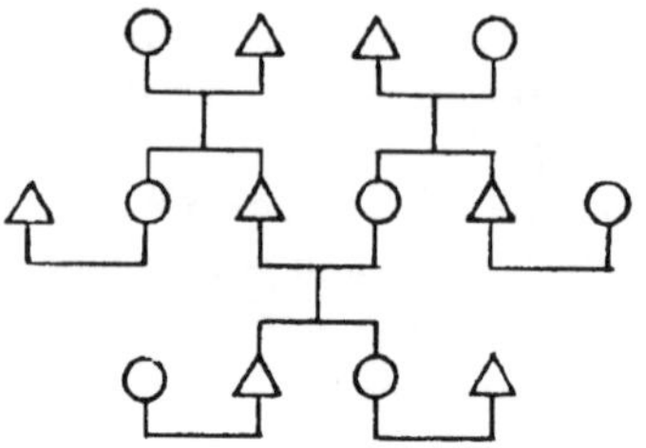

Abb. 1. Beispiel eines Strukturbaumes

Diese binären Oppositionen zwischen Natur und Kultur, respektive Frau und Mann, besaßen den Anspruch, universale Strukturelemente menschlichen Denkens wiederzugeben. Kritik von Ethnologinnen und Gegenbelege (MacCormack und Strathern 1980) zeigten, daß das Raster von Natur und Kultur nur Vorgegebenes bestätigt, jedoch nicht die sehr viel komplexere Wirklichkeit der unterschiedlichsten Kulturen erfaßt. Auch wenn ein Denken in Gegensatzpaaren vermutlich bei allen Kulturen - jedoch unterschiedlich stark ausgeprägt und nicht in allen Lebensbereichen - wichtig ist, so handelt es sich offenbar in den seltensten Fällen um ein homogenes System von binären Oppositionen, über das, sozusagen als Leitfossil, „Mann" respektive „Frau" gesetzt werden kann.

Damit werden die Grundkategorien sichtbar, mit denen in jedem Verwandtschaftsstrukturbaum operiert wird: „Mann" und „Frau", wiederum als biologische Größen, nicht aber als kulturspezifisches *gender.* Zwar spielt das Kriterium des Geschlechtes bei der Bildung von *gender* immer eine Rolle. Aber was es in einer Kultur heißt, eine Frau, ein Mann zu sein, welche Werte und Bewertungen damit verbunden sind und welches soziale Verhalten dies bedingt, was eine Frau als „Mutter", als „Schwester" oder als „Tochter" in einer Kultur bedeutet, kann nicht mit undifferenzierten Symbolen für das biologische Geschlecht (und um solche handelt es sich bei den Kreisen und Dreiecken in den Strukturbäumen) gemacht werden, gerade *weil* solche Symbole den Anspruch auf Gültigkeit im interkulturellen Vergleich besitzen. Jungko Yanagisako und Fishburne Collier stellen fest, daß Verwandtschaft und *gender* von der gleichen Annahme ausgingen: beides besitze eine gemeinsame, unveränderliche Grundlage, nämlich biologisches Geschlecht und sexuelle Fortpflanzung.

Die Kombination dieser Geschlechtssymbole in den Verwandtschaftssystemen, zusammen mit dem Gedankengebäude der binären Oppositionen haben ethnologische Forschungen und Resultate in einem heute noch kaum übersehbaren Ausmaß beeinflußt, vor allem weil sie den Anspruch besaßen, wissenschaftlich und neutral zu sein. Hintergründig und versteckt aber bauten sie auch auf dem Bild der „europäischen Frau“ als Ehefrau und Mutter auf, die als Frau schlechthin mit ihren „natürlichen“ Aufgaben, Pflichten und Rollen galt.

Reproduktion

In die Reihe der Oppositionen wurde ein weiteres Gegensatzpaar aufgenommen: das von Produktion und Reproduktion. Erstere wurde den Männern, letztere den Frauen zugeordnet. Unter diesem Aspekt betrachtet, handelt es sich um eine bloß weitere Variante von Kultur und Natur, respektive von Öffentlichkeit und Häuslichkeit.

Im folgenden möchte ich mich im wesentlichen auf den Begriff der Reproduktion konzentrieren und zwar auf den Terminus als solchen sowie auf die damit bezeichneten Inhalte. Gerade weil sich unter dem Begriff der Reproduktion verschiedene Vorstellungen verbergen, ist er unscharf geblieben. Diese Unschärfe aber hatte zur Folge, daß der Ausdruck als griffig und unprätentiös galt. Deshalb wurde er - und wird noch immer - in ganz verschiedenem Kontext von WissenschaftlerInnen verschiedener Disziplinen (und selbst unter den Kultur- und SozialwissenschaftlerInnen verschiedener theoretischer Ausrichtungen) je länger je mehr verwendet. Allgemein betrachtet wird er immer dann benützt, wenn damit der Fortbestand einer Gesellschaft durch die Zeit hindurch ausgedrückt werden soll, wenn immer wieder neue Mitglieder einer Gemeinschaft die alten ersetzen, deren Aufgaben übernehmen und das Weiterfunktionieren des Ganzen sichern. Diese vielschichtigen Prozesse werden mit „Reproduktion einer Gesellschaft“ zusammengefaßt.

Doch zuerst möchte ich kurz der Frage nachgehen, wie dieses Fremdwort Eingang in die deutsche Sprache gefunden hat (gemäß dem Deutschen Fremdwörterbuch 1977: 335 - 339): Es taucht erstmals im späteren 18. Jahrhundert auf und erlangte sukzessive, im Lauf der Zeit, folgende vier verschiedene Bedeutungen: (1) Wiederhervorbringung, -erzeugung, -herstellung. In der Biologie und Medizin wird der Begriff verwendet für Nachwuchs, Ergänzung verlorener Organteile; Ersetzung lebender Materie, organischer Substanz bei Pflanzen, Tieren und Menschen. (2) Vergegenwärtigung, (Wiederkehr im gedanklichen und geistigen) Nachvollzug. (3) Seit Mitte des 19. Jahrhunderts in der bildenden Kunst für vorlagengetreues Ab-, Nachbilden, als photo- oder drucktechnisches Verfahren mit der Bedeutung „Wiedergabe durch Photographie oder Druck". (4) Seit dem späteren 19. Jahrhundert als vor allem in der marxistischen Wirtschaftslehre angewandter politökonomischer Fachterminus mit der Bedeutung „stetige Wiederholung des gesellschaftlichen Produktionsprozesses".

Reproduktion wurde in der ethnologischen Fachliteratur zuerst vor allem in seiner vierten Bedeutung verwendet und muß im Zusammenhang mit dem Begriff der Produktion gesehen werden. Unter dieser ist, im marxistischen Sinn - kurz zusammengefaßt -, folgendes zu verstehen: „Der Mensch unterscheidet sich vom Tier vor allem dadurch, daß er produziert, d. h. sich die Natur in einem aktiven zielstrebigen Prozeß aneignet und sich diese nutzbar macht" (Kleines Wörterbuch... 1974). In diesem Sinn ist Produktion ein „Stoffwechselprozeß zwischen Mensch und Natur, dessen Inhalt die Erzeugung der materiellen Existenzmittel der Menschheit in Form von Produktionsmitteln und Konsumtionsmitteln sowie die Erzeugung und ständige Wiedererzeugung der sozialen Verhältnisse der Menschen ist". Letzteres wurde mit dem Begriff der Reproduktion, der Wiedererzeugung der sozialen Verhältnisse durch die Wiedererzeugung der Menschen, bezeichnet.

Am prägnantesten (und auch mit den nachhaltigsten Folgen) hat sich Claude Meillassoux (1976) mit Produktion und Reproduktion im politisch-ökonomischen Sinn auseinandergesetzt. Ich möchte deshalb seinen Ansatz beziehungsweise seine Prämissen kurz diskutieren (vergleiche dazu Moore 1988: 21 - 56, Fishburne Collier und Jungko Yanagisako 1987: 20 - 25), weil hauptsächlich durch ihn der Begriff Reproduktion in die Ethnologie Eingang gefunden hat. Meillassoux hat die These aufgestellt, daß die Hausgemeinschaften (Haushalte) und die dort stattfindende Reproduktion als Voraussetzung für die Produktion dienen und für deren Zwecke benutzt werden. Diese Hierarchisierung, Reproduktion für Produktion, begann, entwicklungsgeschichtlich betrachtet, mit der sedentären Lebensweise. Auf den Hausgemeinschaften bauten alle späteren Gesellschaftsformen mit ihren Produktionsweisen, inklusive der kapitalistischen, auf und stellten sie in den Dienst der Produktion. Meillassoux schildert es folgendermaßen: „ Will man die Mechanismen der häuslichen Gemeinschaft verstehen, so darf man die Reproduktion nicht ignorieren. Die Hausgemeinschaft ist in der Tat das einzige ökonomische und soziale System, das die physische Reproduktion der Individuen, die Reproduktion der Produzenten sowie die soziale Produktion in all ihren Formen mittels einer Gesamtheit von Institutionen reguliert und sie durch die geordnete Mobilisierung der menschlichen Reproduktionsmittel, d. h. der Frauen, beherrscht“ (1976: 9).

Wie bei den meisten der wissenschaftlich konstruierten Oppositionspaaren ist auch bei dem von Produktion/Reproduktion die Trennung zwischen beiden fragwürdig. Feministische Wissenschaftlerinnen haben wiederholt darauf hingewiesen, daß der Begriff der Arbeit (und damit auch der der Produktion) aus analytischer Sicht nicht auf Tätigkeiten außerhalb des häuslichen Bereiches beschränkt werden darf, es sei denn man wolle unter dem Stichwort Arbeitsteilung zwischen den Geschlechtern bewußt nur jene von Männern erfassen und damit auch höher bewerten. Zudem bedeutet eine solche Klassifizierung, daß die Beteiligung und der Anteil der Frauen in der Subsistenzwirtschaft - und es gibt wohl keine vorindustrielle Gesellschaft, in der dies nicht der Fall ist - und im Handel unterschlagen werden. Dadurch wird eine „natürliche“ Arbeitsteilung impliziert, das heißt, Frauen werden bewußt - und das darf man/frau dem Sozialwissenschaftler Meillassoux in Anbetracht seiner eigenen ethnographischen Felderfahrung in Afrika wohl unterstellen - auf biologische Funktionen und deren „natürliche“ Folgen („Haushalt“) reduziert. Und dies heißt auch, daß Meillassoux „Frauen“ nicht im Sinn von *gender*, von kulturspezifischen Konstrukten, Funktionen und Bedeutungen verwendet, sondern als Menschen, die einzig durch ihr biologisches Geschlecht definiert sind. Von diesen biologischen Faktoren leitet er generell einheitliche kulturelle Funktionen von Frauen in der Gesellschaft ab, ebenso wie er von einer - naturgegebenen und als solche hingenommenen - Unterwerfung „der“ Frauen durch „die “ Männer ausgeht. „Frauen“ in diesem Sinn aber bilden keine homogene Kategorie, um so mehr als auch im Verlauf des individuellen Lebens eine Frau zu sein ganz verschiedene Dinge bedeuten kann, mit entsprechend wechselndem Status und Rollen.

Eine andere Prämisse bildet Meillassoux' „Hausgemeinschaft“ (Haushalte), dem der Engelssche Begriff der Familie zugrunde liegt („Vom Ursprung der Familie“, 1884). Und dieser ist im wesentlichen einer, der, wie bereits weiter oben ausgeführt wurde, von der europäischen Vorstellung der Kernfamilie geprägt ist. Die Definition eines Haushaltes, seine Funktionen sowie seine Mitglieder (die in den meisten Kulturen auch andere Angehörige als gerade jene der „Kernfamilie“ umfassen), ist keineswegs universell oder gar „naturgegeben“. Deshalb kann weder „Familie“ noch „Haushalt“ als analytische Einheit dienen, weil sich hinter ihnen uneinheitliche Inhalte verbergen, die bloß vorgeben, vergleichbare Größen zu sein.

Das Begriffspaar Produktion/Reproduktion bedeutet ein willkürliches Aufreißen von Lebensbereichen, die gar nicht voneinander trennbar sind. Ebensowenig kann „die Ökonomie" (Produktion) „der Familie" gegenübergestellt werden.

Harris und Young (1981) haben sich mit dem Begriff der Reproduktion, wie er in der ökonomischen Analyse von Meillassoux verwendet wurde, auseinandergesetzt. Sie haben dabei festgestellt, daß er den gleichen Begriff für drei verschiedene Sachverhalte benutzt hat, zwischen denen differenziert werden muß. Es handelt sich dabei um: (1) soziale Reproduktion, das heißt Kontinuität einer bestimmten Form der sozialen Organisation, Erhaltung der Systeme als solche. (2) Reproduktion der Arbeit, das heißt die Sicherung einer genügenden Zahl entsprechend sozialisierter und ausreichend ernährter Arbeitskräfte für bestimmte vorgegebene Aufgaben. Damit sind Individuen gemeint, die in einer bestimmten Beziehung zu den Produktionsmitteln stehen (zum Beispiel als Arbeitnehmer, Arbeitgeber respektive Unternehmer). Im weiteren gehört deren entsprechende, auf bestimmte kulturelle Werte und Vorstellungen gerichtete Sozialisierung dazu. Der Unterhalt, die tägliche Versorgung der Arbeitskräfte mit allem, was sie zum Leben brauchen, ist ein weiterer Faktor in dem, was die Autorinnen als „Reproduktion der Arbeit" herausgearbeitet haben. (3) Die biologische Reproduktion, die, nach Meillassoux, letztlich der Herrschaft der Männer über die „Produktionsmittel der Frauen" untersteht, was eine Kontrolle der weiblichen Fruchtbarkeit im Dienste der Produktion beinhalte.

Die biologische Reproduktion ist die einzige unter den drei verschiedenen Typen von Reproduktion, die auf dem geschlechtlichen Unterschied zwischen Männern und Frauen basiert (sich jedoch nicht darin erschöpft). In den beiden anderen Formen der Reproduktion handelt es sich um Menschen unterschiedlicher Kategorien und nicht um biologisch verstandene „Männer" und „Frauen". Harris und Young führen aus, daß Meillassoux (und andere) von der Annahme ausgegangen sind, daß Bevölkerungsgruppen generell stets anwachsen und sich ausbreiteten (Bevölkerungswachstum). Dieser These halten sie die Tatsache entgegen, daß oft auch das Gegenteil der Fall gewesen ist und kulturell ausgeübte (bewußte und „unbewußte") Kontrolle der Fruchtbarkeit zu unterschiedlichem Bevölkerungswachstum respektive -rückgang geführt hat. Deshalb sei die Fruchtbarkeit der Frauen nicht einfach als eine unverändert gebliebene Größe zu betrachten, da es vom kulturellen Umgang damit abhänge, welche Wirkungen sie hat. Die Erwartungen oder Ansprüche einer Gruppe an die biologische Reproduktion seien je nach Epoche verschieden und stehen in Wechselwirkung mit dem Umgang mit weiblicher Fruchtbarkeit. Zweifellos aber sei die Betrachtungsweise, wonach alle bevölkerungsdynamischen Prozesse eine Funktion der Wirtschaftsweise im Hinblick auf ein ökonomisches Ziel seien, zu einseitig, ja falsch.

Meillassoux hat soziale Reproduktion als Reproduktion der Arbeit (oder vielmehr der Menschen im Dienste der Arbeit) bezeichnet, was, als Folge davon, soziale Kontrolle über die menschliche Fortpflanzung und damit über deren Produktionsmittel, Frauen, bedinge. Er legt damit eine Hierarchie der Reproduktion fest, wobei jede höhere Ebene Kontrolle über die nächst niedrigere ausübt. Alle stehen letztlich jedoch im Dienste des gleichen, das heißt ökonomischen, Zieles.

Harris und Young plädieren dafür, daß jede dieser drei Kategorien von Reproduktion einzeln daraufhin untersucht werde, in welchen verschiedenen Beziehungen sich Frauen, Männer und Kinder darin befinden. Männer (ungeachtet etwa des Faktors des Alters) bloß als Herrschaft-Ausübende und Frauen (beide Kategorien mit universellem Anspruch) als deren Instrumente zu betrachten, sei undifferenziert. Und schließlich seien Frauen mehr als bloße „Produktionsmittel" oder als das Gegenteil von Männern.

Der Begriff der Reproduktion einer Gesellschaft ist deshalb vielschichtig und vieldeutig; ihn als analytisches Instrument zu verwenden, ohne die von Harris und Young herausgearbeiteten Ebenen zu unterscheiden, macht ihn untauglich, auch weil er auf finalem Denken basiert und von festen Zuordnungen ausgeht. Trotz der feministischen Kritik an Meillassoux, etwa bezüglich der häuslichen Arbeit und des als unproduktiv gewerteten Haushaltes, wird der undifferenzierte Begriff der Reproduktion von EthnologInnen weiterhin verwendet.

Was das Problem um „Reproduktion" aber noch erschwert, ist eine weitere Bedeutungsdimension, die sich mit dem politisch-ökonomischen Begriff in jüngster Zeit vermischt hat. Es geht dabei um die in den sprachgebräuchlichen Erklärungen (siehe oben) wiedergegebene Kategorie von Reproduktion im biologisch-medizinischen Sinn, so wie dieser Ausdruck neuerdings in der Zusammensetzung mit „Medizin", als „Reproduktionsmedizin", verwendet wird. „Medizin" macht zusammen mit „Reproduktion" aus Zeugung, Schwangerschaft und Geburt ein kalkulierbares, steuerbares Geschehen, in dessen Mittelpunkt die materielle Erschaffung des Menschen steht. Wenn man auf den ursprünglichen biologischen Sinn des Begriffes zurückgreift, dann heißt das, daß Reproduktion als Fortsetzung einer fortlaufenden Kette gesehen wird. Reproduktionsmedizin verhindert, daß solche Ketten dort nicht abreißen, wo die „Natur" von sich aus einen Endpunkt setzen würde. Die Idee des Ersatzes oder der Ersatzhandlung - und Reproduktion bezeichnet ja auch das Ergänzen verlorener Organteile - ist dabei deutlich zu spüren. In ihm drückt sich eine Verlagerung des Blickwinkels aus: vom ganzen Menschen (vor allem von der Frau) auf einzelne Organe, die dadurch manipulierbare Objekte (die „Produktionsmittel Frauen", wie Meillassoux diese genannt hat) werden. Dabei erhalten sie primär die Qualität von Materie, mehr noch: von Ware. Dazu paßt der Begriff der Reproduktion in seinem umfassenden Sinn, denn er apostrophiert Zeugung, Schwangerschaft und Geburt so, als habe er nichts mit lebenden Frauen, die sonst in allen Kulturen Inbegriff für die Weitergabe von menschlichem Leben waren, zu tun.

Darin liegen, im ganzen betrachtet, die Bedenklichkeit und Gefährlichkeit der Ausdrücke „Reproduktion" und „reproduzieren" überhaupt. „Reproduktion" gibt die Entfremdung der Frau von ihrem Menschsein wieder, entledigt sie ihrer Körperlichkeit. Als Begriff zementiert „Reproduktion" im Bewußtsein der Menschen, die ihn verwenden, genau diese in der Realität schon einsetzende „Entleiblichung der Frau" (Bennholdt-Thomsen 1989: 127) und macht sie stattdessen zu einer umgänglichen Sache. Letztlich setzt er implizit auch die Produktion einer Ware mit der eines Menschen gleich - und damit auch die Mittel zur Waren- und Menschenproduktion, Maschine und Frau. Er beinhaltet die qualitative Vermischung von toter, uniformer Ware und lebendigem und in jeder Individualität einzigartigem Mensch. „Reproduktion" spricht die Sprache des industriellen Patriarchats. Der Begriff verharmlost und verschleiert, weil er Entmachtung beinhaltet, den Frauen ihre ureigenste Macht entreißt: ihr Monopol der Weitergabe menschlichen Lebens.

Eine solche Ausdrucksweise, wie „Reproduktion" sie impliziert, setzt ein bestimmtes Weltbild voraus, eine bestimmte Art der Betrachtung von Frauen (und Männern) und des Phänomens des Lebens überhaupt.

Zeugungsvorstellungen: *gender*-Substanzen, Soziales und Metaphysisches

Im Rahmen meiner Studien habe ich mich wiederholt (1985, 1989, im Druck) mit Vorstellungen außereuropäischer Kulturen über Zeugung, Schwangerschaft und Geburt beschäftigt. Die Quellenlage zu diesem Thema ist - wie wohl zu erwarten ist - unterschiedlich, da es nicht zu den üblichen Standardgebieten der Ethnologie zählt. Erst im Zusammenhang mit Geschlechterbeziehungen, respektive in auf *gender studies* ausgerichteten Untersuchungen, wird diesem Thema vermehrt Aufmerksamkeit geschenkt. Aus heutiger Sicht mag es erstaunen, daß Vorstellungen über Zeugung und das Werden von weiblichen und männlichen Menschen weitgehend vernachlässigt wurden. Denn eigentlich hätte die Verwandtschaftsethnologie von Anfang an diese Quelle von Informationen über das Eingebundensein des Menschen in das Netz zwischenmenschlicher Beziehungen ernst nehmen müssen. Wie weiter oben erwähnt wurde, hat sich die Ethnologie stattdessen auf Verwandtschaftssysteme mit ihren Bezeichnungen, auf Deszendenz und Affinität konzentriert. Zugrunde gelegt wurde der Erfassung anderer kultureller Beziehungsnetze, wie gesagt, das Raster der biologisch-genetisch definierten Abstammung und der Familie als Fortpflanzungseinheit. Gedankliche Ausgestaltungen der Menschen selbst, über deren genealogische und soziale Systeme Schemata kreiert wurden, wurden jedoch nicht berücksichtigt, vermutlich auch deshalb, weil diese kaum in einfache Schemata zu zwängen sind. Scheffler und Lounsbury haben sich mit einheimischen Zeugungsvorstellungen befaßt (Scheffler 1973) und diese als einheimische Vorstellungen über Verwandtschaft dargestellt. Auch wenn Schneider daran zweifelt, ob alle Kulturen Zeugungsvorstellungen besitzen (1984: 119) und ob diese überall den gleichen kulturellen Stellenwert haben, so können die gleichen Bedenken auch gegen traditionelle Kriterien der Verwandtschaftsethnologie (und gegen vergleichendes Arbeiten überhaupt) vorgebracht werden. Aber ich möchte diese Frage hier nicht weiter diskutieren. - Im Rahmen meiner Untersuchungen bin ich jedenfalls auf keine Kultur gestoßen, die nachgewiesenermaßen keine Vorstellungen über Zeugung, das Werden und Sein des Menschen entwickelt hätte.

Zeugungsvorstellungen außereuropäischer Kulturen befassen sich im wesentlichen mit folgenden Dimensionen der Menschwerdung:

1 *Gender.* Mit dem physischen Beitrag von Mann und Frau, sofern in der betreffenden Kultur der Mann als physischer Erzeuger *(genitor)* gilt. Oft werden Blut („Menstruationsblut" als Beitrag der Frau) und Sperma als primäre Substanzen betrachtet, aus denen sich der Körper eines Embryos entwickelt. Gelegentlich wird spezifiziert, welcher Teil des werdenden Kindes aus Blut, welcher aus Sperma entsteht. Manchmal gilt die Frau bloß als Hüterin und Ernährerin eines Wesens, das im wesentlichen vom Mann erzeugt wird. Fast immer sind *gender*-Vorstellungen in Zeu-

gungstheorien enthalten und damit verbunden Wertungen darüber, was Frauen und Männer in der betreffenden Kultur sind und als was sie gelten. Dabei geht es um die Beteiligung an der Zeugung von Kategorien von Individuen, Männern und Frauen, und weniger um Einzelpersonen.

Der Anspruch von Männern auf die Zeugung und ihr Bestreben, als Urheber und Schöpfer von Leben zu gelten, tritt in den verschiedensten Schattierungen und in unterschiedlichem Ausmaß auf. In manchen Zeugungsvorstellungen wird beispielsweise ausgesagt, daß die Geschlechtsorgane einer Frau, ihre Sekrete sowie die Muttermilch im Sperma ihres Vaters ihren Ursprung hätten. Das heißt: die weibliche Sexualität wird aus dem männlichen Zeugungsbeitrag erklärt. Solche Formulierungen trifft man/frau vor allem in Gesellschaften an, die sich durch ein gespanntes Verhältnis zwischen den Geschlechtern und durch eine ausgeprägte Arbeitsteilung auszeichnen. Auffällig ist, daß in keiner mir bekannten Kultur Frauen in gleichem Ausmaß wie Männer ideologische Ansprüche auf einen überragenden Anteil an der Schöpfung und dem Werden menschlichen Lebens geltend gemacht haben.

2 *Soziale Gruppen.* Manchmal, wie etwa bei den australischen Ureinwohnern, spielt der Ehemann der Mutter in Zeugungsvorstellungen keine Rolle. Das heißt: Zeugung entsteht durch einen primär nicht-sexuellen Akt. Vielmehr wird sie durch eine spirituelle Komponente verursacht; ein an einem besonderen Ort gefundenes „Geistkind" verschafft sich Eingang in den Leib der Frau. In anderen Kulturen, beispielsweise Trobriand, kommt männlichen Ahnen oder Geistern mütterlicherseits die Rolle des Erzeugers zu. In diesen Fällen handelt es sich um das, was Verwandtschaftsethnologen als *ignorantia paternitatis* bezeichnet haben. Was aber hier viel wichtiger ist als die europäische Suche nach einem genetischen Vater ist die Tatsache, daß sich in Zeugungsvorstellungen auch Besitzansprüche von anderen Verwandtschaftsverbänden als dem des Ehemanns der Mutter auf das werdende Kind widerspiegeln. Diese können durch einen Rückgriff auf den Beitrag früherer Generationen (Geister, Ahnen) geltend gemacht werden, um der Gruppe Kontinuität durch die Dimension Zeit zu sichern. Das Sperma des Ehemannes der Frau gilt in solchen Fällen oft als „Nahrung" für den Fötus: die ernährende, nicht aber die zeugende Rolle des Mannes wird dadurch betont. Letztere kommt etwa einem Geist aus dem Verwandtschaftsverband mütterlicherseits zu.

Dort, wo Linearität im Sinne der linearen, genealogischen Verbindung offensichtlich weniger wichtig ist, werden Kinder über die spezifischen Lokalitäten - Finden des „Geistkindes" an bestimmten Orten - oder während bestimmter Tätigkeiten in soziale Gruppen integriert. - Bei allen diesen Vorstellungen stehen eindeutig soziale und/oder genealogisch organisierte Gruppen im Vordergrund.

3 *Individuen.* Von untergeordneter Bedeutung in Zeugungsvorstellungen, bei denen eine sexuelle Vereinigung als Voraussetzung für die Schwangerschaft gilt, scheinen individuelle, an die bestimmte Person, Mann oder Frau, gebundene Komponenten zu sein. Sie sind eindeutig weniger wichtig. Dabei ist jedoch zu bedenken, daß bei den Philosophien über Schöpfung und Leben das gesamtkulturell Gültige betont wird. Immerhin aber wird es als selbstverständlich betrachtet (wenigstens soweit ich aufgrund eigener Feldarbeit feststellen konnte), daß Kinder ihren Eltern ähneln, sei es im Körperwuchs, in den Gesichtszügen, im „Temperament" oder in Gesten; die Kriterien des Ähnlich-seins werden in jeder Kultur anders definiert.

4 *Metaphysisches.* Eine weitere Dimension, mit der sich viele Zeugungstheorien beschäftigen, ist jene des Phänomens menschlichen Lebens an sich, diejenige „Kraft", die bewirkt - beispielsweise im Fall, wo sich Blut und Sperma zur Bildung eines Embryos vermischen und verbinden -, daß diese „Mischung" lebt und daraus ein in seiner Individualität einzigartiger Mensch entsteht. In den Übersetzungen, das heißt in den Berichten der EthnologInnen wird dies dann meistens mit „Geist", „Seele" oder „Lebenskraft" umschrieben.

Diese spirituellen Komponenten werden gelegentlich mit dem materiellen Zeugungsbeitrag in Verbindung gebracht. Oft findet jedoch die spirituelle Belebung, losgelöst von Körpersubstanzen, im Verlauf der Schwangerschaft statt, unfeststellbar hinsichtlich des Zeitpunkts und der Art, wie diese geschieht - außer, daß sie metaphysisch und unerläßlich für die Menschwerdung ist. Der ganze Komplex der Seelenvorstellungen gehört in diesen Bereich, die Zuschreibung nicht-materiell faßbarer Komponenten als unabdingbarer Teil des Wesens des Menschen. Und es ist dieses Ausdrücken und Anerkennen von Transzendentalem, an dem Menschen durch ihre „Seele" teilhaben, das Männer und Frauen in übergreifende Sinnzusammenhänge einbindet. Es sind solche, die das individuelle Leben sowie das der Gruppe auch in größere zeitliche und räumliche Dimensionen stellen. Während das leibliche Leben zeitlich begrenzt ist, hat „Lebenskraft", „Geist" oder auch „Seele" schon vorher existiert und wird auch nach dem Tod des Individuums weiterexistieren. Es handelt sich dabei um das, was man als Göttlichkeit oder Unsterblichkeit eines nicht-materiellen Aspektes des Phänomens Leben bezeichnen könnte. Und es ist auch dasjenige, das den Menschen in Beziehungen zu anderen Ordnungen außerhalb der sozial erlebbaren setzt und ihn in ein kosmisches System, das aus Erklärlichem und Unerklärlichem besteht, integriert.

Körperlichkeit und die Entleiblichung der Frau

Wenn auch gedankliche Ausgestaltungen von Sinnzusammenhängen - und als solche würde ich diese Philosophien über Schöpfung und Weitergabe menschlichen Lebens bezeichnen - abstrakt und theoretisch erscheinen, so gehören sie doch zur alltäglichen Erfahrungswelt der Menschen, vor allem von Frauen, die mit Leib und Seele selbst Schwangerschaften erleben. Und zu dieser gehört auch die Weitergabe von Erfahrungen im Umgang mit Menstruation (von der Erstmenstruation bis zum Klimakterium), Schwangerschaft, Geburt und Stillen. Die Tradierung dieses spezifischen Frauenwissens erfolgt oft rituell nicht ausgestaltet; ältere Frauen teilen es graduell jüngeren mit. Frauenwissen ist in die ethnologische Fachliteratur kaum eingegangen, vielleicht weil es theoretisch, in der Situation Ethnologin (die meist einen männlichen Status genießt und selbst auch versucht, alle Zeichen ihrer Körperlichkeit zu verbergen) /Gesprächspartnerin, nicht erfragbar, sondern nur mit-erfahrbar ist. Dieses Erfahrungswissen der Frauen, der Austausch darüber und der Umgang damit aber bilden eine Grundlage für eine Identitätsbildung unter Frauen, der meines Erachtens viel zu wenig Bedeutung geschenkt worden ist. Mit diesem letzten Punkt möchte ich beginnen, auf dem Hintergrund außereuropäischer Kulturen den Umgang mit der Weitergabe von Leben in industriellen Gesellschaften zu beleuchten.

Wenn auch Reproduktionsmedizin und Gentechnologien[3] feministische Wissenschaftlerinnen der verschiedensten Disziplinen zu unmißverständlichen Stellungnahmen (Resolution 1985, Roth und Mies 1985, Keller und Köchlin 1989) auf den Plan gerufen haben, so ist der industrielle, technologische Umgang mit der Materie Mensch (vor allem Frau) nur die logische Folge von Entwicklungen, die sehr viel früher eingesetzt haben.[4] Diese haben, mit direkten Konsequenzen für Frauen und ihre Körperlichkeit, folgende Bereiche grundlegend verändert:

- die Auflösung und Zerstörung des Austausches unter Frauen von Erfahrung und Wissen über ihre Körperlichkeit und den Umgang damit.

Frauen sind, auch wenn sie beisammen sind und sich nahe stehen, verstummt unter dem Zugriff aufgeklärten Wissens von Fachmännern. Die Folge ist Isolation jeder einzelnen mit ihrem Körper; ihr Ansprechpartner wurde der Frauenarzt, der Sprechort das Sprechzimmer.

– die Ausklammerung der Geburt aus dem vertrauten alltäglichen Erfahrungsraum und deren Verlegung in die Klinik, die Betreuung durch Personal und nicht durch nahestehende oder zumindest bekannte Personen. Die Geburt erhielt einen technisierten Ablauf mit damit spezifischen verbundenen Eingriffen – von der künstlichen Weheneinleitung (besonders vor arbeitsfreien Wochenenden des Arztes) über die Routinehandlung von Zangenhilfe und Dammschnitt bis hin zur Diktierung von festen Stillzeiten. Alle diese Faktoren bewirkten eine zunehmende Entfremdung der Frauen von ihrer Körperlichkeit und führten dazu, daß Frauen in einem Bereich verunsichert wurden, der einmal ihr ureigenster gewesen war. Der Einsatz modernster Technologien, die Schwangerschaft und Geburt kontrollieren, haben Körperlichkeit zur Patientin gemacht.
– die technologische und industrielle Entwicklung; der Glaube an und die Förderung von Machbarkeit und Produzierbarkeit von Dingen; die Produktion, beziehungsweise die Massenfabrikation, von völlig identischen Artikeln. Dazu gehört die industrielle Verarbeitung von Nahrungsmitteln wie beispielsweise auch die industrielle Produktion von Fleisch als Ware. Damit zusammenhängend: industrielle Herstellung und Propagierung von Ersatzprodukten für die Muttermilch. Diese hatte indirekt auch eine Umfunktionierung des Busens von einem Ausdruck von Mütterlichkeit zu einem Sexsymbol und dessen Stilisierung zur Folge. Für Frauen, die sich einen „schönen“ Busen bewahren wollten, hielt die Pharmaindustrie Spritzen bereit, damit eine Mutter schon gar nicht erst mit dem Stillen beginnen mußte.
– die Steigerung des Konsumtionsverhaltens und -denkens, das die Erfüllung eines materiellen Wunsches in den Mittelpunkt stellt.
– die Reglementierung und Verplanung fast aller Lebensbereiche, von der Arbeit bis zur Freizeit, von der Kindheit bis ins Alter und die Zuordnung von festen Abläufen/Erwartungen. Beherrschung des „Natürlichen“ und „Regellosen“.

Leben als Materie

Diese Entfremdungsvorgänge stehen in Wechselwirkung mit der Betrachtungsart des Phänomens Leben und dem Umgang damit. Diese werden erkenn- und ablesbar in Zeugungsvorstellungen der Industriegesellschaft[5] mit ihren Errungenschaften der Reproduktionsmedizin und der Gentechnologie.[6] Betrachtet man/frau Zeugungsvorstellungen auf dem Hintergrund jener von vorindustriellen Gesellschaften, so zeichnen sich folgende Gemeinsamkeiten und vor allem aber auch Unterschiede ab.

Der Zeugung liegt, ähnlich wie bei sogenannten Naturvölkern, nicht in jedem Fall eine sexuelle Vereinigung zugrunde. Sexualität und Zeugung bedingen sich nicht direkt gegenseitig. Dennoch aber hat Zeugung in der Industriegesellschaft immer mit Körper*substanzen* zu tun: Spermien und Eizelle, die mikroskopisch kleinen Keimzellen des Mannes und der Frau (als biologische Kategorien). Eine erfolgreiche Vereinigung von beiden bedeutet Befruchtung, aus der ein „menschliches Zellklümpchen" (Brauchbar 1990), ein Embryo, entsteht. Zeugung und Schwangerschaft kann durch Geschlechtsverkehr zu einem feststellbaren Zeitpunkt (Eisprung) im Verlauf des Zyklus der Frau geschehen. Gelegentlich, wenn sich eine Schwangerschaft innerhalb einer bestimmten, als üblich erachteten Zeitspanne nicht wie gewünscht einstellt, erhält die Frau nach Konsultation des Arztes Hormondosen[7] verabreicht mit der genauen Anweisung, wann Sexualverkehr stattfinden muß.[8] Zeugung mit indirekter Sexualbeziehung (die nicht partnergerichtet ist) findet dann statt, wenn eine Schwangerschaft durch künstliche Insemination induziert werden soll. Dazu onaniert ein Mann (der Partner der Frau oder ein anderer Mann) in einer zum Teil speziell eingerichteten Pornolustkammer (Petersen 1985: 10), um in ein Gefäß zu ejakulieren. Der Frau wird dieses Sperma, zum Teil künstlich aufbereitet, zum biologisch richtigen Zeitpunkt mit einem Instrument von einem Arzt in den Gebärmutterhals (respektive Gebärmutterhöhle) gespritzt. Der Arzt selbst ist an der Zeugung nicht als Mann im biologischen Sinn beteiligt, sondern als *Fach*mann, der Spermien und Ovum zusammenführt.

Samenbanken ermöglichen die Auswahl aus einem größeren Sortiment, das nach festgelegten Qualitätskriterien angelegt wird: Rassenzugehörigkeit, medizinisch definierte Gesundheit, und teilweise nach dem Intelligenzquotienten seines Spenders (mit dem Aushängeschild des Ejakulats von Nobelpreisträgern). Der Intelligenzquotient wird aufgrund einer Meßskala ermittelt, die zur Erfassung eines an die vorgegebene Kultur mit ihrem spezifischen Wissen und Denken angepaßten Individuums dient. Da Intelligenz zu den am höchsten geschätzten (da produktiven) Werten zählt, gilt ein möglichst intelligentes Kind als ein besonders erstrebenswertes Ziel. Im Unterschied dazu wurden keine Kriterien entwickelt, die über andere mögliche Qualitäten eines Menschen (etwa über seine Fähigkeit, mit anderen Menschen umzugehen oder Konflikte zu lösen, seine Gefühlswelt etc.) Aufschluß geben könnten. Entsprechend fungieren solche auch nicht im Marketing von Samenbanken.

Eine weitere Möglichkeit, eine Schwangerschaft zu erzielen, ist die Entnahme einer Eizelle, die dann *in vitro* unter Beimischung künstlicher Substanzen mit Spermien befruchtet und später als Embryo einer Frau, die nicht unbedingt die Eispenderin zu sein braucht, eingepflanzt wird. Auch kann es vorkommen, daß eine fremde Frau ihre Gebärmutter einem Paar, das trotz eigener gesunder Keimzellen keine Kinder haben kann, gegen Bezahlung leiht („Leihmutterschaft“). Leihmütter rekrutieren sich aus anderen, niedrigeren sozialen Schichten als jene Frauen, die sie anheuern und dafür bezahlen.[9] Leihmutterschaft basiert auf medizinisch-technischen Übertragungsmechanismen von Keimzellen und Embryos sowie auf einem vorher ausgehandelten Vertrag und nicht etwa auf der Ebene von Sexualbeziehungen. Deshalb wird diese Fremdschwangerschaft emotional weder als Seitensprung empfunden, noch, gesellschaftlich gesehen, das Kind als illegitimes Kind[10] des Erzeugers bewertet. Das heißt, daß die Keimzellenspender sich als eigentliche Eltern des Kindes betrachten, wobei gelegentlich Konflikte über den Anspruch auf das Kind mit der Leihmutter entstehen können.[11]

Nach den Zeugungsvorstellungen besteht ein Kind, genetisch gesehen, zu gleichen Teilen aus den Erbsubstanzen seiner biologischen Eltern. Diese „menschliche Erbsubstanz zu sezieren und die Reihenfolge ihrer drei Milliarden Bausteine zu bestimmen, die wie Buchstaben aneinandergereiht sind“ (Gehring 1990), ist die Arbeit (und das Ziel) von Molekularbiologen.

Die naturwissenschaftliche Erklärung des gleichmäßig von beiden Elternteilen stammenden Anteils der Erbsubstanz läßt auf kein gespanntes *gender*-Verhältnis schließen.

Pränatale Diagnostik, vor allem Amniozentese, ermöglicht, im Verlauf der Entwicklung des Embryos „gesundes“ vom „kranken“ Leben zu unterscheiden, damit über Weiterlebenlassen oder Tötung des Fötus entschieden werden kann. Eine solche Tötung ist im Unterschied zu einer Frau, die aus persönlichen Gründen ihr Kind nicht austragen will und deshalb eine (illegale) Abtreibung veranlaßt hat, legal und ist nicht mit sozialen Stigma behaftet. Pränatale Diagnostik ermöglicht auch die Bestimmung des Geschlechtes des werdenden Kindes, was dazu benützt werden kann (und auch wird, wie beispielsweise in Indien), männliche Föten eher am Leben zu lassen als weibliche (respektive Femizid ausüben[12]).

Spermien und Ovum sowie Embryonen sind nahezu beliebig austauschbar, transferierbar und damit auch handelbar[13] geworden (Stutz 1988), da sie auch längerfristig gelagert werden können (Tieffrierung[14]). Losgelöst von Individuen werden diese zu manipulierbarem „Material“, das zu Studien mit verschiedensten, letztlich unkontrollierbaren Zwecken und Zielen dienen kann.[15] Damit wird die Möglichkeit geschaffen, den Faktor Zeit, die Lebenszeit von Zellen und Embryonen, ebenso wie die Lebensdauer ihrer SpenderInnen auszuschalten respektive zu übergehen. „Unfruchtbarkeit“ aber kann trotz aller Techniken nicht in jedem Fall aufgehoben werden. Die Erfolgsquote lag 1985 in der damaligen Bundesrepublik Deutschland bei Embryotransfer bei 6 Prozent (Hölzle 1987: 106).

Unfruchtbarkeit wird als Defekt, als ein Nichtfunktionieren von Teilen des Körpers, genauer des Unterleibes mit seinen Geschlechtsorganen verstanden. Dieser Defekt wird gezielt behoben oder überbrückt.[16] Die Strategie zur Behebung des Mangels verläuft über festgelegte Etappen, an deren Ende entweder der Erfolg (Schwangerschaft und Geburt) oder der Mißerfolg steht.

Soziale Atomisierung und Entseelung

Zusammenfassend und kommentierend läßt sich über Zeugungsvorstellungen folgendes sagen.

Die Zeugung menschlichen Lebens wird auf der Ebene einzelner Zellen, Samenzelle und Eizelle, betrachtet, wobei deren Funktionen definiert sind. Ihr Inhalt an Erbsubstanzen bestimmt die wesentlichen Kennzeichen des entstehenden Wesens. Diese darin enthaltenen Botschaften entfalten sich und werden, sofern eines Tages Genmanipulation nicht eingreift und „korrigiert“,[17] als individuelles Schicksal betrachtet. Nach Ansicht von Reproduktionsmedizinern wird „der Embryo dem Menschlichen erst später teilhaftig..., wenn sich nämlich nach erfolgter Schwangerschaft die erste Beziehung mit der Spezies Mutter einstellt. Das Ei im Reagenzglas ist weniger, unendlich viel weniger als ein wildes

Kind; es borgt seine Würde von der ihm äußerlich bleibenden Absicht, aus ihm ein Kind werden zu lassen“, formuliert es mit einem zynischen Unterton Jacques Testart (1988: 46) mit dem Blick eines Naturwissenschaftlers, der selbst jahrelang an Zellen und „Gewebe“ herumexperimentiert hat. Der Beitrag der Zeugungseltern an das werdende Kind gilt weitgehend als einer, der aus der initialen Spende von Keimzellen mit ihrem genetischen Inhalt besteht. Die Schwangerschaft, die vielfachen physischen und psychischen Wechselbeziehungen zwischen Mutter und Fötus und ihr Einfluß auf das werdende Kind treten etwa bei der Leihmutterschaft („Brüterinnen“) in den Hintergrund.

Die Instrumentalisierung von Keimzellen und Embryonen ermöglicht Phänomene wie *ignorantia paternitatis* oder *virgin birth* (Leach 1967), das heißt die Abspaltung der Zeugung von der Sexualität, respektive Zeugung ohne Sexualität, wie dies etwa bei homosexuellen Frauen der Fall ist, die sich mittels moderner Reproduktionstechnik schwängern lassen.

Zwischen beiden Zeugungsvorstellungen besteht jedoch ein signifikanter Unterschied: bei der außereuropäischen „Jungfernzeugung“ steht das Herstellen und Begründen von sozialen Beziehungen, in die das Kind als Teil davon eingebettet werden soll, im Vordergrund. Es soll als Individuum zu einer bestimmten Verwandtschaftsgruppe, zu Menschen und Geistern, gehören. Bei den Vorstellungen, die im Umgang mit Reproduktionsmedizin zutage treten, spielen diese Überlegungen keine Rolle, im Gegenteil. Soziale Beziehungen, die über Sexualität entstehen könnten, sollen verhindert oder ausgeschaltet werden. In jedem Fall drückt sich darin eine (gewollte?) soziale Atomisierung aus. Sozial ausgeklammert werden auch die Zeugungshelfer, von denen der Frauenarzt der letzte in einer langen Kette ist. Sie übernehmen mit ihrem Tun keine soziale Verantwortung dem Kind gegenüber, sondern tauchen unter in der Anonymität der Fachleute, die mit Frauen, Zellen und Embryonen arbeiten und dafür bezahlt werden.

In außereuropäischen Kulturen werden Kinder auch als transgenerationale Verbindungsglieder, das heißt als kommende Generation, die zeitübergreifend die Kontinuität der Gruppe garantiert, gesehen. Auch in diesem Punkt zeigt sich in der Industriegesellschaft eine Beschränkung auf ein Elternpaar (und nicht etwa eine Verwandtschaftsgruppe), das individuellen, um ihrer selbst willen, Nachwuchs *besitzen* will. Der Wunsch nach Kinder*besitz*[18] ist deshalb der Beweggrund für den Einstieg einer Frau oder eines Paares in die Reproduktionsmaschinerie.

Was in den Vorstellungen im Zusammenhang mit Reproduktionsmedizin und Gentechnologie - instrumenteller und objektrespektive auch warenmäßiger läßt sich die Betrachtung menschlicher Fortpflanzung (ein Begriff, dem offensichtlich ein ehemals agrarisches Weltbild zugrunde liegt) nicht formulieren! - im Vergleich zu jenen Vorstellungen traditioneller Kulturen fehlt, sind Aspekte, die zum Phänomen Leben generell etwas sagen. So haben Gedanken von „Seelen“, „Geist“ und „Lebenskraft“, die eine transzendentale Dimension im Menschen anerkennen und dem Leben einen sinnhaften Platz im Kosmos geben, in der Betrachtungsweise von Gewebe und Zellen sowie im Umgang damit, der Manipulation dokumentiert, keinen Platz.

Was stattgefunden hat, ist eine Entseelung des Menschen, weil Seele[19] als Materie nicht nachweisbar ist. Das bedeutet, daß Menschen, aber auch Tiere und Pflanzen, generell und ausschließlich aus der Optik des Stofflichen betrachtet, behandelt und eingesetzt werden. Für Transzendentales, nicht einmal für die Möglichkeit seiner Existenz, bleibt kein Raum. Eine Entseelung des Menschen hat stattgefunden, und diese ist über die Entleiblichung der Frau erfolgt. Denn bis in jüngste Zeit waren Zeugung und die Weitergabe von Leben untrennbar mit dem Körper von Frauen verbunden. Die Entleiblichung der Frau bedeutet eine Abspaltung der Körperlichkeit von Frauen als sozio-kulturelle Wesen mit Empfindungen und Gefühlen[20] und als Folge davon eine Annihilation derselben, weil Zeugung und Schwangerschaft zum *gender* von Frauen gehörten. Parallel zu dieser Entseelung von Menschen und der Entleiblichung der Frau bedeutet Reproduktionsmedizin eine Entsexualisierung der Beziehungen zwischen Frauen und Männern zugunsten der Herstellung einer Beziehung zwischen „Materie“. Und hier, im *Umgang* damit - im Unterschied zur *Betrachtungsweise* der Zeugungsbeiträge von Mann und Frau an sich - werden *gender*-Verhältnisse deutlich: im Zugriff auf den Unterleib der Frau, der damit zum Objekt gemacht wird durch das Patriarchat als Herrscher über Leben und Tod.

Anmerkungen

1 Vgl. dazu Hauser-Schäublin 1989.

2 Die Grundlage dieser Kritik der Verwandtschaftsethnologie bildet das Manuskript einer im Wintersemester 1989/90 gehaltenen Vorlesung an der Universität Basel.

3 Die gesetzliche Regelung im Umgang mit Keimzellen, Embryonen und Erbmasse ist von Land zu Land verschieden. Diese Unterschiede stehen hier nicht zur Diskussion, da es um das Phänomen als solches geht.

4 „Künstliche Fortpflanzung, industrielle oder agroindustrielle Technologien, Computertechnologie usw. beruhen alle auf einer gemeinsamen Ideologie. Diese Ideologie ist die Religion des technischen Fortschritts“ (Testart 1988: 140).

5 Obwohl es vermutlich viele verschiedene volkstümliche, noch traditionellen Mustern verhaftete Vorstellungen gibt, haben diese auf die Art des Umgangs und der Relevanz im sozioökonomischen Feld – die wirtschaftlichen Interessen hinter Reproduktionsmedizin und Gentechnologie – kaum mehr Einfluß, weil eine Verselbständigung als Folge der Entfremdung bereits erfolgt ist.

6 Ich werde im folgenden die naturwissenschaftlichen Kategorien der verschiedenen künstlichen Zeugungsmöglichkeiten, ebenso wie die Manipulationsmöglichkeiten am Erbgut, nicht auflisten, da es inzwischen eine Flut von Fachliteratur zu diesem Thema gibt; einzelne Literaturbeispiele werden im folgenden angemerkt (vgl. z. B. Müller 1987).

7 Hormonelle Regulierung („Antibabypille“) war jahrzehntelang propagiert worden als Empfängnisverhütungsmethode, eine Manipulation des weiblichen Körpers im umgekehrten Sinn. Verhütungspillen für den Mann dagegen gab es nie... In der Dritten Welt werden hormonelle Empfängnisverhütungsmittel z. T. völlig unkontrolliert an Frauen abgegeben. In mehreren Fällen, auf die ich während einer Feldforschung in Indonesien aufmerksam wurde, war während 15 Jahren und mehr „die Pille“ abgegeben worden, ohne daß je eine gynäkologische Untersuchung stattgefunden hätte. Auch 3-Monatsspritzen wurden propagiert, obwohl viele Frauen, die diese ausprobiert hatten, über eine Vielzahl von Nebenwirkungen klagten.

8 „... ein völlig programmiertes Sexualleben, genau nach der Basaltemperaturkurve“, berichtete eine Frau der Wissenschaftsjournalistin Corea (1988: 159).

9 Corea (1988: 125) spricht von der sozialen Klasse der Brüterinnen.

10 Corea schreibt (1988: 38): „Eine Frau kann ihr eigenes Kind niemals für ‘legitim’ erklären, denn diese Legitimität ist ein Modell, das Männer für Männer erfunden haben. Es kontrolliert Frauen, die sich den männlichen Fortpflanzungsregeln widersetzen könnten.“

11 In den USA besteht eine Vereinigung, CUB (Concerned United Birth Parents). Deren Mitglieder bestehen größtenteils aus Menschen, die ihre Zeugungseltern (etwa nach Adoptionen), bzw. ihre biologischen Kinder suchen (Modell 1986).

12 Vgl. dazu Corea 1988: 171 - 191, Patel 1985.

13 Corea formuliert es prägnanter: Leben als Ware (1988: 18).

14 Testart (1988: 108) sagt: „Der Übergang von Leben zu Leben über den Umweg des Frostes, in dem nur der Tod herrschen kann, ist ein schwindelerregendes Rätsel.“

15 „Obwohl jeder Wissenschaftler weiß, daß Experimente mit menschlichen Erbträgern und tiefgefrorenen Embryonen längst am Werke sind, werden doch Ethik-Kommissionen zur Kontrolle von Wissenschaft und Praxis vorgeschlagen: Heuchelei und Scheinheiligkeit feiern hier ihre zynischen Triumphe“ (Petersen 1985: 76).

16 „Das Ethos des Machens ist begründet durch die Definition der Menschen als (reparaturbedürftige) Fruchtbarkeitsmaschine mit komplexen chemisch-physikalisch-biologischen Mechanismen“ (Petersen 1985: 20).

17 Dies geschieht versuchsweise bereits an in der Petrischale gezeugten Embryonen (Brauchbar 1990).

18 „Die Produktion einer Schwangerschaft... ist einzig legitimiert durch den willkürlichen Kinderwunsch des Paares, was auch immer sich hinter dem Kinderwunsch verbergen mag“ (Petersen 1985: 12). An anderer Stelle (S. 60) spricht er vom „Baby als Erfolgsobjekt“ des Paares.

19 Selbst in kirchlichen Lehrmeinungen wird dieser Begriff offensichtlich vermieden, so z. B. in Shannon und Cahill (1988). Die Begründung der Römisch-Katholischen Kirche gegen Empfängnisverhütung, Reproduktionsmedizin und Gentechnologie lautet u. a. folgendermaßen: „Lord alone is the Lord of life from its beginning until its end: no one can, in any circumstances, claim for himself the right to destroy an innocent human being ... human procreation requires on the part of the spouses responsible collaboration with the fruitful love of God; the gift of human life must be actualized in marriage through the specific and exclusive acts of husband and wife, in accordance with the laws inscribed in their persons and in their union" (S. 106). „The child/vom Zeugungsbeginn an/is not an object to which one has a right nor can he/!/be considered as an object of ownership: rather, a child is a gift, 'the supreme gift' and the most gratuitous gift of marriage..." (S. 168).

20 Die Leiden der Frauen, die sich hoffnungsvoll in die Maschinerie der Reproduktionsmedizin begeben haben und letztlich von ihr als Mißerfolge wieder ausgespuckt wurden, sind in keinen Statistiken vermerkt und kommen in der Literatur nur selten zur Sprache (Corea 1988: 164 - 165, Hölzle 1987).

Literatur

Bennholdt-Thomsen, Veronika 1989: Die „Würde der Frau" ist kein Überbauphänomen. Zum Zusammenhang von Geschlecht, Natur und Geld. In: Beiträge zur feministischen Theorie und Praxis, 24. Köln

Brauchbar, Mathis 1990: Braucht man zur Zeugung bald einen Arzt? Basler Zeitung vom 24.2 90, Basel

Corea, Gena 1988: MutterMaschine. Reproduktionstechnologien - von der künstlichen Befruchtung zur künstlichen Gebärmutter. Frankfurt a. M.

Delaney, C. 1986: The meaning of paternity and the virgin birth debate. Man, 21, 3

Deutsches Fremdwörterbuch 1977: Band 3. Berlin, New York

Gehring, Walter J. 1990: Ein Appell für die Forschungsfreiheit. Basler Zeitung vom 16.2.1990. Basel

Harris, Olivia; Young, Kate 1981: Engendered structures: some problems in the analysis of reproduction. In: Kahn, Joel S.; Llobera, Joseph R. (eds.): The anthropology of precapitalistic societies. London, Basingstoke

Hauser-Schäublin, Brigitta 1989: The fallacy of „real" and „pseudo" procreation. Zeitschrift für Ethnologie, 114, S. 179 - 194. Berlin

Hauser-Schäublin, Brigitta 1985: Zeichen des Lebens, des Todes und der Unsterblichkeit. Seelenvorstellungen und deren Ausdruck in Melanesien. Schriften zur Symbolforschung, 2. Bern

Hauser-Schäublin, Brigitta im Druck: Blood. Cultural effetiveness of biological concepts. In: Miller, Barbara D. (ed.): Sex and gender hierarchy. Cambridge University Press.

Hölzle, Christine 1987: Unter Schmerzen sollst du dein Kind empfangen. In: Beiträge zur feministischen Theorie und Praxis, 20. Köln

Junko Yanagisako, Sylvia; Fishburne Collier, Jane 1987: Toward a unified analysis of gender and kinship. In: Gender and kinship. Essays toward a unified analysis. Stanford

Keller, Christoph; Köchlin, Florianne (Hrsg.) 1989: Basler Appell gegen Gentech-

nologie. Zürich
Kleines Wörterbuch der marxistisch-leninistischen Philosophie. 1974, Berlin
Leach, Edmund 1967: Virgin birth. Proceedings of the Royal Anthropological Institute for 1966
MacCormack, Carol; Strathern, Marylin (eds.) 1980: Nature, culture and gender. Cambridge
Malinowski, Bronislaw 1930: Parenthood: the basis of social structure. In: Calverton, V. F.; Schmalenhausen, S. D. (eds.): The new generation. London
Meillassoux, Claude 1976: Die wilden Früchte der Frau. Frankfurt a. M.
Merlan, F. 1986: Australian aboriginal cenception beliefs revisited. Man 21, 3
Modell, Judith 1986: In search: the purported biological basis of parenthood. American Ethnologist, 13
Moore, Henrietta L. 1988: Feminism and anthropology. Oxford
Morgan, Henry L. 1871: Systems of consanguinity and affinity of the human family. Washington
Müller, Hansjakob (Hrsg.) 1987: Reproduktionsmedizin und Gentechnologie. Basel, Stuttgart
Patel, Vibhuti 1985: Amniozentese und Mord an weiblichen Föten. In: Beiträge zur feministischen Theorie und Praxis, 14. Köln
Petersen, Peter 1988: Retortenbefruchtung und Verantwortung. Frankfurt a. M.
Resolution: Kongreß „Frauen gegen Gentechnik und Reproduktionstechnik“. 1985. In: Beiträge zur feministischen Theorie und Praxis, 15/16. Köln
Roth, Claudia 1987: Hundert Jahre Eugenik: Gebärmütter im Fadenkreuz. In: Roth, C. (Hrsg.): Genzeit. Die Industrialisierung von Pflanze, Tier und Mensch. Zürich
Roth, Claudia; Mies, Maria 1985: Konferenz des internationalen feministischen Netzwerks gegen Reproduktionstechniken (FINNRET). In: Beiträge zur feministischen Theorie und Praxis, 15/16. Köln
Shannon, Thomas A.; Cahill, Lisa Sowie 1988: Religion and artifical reproduction. An inquiry into the Vatican „Instructions on respect for human life and its origin and on the dignity of the human reproduction“. New York
Scheffler, Harold W. 1973: Kinship, descent and alliance. In: Honigmann, John J. (ed.): Handbook of social and cultural anthropology. Chicago
Schneider, David 1984: A critique of the study of kinship. University of Michigan
Stutz, Samuel 1988: Embryohandel. Bern
Testart, Jacques 1988: Das transparente Ei. Frankfurt a. M., München
Yeatman, A. 1983: The procreative model: the social ontological bases of the gender-kinship system. Social Analysis 14

Abbildungsnachweis

Seler-Sachs: Porträt: Museum für Völkerkunde, Staatliche Museen Preußischer Kulturbesitz, Berlin. Abb. 1 – 8: Caecilie Seler-Sachs, die Frau im alten und im heutigen Mexiko, Berlin 1893.

Fox-Frau: Museum für Völkerkunde, Staatliche Museen Preußischer Kulturbesitz, Berlin. Aufnahme von Adolph F. Muhr, Studio von Frank A. Rinehard, Omaha, während der „Trans-Mississippi and International Exposition".

Eilers: Museum für Völkerkunde, Basel. Foto: P. Hinderling.

Parkinson: Bildsammlung des Staatlichen Museums für Völkerkunde, Dresden.

Westphal-Hellbusch: Museum für Völkerkunde, Staatliche Museen Preußischer Kulturbesitz, Berlin. Foto: Heinz Westphal.

Schlehe: Archiv der Autorin.

Nadig: Archiv der Autorin.

Weiss: Archiv der Autorin.

Bennholdt-Thomsen: Abb. 1 – 3: Foto: Cornelia Giebelder, Bielefeld.

Hauser-Schäublin: Museum für Völkerkunde, Basel. Foto: M.L. Nabholz-Kartaschoff.